BTS 1re et 2e années
COMMUNICATION

BLOC 1

Contribuer à l'élaboration et au pilotage de la stratégie de communication

Pascale AUJARD
Marie BIHANNIC
Pierre CLERMONT
Samantha DAHAN
Ravi DELEPLANQUE
Valérie INIZAN
Jean PIAU
Catherine RAMBOURG

Nathan
TECHNIQUE

Édition : Samuel Briand-Favard
Relecture : Catherine Lainé
Conception maquette : Vincent Rioult
Mise en pages : Florence Parigot
Conception couverture : Vincent Rioult
Infographie : Vincent Landrin
Fabrication : Émilie Rametti
Code éditeur : 224355

ISBN : 978-2-09-501908-2

Avec ce livre, une licence i-Manuel 2.0

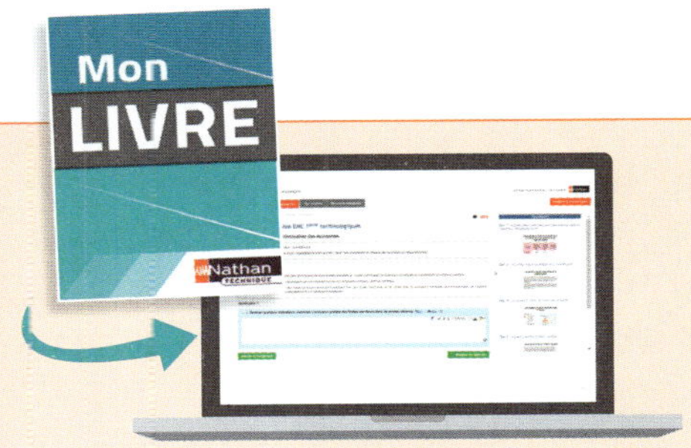

Le i-Manuel 2.0, un outil simple d'utilisation qui reprend l'ensemble des contenus de ce livre sous forme numérique et interactive.

Il permet d'accéder au contenu de ce manuel à tout moment et en tout lieu sur un ordinateur ou une tablette. L'utilisateur peut donc passer du papier au numérique et choisir le support qui lui convient le mieux selon le travail à faire et le lieu où il se trouve.

Une véritable interactivité entre l'enseignant et sa classe

- **Vidéoprojeter** en classe les activités, les documents et les corrections pour animer les cours et travailler collectivement.
- N **Feuilleter le livre papier enrichi et le télécharger** pour un usage sans connexion.
- N Bénéficier d'**une banque de ressources.**
- **Piloter la classe** en assurant le suivi du travail des élèves à distance et en cours (recevoir et envoyer du travail, faire des commentaires, intervenir en temps réel).
- **Intégrer et envoyer à la classe**, à un ou plusieurs élèves, **des documents personnels**.
- **Afficher les corrigés** ou la correction individuelle du travail de l'élève.
- **Imprimer** les documents nécessaires pour mettre les élèves en **situation d'examen**.

Des fonctionnalités innovantes pour favoriser l'intérêt, la motivation et l'implication des élèves

- **Saisir les réponses** en travaillant sur ordinateur ou tablette.
- **Faire les activités et les exercices**, préparer ou réviser le cours **en classe ou à la maison**.
- **Accéder** aux **ressources numériques**, vidéos, fichiers élèves (Word, Excel, GeoGebra…).
- **Sauvegarder** au **format Word** le travail effectué dans un dossier (classeur).
- **Envoyer le travail** au professeur.
- **S'enregistrer** pour les activités orales.
- **S'auto-évaluer**.

Toutes les infos et les tutos sur www.nathan.fr/i-manuel2

Avec ce livre, des ressources numériques en accès direct

Flashez les QR Codes avec votre smartphone ou saisissez les mini-liens associés pour accéder à des vidéos, animations, QCM…

Sommaire

Activité 3 Pilotage du plan de communication

Sommaire des fiches ressource

CHAPITRE 1

Analyser les caractéristiques de l'annonceur

Contexte professionnel

Compétences professionnelles
- Appréhender l'univers de la communication
- Analyser les caractéristiques de l'annonceur (identité, valeurs)

Savoirs associés
- L'annonceur, acteur principal de la communication
- Le réseau des intervenants
- Les types de communication et leurs enjeux

Vous êtes en stage dans l'agence BETC, groupe français de conseil en communication, classée 1re agence européenne et 5e mondiale.
BETC est fréquemment récompensée pour la performance et la créativité des campagnes publicitaires qu'elle réalise pour ses clients. Sur son site web, elle met en avant les grandes marques françaises et internationales pour lesquelles elle travaille, telles que Super Loto, Peugeot, Air France, Canal+, Ubisoft, Lacoste, Louis Vuitton, Disneyland, AXA et Decathlon, ainsi que des organisations non gouvernementales (ONG) qui défendent des grandes causes : Reporters sans frontières, AIDS, etc.
Pour être légitimes auprès des clients de l'agence et du public, les plans de communication conçus par BETC reposent sur une bonne connaissance des annonceurs : leur histoire, les noms des créateurs, l'organigramme, le chiffre d'affaires, le nombre d'employés, la culture de l'organisation, leurs dernières campagnes de communication, autant d'éléments indispensables pour bien faire émerger les attentes parfois implicites ou inconscientes de ces annonceurs.
Vous allez prochainement assister votre responsable, le directeur de clientèle, au cours de rendez-vous avec deux clients actuels et deux prospects. Vous vous préparez à ces entretiens en approfondissant votre connaissance de ces annonceurs.

Comprendre le contexte

1. Citer quelques-unes des marques clientes de l'agence et l'intérêt pour BETC de les mettre en avant sur son site.
2. Pourquoi est-il important de connaître l'univers de ces quatre annonceurs avant de les rencontrer ?
3. Quels renseignements faut-il rechercher en priorité sur ces annonceurs ?

Activités

Vous préparez une fiche de renseignements sur le client Danone, puis vous analysez les communications récentes de deux prospects : Montpellier Méditerranée Métropole et l'ONG Médecins Sans Frontières. Enfin, l'agence surveille la percée en France du football américain, dont le caractère spectaculaire et la culture peuvent être source d'inspiration pour les équipes de BETC. Vous avez choisi d'étudier un nouveau promu dans ce sport : l'équipe Élite des Grizzlys Catalans.

1 Caractériser un type d'annonceur : l'exemple de Danone

Votre responsable vous demande de préparer une fiche de renseignements sur Danone, un client historique de BETC.

Document 1
Fiche ressource 1

1. Consulter le site web de Danone et repérez ses trois activités majeures.
2. (vers pix 1.1) Qualifier la catégorie à laquelle appartient cette organisation et ses finalités.
3. Repérer les types de communication habituellement travaillés par le secteur « Produits laitiers et d'origine végétale » de Danone. À quels publics s'adressent-ils ?
4. Comment, selon Mathieu Lacombe, responsable du digital et média chez Danone, la communication du secteur « Produits laitiers » du groupe agroalimentaire a-t-elle évolué ?

BETC propose à Danone de donner plus de visibilité à son statut d'entreprise à mission grâce à une campagne de communication centrée sur ce thème.

Document 2
Fiches ressource 2 et 3

5. Justifier la pertinence de cette proposition au regard de l'intérêt actuel des entreprises pour les questions sociétales, et plus particulièrement des engagements propres à Danone.
6. Qualifier ce domaine de communication.
7. Repérer qui seront probablement les interlocuteurs de BETC chez Danone pour définir une telle communication.

En naviguant sur le site de Danone, vous constatez que cet annonceur communique avec de nombreuses cibles, et pas seulement avec ses consommateurs.

Documents 3 et 4
Fiche ressource 3

8. Qualifier le type de communication utilisé et son rôle pour chacune des différentes cibles visées (tous les publics, les actionnaires actuels et potentiels, les candidats au recrutement).

   Une réponse sous forme de tableau est conseillée.

Document 1 La communication de Danone « Produits laitiers » à l'heure du digital

Mathieu Lacombe, le responsable de digital et média des marques de produits laitiers du groupe Danone, explique comment ce dernier a réinventé ses prises de parole ces deux dernières années en y instillant de la data.

Le groupe Danone a procédé, au cours de ces deux dernières années, à une refonte de sa stratégie en matière de communication. Pouvez-vous nous expliquer pourquoi ?

Nous ne sommes pas là uniquement pour vendre des yaourts, nos marques doivent avoir un sens pour les personnes. C'est pourquoi nous avons commencé par écouter davantage les consommateurs, leurs attentes et leurs besoins. Chacune de nos marques dispose désormais d'un véritable manifeste, un discours qui se traduit ensuite par des actions et des engagements pertinents. Si dans le passé, nous adoptions une stratégie de communication descendante et générique, nous privilégions désormais une prise de parole personnalisée, adaptée à des groupements d'individus que nous appelons les tribus.

Combien de tribus avez-vous identifiées et sur la base de quels critères ?

Ces tribus se réunissent autour de centres d'intérêt ou de raisons d'acheter. Chacune d'entre elles reçoit un message différent, cohérent avec ses attentes. Leur nombre varie en fonction de la marque et du pays (elles sont une cinquantaine en France). Une marque comme Activia répondra aux attentes de différentes tribus : celles en recherche de naturalité, d'autres en quête d'équilibre nutritionnel, de bénéfices fonctionnels ou à l'affût de superaliments. D'autres marques du groupe s'adresseront à des audiences spécifiques, comme HiPro, une gamme de boissons et yaourts hyperprotéinés lancée pour répondre à l'essor de la pratique du *crossfit*. Quand les marques du groupe réfléchissent à la manière de s'adresser aux individus, elles se servent désormais des tribus. Pour arriver à ce mode d'action, il nous a fallu réorganiser l'ensemble des départements – études, marketing jusqu'aux directions générales – afin d'y insuffler un état d'esprit *customer*[1] et *data centric*[2] [...].

Luc ana Uchóa-Lefebvre, www.journaldunet.com, 16 mars 2020.

1. Client.
2. Exploitation systématique des données issues du Web.

Document 2 L'engagement environnemental, social et sociétal de Danone

Introduite par la loi PACTE en France en 2019, une entreprise à mission est dotée d'une « raison d'être » et d'objectifs sociaux, sociétaux et environnementaux associés. Ces derniers sont inscrits dans ses statuts et constituent sa « mission », contrôlée par un comité de mission à destination des actionnaires. [...]
Concrètement, Danone entend améliorer la santé des consommateurs et consommatrices en proposant un portefeuille de produits plus sains, des marques qui encouragent de meilleurs choix nutritionnels et la promotion de meilleures pratiques alimentaires au niveau local. L'entreprise ambitionne aussi de préserver la planète et de renouveler ses ressources, en soutenant une agriculture régénératrice, en protégeant le cycle de l'eau et en renforçant l'économie circulaire des emballages. Danone annonce aussi donner à chaque personne qui travaille dans l'entreprise, quel que soit son niveau, un impact sur les décisions prises tant au niveau local que global. Enfin, les équipes veulent promouvoir une croissance inclusive, en agissant pour l'égalité des chances au sein de l'entreprise, en accompagnant les acteurs les plus fragiles de son écosystème et en développant des produits accessibles au plus grand nombre. [...]

Mélanie Roosen, www.ladn.eu, 27 mai 2020.

Document 3 Le logo de Danone

DANONE
ONE PLANET. ONE HEALTH

Document 4 Communiquer avec les parties prenantes de l'organisation

Quand on s'engage dans une démarche RSE (responsabilité sociétale des entreprises), il est primordial de faire le point avec ses parties prenantes pour connaître leurs attentes, les objectifs à mettre en place et la direction à prendre pour les atteindre. Une démarche responsable qui soit réellement respectueuse de l'environnement, de l'éthique des travailleurs et travailleuses et de leur santé passe avant tout par le dialogue et la co-construction. C'est grâce à cela que l'entreprise évite de faire du *greenwashing* et met en place des actions avec un réel impact.

Intégrer les parties prenantes dans sa stratégie RSE permet de créer une forte valeur ajoutée, de trouver des solutions en concertation et de proposer des produits ou des services réellement adaptés aux besoins de chacun et chacune.

Arnaud Delubac, greenly.earth, 29 septembre 2022.

2 Caractériser un type d'annonceur : l'exemple de Montpellier Méditerranée Métropole

Vous poursuivez vos recherches sur un annonceur dont vous entendez beaucoup parler chez BETC pour découvrir un nouveau type de communication.

Documents 5 et 6
Fiches ressource 1 et 3

1. Caractériser l'annonceur de cette campagne.
2. Préciser le type de communication dont il s'agit.
3. En s'appuyant sur les différents éléments du visuel, indiquer :
   – à qui s'adresse l'annonceur (les parties prenantes concernées) ;
   – en quoi cet affichage contribue à la notoriété de l'annonceur ;
   – les valeurs implicitement mises en avant.

Document 5 Montpellier Méditerranée Métropole, vers la gratuité totale des transports

Campagne de Montpellier Méditerranée Métropole, septembre 2021.

Document 6 Phase 2 de la gratuité des transports dans la métropole de Montpellier

Avec l'élargissement de la **gratuité aux moins de 18 ans et aux plus de 65 ans au 1er septembre 2021**, l'engagement se poursuit et s'amplifie, avant la gratuité totale du réseau en 2023, positionnant Montpellier comme la métropole française la plus avancée en ce domaine.

[…] La gratuité des transports a fait partie des tout premiers actes du nouvel exécutif, avec une adoption par le Conseil métropolitain dès juillet 2020 et une mise en place de la première phase de gratuité (Pass week-end) en un temps record, le 5 septembre 2020. Montpellier Méditerranée Métropole met en œuvre la transition écologique et se positionne comme **pionnière avec des solutions ambitieuses pour lutter contre le réchauffement climatique**. Instituer la gratuité des transports pour les habitants de la Métropole permet de protéger l'environnement en incitant aux changements de comportement sans pénaliser les plus fragiles. Grâce à cette nouvelle mesure, Montpellier deviendra une métropole exemplaire pour relever ce défi.

www.montpellier3m.fr, 1er septembre 2021.

Campagne Montpellier Méditerranée Métropole Vidéo
liennathan.fr/4wzib1

3 Caractériser un type d'annonceur : l'exemple de Médecins Sans Frontières (MSF)

Le directeur de clientèle de BETC vous demande de recueillir des informations sur MSF, une ONG dont s'occupe une agence concurrente, car ses activités sont proches d'un des clients actuels de l'agence, Reporters sans frontières.

Documents 7 et 8
Fiches ressource 1 et 3

1 Caractériser l'annonceur de cette campagne.
2 Qualifier ce type de communication et repérer ses spécificités.
3 Pourquoi ce plan de communication de grande ampleur a-t-il été mis en œuvre ?
4 Quels acteurs ont été mobilisés dans ce plan de communication ?

Document 7 La campagne des 50 ans de MSF

Pour ses 50 ans […], l'association médicale humanitaire internationale Médecins Sans Frontières a choisi l'agence Les Présidents pour lancer une grande campagne de communication.

À travers cette campagne, MSF, qui apporte une assistance médicale à des populations dont la vie ou la santé sont menacées dans plus de 70 pays dans le monde, tient à réaffirmer avec force la mission qui l'anime depuis sa création en 1971 : soulager toutes les souffrances humaines, sans distinction et où que ce soit dans le monde.

Cette mission est exprimée sous la forme d'une formule choc : « Médecins Sans Frontières. Là où ça fait mal ». Elle fait autant écho à la mission de MSF (soulager la douleur partout dans le monde) qu'au besoin de maintenir nos consciences en éveil et de rester tous sensibles à la douleur des autres, où qu'ils soient dans le monde. […]

Et les messages qui les accompagnent interpellent sur les conditions des populations victimes de ces crises et surtout sur l'urgence non négociable d'intervenir pour les secourir.

Peggy Baron, business.ladn.eu, 30 novembre 2021.

Document 8 La campagne publicitaire « Là où ça fait mal »

Cette campagne [a été] déployée en affichage dans les grandes villes de France à partir du 19 décembre 2021 à travers plus de 800 panneaux : notamment 300 faces 4 × 3 sur les quais de métro, en affichage digital dans les centres-villes, sur des kiosques ainsi qu'au sein des grands buildings et des vitrines de magasins.

Le dispositif digital [a commencé] pour sa part dès début décembre sur les réseaux sociaux et en *display* sur les sites à forte audience.

Peggy Baron, business.ladn.eu, 30 novembre 2021.

Campagne « Là où ça fait mal » – Médecins sans frontières
Vidéo
liennathan.fr/64hi6z

4 Caractériser un type d'annonceur : l'exemple des Grizzlys Catalans

BETC s'intéresse également aux sports émergents en France, surtout quand ils sont portés par une culture très typique, comme c'est le cas du football américain. À ce titre, votre responsable vous demande de faire un travail de veille sur le club des Grizzlys Catalans, récemment entré dans la division Élite de ce sport en France.

Documents 9 à 11
Fiches ressource 1 à 3

1. Caractériser les Grizzlys Catalans en tant qu'annonceur.
2. Repérer les objectifs de chacun des messages présentés dans les documents 10 et 11.
3. Expliciter les valeurs spécialement mises en avant par l'association à travers sa campagne de recrutement.

Document 9 Grizzlys Catalans : un club récent mais prometteur

Le club des Grizzlys Catalans est un club de football américain qui évolue en première division (Élite) française.

Il a réussi à se hisser à ce niveau en seulement 8 ans.

Les Grizzlys Catalans en quelques chiffres

- Création du club en 2012
- Basé à Perpignan, au Parc des Sports, depuis juin 2021
- 1 équipe Élite, première division française
- Centre de formation (sports-études lycée et université)
- 5 équipes jeunes
- 3 équipes de *cheerleaders*
- 250 licenciés

La ville de Perpignan a mis les moyens pour accueillir les Grizzlys Catalans dans les meilleures conditions possibles, avec des infrastructures dédiées et pensées pour le football américain.

L'équipe Élite est constituée d'un groupe de 50 joueurs, dont 5 joueurs étrangers, et d'un staff de 15 personnes (entraîneurs, préparateur, kiné, médecin).

Document 10 Jour de match

Pour les organisateurs, un match des Grizzlys est conçu comme un événement à part entière. Objectif : attirer dans le stade un millier de spectateurs tout un dimanche en leur offrant différentes animations, telles que des concerts de musique folklorique américaine et des spectacles de danses typiques, des démonstrations de *cheerleading* (spécialité à part entière de l'univers du football américain, prenant la forme de danses acrobatiques spectaculaires avant les matchs), des *food trucks*. Une journée de match type peut durer de 11 h à 17 h.

Document 11 Campagne de recrutement de joueurs

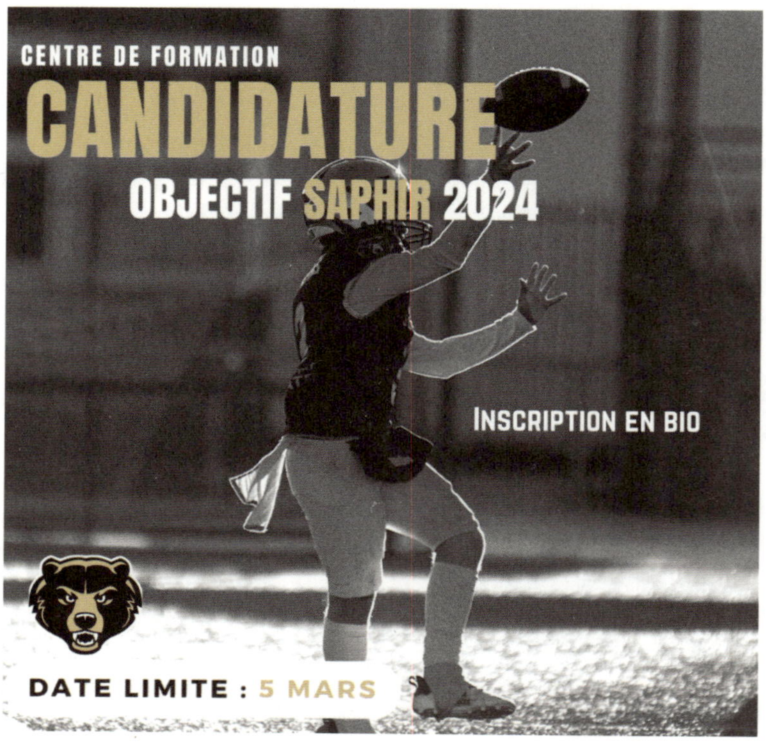

FICHE RESSOURCE 1

L'ANNONCEUR, ACTEUR PRINCIPAL DE LA COMMUNICATION

I Définition

L'annonceur est celui qui communique auprès de ses publics selon trois modalités.

Il peut :

– réaliser lui-même sa communication, ce qui suppose de disposer d'un service Communication ou d'un spécialiste ;

– externaliser, c'est-à-dire confier sa communication à une agence conseil : c'est le cas des grandes entreprises pour qui la communication est souvent commercialement décisive. Le fait de miser sur des publicités qui seront diffusées sur de grands médias très coûteux, comme la télévision, les incite à professionnaliser leurs plans de communication et à demander à leurs agences de communication des messages à la fois créatifs et impactants ;

EXEMPLES : les constructeurs automobiles, les grandes marques de parfum.

– réaliser seul une partie de sa communication (par exemple, son *community management*) et externaliser les actions de communication plus ambitieuses. Cette option est très fréquente.

II Les différents types d'annonceurs et leurs objectifs

Généralement, on distingue trois grandes catégories d'organisations habituées à communiquer.

Les entreprises privées	Leur communication est souvent au service de leurs objectifs commerciaux. **EXEMPLES :** soutenir les ventes, lancer un nouveau bien ou service, recruter des prospects, fidéliser les clients actuels.
Les organisations publiques	Parmi les grands annonceurs publics, on distingue : – l'État et ses ministères ; – les établissements publics (universités, hôpitaux…) ; – les collectivités territoriales (régions, départements, communes et autres structures d'intercommunalité : syndicats de communes, métropoles…). Tous ont besoin de communiquer sur leurs missions respectives, très nombreuses, et pas toujours faciles à distinguer pour le particulier. **EXEMPLE :** les compétences respectives d'une région par rapport à un département.
Les associations et les ONG (organisations non gouvernementales)	Elles sont très nombreuses et leurs domaines d'intervention sont très variés. Cependant, seules les grandes organisations nationales ou internationales pratiquent une communication professionnelle régulière, particulièrement dans le domaine des « grandes causes ». **EXEMPLES :** la santé, l'humanitaire, le social. Les petites associations doivent souvent assumer seules leurs actions de communication, faute de budget suffisant.

Les communications de ces différents annonceurs présentent souvent des caractéristiques assez proches, rendant difficile leur différenciation, pour différentes raisons :

– les objectifs des campagnes sont partiellement les mêmes (notoriété forte, image nette et attractive). Seul l'objectif conatif final (c'est-à-dire l'action attendue du public) est différent ;

– les méthodes employées sont identiques : publicité, marketing direct, relations presse et publiques, utilisation intensive du Web et des réseaux sociaux…

Cependant, la spécificité de l'annonceur doit toujours être correctement identifiée pour définir un positionnement (image voulue) pertinent.

EXEMPLES : une entreprise privée, soucieuse d'afficher des engagements RSE, ne peut pas perdre de vue son objectif premier de rentabilité ; un établissement public, devant assurer son autonomie financière, ne peut pas perdre de vue sa mission de service public.

III Les caractéristiques d'un annonceur

1. Les caractéristiques propres au contexte de l'annonceur

Quel que soit l'annonceur – privé, public ou associatif –, toute opération de communication suppose de bien identifier :

– les **spécificités du domaine d'activité** de l'annonceur, de son environnement de travail ;

EXEMPLE : le marché d'une entreprise dans un secteur très concurrentiel.

– ses **problématiques métiers** ;

EXEMPLES : difficultés de recrutement, dons difficiles à collecter.

– les **parties prenantes internes et externes** avec qui cet annonceur doit composer ;

EXEMPLE : un hôpital public ou privé emploie des médecins, des infirmiers, des aides-soignants, du personnel technique ; en outre, il doit composer en externe avec la Sécurité sociale, les mutuelles, les associations de patients, les patients eux-mêmes et leurs familles…

– les **atouts distinctifs** qui permettent au communicant de construire ou d'affirmer un positionnement spécifique (ou image voulue) par rapport à d'autres annonceurs opérant dans le même domaine.

2. La culture de son organisation (notoriété, image, valeurs)

Le communicant qui s'exprime au nom de l'annonceur doit se concentrer sur les caractéristiques essentielles qui fondent la culture de l'organisation :

La notoriété de l'organisation	Elle mesure le degré de connaissance que le public a de l'organisation et de ses activités. Régulièrement, des enquêtes permettent de mesurer la notoriété spontanée ou seulement assistée de l'annonceur.
L'image de l'organisation	Il peut y avoir un décalage entre l'image voulue par l'organisation (ou « positionnement ») et celle qui est effectivement perçue par le public (image reçue), notamment sur les réseaux sociaux (*e-réputation*). Le communicant se demandera si l'image perçue par le public est à la fois nette, conforme aux intentions de l'annonceur et suffisamment valorisante pour lui. L'image sera d'autant plus facile à promouvoir qu'elle s'appuiera sur des valeurs fortes.
Les valeurs de l'organisation	Les valeurs de l'organisation sont parfois explicitement mentionnées sur son site : « Nos valeurs », « Notre vision », « Nos engagements »… Elles illustrent la responsabilité sociétale des entreprises (RSE). EXEMPLES : des engagements à plus de qualité, de respect des consommateurs, de l'environnement, d'inclusion sociale. On parlera alors de « communication institutionnelle » des entreprises. Parfois, ces valeurs existent, mais sont diffuses : il appartiendra alors au communicant de bien les faire émerger afin de les révéler et les valoriser auprès des publics de l'annonceur.

FICHE RESSOURCE

2

LES PRINCIPAUX INTERVENANTS DANS LE DOMAINE DE LA COMMUNICATION

I Les différents intervenants et leurs rôles

1. L'annonceur

L'annonceur peut organiser lui-même sa communication ou la confier (totalement ou partiellement) à une agence, à qui il remet un cahier des charges précis ou une simple demande initiale. Deux cas de figure se présentent, selon que l'annonceur est privé ou public.

L'annonceur privé	Il choisit librement ses prestataires sur simple consultation (ou contrat de « gré à gré »). Pour les grosses campagnes, il met en compétition les agences et les autres prestataires afin de retenir le « mieux-disant », c'est-à-dire celui qui proposera le meilleur rapport qualité/prix.
L'annonceur public	Au-dessus d'un certain montant, il doit lancer un appel d'offres public afin de mettre en concurrence les différents prestataires.

2. L'agence-conseil

a. Des réalités très variées

Les grosses agences appartiennent souvent à des multinationales ; en France, elles sont implantées à Paris et ont des antennes locales en région, grâce à des filiales (**agences intégrées**) ou sur la base de contrats (**agences affiliées**).

EXEMPLES : le groupe Havas, le groupe Publicis.

Les plus petites agences restent généralement **indépendantes**.

Les grandes agences sont souvent **généralistes**, les plus petites sont **hyperspécialisées** sur un domaine (sport, tourisme, politique…) ou sur un moyen de communication (Web, événementiel, relations presse, contenus audio…).

b. Le rôle de l'agence de communication

L'agence de communication doit :

- évaluer le besoin du client et lui proposer une recommandation stratégique ;
- piloter la création : encadrer les créatifs, présenter les maquettes *print* et digitales à l'annonceur, suivre leur production finale ;
- mettre en œuvre le plan média, acheter l'espace publicitaire ;
- piloter la campagne : coordonner les différents prestataires, contrôler les résultats, établir le bilan de campagne.

3. Les prestataires spécialisés

L'agence dispose souvent d'un studio de création graphique et digitale. Cependant, bon nombre de prestations spécialisées (imprimerie, édition, films, musiques, événements…) sont sous-traitées à des prestataires spécialisés ou à des indépendants travaillant en ***free-lance***. Leur nombre tend à augmenter compte tenu de la technicité de ces activités.

4. Médias, supports, régies et agences médias

On distingue **six grands médias** : la télévision, le Web, la presse, l'affichage, la radio et le cinéma.

Si, parmi eux, seul l'affichage extérieur (OOH, « *Out Of Home* » en anglais) avait pour unique finalité de vendre de l'espace pour la publicité, cela évolue avec les possibilités offertes par l'affichage extérieur digital (DOOH, « *Digital Out-Of-Home* »).

Pour financer leur activité de diffuseurs d'information et de divertissement, la presse, la télévision, la radio, le cinéma et Internet doivent vendre également de l'espace aux annonceurs.

Pour y parvenir, les **supports** de ces médias (journaux, chaînes de télévision…) confient cette mission à une **régie** interne ou externe (le service commercial de vente d'espaces).

Les **agences médias** aident les annonceurs à optimiser leurs investissements publicitaires (achat d'espaces) et offrent également du conseil en médiaplanning (concurrençant ainsi les agences sur ce point).

Le réseau des intervenants dans un plan de communication

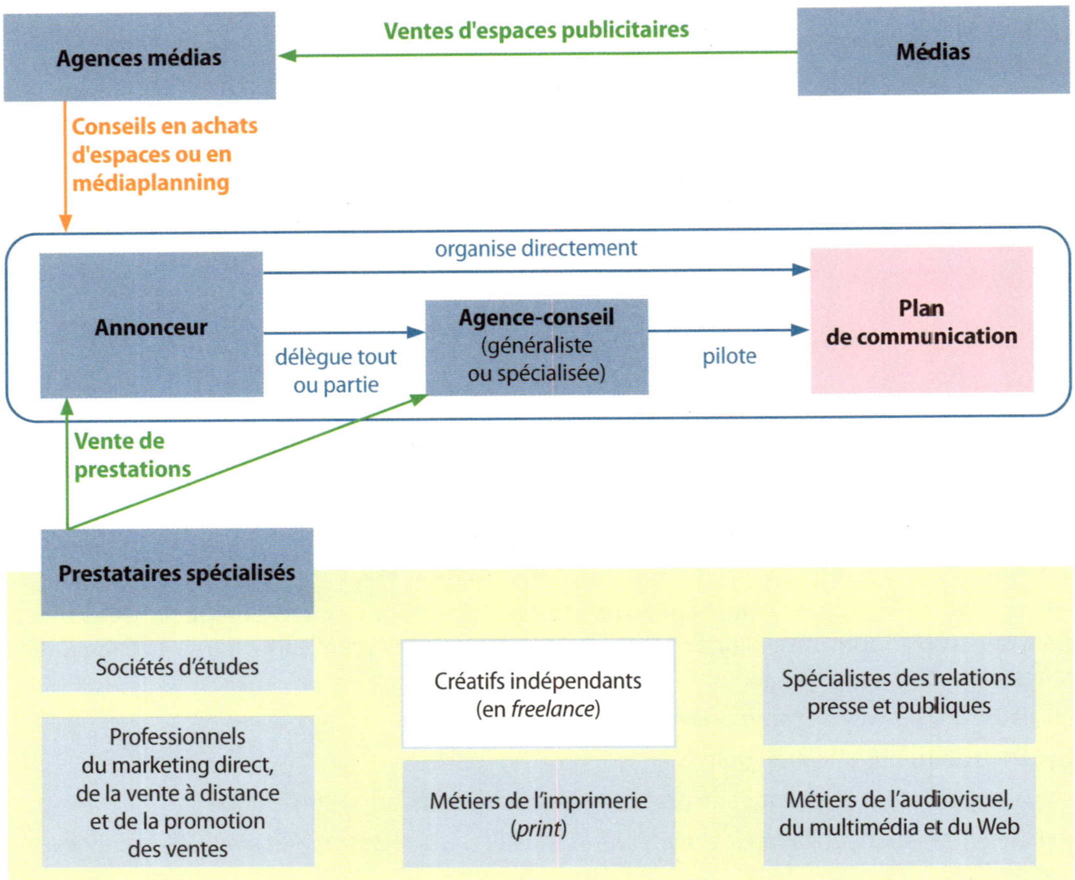

II Les métiers de la communication chez les grands annonceurs privés et publics

Directeur/Directrice de communication	Oriente la communication externe et interne de l'organisation. Est souvent proche de la direction générale.
Directeur/Directrice marketing et chef de produits	Supervisent souvent la communication purement commerciale.
Directeur/Directrice des ressources humaines (DRH)	A souvent l'initiative de la communication interne.
Chargé(e) de communication ou assistant(e) ou attaché(e) de communication	Assistent les différents responsables.

L'annonceur a également recours à des partenaires internes : des créatifs (**infographiste**, ***community manager***) qui réalisent les productions courantes de l'organisation destinées au ***print*** ou au **Web** (en relation avec le webmaster). Les créations plus complexes sont souvent confiées à des prestataires extérieurs spécialisés.

FICHE RESSOURCE 3

LES DIFFÉRENTS TYPES DE COMMUNICATION ET LEURS ENJEUX

On peut schématiquement repérer trois grandes familles de communication :
- la **communication externe du secteur marchand** (ou « à vocation marchande ») ;
- la **communication externe du secteur non marchand** (ou « à vocation non marchande ») ;
- la **communication interne des annonceurs des deux secteurs**.

I La communication externe du secteur marchand

Elle vise à influencer les comportements afin de stimuler le développement du chiffre d'affaires. Elle est essentiellement le fait d'organisations privées.

1. La communication commerciale

Son but est d'influencer favorablement le consommateur final et les circuits de distribution (faire connaître, aimer, acheter) afin de **stimuler les ventes rapidement**.

On distingue quatre variantes :

La communication de produit	Elle vise à créer un intérêt envers un bien ou un service en démontrant un avantage réel (ex. : une colle extra-forte) ou imaginaire (ex. : un chocolat qui croustille tellement qu'il fait tout s'écrouler autour de lui).
La communication de marque	Elle se pratique lorsque l'entreprise diffuse, sous la même marque, plusieurs produits voisins (univers homogène d'une marque **gamme**) ou très diversifiés (univers hétérogène d'une marque **ombrelle**). Communiquer sur la marque profite donc à tous les produits de la gamme (ex. : « *Apple, Think different* »).
La communication promotionnelle	Elle désigne l'ensemble des moyens mobilisés pour stimuler l'essai ou l'écoulement de grandes quantités. L'annonceur souhaite agir sur le comportement du consommateur et l'inciter à l'acte d'achat. Elle est utilisée en grande distribution et lors d'opérations de marketing direct classique et en ligne. EXEMPLES : réduction de prix, quantité de produit en plus ou échantillons gratuits, jeu-concours, animations (PLV, dégustation).
La communication *B to B*	Elle vise une cible professionnelle avec des arguments souvent tangibles (plus techniques et mieux démontrés), axés sur la **performance**. Elle s'appuie sur un mélange de communication (rarement publicitaire) et de relations commerciales (marketing relationnel sur mesure, salons professionnels).

2. La communication *corporate* (ou « de la firme »)

C'est l'ensemble des communications de l'entreprise qui vise, selon les cas, à informer, légitimer, rassurer ou attirer les différentes parties prenantes (autres que les clients et le personnel).

La communication financière	C'est un discours de performance visant à démontrer la solidité financière de la firme, la rentabilité de ses titres, afin de rassurer les actionnaires actuels et en attirer de nouveaux. EXEMPLE : annoncer dans la presse financière une ouverture de son capital, en appui d'une opération de croissance.
La communication institutionnelle	C'est un discours de valeurs sociétales, destiné à positiver l'image de la firme et lui donner une légitimité : montrer ses engagements éthiques, RSE, en faveur des différentes formes d'inclusion. Au-delà du profit, la firme a une âme…
La communication de recrutement et de marque employeur	L'entreprise doit souvent communiquer pour attirer les meilleurs candidats. Cette pratique évolue de plus en plus vers une communication de marque employeur, où l'entreprise veut démontrer qu'elle offre un meilleur cadre de travail, une carrière plus riche aux meilleurs « talents ».

3. La notion de communication globale

On parle de **communication globale** quand l'entreprise multiplie les messages, en jouant sur des domaines variés, en direction de différentes cibles, avec un large éventail de moyens tout en s'assurant de la cohérence d'ensemble de son plan de communication. On parle aussi de communication intégrée, multicanale, cross-média ou 360°.

II La communication externe du secteur non marchand

Elle est le fait des personnes morales de **droit public** (gouvernement, ministères, administrations) et de personnes morales de **droit privé** agissant dans une finalité d'intérêt général (associations, ONG, partis politiques…).

La communication sociale ou « des grandes causes »	Ce sont les campagnes des pouvoirs publics (santé, solidarité, contre le harcèlement, pour la sobriété énergétique…), des ONG (Médecins Sans Frontières), des associations caritatives et humanitaires (Les Restos du cœur), qui défendent de **grandes causes**. **EXEMPLE :** les campagnes régulières du ministère de l'Éducation nationale contre le harcèlement à l'école.
La communication des institutions publiques	Cette communication d'intérêt général est émise par : – le gouvernement et les ministères ; – les services publics : hôpitaux, universités, caisses de la Sécurité sociale… ; – les collectivités territoriales : depuis la décentralisation de 1982, on assiste à un important travail de communication pour clarifier leur rôle et accompagner leurs actions de marketing territorial. **EXEMPLES :** attirer des entreprises, des touristes ; promouvoir des moyens de transport.
La communication politique	Il s'agit de la communication des partis politiques, notamment lors des campagnes électorales. Elle englobe les relations presse, les sondages, le conseil en communication politique, et s'appuie de plus en plus sur les réseaux sociaux.
La communication des associations	Il s'agit de la communication des associations à but non lucratif. Elle ressemble, par certains aspects, à la communication publique, la mission des associations ayant souvent une utilité sociale. Mais cette communication s'inspire aussi de la communication commerciale pour attirer des membres, du public, des soutiens financiers. Les ONG sont également des associations, mais puissantes et souvent mondiales. Les plus militantes d'entre elles, comme Greenpeace, se servent de la communication pour dénoncer des situations graves et attaquer leurs auteurs : on parle alors de communication « plaidoyer » ou « *advocacy* ».

III La communication interne des annonceurs des deux secteurs

De nos jours, les collaborateurs des secteurs privé, public et associatif réclament d'être plus et mieux informés, et parfois rassurés sur l'avenir de leur organisation quand celle-ci connaît des changements importants. Les dirigeants des trois secteurs doivent également les motiver, assurer leur cohésion et leur adhésion aux objectifs de l'organisation.

De ce fait, la communication interne est devenue stratégique : magazines internes, intranets, réseaux sociaux internes à l'organisation en témoignent, ainsi que les événements proposés au personnel (congrès, séminaires, *webinaires*, *incentives*, *team building*).

1 Les plus gros annonceurs français

L'infographie de Kantar Media présente le classement des dix premiers annonceurs français au premier semestre 2022 (document 1). Deux nouvelles marques font leur entrée dans ce classement.

1. Préciser le secteur d'activité de chacun de ces annonceurs. Quelles conclusions peut-on en tirer en termes de types d'annonceurs et de domaines de communication ?

vers pix 1.1

2. À partir de recherches sur Internet, réaliser une fiche synthétique sur les caractéristiques de l'annonceur de son choix en s'inspirant du document 2.

Document 1 Classement des dix plus gros annonceurs français

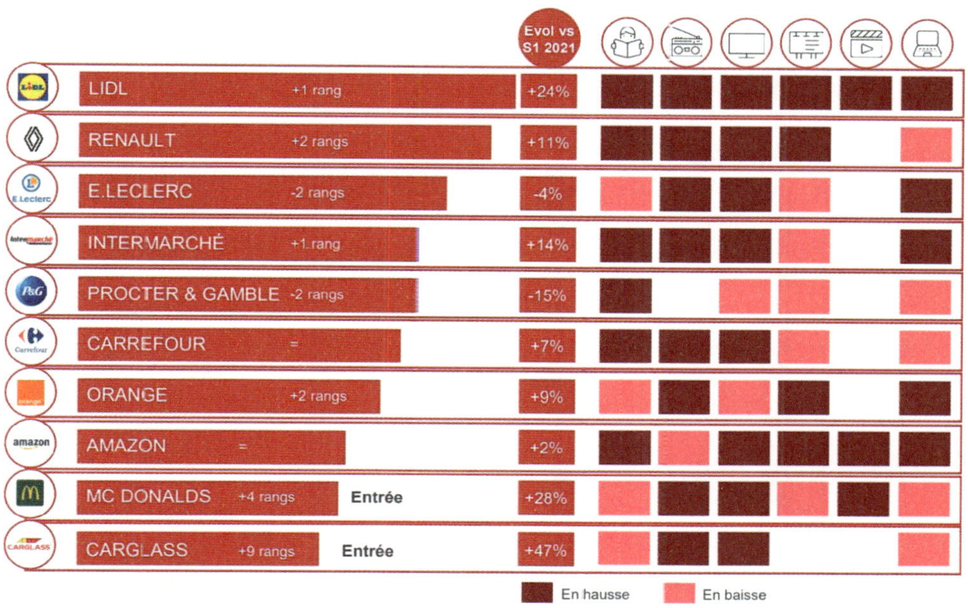

Kantar Media, 1er semestre 2022.

Document 2 Fiche de synthèse « Les caractéristiques de l'annonceur LIDL »

Origine	Entreprise de distribution allemande fondée en 1930
Secteur d'activité	Grande distribution (*hard discount*)
Modèle économique	Proposer des prix bas en réduisant les coûts au maximum (*low cost*)
Implantation géographique	Implantée dans 26 pays en Europe, avec 11 463 magasins dont 3 277 en Allemagne
Chiffre d'affaires	125,3 milliards d'euros (2020)
Part de marché en France	5e enseigne de distribution 7,2 % de part de marché dans ce secteur d'activité
Communication	1er annonceur de France en 2022, avec un budget publicitaire de 536 millions d'euros Agence chargée de la communication : Marcel (groupe Publicis)
Signature de la marque	Sorte de slogan permanent qui ponctue tous les messages de la marque : « L'idéal c'est Lidl », « Le vrai prix des bonnes choses »

2 L'appel d'offres d'un annonceur public

La fondation AP-HP (Assistance Publique – Hôpitaux de Paris) a fait paraître, sur le site Marchesonline.com, l'annonce présentée dans le document.

FONDATION DE L'AP-HP

1. Préciser l'identité de l'annonceur, l'objet de sa demande et les raisons pour lesquelles il lance un appel d'offres en ligne.
2. Qualifier le type d'agence de communication à laquelle s'adresse cette demande.
3. À partir de recherches sur Internet, justifier le recours à un appel d'offres dans cette situation.

Document Avis public d'appel à la concurrence (extrait)

Intitulé du marché: Conseil et réalisation de la campagne de collecte de printemps, 1er semestre 2023, de la Fondation de l'AP-HP

Type de marché : Services

Description succincte du marché :
Le présent marché est un marché de services. Il porte sur le conseil stratégique et la mise en œuvre opérationnelle des actions multicanales pour développer la collecte online et offline dans le cadre de la campagne de collecte de fonds auprès du grand public du 1er semestre 2023, dite « Campagne de Printemps » de la Fondation de l'AP-HP dans l'objectif d'augmenter la contribution des donateurs particuliers, et d'accroître le nombre de donateurs de la Fondation.

Lieu principal d'exécution du marché : 10 rue des Fossés Saint-Marcel, 75005 Paris

Valeur estimée (HT) : 71 000 euros

www.marchesonline.com, 24 décembre 2022.

3 Vérifiez vos connaissances

Pour chacune des situations de communication suivantes :
- citer le(s) domaine(s) de communication concerné(s) ;
- repérer les cibles visées ;
- indiquer les objectifs des messages ;
- préciser si l'annonceur est l'auteur de ces messages ou s'il a eu recours à une agence ou à un prestataire spécialisé.

Une présentation des réponses sous forme de tableau est conseillée.

a. Le groupe **Accor** propose une large gamme d'hôtels allant du premier prix au luxe. Il fait une campagne en presse magazine et affichage pour affirmer sa signature, commune à tous ses hôtels : « *Feel welcome* ».

b. Pour célébrer ses 50 ans, **Intermarché** commande un podcast (une dizaine d'épisodes) à Louie Media, spécialiste de contenus audio. But : rappeler au personnel et aux franchisés les plus jeunes l'histoire et les valeurs de l'enseigne.

c. La **Fondation Abbé Pierre** lance une campagne nationale pour dénoncer le manque de logements sociaux en France.

d. **Malongo** parraine régulièrement des émissions de télévision, avec comme signature : « Malongo, café issu du commerce équitable ».

e. Une jeune **entreprise** propose des offres d'emploi sur le site **www.welcometothejungle.com** tout en présentant ses atouts (dynamisme, esprit d'équipe, convivialité) à travers des témoignages vidéo de ses collaborateurs.

f. Un **département** rural, en proie à la désertification de son territoire, veut attirer des start-up, des artisans, des artistes, des structures de l'économie sociale et solidaire mais aussi des petits commerçants et des médecins en leur proposant des facilités au niveau de leur installation (loyers moins chers et fiscalité avantageuse).

g. Suite à une baisse spectaculaire de la valeur de ses actions en Bourse, une **grande entreprise**, très diversifiée, annonce dans la presse son recentrage autour de ses activités les plus rentables.

h. Une **coopérative** agricole propose à des grandes surfaces une opération de PLV avec dégustation et prix de découverte pour lancer une nouvelle variété de pomme.

CHAPITRE

2

Prendre en compte le cadre juridique général du secteur de la communication

Contexte professionnel

Compétences professionnelles

- Connaître les grandes caractéristiques du droit de la publicité : rôle et responsabilité des agences en communication, publicités interdites, publicités réglementées

Savoirs associés

- Les organismes d'autodiscipline, de contrôle et de défense
- Les protections et les interdictions générales dans le secteur de la communication
- Les réglementations particulières

Vous êtes actuellement en stage au sein de Lucilcom, agence à taille humaine qui emploie 8 salariés. L'agence, qui compte parmi ses clients de nombreuses entreprises de l'agroalimentaire, est devenue experte de la réglementation propre à ce domaine d'activité. Son directeur vous demande d'explorer les aspects juridiques liés au traitement du dossier d'un client et celui d'un client potentiel, à savoir :

- la société La Galette dorée, client actuel, qui a développé un concept de boulangerie-pâtisserie avec un espace de consommation. Elle souhaite mettre en place une nouvelle campagne pour laquelle plusieurs aspects juridiques doivent être éclaircis ;
- la SDC, une société de crédit, qui a lancé un appel d'offres pour une future campagne sur un nouveau crédit.

Le directeur de l'agence vous demande de vous assurer que les préconisations de l'agence en matière de publicité pour ces deux clients seront bien conformes à la réglementation en vigueur.

Comprendre le contexte

1. Énoncer les enjeux liés à une bonne connaissance du dossier de ces deux clients sur le plan juridique.
2. Présenter l'intérêt principal pour l'agence Lucilcom de répondre à l'appel d'offres de la SDC.

1 Connaître les protections et les interdictions dans le secteur de la communication

L'annonceur La Galette dorée veut lancer une galette individuelle, la « galette latina », fourrée à la confiture de lait (en espagnol : *dulce de leche*). Les créatifs de l'agence Lucilcom proposent le slogan suivant : « La galette latina au *dulce de leche*, c'est *mas de sabor y mas de placer* ! », c'est-à-dire en français : « La galette latina à la confiture de lait, c'est plus de goût et plus de plaisir ! »
L'annonceur vous demande dans quelle mesure un slogan en espagnol est possible.

Documents 1 et 2
Fiche ressource 1

1. Exposer à l'annonceur les contraintes juridiques liées à cette proposition de slogan pour la future campagne.
2. Préciser l'intérêt et les limites des restrictions imposées par la loi dite « loi Toubon ».

Autre proposition des créatifs : la fève dissimulée à l'intérieur représentera le portrait de célébrités du monde sportif, comme Pau Gasol et Carlos Alcaraz, et du monde artistique, comme Jennifer Lopez, Shakira et Cameron Diaz. S'il y a des difficultés et des coûts importants pour faire signer ces célébrités, les créatifs suggèrent d'utiliser des sosies dans les mêmes situations que les célébrités, par exemple le sosie de Carlos Alcaraz avec une raquette de tennis ou celui de Shakira avec une guitare et un micro.

Documents 3 et 4
Fiche ressource 1

3. Indiquer les obligations légales à respecter si la société confirme son souhait d'utiliser des fèves représentant des visages de célébrités.
4. Indiquer le problème juridique posé par la proposition des créatifs quant à l'utilisation de sosies.

Vous profitez de vos rencontres avec l'annonceur La Galette dorée pour lui préciser, d'une façon générale, quelques points de droit liés à la communication touchant les enfants sur les produits alimentaires.

Document 5
Fiche ressource 2

5. Préciser les recommandations juridiques liées à la communication sur la « galette latina » à faire à l'annonceur.

Document 1 — Article 2 de la loi du 4 août 1994 relative à l'emploi de la langue française, dite « loi Toubon »

Dans la désignation, l'offre, la présentation, le mode d'emploi ou d'utilisation, la description de l'étendue et des conditions de garantie d'un bien, d'un produit ou d'un service, ainsi que dans les factures et quittances, l'emploi de la langue française est obligatoire.
Les mêmes dispositions s'appliquent à toute publicité écrite, parlée ou audiovisuelle.

Les dispositions du présent article ne sont pas applicables à la dénomination des produits typiques et spécialités d'appellation étrangère connus du plus large public.

legifrance.gouv.fr

Document 2 — L'ARPP pointe l'absence de traduction des mots anglais utilisés dans la publicité

Posé par la loi Toubon, le respect de l'emploi de la langue française dans les publicités (messages et mentions) est l'un des premiers motifs d'intervention de l'Autorité de régulation professionnelle de la publicité (ARPP), en charge de s'assurer de la légalité, de la loyauté et de la véracité des publicités. Dans un message publicitaire en langue étrangère, un astérisque bien visible doit renvoyer à sa traduction – pas nécessairement littérale – en français. « *C'est une question de loyauté vis-à-vis de l'ensemble des Français, qui doivent avoir une parfaite compréhension de tous les termes* », explique Stéphane Martin, directeur général de l'ARPP.

Alexandre Debouté, lefigaro.fr, 2 août 2019.

Document 3 — L'usage sans autorisation d'une personnalité

Il est en principe interdit d'utiliser l'image d'une personne sans avoir obtenu son autorisation expresse et spéciale. Cela vaut pour les photos/vidéos prises dans des lieux privés, mais également dans des lieux publics. Il est possible de photographier une foule, mais les personnes présentes sur la photo ne doivent pas apparaître en gros plan. Il suffit par ailleurs que la personne concernée soit identifiable, quand bien même son visage serait flouté par exemple, pour que l'atteinte au droit à l'image soit caractérisée.

Une personne peut également s'opposer à l'utilisation détournée de son image prise avec son autorisation, dès lors qu'elle est exploitée pour un objet autre que celui pour lequel le consentement avait été donné.

Toutefois dans le cas de célébrités, ce droit connaît plusieurs limites. L'image d'une personne célèbre peut être exploitée sans son autorisation si cela relève du droit à l'information (tant que les images ne sont ni choquantes ni équivoques), de l'exception de caricature ou encore si les photos montrent ces célébrités dans l'exercice de leur activité professionnelle. Néanmoins, une telle photo ne doit pas être utilisée à des fins publicitaires sans autorisation de la personne.

En 2008, Nicolas Sarkozy, alors président de la République, et Carla Bruni avaient assigné la compagnie Ryanair, pour avoir publié une photo d'eux comme support publicitaire sans leur autorisation. Le juge avait reconnu que cela constituait une atteinte au droit à l'image du couple, et avait condamné Ryanair à leur verser des dommages et intérêts (tribunal de grande instance de Paris, 5 février 2008).

www.novagraaf.com, 23 mai 2022.

Document 4 — L'utilisation du sosie de Michel Polnareff par Cetelem

[...] Concernant l'affaire Polnareff, le 22 juin 2016, le tribunal a condamné *in solidum* les sociétés BNP Paribas et TBWA Paris en réparation du préjudice moral résultant de l'exploitation indue de l'image du chanteur dans les films publicitaires.

Les juges ont en effet estimé que « *le public a pu légitimement être induit en erreur et penser que sa personnalité était utilisée avec son accord pour cette publicité en faveur de l'organisme de crédit Cetelem* » (TGI Paris, 17e chambre presse-civile, 22 juin 2016, n° 15/05541).

Toutefois, ils n'auront pas fait droit à la somme astronomique demandée par Michel Polnareff puisque le préjudice moral a été fixé à 10 000 euros.

Les juges ont en effet pris en compte la tardiveté de l'action engagée par Michel Polnareff en 2015 alors que les films étaient diffusés depuis 2011 et, qu'il ne peut être considéré que le ridicule du personnage du sosie, quand bien même celui-ci serait effectivement caractérisé, rejaillisse « *(...) sur Michel Polnareff, dès lors que ce personnage se distingue du chanteur* ».

Par ailleurs, les juges n'ont pas retenu l'atteinte à la dignité et ont donc débouté le demandeur de sa demande de réparation de son préjudice matériel.

Ainsi, seule l'atteinte au droit à l'image a été reconnue par les tribunaux en admettant que le public pouvait être légitimement induit en erreur et penser que le sosie était exploité avec l'accord de la personnalité.

Vanessa Bouchara, www.cabinet bouchara.com, 24 janvier 2021.

Document 5 Réglementation du marketing alimentaire : un travail de lutte contre le surpoids et l'obésité de l'enfant

Les enfants sont aujourd'hui particulièrement exposés à des messages commerciaux faisant la publicité d'aliments souvent riches en sucre, en sel et en graisses, et n'apportant que des calories vides. On retrouve souvent des emballages attirants, des personnages animaliers ou des mises en scène destinées à séduire les enfants. Ceux-ci représentent une cible de choix pour les entreprises de l'agroalimentaire. L'enfant représente en effet un futur consommateur adulte qui, fidélisé dès son plus jeune âge, poursuivra dans ses habitudes de consommation.

Les associations de consommateurs et les associations de santé publique soulignent l'influence négative du marketing sur les préférences alimentaires des enfants. On constate que les dépenses alimentaires des plus jeunes sont majoritairement consacrées aux aliments déséquilibrés : 50 % des dépenses des 8-12 ans sont en effet consacrées à l'achat de confiseries au chocolat, de chewing-gum et de bonbons. Un encadrement juridique est donc nécessaire pour protéger leur santé.

La Stratégie Nationale de Santé 2018-2022 prévoit de « *limiter l'influence de la publicité et du marketing alimentaire sur les enfants en les réglementant et de recadrer la promotion des marques associées à des aliments peu favorables au plan nutritionnel* ». Un rapport de l'OMS publié en octobre dernier montre que les réglementations existantes au sujet du marketing alimentaire auprès des enfants sont insuffisantes. Les enfants continuent donc à être exposés à des messages commerciaux ciblés sur des produits riches en sucre, en sel et en graisses. De plus, la consultation par les enfants de nouveaux médias (Internet, réseaux sociaux, jeux vidéo sponsorisés…) complique grandement les politiques mises en place pour protéger les enfants face au marketing.

culture-nutrition.com, 28 mars 2019.

2 Connaître le rôle des organismes de défense de l'intérêt général

L'annonceur La Galette dorée souhaite utiliser les données personnelles des clients, majoritairement mineurs, recueillies grâce à un jeu-concours, pour les abonner à sa newsletter. Vous devez l'alerter sur les risques encourus après avoir pris connaissance d'une campagne récente de l'UFC-Que Choisir.

Documents 6 et 7
Fiche ressource 3

1. Indiquer la mission et les moyens d'action de l'organisme à l'origine de cette campagne. Préciser l'objectif de cette campagne.
2. Expliquer en quoi elle peut impacter les recommandations que doit faire l'agence à l'annonceur La Galette dorée.
3. Formuler des recommandations à partir des conseils donnés par la CNIL.

Lors d'une réunion de remue-méninges *(brainstorming)* avec l'annonceur, le créatif de votre agence propose de mettre en scène des youtubeurs dans des situations de fêtes, par exemple une *quinceanera* (traditionnelle fête des 15 ans d'une jeune femme) pour présenter toute la gamme des « galettes latinas », présentées avec des bouteilles de jus de fruits ou d'alcool. Votre directeur commercial et clientèle vous demande de cerner les éventuels risques encourus.

Document 8
Fiche ressource 3

4. Énoncer la loi sur laquelle repose le jugement présenté.
5. Préciser les arguments mis en avant dans l'extrait du jugement.
6. Indiquer si cette décision peut être appliquée dans le cas de la proposition du créatif de l'agence pour le client La Galette dorée.
7. Exposer les limites à mettre en œuvre pour que la proposition du créatif de l'agence soit conforme à la loi.

Document 6 Campagne de l'UFC-Que Choisir « Je ne suis pas une data »

www.jenesuispasunedata.fr

Document 7 La CNIL et la protection des mineurs

Toute personne, même mineure, doit être correctement informée de la façon dont ses données sont utilisées. Cette information doit être adaptée et accessible à l'âge de l'utilisateur, afin qu'il puisse effectivement comprendre et se saisir de ses droits. […]
Le RGPD impose de fournir aux personnes concernées une information sur les conditions d'utilisation de leurs données personnelles et sur leurs droits, qui soit compréhensible, aisément accessible en des termes clairs et simples, en particulier pour toute information destinée spécifiquement à un enfant. […]
Cette obligation d'une information adaptée […] conditionne la possibilité même d'un consentement éclairé ainsi que la connaissance des droits dont ils disposent, dont ils ne pourront bien évidemment pas se saisir s'ils les ignorent ou n'en comprennent pas le sens et l'intérêt.

www.cnil.fr, 9 juin 2021.

Renforcer l'information et les droits des mineurs par le design
Site
liennathan.fr/499bzp

Document 8 Instagram contraint par la justice française de retirer des contenus promouvant l'alcool

Cela fait suite à une procédure lancée par l'association Addictions France. Instagram (groupe Meta) a été contraint par la justice française de retirer des contenus d'influenceurs faisant une « publicité illicite » à des boissons alcoolisées. Au total, le jugement, dont l'Agence France-Presse a eu connaissance, concerne 37 publications, diffusées par une vingtaine d'influenceurs différents représentant ensemble plus de 5 millions d'abonnés.

Il s'agit « *d'une victoire historique contre la sponsorisation de l'alcool en ligne* », s'est félicitée Addictions France dans un communiqué. « *Depuis 18 mois* », l'association « *contacte les influenceurs mettant en avant des marques d'alcool* » pour obtenir le retrait de leurs contenus problématiques au regard de la loi Évin, qui encadre depuis 1991 très strictement les publicités pour boisson alcoolisée.

« *Si certains influenceurs sont sensibles à la démarche, d'autres ne répondent pas ou refusent simplement de reconnaître l'illégalité de leurs publications.* »

Le jugement condamne également Meta à fournir à Addictions France les identités réelles des influenceurs concernés (nom et prénom, date et lieu de naissance, numéros de téléphone). Il énonce que ces publicités doivent se limiter à un contenu informatif et qu'il ne peut y avoir aucune association avec la fête, la convivialité ou l'humour.

Cette décision illustre la bataille de longue haleine engagée par les pouvoirs publics et des associations pour responsabiliser les plateformes sur les contenus qu'elles hébergent.

Parmi les contenus litigieux dont Addictions France a obtenu le retrait, des photos postées par l'influenceur Renan Pacheco (plus de 600 000 abonnés), le représentant avec un cocktail fait avec un alcool dont il mentionne la marque et faisant apparaître la bouteille. Ou bien une photographie du compte @framboise_fit (plus de 9 000 abonnés) faisant figurer « *une femme dans un jacuzzi avec une bière [...] mentionnant en description la marque et vantant les mérites de celle-ci* », selon la description du jugement.

AFP, 7 février 2023.

3 Connaître le rôle des organismes d'autodiscipline

Suite aux différentes interrogations sur la campagne de l'annonceur La Galette dorée, le directeur de l'agence Lucilcom s'interroge sur la nécessité d'adhérer à l'Autorité de régulation professionnelle de la publicité (ARPP). Il demande de l'éclaircir sur ce point.

Document 9
Fiche ressource 3

1 Préciser le rôle de cette instance et les avantages liés à cette adhésion.

Le *media planner* de l'agence propose d'axer la campagne sur des spots télévisés. Afin d'alimenter les réseaux sociaux, le directeur de l'agence suggère, quant à lui, de faire appel à deux jeunes influenceurs de moins de 16 ans de culture espagnole, l'un dans le domaine du sport et l'autre dans le domaine de la musique et la mode tendance latine.

Documents 10 et 11
Fiche ressource 3

2 Indiquer les bonnes pratiques à observer concernant :
– la campagne de spots télévisés ;
– le recours à de jeunes influenceurs.

Document 9 Extrait du site de l'ARPP

www.arpp.org

Interview du directeur général de l'ARPP
Vidéo
liennathan.fr/2hs5r6

Document 10 La protection de la jeunesse et des mineurs par l'ARCOM

Éviter aux enfants et aux adolescents de voir ou d'entendre des programmes susceptibles de nuire à leur épanouissement mental, moral ou physique est l'une des missions confiées à l'ARCOM.

La publicité : un contrôle avant et après diffusion

S'il existe une signalétique jeunesse pour certains programmes (– 10, – 12 et – 16 ans), les publicités n'en comportent pas.
L'Autorité de régulation professionnelle de la publicité (ARPP) contrôle les messages publicitaires avant leur diffusion à la télévision.
L'ARCOM, pour sa part, contrôle ces messages après leur diffusion, comme toutes les autres émissions de télévision. De plus, elle est attentive à ce que la pression commerciale exercée sur les enfants par la publicité ne soit pas trop élevée :

- les chaînes privées ont accepté de limiter à une durée minimale les génériques de publicité dans les émissions jeunesse ;
- les messages publicitaires en faveur de services téléphoniques ou SMS surtaxés, susceptibles d'exploiter l'inexpérience ou la crédulité des mineurs, ne peuvent être diffusés qu'entre minuit et 5 heures du matin ;
- les communications commerciales pour les paris sportifs, hippiques et le poker ne peuvent être diffusées dans les programmes et les services s'adressant aux mineurs ;
- depuis le 1er janvier 2018 (loi du 20 décembre 2016), aucune publicité commerciale ne peut être diffusée sur les chaînes de France Télévision 15 minutes avant et après un programme destiné prioritairement aux enfants de moins de douze ans.

D'après le site www.csa.fr

Document 11 L'encadrement de l'exploitation commerciale de l'image des enfants de moins de 16 ans sur les plateformes en ligne

La loi du 19 octobre 2020 encadre le travail des « enfants influenceurs » de moins de 16 ans sur les plateformes de vidéos en ligne (YouTube, TikTok, Instagram…). Elle comble un vide juridique car rien n'était prévu jusqu'alors pour les protéger. Elle leur ouvre également un droit à l'oubli numérique qu'ils pourront exercer seuls sans leurs parents.

www.vie-publique.fr, 20 octobre 2020.

4 Connaître les interdictions et les réglementations particulières

Le directeur commercial et clientèle de l'agence Lucilcom vous demande d'étudier l'appel d'offres de la SDC, une société de crédit. La cible visée par cette société est les jeunes étudiants de 18-25 ans, avec une offre de prêt étudiant à un taux attractif.

Documents 12 et 13
Fiche ressource 2

1. Lister les différentes conditions d'une publicité dans ce secteur d'activité.
2. Retrouver les différentes mentions légales dans l'offre du Crédit Agricole.
3. Relever les mentions obligatoires manquantes sur la publicité.
4. Indiquer l'objectif de cette protection portant sur le crédit à la consommation.

Document 12 Publicité du Crédit Agricole

Document 13 La publicité sur le crédit à la consommation

La loi impose des mentions obligatoires sur toute publicité chiffrée relative à un crédit conso. La publicité doit, entre autres, indiquer de façon très claire, précise et visible, les mentions obligatoires suivantes :
- le taux débiteur et sa nature : fixe, variable ou révisable ;
- les informations relatives à tous les frais compris dans le coût total du crédit ;
- le montant total du crédit.

La banque doit communiquer le taux annuel effectif global. [...] [Elle] doit aussi préciser le montant total dû par l'emprunteur et le montant des échéances.
De plus, pour alerter le consommateur, la mention suivante doit figurer dans toutes les publicités, exception faite des publicités radio : « Un crédit vous engage et doit être remboursé. Vérifiez vos capacités de remboursement avant de vous engager. » [...]

Ces informations doivent apparaître dans une taille de police plus importante que celle utilisée pour indiquer toute autre information relative au financement, notamment le taux promotionnel. De plus, elles doivent s'inscrire dans le corps principal du texte publicitaire.
Enfin, la banque ne doit pas faire de publicité trompeuse. Il est par exemple interdit dans toute publicité de mentionner ou de laisser entendre que le prêt améliore votre situation financière ou votre budget, ou entraîne une augmentation de vos ressources.

Institut national de la consommation, 29 juillet 2019.

Publicité et crédit conso : les mentions légales
Vidéo
liennathan.fr/945fcr

FICHE RESSOURCE 1

LES PROTECTIONS ET LES INTERDICTIONS GÉNÉRALES

I Les protections

Les protections sont constituées de l'ensemble des règles juridiques qui permettent de faire bénéficier les personnes vulnérables des droits prévus par la législation, en vue de les protéger.

La publicité en langue étrangère	La loi Toubon impose le français pour tout message publicitaire, à l'exception : – des noms des marques ; **EXEMPLES :** Apple, Toys"R"Us, WeChat, Twitter. – des signatures publicitaires déposées ; **EXEMPLES :** « *Just do it* » de Nike, « *France is in the air* » d'Air France. – des produits typiques intégrés à la langue française. **EXEMPLES :** le couscous, les hamburgers, les pizzas.
La publicité portant atteinte aux droits des personnes	Le Code civil énonce que chacun a le droit au respect de sa vie privée. Dans une publicité, les personnes doivent obligatoirement avoir donné leur accord par écrit, sauf lorsqu'il s'agit d'un film ou d'une photographie d'une foule.
Le droit d'auteur	Le Code de la propriété intellectuelle réglemente le droit d'auteur (droits moraux et droits patrimoniaux) et les droits voisins. **EXEMPLE :** l'utilisation sans l'autorisation préalable de son ou ses auteurs constitue un délit de contrefaçon, considéré comme un plagiat.

II Les interdictions

La législation encadre la communication publicitaire en énonçant des interdictions qui visent la responsabilisation des acteurs par des sanctions lorsqu'une infraction est constatée.

La publicité mensongère	Une publicité est dite « mensongère » lorsqu'elle comporte, quelle que soit la forme, des allégations, indications ou présentations fausses ou de nature à induire en erreur. Elle est considérée comme une pratique commerciale trompeuse. **EXEMPLE :** la loi Climat et Résilience (2021) considère le *greenwashing* comme une tromperie (Code de la consommation). Depuis le 1er janvier 2023, les entreprises ne peuvent plus communiquer sur une « neutralité carbone », à moins de pouvoir le prouver. La réglementation se durcit sous la pression des associations qui dénoncent les opérations de *greenwashing* dans certaines publicités. Cependant, la jurisprudence autorise l'exagération publicitaire car le « consommateur moyen » peut comprendre que cela se situe dans un univers rêvé.
La publicité déloyale et les pratiques parasitaires	Une publicité est dite « déloyale » et « parasitaire » lorsqu'un message profite de la créativité d'un autre. Ceci peut être difficile à prouver car, en communication, les copies sont nombreuses.
La promotion du tabac (loi Évin, 1991)	La lutte contre le tabagisme constitue une des priorités de santé des pouvoirs publics depuis plusieurs décennies, d'où l'interdiction de toute communication en faveur du tabac. Le Code de la santé publique indique que « la propagande ou la publicité, directe ou indirecte, en faveur du tabac sont interdites ». Le parrainage et le mécénat sont prohibés.
La publicité pour les énergies fossiles (charbon, gaz…)	Le principe est l'interdiction, sauf pour certains types de publicités. **EXEMPLE :** une annonce publicitaire faisant la promotion d'un départ en vacances qui met en arrière-plan une pompe à essence est interdite. Toutefois, la publicité dans le cadre d'un mécénat ou d'un parrainage et la communication institutionnelle restent autorisées. La publicité des biocarburants (très critiqués pour des questions de déforestation) est encore possible.

FICHE RESSOURCE 2

LES RÉGLEMENTATIONS PARTICULIÈRES

La réglementation encadre la publicité de divers types de produits, notamment ceux liés à la santé publique (alcool, médicaments, aliments), et de services, comme les crédits bancaires.

I La réglementation selon les types de produits

1. La réglementation relative à l'alcool (loi Évin, 1991)

La limitation des supports	La loi définit limitativement les supports sur ou *via* lesquels la publicité en faveur de l'alcool est autorisée. Tous les supports non mentionnés par la loi sont interdits. **EXEMPLES :** la publicité à la télévision ou au cinéma, la publicité dans les publications destinées à la jeunesse ou à la radio aux heures où les enfants sont à l'écoute. La loi interdit également les opérations de parrainage par les producteurs de boissons alcoolisées lors de manifestations sportives, festives ou culturelles. Seuls le mécénat et la publicité par affichage sont autorisés.
La limitation des contenus	La loi limite les contenus des publicités en faveur des boissons alcoolisées à leurs éléments dits « objectifs » (origine, description, mode de consommation…). Le but est de présenter les produits sans pour autant inciter à la consommation. Sauf cas particuliers, les publicités doivent comporter le message préventif « L'abus d'alcool est dangereux pour la santé ». La mention « À consommer avec modération », installée par l'usage, n'est pas réglementaire.

2. Les médicaments

Il existe deux cas de figure :
- **si le message publicitaire s'adresse au public :** la publicité doit obtenir une autorisation préalable, délivrée par l'ANSM (Agence nationale de sécurité du médicament et des produits de santé). Elle doit présenter le médicament ou le produit de façon objective ;
- **si le message publicitaire s'adresse aux professionnels :** depuis 2020, la loi anti-cadeaux relative aux avantages offerts par les laboratoires pharmaceutiques a mis en place un dispositif réglementaire pour éviter tout conflit d'intérêts entre professionnels de santé et industriels pharmaceutiques.

3. Les produits alimentaires

Pour lutter contre l'obésité, et particulièrement auprès de la cible jeune, la réglementation concerne les messages publicitaires faisant la promotion de boissons avec ajout de sucre, de sel ou d'édulcorant de synthèse, ou la promotion de produits alimentaires manufacturés. La loi laisse aux annonceurs le choix entre :
- apposer une mention sanitaire sur leur message ;

  EXEMPLES : « Pour votre santé, mangez au moins cinq fruits et légumes par jour. »
  « Pour votre santé, pratiquez une activité physique régulière. »
- ou verser à l'administration fiscale une contribution égale à 1,5 % des sommes nettes investies dans leur campagne.

4. Les crédits bancaires

La loi impose la mention d'informations chiffrées pour toute publicité relative à un crédit.

EXEMPLES : le taux du crédit, sa nature (fixe, variable ou révisable), les frais accessoires, le montant total du crédit ou taux annuel effectif global (TAEG).

On doit également mentionner (sauf pour une publicité radio) « Un crédit vous engage et doit être remboursé. Vérifiez vos capacités de remboursement avant de vous engager ».

II La publicité comparative

La comparaison doit porter sur des biens ou des services répondant aux mêmes besoins ou ayant le même objectif ; sinon, elle peut être considérée comme trompeuse et susceptible de déboucher sur une action en justice. Elle doit se montrer impartiale, s'appuyer sur des points précis et des arguments pertinents, comme le prix, la composition, le poids, etc.

FICHE RESSOURCE

3

LES ORGANISMES ENCADRANT LE SECTEUR DE LA COMMUNICATION

Comme toute activité économique, le secteur de la communication est amené à respecter un certain nombre de règles juridiques qui peuvent parfois contraindre les créatifs aussi bien au niveau du message (image, texte, son...) qu'au niveau des supports préconisés : supports médias (télévision, radio...) ou hors-médias (promotion, marketing direct...). La montée de la publiphobie a poussé le monde de la communication à développer une certaine autodiscipline.

I Les deux principaux organismes de contrôle

1. L'Autorité de régulation de la communication audiovisuelle et numérique (ARCOM)

Garante de la liberté de communication, l'ARCOM veille au financement de la création audiovisuelle et à la protection des droits. Elle est aussi compétente sur le contenu des plateformes en ligne, des réseaux sociaux ou encore des moteurs de recherche. Ses missions principales sont :

- promouvoir et protéger à la création aussi bien audiovisuelle, cinématographique et musicale ;

  EXEMPLE : en radio, respect d'un quota de chansons d'expression française.

- respecter les obligations de diffusion de la télévision et de la radio ;

  EXEMPLE : respect des cahiers des charges attribués aux chaînes TV et radio.

- faire respecter le droit d'auteur ;
- lutter contre les plateformes/canaux illicites diffusant des contenus culturels ou des retransmissions sportives ;

  EXEMPLE : diffusion d'un film « piraté » en salle lors d'une avant-première.

- lutter contre la manipulation de l'information ou contre la haine en ligne ;
- faire respecter le pluralisme et favoriser la cohésion sociale dans sa diversité ;

  EXEMPLES : respect des droits des femmes, lutte contre les discriminations.

- sensibiliser les publics aux médias.

  EXEMPLE : signalétique des programmes télévisés (émissions pour public familial, à contenu éducatif).

2. La Commission nationale de l'informatique et des libertés (CNIL)

La CNIL est chargée de veiller à la protection des données personnelles contenues dans les fichiers et traitements informatiques ou papier, aussi bien publics que privés. Elle a pour missions :

- de veiller à ce que l'informatique ne porte atteinte ni à l'identité humaine, ni aux droits de l'homme, ni à la vie privée, ni aux libertés individuelles ou publiques ;
- de conseiller, d'informer et d'alerter tous les publics (particuliers, entreprises, associations, collectivités territoriales) ;
- de contrôler et éventuellement de sanctionner en cas de manquements constatés.

II Les organismes d'autodiscipline

Le secteur de la communication s'appuie sur différents organismes internationaux pour promouvoir une publicité responsable par autorégulation :

EXEMPLES : AEEP (Alliance européenne pour l'éthique en publicité, ou *European Advertising Standards Alliance*), ICAS (Conseil international pour l'autorégulation de la publicité, ou *International Council for Ad Self-Regulation*).

En France, l'Autorité de régulation professionnelle de la publicité (ARPP) est l'organisme de référence pour une régulation professionnelle de la publicité. L'ARPP a pour objectifs :

- d'agir en faveur d'une publicité loyale, véridique et saine dans l'intérêt des professionnels, des consommateurs, du public en général, et plus généralement de tous les citoyens ;
- de concilier protection du consommateur-citoyen et liberté d'entreprendre et de créer.

L'ARPP dispose de trois instances associées :

Le CEP Conseil de l'éthique publicitaire	Instance de réflexion, il analyse les évolutions sociétales dans les domaines couverts par la déontologie publicitaire et réfléchit aux problèmes d'ordre éthique posés par le contenu de la publicité et l'évolution de ses formats.
Le CPP Conseil paritaire de la publicité	Instance de concertation, il émet des avis et recommandations en intégrant les attentes et préoccupations des parties prenantes, notamment celles des associations et des consommateurs.
Le JDP Jury de déontologie publicitaire	Instance de contrôle, il donne des avis sur des plaintes émises par toute personne morale ou physique (particuliers, associations…) à l'encontre de publicités, au regard des règles professionnelles. Il se prononce exclusivement sur la conformité de la publicité avec les règles déontologiques de la profession.

III Les organismes de défense de l'intérêt général

Ces organismes utilisent de plus en plus les réseaux sociaux au moyen d'opérations « coup de poing » pour obtenir des retombées dans les médias.

1. Les associations de défense des consommateurs

Le secteur de la communication doit obligatoirement tenir compte de ces associations (lobbys ou groupes de pression) car, bien qu'ayant des pouvoirs limités, elles bénéficient du relais des grands médias pour certains combats.

L'INC Institut national de la consommation	Cet établissement public à caractère industriel et commercial promeut une consommation responsable. Il réalise des essais comparatifs, édite le magazine *60 Millions de consommateurs* et diffuse l'émission de télévision *ConsoMag* pour guider les consommateurs dans leurs choix.
L'UFC-Que Choisir Union fédérale des consommateurs	Elle informe et conseille les consommateurs, notamment avec le mensuel *Que Choisir*, et défend également leurs droits. Elle peut mener des actions en justice pour faire sanctionner des pratiques irrégulières et intervient auprès des pouvoirs publics, des parlementaires nationaux et européens pour faire avancer les droits des consommateurs.
Les autres associations	– Syndicats **EXEMPLE :** INDECOSA-CGT (Association pour l'information et la défense des consommateurs salariés). – Associations de mouvement familial **EXEMPLES :** CSF (Confédération syndicale des familles), UNAF (Union nationale des associations familiales). – Associations portant sur une thématique précise **EXEMPLES :** FNAUT (Fédération nationale des associations d'usagers des transports), CNL (Confédération nationale du logement).

2. Les ONG (organisations non gouvernementales) ou associations

a. Les organisations ou associations de défense de l'environnement

Elles mettent en avant les opérations de *greenwashing* dans certaines publicités et poussent à un renforcement de la réglementation.

EXEMPLES : Greenpeace, la fondation Surfrider, WWF, France Nature Environnement.

b. Les organisations ou associations de défense des droits humains

Elles luttent pour des conditions de travail et un salaire décents dans certains pays producteurs ou contre les stéréotypes féminins ou les publicités sexistes.

EXEMPLES : le collectif Éthique sur l'Étiquette, Fashionrevolution, Les Lionnes, RAP (Résistance à l'agression publicitaire).

1 Le *greenwashing* ou écoblanchiment

L'Agence gouvernementale de la transition écologique (ADEME) lutte contre le réchauffement climatique et la dégradation des ressources.
Face à l'urgence, elle appelle les citoyens et les acteurs économiques à se mobiliser au plus vite.
Dans ce contexte, elle dénonce la pratique croissante du *greenwashing* dans le domaine de la publicité.

1. Définir la notion de *greenwashing*.
2. Préciser les arguments des ONG et des associations contre TotalEnergies.
3. Expliquer les apports de la loi Climat et Résilience de 2021.
4. Énoncer les raisons qui vont pousser à une évolution de la communication du secteur de l'habillement.
5. Relever le nom d'organisations « anti-pub » particulièrement investies face à des publicités qu'elles trouvent « frauduleuses » et leurs moyens d'action.

Document — Le Code de la consommation considère le *greenwashing* comme une pratique commerciale trompeuse

Promulguée le 24 août 2021, la loi Climat et Résilience a fait inscrire dans le Code de la consommation le *greenwashing* parmi les pratiques commerciales trompeuses, au même titre que les arnaques financières ou les mensonges sur l'origine d'un produit.

Parce qu'il induit les consommateurs en erreur, le *greenwashing* pouvait depuis longtemps être dénoncé comme une pratique commerciale trompeuse. Pourtant, les premières actions en justice sont récentes. Il a fallu que monte la colère des citoyens face à l'accumulation des allégations injustifiées, mais aussi que la loi Climat et Résilience rappelle plus précisément ce qui est interdit.
La condamnation de Shell par un tribunal néerlandais en mai 2021 à réduire ses émissions de CO_2 de 45 % d'ici à 2030 a par ailleurs montré la voie aux ONG et associations.
Cette condamnation a directement inspiré la procédure engagée contre TotalEnergies en mars 2022 par Greenpeace France, Les Amis de la Terre et Notre Affaire à tous. Ces derniers reprochent à la multinationale d'afficher une forte ambition de neutralité carbone alors qu'elle consacre 80 % de ses investissements au développement des énergies fossiles.
De son côté, Zero Waste France a assigné en justice les marques Adidas et New Balance parce qu'elles présentent leurs baskets fabriquées à partir de plastique recyclé comme des solutions pour préserver la planète. Cela ne peut pas être le cas : même vertueux, tout achat a un impact dès lors qu'il a eu besoin d'être fabriqué. « *Nous aurions pu attaquer d'autres marques, tant les exemples de* greenwashing *dans la* fast fashion, *faisant croire aux clients qu'ils sauvent le climat en achetant tel vêtement ou en portant tel slogan sont nombreux* », reconnaît Alice Elfassi, responsable des affaires juridiques chez Zero Waste France. « *Mais il a fallu choisir. Nous attendons maintenant que les pouvoirs publics se saisissent de l'affaire, comme ils l'avaient fait en 2018 suite à notre plainte contre les* fast-foods. » Pour rappel, cela avait conduit à légiférer sur l'interdiction de la vaisselle jetable dans la restauration à partir de 2023.
Le *greenwashing* ne présente plus seulement un risque réputationnel et quelques semaines de gestion de crise : il y a désormais aussi un risque juridique et financier à se faire prendre. Faire ce qu'on dit pourrait bientôt coûter moins cher.

www.ademe magazine, novembre 2022.

2 La publicité ou pas de pub ?

★★

La marque française de vêtements Loom crée des habits respectueux de l'environnement, intemporels et solides. Elle ne fait aucune publicité, c'est pourquoi votre agence souhaite lui proposer ses services, même si elle devra approfondir les aspects juridiques propres à ce secteur d'activité.
Votre directeur commercial et clientèle doit rencontrer prochainement les dirigeants de la marque de vêtements Loom.
Votre responsable vous demande de préparer cette rencontre.

LO
OM

1. Expliquer le concept de la marque française Loom. En déduire les difficultés probables à convaincre les dirigeants de la marque à faire de la publicité.
2. Définir le concept de *fast fashion*.
3. Les pratiques publicitaires des marques H&M, Zara ou encore Mango, à savoir commercialiser des vêtements avec des messages écologiques, peuvent-elles être considérées comme des pratiques commerciales trompeuses ?

Document — Quand Loom épingle H&M pour *greenwashing*

« Moins mais mieux »
Telle est la devise de Loom, marque française qui produit des habits *ecofriendly*, intemporels et solides « qui ne coûtent pas un bras » et sont fabriqués dans de jolis ateliers en Europe. Pour ses fondateurs, il est aussi important de se préoccuper de l'environnement que des personnes qui confectionnent les vêtements. Pensé plus comme un projet que comme une énième marque de fringues, Loom est une réponse directe à la *fast fashion* des mastodontes du textile, comme H&M, Zara ou encore Mango, qui inondent le marché d'habits et accessoires *low cost* à la longévité très limitée... pas très éloignée de celle des objets à usage unique.
La méthode est habile : on produit des habits bon marché qui s'abîment à la vitesse grand V et on renouvelle les collections 10 fois par an pour encourager à la surconsommation. Problèmes ? L'énergie grise demandée pour produire un vêtement est énorme et, entre les tissus synthétiques (issus de dérivés du pétrole) et les innombrables produits chimiques (pesticides sur les champs de coton, teintures...), les véritables *fashion victims* ne sont pas celles et ceux qui craquent pour un nouveau pull à 15 balles, mais l'environnement et la main-d'œuvre exploitée.
Alors, quand H&M sort un t-shirt à message écolo « *There is no planet B* » (traduction : « Il n'y a pas de planète B »), Loom voit rouge et dénonce ce vil *greenwashing* par un percutant plaidoyer imagé qu'on vous laisse apprécier :
- on achète deux fois plus de vêtements qu'il y a 20 ans ;
- la mer d'Aral en Asie (2 fois la Belgique) a perdu 90 % de son volume à cause des champs de coton en Ouzbékistan. [...]

Leïla Rölli, envertetecontretout.ch

3 ★ La publicité dans le secteur financier

Vous travaillez auprès du chef de publicité du groupe L'Étudiant. La Société Générale a acheté une page de pub dans le hors-série de l'année, « Spécial Parcoursup ». Le format magazine de ce hors-série est diffusé à 800 000 exemplaires.

- Indiquer les mentions indispensables que doit compléter cette page-écran pour que la publicité puisse paraître dans le hors-série de l'année.

Document Page-écran d'une publicité de la Société Générale

4 ★★★ La perception de la communication publicitaire par les Français

Suite à des mouvements de contestation repris dans les médias, le directeur de l'agence dans laquelle vous êtes en stage s'interroge sur la relation des Français à la communication publicitaire. Il profite de votre regard de jeune communicant(e) pour vous demander votre avis sur l'évolution du comportement des Français vis-à-vis de la publicité.

1. Montrer l'évolution du rapport des Français avec la communication publicitaire concernant les produits à fort impact environnemental.
2. Préciser la nature des messages les plus appréciés par les Français.
3. Identifier les types de publicités les plus critiqués par les Français.
4. Expliquer si cela provient du statut des annonceurs (public ou privé) ou de leur message.
5. En quoi ces tendances pourront-elles influencer la réglementation dans le domaine de la communication publicitaire ?

Document — Les Français et l'interdiction des publicités climaticides

Pour la première fois, le baromètre « Représentations sociales du changement climatique » de l'Ademe[1] a posé la question de l'utilité de l'interdiction de la publicité « pour les produits à fort impact sur l'environnement » pour réduire les émissions de gaz à effet de serre. La mesure a recueilli 83 % d'avis favorables. En 2020, un sondage Greenpeace[2] à la méthodologie similaire en avait recueilli 65 %.
Plus généralement, les derniers baromètres « Greenflex Communication responsable » de l'Ademe font ressortir le tiraillement d'une population toujours plus captive d'un système néolibéral et consumériste synonyme d'injonctions contradictoires. Ainsi, 93 % des sondés indiquent leur désir de « revoir en partie ou complètement le système économique » et les pratiques individuelles de « sobriété » (comme la réduction de la consommation de viande) font de plus en plus d'adeptes. Pourtant, 90 % des personnes interrogées affirment que « la société les pousse à acheter sans cesse » – un chiffre en hausse – et pointent du doigt les *stimuli* incessants que sont les publicités, la mode, les offres commerciales…
Face à cette situation, de profondes transformations structurelles et des actes forts de la part des pouvoirs publics et des entreprises sont attendus. En ce sens, les préoccupations citoyennes rejoignent les préconisations de nombreux organismes scientifiques intergouvernementaux et nationaux, tels que le GIEC et le Haut Conseil pour le climat.
Manifestement, la cohérence de l'interdiction des publicités pour les biens et services qui détruisent le climat fait sens pour le plus grand nombre. Et si, pour une fois, le gouvernement faisait acte de démocratie en proposant une véritable Loi Évin Climat ?

antipub.org, 13 janvier 2023.

1. 23e vague du baromètre « Les Représentations sociales du changement climatique », ADEME – Daniel Boy RCB Conseil 2022, octobre 2022.
2. « Climat et environnement : quels changements attendus par les Français post-Covid-19 ? », BVA – Greenpeace, juin 2020.

5 Vérifiez vos connaissances

1 Préciser l'objectif de la loi Toubon.

☐ La loi Toubon impose le français pour tout message publicitaire.
☐ La loi Toubon prévoit quelques exceptions à l'obligation de l'utilisation du français dans la publicité.
☐ La loi Toubon interdit la publicité sur l'alcool et le tabac.

2 Indiquer si la réglementation sur les publicités suivantes vise une protection (1) ou une interdiction (2).

a. La publicité en langue étrangère
b. Le droit d'auteur
c. La publicité mensongère
d. La publicité pour les énergies fossiles
e. La publicité déloyale
f. La promotion du tabac
g. La publicité comparative
h. La publicité portant atteinte au droit des personnes

3 Donner la signification des sigles des organismes puis classer les 10 organismes selon leur finalité : organisme de contrôle de la publicité (1), organisme d'autodiscipline (2), association de défense de l'intérêt général (3), association de défense des droits humains (4).

ARCOM – CNIL – RAP – ARPP – OMC – WWF
UFC – ADEME – Greenpeace – Les Amis de la Terre

CHAPITRE
3 Réaliser une analyse interne et externe au moyen d'une veille appropriée

Contexte professionnel

Compétences professionnelles
- Analyser l'environnement au moyen d'une veille appropriée
- Réaliser une analyse interne et externe

Savoirs associés
- La veille informationnelle et les études documentaires
- L'analyse de l'environnement interne et externe

Métabief est une commune française située dans le département du Doubs, en Bourgogne-Franche-Comté. Dès 1953, elle développe son attractivité autour des sports d'hiver. Ses activités sont gérées par le syndicat mixte du Mont d'Or (SMMO).

En 2017, la commune commence ses réflexions autour de la transition climatique. Les résultats démontrent que la viabilité économique du ski alpin pourrait être remise en question dans les prochaines années.

C'est dans ce contexte que la station de montagne de Métabief s'est orientée vers le développement d'activités « quatre saisons » : des pistes de VTT aux offres liées au trail ou encore la valorisation de l'Espace Naturel Sensible du mont.

La plupart des domaines skiables de moyenne altitude font face au même problème et se concurrencent fortement pour attirer des clients. Il faut non seulement fidéliser les amateurs de sports d'hiver mais également accroître et répartir les flux de visiteurs hors saison hivernale.

métabief
montagnes du Jura

Vous êtes stagiaire au sein du service Communication du syndicat mixte du Mont d'Or, qui gère le domaine de Métabief. Vous assistez la responsable de la communication dans la préparation de la campagne de communication pour l'été prochain.

Votre première mission est de collecter des informations et de mener une étude afin de mieux comprendre le contexte. Cette étude constituera le préalable à l'élaboration d'un diagnostic.

Comprendre le contexte

1. En quoi la situation de la station de montagne de Métabief nécessite-t-elle la mise en place d'une communication spécifique ?

2. Quels éléments la station doit-elle mettre en avant dans ses campagnes de communication pour développer son attractivité touristique ?

1 Réaliser une analyse interne de la situation du domaine de Métabief

Votre responsable vous demande de réaliser une analyse interne de la station de ski de Métabief. Elle vous remet, pour ce faire, un dossier documentaire.

Documents 1 à 5
Fiches ressource 1 et 2

1. Identifier l'annonceur.
2. À quelle catégorie d'annonceurs appartient-il et quel est son rôle ?
3. Relever les forces et les faiblesses de la station de montagne.
4. Pour chacune, préciser si cette information est issue d'une source d'information interne ou externe.

Depuis quelques années, la station de montagne de Métabief a engagé une démarche pour affirmer sa responsabilité sociétale et environnementale. Votre responsable vous demande de préparer une fiche de renseignements sur la station et sa démarche de diversification de ses activités.

Documents 4 et 5
Fiche ressource 1

5. Montrer comment les questions environnementales sont au cœur du développement de la station de montagne de Métabief.
6. Expliquer en quoi cela peut constituer une force.
7. Compléter l'analyse avec les autres forces et faiblesses de la station.

Document 1 Métabief, une station de ski en transition

Le réchauffement climatique impacte directement les activités touristiques de moyenne montagne. [...]
Le syndicat mixte[1] du Mont d'Or (SMMO) gère la station de ski alpin de Métabief, située dans les montagnes du Jura, à une altitude comprise entre 900 et 1 400 m. Le domaine skiable propose environ 40 km de pistes et comprend une vingtaine de remontées mécaniques, dont 6 télésièges à pinces fixes âgés de plus de 35 ans et un télésiège débrayable âgé de 15 ans. Le SMMO a investi lourdement entre 2010 et 2020 pour déployer la neige de culture qui couvre désormais 40 % du domaine et pour mettre à niveau les équipements hivernaux. La question de la transition de la station de Métabief s'est imposée au SMMO du fait des enjeux financier et technique que représentait le parc des remontées mécaniques. Après 10 ans d'investissements importants, le SMMO a pris un virage historique en envisageant désormais la fin du ski alpin à l'horizon 2030-2035.

En cohérence avec ce choix, le SMMO a fait le choix :
- d'investir dans des solutions alternatives d'entretien des remontées mécaniques, au lieu du renouvellement plus coûteux et difficilement amortissable ;
- de développer des activités *outdoor* : lancement d'un projet de restructuration d'activités *outdoor* (VTT, trail, marche nordique), organisation d'un ultra-trail ;
- de lancer une démarche prospective sur le futur du territoire, la manière dont le patrimoine naturel et culturel peut être valorisé, de façon à décider des investissements publics dans les années à venir et inciter des opérateurs privés à investir dans le territoire.

Plus généralement, la station de Métabief a initié une démarche en termes de connaissance, d'animation, de prospective et de mobilisation, avec des résultats concrets qui pourront intéresser d'autres collectivités.

1. Un syndicat mixte est une structure publique qui regroupe plusieurs collectivités territoriales.

adaptation-changement-climatique.gouv.fr

Document 2 Un peu d'histoire…

C'est le 6 septembre 1953 […] que la première télébenne et la station furent officiellement inaugurées.
De très nombreux travaux furent ensuite réalisés, tant au niveau des équipements de ski alpin qu'en ce qui concerne l'immobilier touristique de la commune. Le 12 mars 1979, un décret classa la station de Métabief Mont d'Or comme station nationale de sports d'hiver. Passée successivement d'une gestion privée à une gestion d'économie mixte, aujourd'hui gérée par le département du Doubs, la station est aujourd'hui en plein développement.
La modernisation des équipements, et notamment des remontées mécaniques, la généralisation de la neige de culture, le développement de structures d'activités ludiques d'hiver et d'été, le développement du VTT et de la randonnée font de la station de Métabief Mont d'Or un pôle économique touristique incontournable dans le Haut-Doubs.
L'hiver, la station offre 42 km de pistes de ski alpin, 120 km de pistes de ski de fond, une structure ludique d'apprentissage unique dans notre région Jura Kid Park, divers *snowparks*, des pistes balisées pour les piétons et les promenades à raquettes.
L'été, de nombreuses activités sont offertes pour mettre en pratique la devise de l'office du tourisme, « Se mettre au vert à Métabief » : randonnées pédestres et VTT, équitation, escalade, spéléo, etc.
La proximité de la Suisse et […] son attractivité économique [ont] grandement favorisé l'implantation de très nombreuses familles. Résolument tournée vers son développement économique aux côtés de la station de Métabief Mont d'Or, la commune compte à ce jour 1 173 habitants et dispose d'un parc immobilier d'un peu plus de 2 200 logements. De très nombreux commerces, artisans et structures d'accueil à destination des touristes sont implantés dans le village.
Métabief, classée station de tourisme et station verte, résolument tournée vers l'économie durable, n'attend que votre venue pour vous faire découvrir tous ses atouts !

https://www.metabief.fr/

Document 3 Jura : la station de Métabief, laboratoire à ciel ouvert de la transition climatique

La station de Métabief, la plus grande du massif jurassien, a lancé un plan de transformation d'ici quinze ans pour faire face au changement climatique. Les études météorologiques font état d'une fin de viabilité de la neige en 2030 ou 2035. D'où cette adaptation déjà amorcée.

Anthony Rivat, www.sudouest.fr, 3 novembre 2022.

Premier acte de la transition, une luge quatre saisons a été inaugurée cet été à la station de Métabief.

Document 4 Métabief, sobriété énergétique : quels changements ?

Depuis plusieurs années, nous sommes engagés dans une démarche de réduction de notre impact environnemental. Cette année, en raison de la crise énergétique que nous traversons et des besoins de sobriété qui en découlent, nous allons chercher à réaliser des économies d'énergie supplémentaires. Celles-ci seront alignées sur la météo de l'électricité *via* Ecowatt.

Pour traverser cette crise énergétique et minimiser l'impact sur notre activité, nous avons dû trouver un point d'équilibre entre effort de sobriété énergétique, maximisation de votre satisfaction clients et gestion financière.

Les principales mesures :

Écoconduite & vitesse adaptée des remontées mécaniques

La vitesse des remontées mécaniques sera adaptée en fonction de la fréquentation. Réduction systématique en Ecowatt orange et rouge.

Consommation électrique réduite pendant les heures de forte consommation

Adaptation des horaires d'ouverture, réduction forte des entraînements en nocturne, réduction de l'intensité de l'éclairage de la luge et production de la neige de culture adaptée autant que possible.

Adaptation du calendrier et de l'ouverture de certaines remontées mécaniques

Fermeture de certaines remontées mécaniques hors week-end et hors vacances, ouverture partielle après les vacances de février et fermeture dès le 19 mars 2023.

www.station-metabief.com

Document 5 Extrait de la brochure de présentation de l'exposition du SMMO « La montagne en transition » à Métabief

Les enjeux de la biodiversité et du climat viennent impacter et interroger cette économie qui dépend fortement des milieux naturels et de la neige. Pour perdurer, ce modèle doit se transformer dans les 10 prochaines années. Un défi d'envergure qui implique aussi bien un changement structurel que culturel tout en répondant aux impératifs suivants :

Biodiversité : les activités de pleine nature doivent être compatibles avec la préservation des richesses biologiques des sites.

Bas carbone : la mobilité des visiteurs (population locale, excursionnistes régionaux et touristes nationaux et internationaux) et les moyens de chauffage doivent être peu émetteurs de gaz à effet de serre et donc repensés.

Sociétal : les femmes et les hommes acteurs de cette économie (professionnels et clients) doivent être au cœur des démarches pour valoriser l'humain et les métiers en pleine révolution. L'objectif : permettre à tous, quels que soient son statut social et ses capacités physiques, de participer au changement.

o-doubs.com

2 Analyser la communication antérieure et actuelle de la station de montagne de Métabief

Afin de compléter votre compréhension du contexte dans lequel s'inscrit votre action, vous décidez d'interroger Mélanie P., responsable de la communication du SMMO (syndicat mixte du Mont d'Or).

Document 6
Fiche ressource 1

1 Lister les différents moyens utilisés par la station pour valoriser son offre de loisirs multi-activités.

2 Analyser cette communication en montrant ses forces et ses faiblesses.

Vous poursuivez vos recherches sur la communication actuelle et antérieure menée par la station de Métabief. L'analyse des forces et des faiblesses de cette communication vous permettra de déterminer s'il faudra l'orienter différemment par la suite.

Documents 7 à 10
Fiche ressource 1

3 Pour chacun des moyens, relever, dans un tableau :
– les parties prenantes concernées à qui s'adresse l'annonceur ;
– les objectifs de chacune de ces solutions de communication.

4 Synthétiser les forces et les faiblesses de la communication de la station de ski de Métabief.

Document 6 Interview de Mélanie P., responsable de communication du SMMO

Quels sont les moyens de communication actuellement utilisés pour valoriser la station de Métabief ?

Nous communiquons essentiellement sur des supports locaux, par exemple *Franche-Comté Terroir*, qui est un magazine gratuit sur la gastronomie et plus généralement le patrimoine de Franche-Comté, ou encore *O Doo*, un magazine semestriel édité pour le compte de la fédération Commerce et Artisanat Grand Pontarlier. Nous y diffusons des reportages dans le cadre de nos relations presse, nous y achetons aussi des espaces publicitaires. La communication digitale *via* les réseaux sociaux est incontournable pour toucher une cible plus large sur le plan géographique : Instagram, Facebook, Twitter. Nous y sommes très actifs.

Êtes-vous présents dans des magazines qui paraissent à l'échelle nationale ?

Non, notre communication *via* la presse magazine est exclusivement locale. En revanche, nous avons parfois mis en place des relations presse dans la presse professionnelle telle que *L'Écho Touristique*. Nous comptons sur les lecteurs professionnels pour jouer le rôle de relais et de prescripteurs auprès des touristes.

Vous communiquez toute l'année ?

Il y a des temps forts dans la communication, au début de la saison d'hiver, puis avant l'été. En revanche, sur les réseaux sociaux, nous sommes présents et actifs toute l'année pour maintenir le lien.

Les touristes sont-ils votre cible principale ?

Au départ, quand les responsables de la station ont pris la décision d'amorcer un arrêt progressif des activités de sport d'hiver, nous avons mis en place une communication interne pour expliquer notre démarche. Nous avons aussi beaucoup communiqué auprès des professionnels du tourisme et des élus afin de les associer à cette transition. Nous avons organisé des réunions d'information et de concertation. C'était important qu'ils nous suivent dans cette démarche pour adapter leur offre, mais aussi qu'ils soient rassurés par rapport à la pérennité de leur propre activité.

Aujourd'hui, nous veillons à communiquer aussi auprès des touristes. Les moyens utilisés sont essentiellement notre site Internet et les sites touristiques partenaires, mais également les réseaux sociaux.

Avez-vous un budget défini pour la communication ?

Le budget de communication annuel s'établit autour de 70 000 euros.

Document 7 Métabief en vidéo

L'été à Métabief
Vidéo
liennathan.fr/88cb7e

Document 8 Le VTT, l'activité incontournable à faire à Métabief cet été

Métabief… pour les passionnés de VTT, ce nom résonne avec une pointe de nostalgie avec le souvenir des championnats du monde accueillis en 1993 !
Aujourd'hui, la station s'est renouvelée avec de nouveaux aménagements qui plairont aussi bien aux VTTistes confirmés qu'aux familles. En effet, les pistes verte et bleue, la Bike'all et l'Atlas, ont été aménagées pour permettre à tous de découvrir en toute sécurité la pratique du VTT de descente. Les plus aguerris se lanceront sur les autres pistes pour se faire des sensations fortes sur les gros *road gaps* et autres aménagements !
La station dispose également de 2 zones en accès libre, le Jura Kid Park et l'Enduro Mythiques, pour s'amuser et s'initier à la maniabilité VTT.
Preuve du nouveau souffle de la station VTT, Métabief accueillera cette année encore [2020] la Coupe de France VTT, avec de très grandes équipes internationales annoncées… De quoi assurer du grand spectacle, le week-end du 29-30 août.

ekosport.fr, 3 août 2020.

Document 9 La station de Métabief s'affiche sur les réseaux sociaux

Pour plus d'information, vous pouvez visiter les pages ci-dessous :

Station de Métabief – Page Facebook
Site
liennathan.fr/eb55a7

Station de Métabief – Compte Instagram
Site
liennathan.fr/u93jx7

Document 10 Programmation d'automne des « Rencontres en transition »

LES RENCONTRES transition Montagnes du Jura

PROGRAMMATION

POUR PETITS ET GRANDS

GRATUIT

VEN. 30/09

Lancrans

10h00 - 10h45

La Valserine, une rivière sauvage
Uniquement en live
Conférence
Serge RONZON

Les Rousses

18h15 - 18h45

Les glaciers et l'eau : un enjeu pour tous
Conférence
Espace des Mondes Polaires

19h15 - 20h00

Micro-aventures et sports : allier nouvelles pratiques et enjeux environnementaux
Conférence
La Boite à Montagne
Gaïa Loisirs
Sentiers Nordiques

INFORMATIONS ET INSCRIPTIONS AUX ANIMATIONS SUR O-DOUBS.COM

SAM. 01/10

Métabief

10h30 - 12h00

Atelier en famille
bain de forêt et land art
3 ans à 99 ans
Sur inscription
Fanny GIROD

13h30 - 15h00

Escape game
Enjeux climatiques
9 ans à 99 ans
Sur inscription
CPIE

15h15 - 15h45

Les micro-aventures : présentation et pratique sur le territoire
Conférence
Julien VRIGNON

15h45 - 16h05

Quel équipement pour quelle pratique ?
Interview
Gliss'Sport

16h05 - 16h35

L'alimentation et le sport
Conférence
Fanny COTTIN

16h45 - 17h15

GTJ : les nouveaux aménagements conviviaux
Conférence
Alain LANGELEZ

DIM. 02/10

Métabief

10h15 - 10h45

L'importance de l'activité physique pour les jeunes.
Conférence
Mont Training

10h45 - 11h00

Réveil sportif
9 ans à 99 ans
Mont Training

11h45 - 12h45

Atelier cuisine
Apéritif éco-responsable et sportif
Sur inscription
Restaurant Midi Treize

Départ UTMJ Kids 13h30 à 14h45

13h45 - 14h25

Faire cohabiter différentes pratiques dans un milieu sensible
Table ronde
Lucie BRELET & Jean-Luc GIROD

14h25 - 15h00

Les enjeux climatiques sur les loisirs et le tourisme du Haut-Doubs
Table ronde
Olivier ERARD & Claire LEBOISSELIER

Pour les enfants et les adultes

TABLES RONDES, CONFÉRENCES ET INTERVIEWS RETRANSMIS AU LIVE HABITUEL

SUIVEZ TOUTE LA PROGRAMMATION EN LIVE SUR LES RENCONTRES DE LA TRANSITION DES MONTAGNES DU JURA

o-doubs.com

3 Analyser le macro-environnement de la station de montagne de Métabief

La problématique actuelle de Métabief n'est pas unique. Votre responsable vous demande de vous renseigner sur cette question, et plus généralement de vous pencher sur les différents aspects de l'environnement de cette organisation.

Documents 11 et 12
Fiche ressource 2

1. Relever les sources de ces documents. Déterminer si ces ressources documentaires sont pertinentes et adaptées au besoin de l'analyse.
2. À quels facteurs d'environnement ces ressources font-elles référence ?
3. Indiquer si ces éléments représentent des opportunités ou des menaces pour Métabief.
4. En quoi l'analyse de chacun de ces documents sera-t-elle utile dans l'élaboration du plan de communication ?
5. Récapituler l'ensemble de votre analyse sous forme d'un tableau PESTEL.

Document 11 Le budget vacances 2022 des Français en baisse de 8 %

Comme chaque année, l'enquête Cofidis/CSA Research permet de connaître le budget moyen que prévoient les Français pour leurs vacances d'été. Avec cette inflation galopante, le budget vacances 2022 est déjà en léger repli, alors que le coût des vacances va croître de son côté de près de 7 %.

Malgré la hausse des prix, cette inflation galopante, l'envolée des coûts des locations estivales (+ 7,2 % en 2022 !), du prix des carburants, une large majorité de Français (63 %) envisage de partir en vacances cet été ! Seulement 8 % des Français songeraient à renoncer à leurs vacances 2022, selon un autre sondage.

Denis Lapalus, www.francetransactions.com, 23 juin 2022.

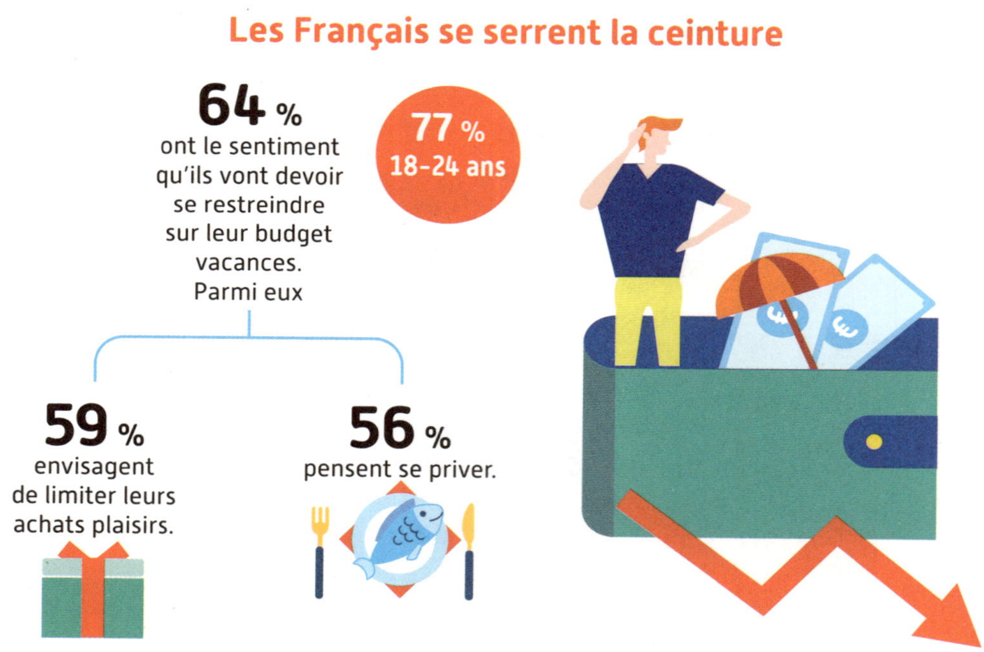

Document 12 Le tourisme durable, un critère pour 93 % des voyageurs

Une étude CSA et Prisma Media Solutions

L'environnement, la nature, l'écologie sont parmi les premiers mots cités quand on aborde la question du voyage responsable. La notion de tourisme durable est associée à la préservation des ressources naturelles pour 46 % des personnes interrogées, la protection de la biodiversité et du bien-être animal pour 40 % d'entre eux, et la consommation en local pour 41 %.

L'impact sur l'environnement et sur le vivant est d'ailleurs un critère à prendre en compte pour 93 % des répondants. À la question : « *Diriez-vous que l'impact sur l'environnement est un critère important pour les Français lorsqu'ils réalisent un voyage ?* », ils sont 51 % à juger que oui, et 42 % à juger qu'il devrait l'être.

S'il est important, le critère est aussi générationnel : 67 % des 18-34 ans jugent le critère de l'impact important. Protection, respect du vivant, mais aussi éviter le gaspillage... Le tourisme aujourd'hui apparaît parfois comme un acte d'engagement. **Les voyageurs cherchent à avoir un impact le moins négatif possible.** [...]

Juliette Pic, www.tourmag.com, 30 juin 2022.

4 Analyser le micro-environnement de la station de montagne de Métabief

Métabief n'a pas réussi seule le pari de la diversification de ses activités. L'appui de partenaires s'est avéré indispensable à la bonne réussite du projet. La prise en compte de points d'attraction concurrents a également été nécessaire.

Documents 13 et 14
Fiche ressource 2

1. Lister les partenaires avec lesquels le SMMO collabore.
2. Analyser la présence de ces partenaires en termes d'opportunités ou de menaces.

Document 13 Métabief, laboratoire à ciel ouvert de la transition climatique

[...] Une enveloppe de près de 13 millions d'euros, en partie subventionnée par l'État, le département du Doubs et la Région Bourgogne-Franche-Comté, va servir à investir dans « la montagne de demain ».
Premier gros coup, la construction d'une luge quatre saisons sur le domaine, inaugurée cet été et qui a coûté quelque 4 millions d'euros. [...] En se positionnant aussi clairement sur les conséquences du réchauffement climatique en montagne, la station de Métabief revêt désormais une casquette de pionnier en Europe. Le SMMO est régulièrement convié à des sommets sur le sujet et a même reçu les félicitations du gouvernement français [...]. Le plus gros combat est désormais celui qui vise à convaincre le monde économique local. Que feront les loueurs de ski s'il n'y a plus de remontées mécaniques ?

Les hôtels afficheront-ils toujours complet ? Il n'y aura pas de souci assure le SMMO qui, au contraire, voit un regain d'intérêt pour le Haut-Doubs. Les loueurs élargiront leur palette et les hôtels seront plus nombreux. À ce propos, un aménagement plus global du territoire est aussi dans les tuyaux. Avec un raisonnement à l'échelle du Pays du Haut-Doubs touristique qui ne manque pas de points d'intérêt.

Anthony Rivat, www.sudouest.fr, 3 novembre 2022.

Document 14 La station de Métabief, partenaire du Trail du Mont d'Or

Né en 2012, le Trail du Mont d'Or « s'est joué à guichets fermés », avec un nombre limité de 500 participants. Les deux parrains de l'épreuve, Xavier Thévenard (ultra-traileur et multiple vainqueur des courses de l'UTMB) et son frère Jean-Marie Thévenard (ultra-traileur et vainqueur de la Transju'Trail) y sont certainement pour beaucoup. Grâce à leur aide, leur soutien et leurs regards avisés sur les parcours (le Mont d'Or étant leur terrain de jeu favori, avec notamment l'« Espace Trail Xavier Thévenard »), notre manifestation a su grandir au fur et à mesure des éditions, jusqu'à atteindre les 1 000 participants lors de la 4e édition et les dépasser lors de la 5e. Depuis 2017, le Trail du Mont d'Or est devenu une course incontournable de la région, de par ses parcours montagneux, mais aussi au travers de son ambiance conviviale et chaleureuse. Malgré la crise sanitaire et les restrictions de 2020 et 2021, les coureurs venant de tous horizons (45 % hors Franche-Comté) répondent toujours présents, et terminent avec un joli sourire, de quoi perpétuer cette belle manifestation. Pour cette nouvelle édition, le Trail du Mont d'Or se déroulera les 17 et 18 juin 2023 au pied des pistes de la station de Métabief. C'est sous un grand chapiteau, situé à proximité du départ du télésiège, que nous accueillerons le temps d'un week-end tous les traileurs voulant (re)découvrir le Mont d'Or, ses sentiers, ses points de vue, ses falaises et ses pâtures. Au programme, quatre courses Trail de 8 km à 45 km, une randonnée, mais aussi des courses enfants.

D'après www.trailmontdor.com

Trail du Mont d'Or, 2023
Vidéo
liennathan.fr/u87wr5

FICHE RESSOURCE

1

L'ANALYSE INTERNE DE L'ANNONCEUR

I Les objectifs d'une analyse interne

L'analyse interne permet à l'annonceur d'**élaborer une stratégie de communication** afin :

– de mettre en valeur ses propres forces et/ou celles de ses produits ;

> **EXEMPLE :** l'entreprise artisanale Cruzille informe sur son savoir-faire à travers sa communication.

– d'atténuer ses faiblesses en rassurant les cibles.

> **EXEMPLE :** après avoir été victime d'une cyberattaque, Sixt, loueur de véhicules, doit communiquer pour rassurer les clients.

II Les étapes de l'analyse interne de l'annonceur

1. Quelles sont les caractéristiques de l'annonceur ?

– Son ou ses activités, ses produits, son champ d'action (local, national ou international), son mode d'organisation
– Sa position par rapport aux concurrents sur le marché et son évolution
– Son histoire (ancienneté, changements)
– La stratégie marketing mise en place au moment où le budget de communication est confié
– Son équipe commerciale : type, importance, motivation, efficacité
– Sa notoriété et son image auprès des différents publics

2. Quelles sont les valeurs portées par l'annonceur et quel est son engagement RSE ?

Ces deux éléments sont essentiels pour l'annonceur car ils **participent à la détermination de son positionnement** et sont ainsi partie intégrante de sa stratégie de communication. L'organisation doit communiquer en interne comme en externe pour faire connaître ses valeurs et son engagement RSE.

Ses valeurs
Il s'agit des grands principes moraux et éthiques partagés au sein de l'organisation qui guident son fonctionnement interne, mais aussi ses relations avec ses partenaires. Porter des valeurs fortes pour une organisation est un moyen de fédérer les salariés et de se forger une image auprès des différentes cibles.

> **EXEMPLE :** l'entreprise Adidas met en avant les valeurs suivantes : performance, passion, intégrité, diversité.

Son engagement RSE
La responsabilité sociétale (ou sociale) des entreprises est la prise en compte des enjeux environnementaux, sociaux et économiques en lien avec ses activités. Une organisation qui pratique la RSE va chercher à avoir un impact positif sur la société tout en étant économiquement viable.

> **EXEMPLE :** dans le cadre de sa politique de RSE, l'opérateur de téléphonie Orange veille à faire respecter par ses fournisseurs les standards humains et environnementaux.

3. Quelle a été la communication antérieure de l'annonceur et du produit (ou marque), objet de l'étude ?

– Le type de communication antérieure : communication produit, communication de marque, communication institutionnelle, communication interne
– L'importance du budget de communication par rapport aux budgets des concurrents
– La répartition du budget par moyen de communication (moyens les plus utilisés)
– Les moyens d'identification : pertinence de l'identité visuelle, de la charte graphique…
– Le positionnement existant : est-il adapté ? distinctif ? (Comparer avec ceux des concurrents.)
– Les messages : adaptation au produit, pertinence…
– Les contraintes juridiques éventuelles (réglementations, voire interdictions)

III Les sources d'information internes

L'analyse de l'annonceur est réalisée à partir des informations internes. Certaines de ces informations existent déjà. Il s'agit d'**informations secondaires**.

Origine	Nature de l'information
Services Marketing, commercial et Communication	– Statistiques de ventes : CA et marges réalisés et leurs variations par produit, région, canal de distribution, vendeur, commande… – Part de marché totale (par produit, région, canal de distribution…) et leurs variations – Comparaison avec les principaux concurrents à partir d'une veille concurrentielle – Budget de communication, part de voix, actions de communication antérieures (ex. : résultats de promotions) – Gamme de produits, catalogues, liste des points de vente, tarifs… – Rapports des commerciaux – Réclamation et suggestions des clients (service consommateur) – Fichier clients – Études menées antérieurement
Service comptable et financier	– Coûts de revient des produits – Délais de règlement – Rentabilité des produits ou gammes de produits : contribution aux frais fixes, à la marge…
Service Logistique	– Rotation des stocks – Délais de livraison – Taux de retour de produits…
Service Ressources humaines	– Coûts de personnel – Taux de rotation du personnel (*turnover*) – Jours d'absence, de grève…

On peut également réaliser des enquêtes en interne afin de produire des informations qui n'existent pas encore (**informations primaires**) : étude du climat social au sein de l'organisation, enquêtes de motivation et d'engagement…

IV De la recherche à l'exploitation de l'information

La plupart des informations existent déjà. Il s'agit alors de les collecter en respectant certaines étapes :

Identifier précisément le besoin d'information → Déterminer les types d'informations utiles → Sélectionner les sources → Collecter les informations

Une fois l'information collectée, elle doit être traitée pour être exploitable, éventuellement stockée et diffusée à l'intérieur et à l'extérieur de l'organisation sous une forme et à l'aide de moyens adaptés.

FICHE RESSOURCE

2

L'ANALYSE DE L'ENVIRONNEMENT EXTERNE DE L'ANNONCEUR

I Les objectifs de l'analyse externe de l'environnement de l'annonceur

L'analyse de l'environnement de l'annonceur complète l'analyse interne pour permettre d'identifier clairement son besoin de communication. En effet, ces deux analyses doivent permettre d'élaborer un diagnostic le plus précis possible afin que la stratégie de communication soit cohérente et adaptée au contexte. Ainsi, pour que l'organisation communique de façon efficace, la stratégie de communication pourra-t-elle :

– saisir les opportunités offertes par le marché ;

– se préparer aux menaces issues de l'environnement externe.

II Les éléments constitutifs de l'environnement externe de l'annonceur

1. Le macro-environnement

Le macro-environnement est constitué de tous les facteurs externes qui offrent des **opportunités** (impact positif pour l'organisation) ou représentent des **menaces** (impact négatif). L'outil PESTEL permet de détailler chacun des facteurs.

Facteurs externes	Opportunités	Menaces	Exemples
Politiques			Décisions politiques qui influencent le domaine d'activité de l'annonceur.
Économiques			Pyramide des âges, pouvoir d'achat, taux de chômage, taux d'inflation, évolution de l'épargne, crise immobilière, crise énergétique.
Sociologiques			Modes de vie qui influencent la façon de consommer et les attentes de la population, demande de produits bio et équitables, retour à une consommation locale.
Technologiques			Évolution des technologies en lien avec l'environnement de l'organisation : digitalisation, automatisation, réseaux sociaux et technologies Web.
Écologiques			Préoccupations environnementales qui incitent une organisation à choisir de communiquer sur le respect de l'environnement : lutte contre la pollution, réduction de la consommation d'énergie, engagement pour la biodiversité.
Légaux ou juridiques			Réglementation spécifique au domaine de la communication (voir chapitre 2).

EXEMPLE : le vieillissement de la population constitue une opportunité pour les entreprises de services d'aide à domicile.

2. Le micro-environnement

Le micro-environnement est composé de l'ensemble des acteurs avec lesquels l'annonceur entretient des relations.

EXEMPLE : l'arrivée d'un nouveau concurrent nécessite, de la part d'une entreprise, de renforcer sa communication pour y faire face.

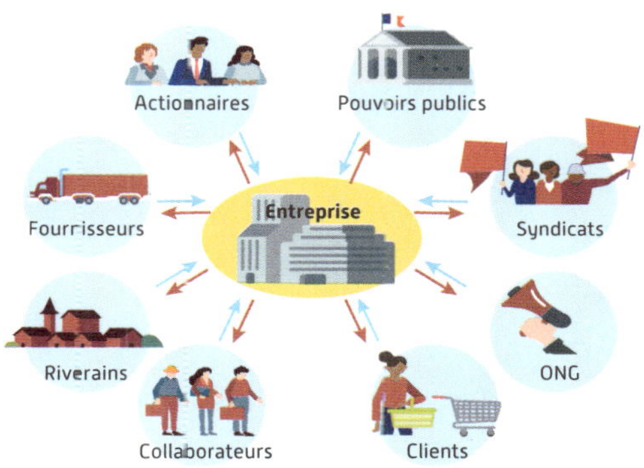

III Les sources d'information externes

Les sources d'information en provenance de l'extérieur de l'organisation sont multiples. On cherchera, dans un premier temps, des informations secondaires, donc moins coûteuses et plus faciles à obtenir.

Médias	– La presse professionnelle du secteur (ex. : *L'Usine Digitale*). – La presse quotidienne d'information nationale ou régionale (ex. : *Le Monde*) ou la presse magazine spécialisée (ex. : la presse économique et financière).
Organismes professionnels du secteur	Ces organismes, qui représentent les intérêts de la profession ou du secteur, proposent souvent à leurs adhérents des informations spécifiques, des résultats d'études sectorielles…
Salons professionnels du secteur	Ces événements, qui regroupent sur un même lieu des prestataires exposants et des visiteurs professionnels, permettent de s'informer sur les concurrents, les évolutions technologiques…
Instituts d'études	Les instituts d'études proposent entre autres : – des informations sur les cibles de communication : études de comportement de consommation ; – des analyses sectorielles et des études de marché ; – des études d'audience.
Communication des concurrents	De nombreuses informations sur les concurrents peuvent être obtenues en consultant leur propre documentation commerciale et institutionnelle, leurs sites Internet…
Publications des organismes publics	Elles peuvent concerner toutes les thématiques : juridiques, sectorielles, économiques…
Réseaux sociaux, forums, blogs	Ces espaces de communication peuvent être riches d'informations car les internautes peuvent y exprimer leur perception de l'organisation, formuler leurs avis…

IV Les moyens de collecte et d'analyse des informations externes

La recherche d'informations relatives à l'environnement de l'annonceur se fait de manière ponctuelle, à travers une étude documentaire, ou de façon permanente, par la mise en place d'une veille.

- L'**étude documentaire** a pour objectif de collecter, analyser, synthétiser et diffuser des informations secondaires en vue de satisfaire un besoin d'information précis. Il n'est pas rare que les informations requises soient déjà produites.
  Ce type d'étude est relativement simple à mettre en place et son coût généralement peu élevé puisque les données sont déjà disponibles (sauf dans le cas d'achats d'études ou de bases de données).
- La **veille**, quant à elle, est une activité continue (itérative) de collecte d'informations. Elle consiste à surveiller de façon active et permanente l'environnement de l'annonceur.

Qu'il s'agisse d'étude documentaire ou de veille, les étapes sont identiques à celles d'une collecte parmi des sources internes.

1 Les domaines de l'environnement

L'APF France handicap (anciennement Association des paralysés de France) a été créée en 1933. Stagiaire au sein de cette association, votre responsable vous demande de prendre connaissance de quelques informations concernant l'environnement de cette organisation.

1. Préciser à quelle catégorie d'annonceurs appartient l'APF.
2. Quel est son objectif ?
3. Relever et classer les éléments présentés par types d'environnement. Préciser s'ils constituent une opportunité ou une menace.
4. En quoi le constat d'une baisse des dons peut-il impacter la communication de l'APF ?

Document 1 APF France handicap en bref

APF France handicap est la plus importante organisation française, reconnue d'utilité publique, de défense et de représentation des personnes en situation de handicap et de leurs proches.
APF France handicap porte des valeurs humanistes, militantes et sociales et un projet d'intérêt général, celui d'une société inclusive et solidaire.
L'association agit pour l'égalité des droits, la citoyenneté, la participation sociale et le libre choix du mode de vie des personnes en situation de handicap et de leur famille.
83 000 acteurs sont mobilisés dans plus de 500 structures autour des projets et d'actions, 20 000 adhérents, 35 000 usagers, 15 000 salariés et 13 000 bénévoles.

www.apf-francehandicap

Document 2 Les éléments de l'environnement d'APF France handicap

a. Les dons au profit des associations ouvrent droit à une réduction d'impôt sur le revenu de 66 % à 75 % du montant versé, selon l'association choisie, dans la limite de 20 % du revenu imposable.

economie.gouv.fr

b. De récentes lois ont permis une amélioration de la vie associative, comme la loi du 1er juillet 2021 qui entend faciliter la gestion au quotidien des associations par les bénévoles ou encore celle visant à améliorer la trésorerie des associations qui a pour objet de faciliter le fonctionnement et le développement de ces associations sur le plan financier. […] [L]'objet de la nouvelle proposition de loi est de permettre la validation d'un trimestre pour les bénévoles, dans le calcul de leur retraite, pour huit années d'exercice de responsabilités au sein du bureau d'une association ou d'une fondation reconnue d'utilité publique.

assemblee-nationale.fr, proposition de loi valorisant et reconnaissant l'engagement associatif, 25 janvier 2022.

c. Aux termes de l'article L120-1 du Code du service national, introduit par la loi du 10 mars 2010 relative au service civique, le service civique a pour objet de « renforcer la cohésion nationale et la mixité sociale en offrant à toute personne volontaire l'opportunité de servir les valeurs de la République et de s'engager en faveur d'un projet collectif en effectuant une mission d'intérêt général auprès d'une personne morale agréée ».

service-civique.gouv.fr

d. Associations : une baisse des dons liés à la hausse des prix et la guerre en Ukraine en 2022
L'année 2022 n'a pas été tendre avec le monde associatif […]. Les Français ont moins donné aux associations et œuvres de charité durant les 12 derniers mois. La principale cause derrière cette diminution est « l'anxiété économique », avec la baisse du pouvoir d'achat.

Benjamin Laurent, ladepeche.fr, 13 octobre 2022.

2 L'analyse interne de l'entreprise Kerjeanne

★★

Chef de publicité dans l'agence de communication Complus, vous avez rendez-vous avec le responsable de l'entreprise Kerjeanne, spécialisée dans la production et la distribution de biscuits. Vous avez trouvé un article de presse la concernant.

1 Relever les forces, faiblesses, menaces et opportunités.

2 Indiquer comment chacune des informations pourrait être exploitée dans le cadre d'un plan de communication.

Document **Belz, la biscuiterie Kerjeanne régale les gourmands depuis 57 ans**

Jean Collin, troisième gérant de cette belle maison, créée il y a 57 ans, a succédé à Anne et Emmanuel Dumaire en février 2021. Les clients ont vu la différence avec le *relooking* du magasin qui valorise les fabrications maison. Quelques dégustations sont disposées pour découvrir les différentes spécialités. [...]

Dans l'atelier, visible du magasin, les pâtissiers s'affairent. Les spécialités, en cours de confection, seront vendues dans le magasin de Belz et également dans celui de Plogoff. « *Nous concentrons la fabrication dans notre atelier belzois. Nous avons commencé à commercialiser également dans notre magasin finistérien nos fabrications traditionnelles, gâteaux, caramels, glaces, faites sur place avec les produits locaux. Nous avons conservé toutes les recettes*, explique Jean Collin. *Kerjeanne est ouvert sept jours sur sept, l'équipe est la même, avec huit collaborateurs en magasin dont la responsable Gwendoline et cinq pâtissiers. Nous recherchons un sixième pâtissier pour renforcer l'équipe : il faut répondre à la demande des ventes qui sont maintenues à un niveau élevé.* » [...]

De nouveaux challenges

Après la réfection du magasin, de la salle de pause et la création de cinquante places de parking engazonnées, le laboratoire serait agrandi pour plus de production. « *Notre souhait serait d'augmenter la production des produits Kerjeanne de 50 % dans les cinq prochaines années. Les ventes en ligne se maintiennent, nous exportons en Belgique, en Allemagne. Avec la Grande-Bretagne, les ventes reprennent. Nous avons des partenariats avec les producteurs locaux et les produits de la mer qui fonctionnent très bien* », expose Jean Collin.

www.ouest-france.fr, 29 juillet 2021.

3 Vérifiez vos connaissances

Indiquer si la source d'information est interne ou externe.

a. Les statistiques des ventes du mois de septembre 2023
b. La nomination d'un nouveau PDG à la tête du groupe
c. Le nouveau catalogue du concurrent de votre annonceur
d. Un *post* de mécontentement d'un utilisateur du nouveau modèle de vélo lancé par votre entreprise
e. L'allongement de délais de livraison dans votre entreprise du fait de problèmes d'approvisionnement
f. Les résultats d'une étude concernant le secteur de la cosmétique
g. Un article dans le journal *Ouest-France* relatant les difficultés de recrutement de votre annonceur
h. Une étude faisant état de la baisse de consommation de sodas pour l'année 2022
i. Le *teaser* mis en ligne par votre concurrent pour le lancement de son nouveau produit

CHAPITRE 4 Formuler un diagnostic structuré et identifier le problème de communication de l'annonceur

Contexte professionnel

Compétences professionnelles
- Élaborer un diagnostic structuré
- Identifier et formuler un problème de communication
- Formuler la demande de communication de l'annonceur sous forme de *brief*

Savoirs associés
- Le diagnostic de communication de l'annonceur et le diagnostic externe
- Le problème de communication interne ou externe
- Les éléments constitutifs du *brief*

Vous êtes en stage au sein du service Communication des Côteaux Nantais-Cototerra, une entreprise agroalimentaire située à Vertou, en Loire-Atlantique, qui produit et transforme des fruits et légumes. Elle bénéficie de la certification agriculture biologique et Demeter[1], qui lui impose des règles strictes, mais elle reste méconnue du grand public.

Son dirigeant, Noah Courtial, voudrait impulser le rajeunissement de l'image des Côteaux Nantais à travers un nouveau logo et une nouvelle signature[2], plus représentatifs de l'entreprise aujourd'hui, de ses valeurs et du monde dans lequel elle évolue.

À votre arrivée, votre tuteur, le responsable du service, vous confie la mission suivante : établir un diagnostic précis sur la situation de l'entreprise afin de déterminer les changements de communication à opérer.

Côteaux Nantais
La Nature en Biodynamie

Les Côteaux Nantais – Présentation Vidéo
liennathan.fr/j4mr27

1. Marque de certification internationale pour les produits issus de l'agriculture biodynamique, c'est-à-dire garantissant leur transformation naturelle et durable.
2. Mot ou phrase courte qui accompagne le logo ou le nom de la marque.

Comprendre le contexte

1. Observer le logo et la signature puis indiquer pour quelles raisons particulières il semble nécessaire de les changer.
2. Préciser les atouts de l'entreprise qui peuvent alimenter le diagnostic à venir. (Vidéo)
3. Quelles sont les ambitions du dirigeant des Côteaux Nantais ? (Vidéo)

Activités

1 Préparer les diagnostics interne et externe de l'annonceur

Dès votre arrivée au sein du service Communication des Côteaux Nantais, votre responsable vous demande de mener une réflexion préalable concernant l'entreprise afin de bien vous imprégner du contexte. Pour cela, il vous communique une présentation de l'entreprise et une analyse sous la forme d'une matrice SWOT.

Documents 3 et 4
Fiche ressource 3

1. Caractériser l'annonceur.
2. Compléter la matrice SWOT.
3. Préciser l'intérêt de cet outil pour établir un diagnostic.

Document 1 Présentation de Côteaux Nantais-Cototerra

Créée en 1943, l'entreprise familiale Côteaux Nantais-Cototerra a mis en œuvre dès 1968 des choix de production durables et responsables, jusqu'à devenir pionnière dans l'arboriculture en biodynamie en 1997. Aujourd'hui, elle se consacre à la production des fruits et légumes et à leur transformation. Ainsi, l'entreprise propose plusieurs gammes de produits : purées et compotes de fruits, confitures et gelées, jus et nectars, cidres, pétillants et vinaigres, fabriqués selon des recettes ancestrales qui assurent sa notoriété auprès d'un réseau fidèle de revendeurs. Elle a également créé une gamme « antigaspi » pour valoriser et proposer à prix réduits les produits invendus dans ses trois points de vente.
Les Côteaux Nantais-Cototerra ont réalisé en 2021 un chiffre d'affaires de près de 15 millions d'euros et emploient 140 salariés. Si la marque est bien implantée au niveau local, de nombreux consommateurs l'assimilent encore à une production viticole.

Document 2 Recrutement aux Côteaux Nantais

Côteaux Nantais
14 avril ·

Cueilleur-euse de fraises – Contrat saisonnier à partir du 20/04 🍓

En équipe, vous récolterez manuellement nos délicieuses fraises biologiques. Simon vous formera et encadrera l'équipe toute la saison. Votre sérieux et votre minutie nous permettra de garantir à nos clients des fraises de qualité. ✨

Les fraises sont cultivées sous serre et en extérieur, au sol. Les horaires de travail s'adapteront selon la météo.

Vous êtes une personne dynamique et minutieuse. Vous appréciez le travail d'équipe.

Le contrat de travail commencera aux alentours du 20/04 et se terminera au plus tôt fin mai. Selon la récolte, le contrat pourrait se poursuivre jusqu'à courant juin.

📍Les horaires : Du lundi au vendredi : 7h30 à 15h30 (1h de pause déjeuner). Les horaires peuvent variées en fonction de la température. L'heure de début de journée peut être aménagée à 6h00 au plus tôt.

👉Pour postuler, contactez nous à emploi@coteaux-nantais.com

Document 3 Les fruits et légumes bio boudés par les consommateurs

Lors d'une conférence le 18 janvier 2022, Laurent Grandin, président d'Interfel[1], a fait état d'un « vrai décrochage » de la consommation des fruits et légumes bio [...].

Le secteur des fruits, et de la pomme en particulier, avait déjà signalé un engorgement, de plus en plus de pommes bio ne trouvant pas de débouchés. « Nous avons été les premiers, l'an dernier, à alerter le ministre de l'Agriculture sur ce sujet : l'offre est beaucoup soutenue, mais c'est la demande qui nous préoccupe. On est en train d'envoyer des producteurs dans le mur, comme on le constate aussi dans le secteur du lait et des œufs », déplore Laurent Grandin. [...]

Selon lui, face aux pressions sur les budgets (hausse du coût de l'énergie...), la part des consommateurs qui avait été gagnée sur les classes moyennes se serait « rétractée ». « Une récente enquête publique montre que 75 % des Français sont préoccupés par le pouvoir d'achat. Ces craintes sur le budget résiduel ne concourent pas à porter les fruits et légumes, et particulièrement le bio », argumente-t-il. [...]

Le président d'Interfel soulève par ailleurs un « problème d'identité » des produits issus de l'agriculture biologique. « Le local, le "sans pesticides" et autres enjeux sociétaux qui interpellent aujourd'hui n'ont pas, ou insuffisamment, été pris en compte, estime-t-il. Les ingrédients qui constituent la bio ne sont plus suffisants pour ouvrir la demande. »

Le ministère a accordé à l'Agence bio des moyens pour mettre en place une communication transversale, de nombreuses filières étant touchées par la baisse de la demande. Interfel a prévu d'accompagner ce dispositif par une communication spécifique au bio, dans l'espoir d'endiguer le recul. Elle devrait être enclenchée « dans le courant de février ».

1. Interprofession des fruits et légumes frais.

Justine Papin, www.lafranceagricole.fr, 18 janvier 2022.

Document 4 Forces, faiblesses, opportunités et menaces (SWOT) des Côteaux Nantais

	Atouts	**Handicaps**
Internes	**Forces (*Strengths*)** • Un plan d'action pour promouvoir l'engagement environnemental a été mis en place, il est reconnu au travers des labels BioED et PME+. • L'entreprise est par ailleurs signataire du Global Compact des Nations unies ; cela se traduit par un ensemble de bonnes pratiques de développement informatique comme la maîtrise de la consommation énergétique qui en découle : le « *green coding* ».	**Faiblesses (*Weaknesses*)** • Le chiffre d'affaires a diminué entre 2020 et 2021. • Les ventes au niveau national restent localisées autour de Nantes, à Paris, Marseille et un peu dans l'Est. ....
Externes	**Opportunités (*Opportunities*)** Le rythme de croissance démographique du département de Loire-Atlantique est supérieur à la moyenne nationale, ce qui en fait un département dynamique avec une consommation des ménages soutenue.	**Menaces (*Threats*)** • La concurrence sur le marché des produits biologiques est importante ; elle est présente au niveau national, mais aussi local. ....

S W
O T

2 Élaborer un diagnostic

Vous devez compléter l'analyse réalisée à partir de la matrice SWOT en intégrant des informations sur la communication antérieure de l'annonceur. Ceci vous permettra de présenter un diagnostic structuré à votre responsable. À cette fin, vous rencontrez Charlène, chargée de communication au sein de l'entreprise.

Documents 4 à 10
Fiche ressource 1

1 Relever les points forts et les points faibles de la communication antérieure de l'annonceur.

2 Rédiger en quelques lignes les diagnostics interne et externe à partir de la présentation de l'annonceur et de la matrice SWOT que vous avez complétée. Ces diagnostics devront prendre en compte la communication antérieure de l'annonceur.

Document 5 Interview de Charlène, chargée de communication

Est-ce vous qui vous chargez de l'ensemble de la communication ?
Je suis seule au service Communication, mais nous faisons appel à une agence pour les relations presse, pour l'essentiel de nos supports de communication, mais également pour les étiquettes des packagings et catalogues.

Actuellement, quels sont vos moyens de communication ?
Notre site Internet est le principal moyen de communication. Il nous permet aussi de vendre en ligne. Nous avons également développé nos réseaux sociaux pour créer du lien avec les consommateurs : Instagram, Facebook et LinkedIn à vocation plus professionnelle. Sur Facebook, nous postons des éléments en lien avec la saisonnalité, nos offres d'emploi, les salons. Sur LinkedIn, nous axons beaucoup sur nos innovations. Mais cette communication doit être encore accentuée : nous restons parfois un peu trop longtemps sans alimenter nos pages, mais je suis seule à m'en charger. Nous avons récemment travaillé avec une blogueuse. Nous diffusons une *newsletter*. Quelques animations en points de vente ont parfois été organisées par le passé. Mais ce type d'action est très chronophage et coûteux.
Nous ne diffusons quasiment jamais de publicité dans des supports de presse magazine grand public.

Vous parliez des consommateurs. Quelle est votre cible principale ?
Nous avons constaté, durant la crise de la Covid-19, que la meilleure vente des Côteaux Nantais était la purée de pommes, conditionnée en pots de verre de 1,6 kg. Donc on sait que notre cible est familiale et que ce sont en majorité les mamans qui achètent nos produits. Mais on voit apparaître de nouveaux profils de consommateurs, *via* notre site Internet e-commerce, créé il y a un an, où les profils d'acheteurs sont très équilibrés, 50 % hommes et femmes, et élargis à la fois vers les plus jeunes et les plus seniors. Le site nous permet d'affiner nos cibles marketing.

Participez-vous à des salons ?
Oui, nous y sommes présents, par exemple Natexpo en France ou Biofahr en Allemagne. Mais ce type de salons vise les acheteurs professionnels. Pour les particuliers, nous participons depuis longtemps au salon Marjolaine à Paris et naturellement Zen et Bio puisqu'il a lieu à Nantes. Nous aimerions pouvoir en faire plus car les consommateurs sont friands de ces occasions d'échanger et de goûter nos produits.

Quel est le positionnement des Côteaux Nantais ?
Nous mettons en valeur le caractère bio de nos produits et notre engagement en tant que précurseurs dans la biodynamie. Nous valorisons également la qualité de nos produits. Cela se traduit au travers de notre signature : « la nature en biodynamie ». C'est un des points que nous souhaitons faire évoluer. La biodynamie n'est pas un concept suffisamment connu des consommateurs, qui pensent par ailleurs que cela ne concerne que la production viticole. Aujourd'hui, nous devons communiquer davantage sur notre double compétence de producteur et de transformateur ; peu d'entreprises offrent cette garantie de maîtrise de l'ensemble de la chaîne de production. Sans doute faut-il un message plus simple et qui valorise mieux le produit transformé et son origine naturelle. C'est toute la difficulté de pouvoir informer sur notre démarche RSE dans des termes clairs et qui parlent au consommateur.

Envisagez-vous pour cela une refonte de votre logo ?
Oui, cela fait partie de nos projets. L'actuel logo a sans doute un peu vieilli, nous devons le moderniser et le rendre plus lisible. De plus, les aplats de couleur qui le composent sont très consommateurs d'encre chez l'imprimeur et ceci ne correspond plus à notre engagement environnemental. L'idée de notre démarche est de donner une « troisième vie » aux Côteaux Nantais. C'est une étape importante.

Quel est le budget de communication ?
Il n'y a pas de budget établi à l'avance. Nous engageons des dépenses de communication en fonction des besoins et des opportunités.

Entretien avec Charlène Airaud, chargée de communication aux Côteaux Nantais, janvier 2023.

Document 6 Communiqué de presse réalisé par l'agence

Communiqué de presse
Nantes - Février 2020

Côteaux Nantais
La Nature en Biodynamie

COTOTERRA

demeter

Des nouveautés chez Les Côteaux Nantais

Exotiques et estivales, les nouvelles créations des Côteaux Nantais donnent un avant-goût des beaux jours et des saveurs qui vont avec. Le leader européen de l'arboriculture en biodynamie a concocté des nouveautés pour élargir sa gamme d'épicerie. Des produits qui misent sur le goût et le bio avant tout. Les pommes rencontrent les fruits jaunes ou tropicaux. Le cassis joue solo. Présentation.

PURÉE POMMES-PÊCHES

Lorsque la douceur délicate d'un mélange variétale de pommes rencontre l'arôme intense des pêches, ils donnent naissance à une purée de pommes-pêches au parfum équilibré. L'idéal pour une pause ensoleillée ou en dessert. Une purée 100% fruits biologiques et sans sucres ajoutés.

Pot de 630 g > **Prix de vente conseillé : 4.75 €**

JUS POMMES-LITCHIS

Ce jus de pommes-litchis est une invitation au voyage. L'exotisme du litchi associé au mélange variétal des pommes des Côteaux Nantais révèle une petite note acidulée à cette boisson 100% fruits biologiques et sans sucres ajoutés. Très rafraîchissant, ce jus pommes litchis accompagnera à la perfection les pique-niques estivaux mais aussi tous les cocktails de fêtes.

Bouteille de 75 cl > **Prix de vente conseillé : 4,39 €**

CONFITURE DE CASSIS

Délice pour les papilles, cette confiture est confectionnée à partir de baies de cassis entière, cuites en marmites. Sa belle texture rouge, profonde et brillante, restitue un goût de cassis, puissant et acidulé. Généreuse, cette confiture est parfaite pour les tartines du petit déjeuner, pour accompagner un fromage blanc, ou mieux encore à dévorer à même le pot !

Pot de 325 g > **Prix de vente conseillé : 4,25 €**

CONFITURE FRUITS JAUNES

Cette confiture est une véritable balade sensorielle à travers les vergers : mirabelles, abricots et pêches se mélangent avec onctuosité. Une ronde de saveurs miellées et sucrées des fruits d'été. Préparée à partir de fruits entiers, cueillis à maturité, 100% bio, elle a été cuite avec juste ce qu'il faut de sucre de canne. A déguster avec délicatesse.

Pot de 325 g > **Prix de vente conseillé : 4,25 €**

COTOTERRA

Les Côteaux Nantais
3 place Pierre Desfossé
44120 VERTOU - France
www.coteaux-nantais.com

Contact presse : Cyrille DARRIGADE - Attaché de presse
Tél. 06 20 17 40 41 - cyrille.darrigade@gmail.com

Les Côteaux Nantais.

Document 7 Extrait de la plateforme de marque Côteaux Nantais

Une plateforme de marque, ou *brand book*, est un outil indispensable au développement d'une marque forte et cohérente, car elle formalise son identité et les principes d'expression qui seront à appliquer à chaque prise de parole. Elle permet à chacun de s'approprier ses codes et ses langages, de sorte que la marque s'exprime d'une seule et même voix.

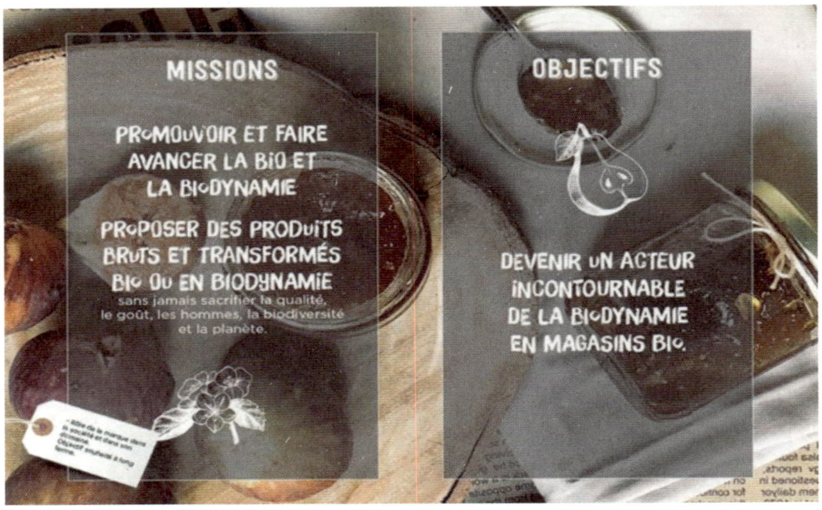

Les Côteaux Nantais.

Document 8 Les fiches « Pommes » distribuées aux revendeurs

Côteaux Nantais – La Nature en Biodynamie

DALINETTE

Caractéristiques :
TRÈS CROQUANTE, ÉQUILIBRÉE ENTRE SUCRE ET ACIDITÉ, ELLE RÉVÈLE UN PARFUM SUBTIL ET CORSÉ À LA FOIS.

CROC ! A CROQUER — EN PATISSERIE — EN SALADE

Côteaux Nantais – La Nature en Biodynamie

BRAEBURN

Caractéristiques :
CHAIR MI-TENDRE, JUTEUSE ET FINEMENT SUCRÉE.
SUBTIL MÉLANGE DE SAVEURS

CROC ! A CROQUER — EN SALADE

Les Côteaux Nantais.

Document 9 Vidéo d'entreprise

Le studio L'Œil électrique a réalisé une vidéo pour les Côteaux Nantais-Cotcterra (voir p. 57).

Double objectif	– Promouvoir Cotcterra, les nouvelles installations. – Rappeler les valeurs fortes des Côteaux Nantais, constitutives de la marque.
Double approche	Entre la modernité technologique et la tradition du métier.
Double conception de l'entreprise	Dominante sur son secteur, mais qui se considère au service de ses collaborateurs.

Document 10 Quelques publications sur les réseaux sociaux

Page Facebook

Page Twitter

Les Côteaux Nantais.

Document 11 Calendrier éditorial des *posts* Facebook Côteaux Nantais

Date	Thème abordé
1er février	Chandeleur
30 janvier	Offre de stage
19 janvier	Travaux des équipes dans les vergers
17 janvier	Offre d'emploi
2 janvier	Nouvelle année
1er décembre	Rappel de l'engagement RSE de l'entreprise
1er décembre	Offre de CDD
29 novembre	Offre d'emploi
28 novembre	Offre d'emploi
24 novembre	Récolte des kiwis
16 novembre	Côteaux Nantais récompensés
3 au 5 novembre	Présence de l'entreprise au salon Marjolaine

3 Formuler le problème de communication

Votre responsable a pris connaissance de votre diagnostic. Il vous soumet quelques formulations de problèmes de communication et vous précise que le problème de communication retenu doit être prochainement transmis à plusieurs agences de communication. Celles-ci seront sollicitées et mises en compétition pour proposer des actions de communication susceptibles de le résoudre.

Document 12
Fiche ressource 2

1. Expliquer pourquoi aucune des formulations ne peut être retenue.
2. Proposer une formulation du problème de communication.
3. Vérifier la cohérence entre le diagnostic et le problème à résoudre tel que vous l'avez formulé.

Document 12 Proposition de formulations de problèmes de communication

- *Comment accroître les ventes alors que l'entreprise a beaucoup de concurrents ?*
- *Comment créer un jeu-concours sur les réseaux sociaux afin de développer notre capital sympathie auprès des consommateurs ?*
- *Comment communiquer sur notre démarche RSE alors que l'entreprise est spécialisée dans une activité consommatrice d'eau ?*
- *Comment communiquer sur les réseaux sociaux pour accroître la notoriété alors que le chargé de communication manque de temps ?*

4 Rédiger le *brief* de l'annonceur Côteaux Nantais

Vous avez bien cerné le contexte dans lequel l'entreprise évolue. Avant de contacter les agences de communication qui seront mises en compétition, vous rédigez le *brief* de communication en concertation avec votre responsable.

Document 13
Fiche ressource 3

1. Expliquer en quelques lignes en quoi le *brief* est un élément essentiel de la relation entre l'annonceur (client) et l'agence (prestataire de services).
2. Lister 4 qualités essentielles que ce *brief* doit présenter.
3. Rédiger une proposition de *brief* destinée aux agences de communication.
4. Expliquer les intérêts et les limites d'une mise en compétition des agences de communication.

Document 13 Pourquoi le *brief* est-il si important ?

Un *brief* écrit a de nombreux avantages :
- obtenir un travail de meilleure qualité de la part des agences : comment imaginer qu'une campagne puisse atteindre un objectif précis si celui-ci n'est pas clairement exprimé ? Le format écrit évite les interprétations subjectives, mais surtout il oblige le responsable du *brief* à se poser les bonnes questions ;
- gagner du temps (et donc de l'argent) : combien d'agences se sont retrouvées dans l'obligation de revoir plusieurs fois leurs copies à cause d'un *brief* approximatif ? Au final, du temps perdu des deux côtés… ;
- mesurer les résultats : un *brief* est une sorte de contrat entre l'annonceur et l'agence RP. Lorsque les deux parties s'entendent sur les résultats attendus, il est plus simple de voir si le contrat a été effectivement rempli par l'agence une fois la campagne lancée.

oxygen-rp.fr

FICHE RESSOURCE

1

LE DIAGNOSTIC DE L'ANNONCEUR ET DE SA COMMUNICATION

I Objectif du diagnostic

Le diagnostic est la phase d'étude, d'audit de l'existant dans la structure. Il met en évidence, grâce à l'outil d'analyse SWOT, les principales forces et opportunités, faiblesses et menaces issues de l'analyse du macro et du micro-environnement de l'entreprise. Une analyse de la stratégie de communication d'ensemble de l'organisation est également indispensable pour y intégrer l'action de communication à venir.

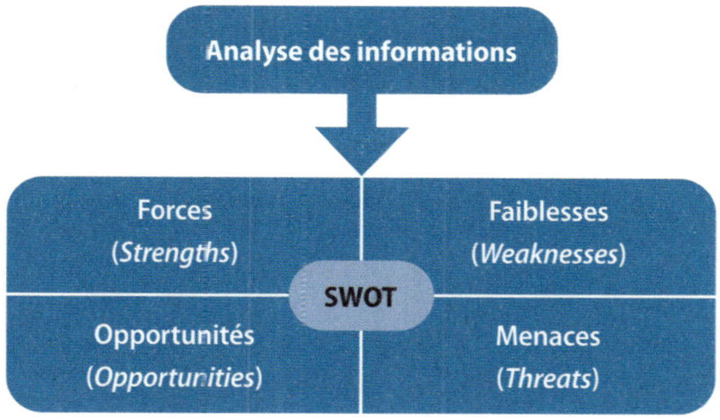

La stratégie de communication est la démarche de réflexion qui a pour but de mettre en lumière la problématique de communication et les actions à mettre en œuvre pour y répondre. Le diagnostic permettra de dégager un problème de communication. Tous deux serviront de base à la fixation des objectifs de communication, à la détermination des cibles puis au choix des moyens appropriés.

II Les étapes du diagnostic

Le diagnostic consiste à identifier le problème majeur. Ce problème peut être lié à l'image de la marque (quel est le rapport « affectif » entre le consommateur et la marque ?), à sa notoriété (quel est le degré de connaissance du consommateur envers la marque ?) ou au comportement du consommateur (comment se comporte-t-il vis-à-vis de la marque ?), mais jamais aux trois en même temps. Il peut y avoir un lien, une logique si deux enjeux apparaissent.

Un problème de notoriété peut entraîner un problème d'image.

> **EXEMPLE :** si le consommateur ne connaît pas bien le produit ou la marque, il peut avoir du mal à comprendre son positionnement face aux concurrents. Sa perception est perturbée du fait d'un déficit de notoriété.

Une fois le problème de communication posé (→ FR3), il faut valider la cohérence entre le diagnostic et ce problème à résoudre. La formulation de celui-ci doit s'appuyer sur le diagnostic sans incorporer d'éléments nouveaux ou différents.

> **EXEMPLE :** diagnostic final pour un annonceur qui vend des accessoires de jardinage (tuyaux d'arrosage)
> Tuyex, spécialiste et leader de l'arrosage, se situe sur un marché à fort potentiel de développement. Ses produits correspondent aux nouvelles attentes du consommateur : des produits simples et faciles d'utilisation au service d'un beau jardin, lieu de détente.
> Néanmoins, ce ne sont pas des produits très valorisants pour le consommateur et les produits d'arrosage sont généralement peu associés au plaisir du jardin. Enfin, l'entreprise communique peu vers le consommateur final dans un contexte de forte concurrence.

FICHE RESSOURCE

2

LA FORMULATION DU PROBLÈME DE COMMUNICATION DE L'ANNONCEUR

I Objectif

Une fois le diagnostic établi, le problème de communication doit être clairement formulé. Il est à rechercher dans les éléments fondamentaux de la communication.

EXEMPLES : défaut de notoriété, problème d'image (décalage dans l'esprit des consommateurs entre image voulue et image perçue, mauvaise réputation…).

La formulation du problème de communication doit mettre en évidence la difficulté principale que la stratégie de communication devra surmonter.

II Les erreurs à éviter

Souvent, des erreurs sont commises dans la formulation du problème de communication.

– Il y a confusion entre problème commercial ou marketing et problème de communication.

EXEMPLES : « Comment améliorer les marges ? », « Comment augmenter les ventes ? », sont des questions d'ordre commercial ou marketing.

Cependant, les problèmes commerciaux, transmis par les services commercial et Marketing au service Communication, sont généralement pris en compte dans la stratégie de communication.

– Il y a confusion entre problème général social ou sociétal et problème de communication.

EXEMPLE : On ne posera pas la question « Comment faire diminuer la pollution ? » mais « Comment sensibiliser les habitants au tri sélectif des déchets ? ».

– On énonce un problème qui ne fait que souligner la nécessité de communiquer.

EXEMPLE : « Comment communiquer sur la marque X alors qu'elle dispose d'un budget de communication limité ? ».

Cette formulation ne fait que rappeler une évidence : le travail à faire une fois qu'une problématique est définie ; on ne connaît toujours pas le problème à résoudre.

– Les moyens de communication dans la problématique sont cités.

EXEMPLE : « Comment communiquer sur les réseaux sociaux ? », la préconisation de moyens de communication répond à la problématique soulevée ; ce n'est pas un problème à résoudre.

III La formulation correcte du problème de communication

La formulation ne peut se faire correctement qu'à l'issue des étapes préalables suivantes.

– Un **constat** a été établi lors de l'analyse de la situation.

EXEMPLE : les consommateurs pensent que le produit X proposé par l'entreprise Delta est trop fragile.

– Le **problème essentiel** est caractérisé.

EXEMPLE (SUITE) : le problème est en rapport avec la perception que les consommateurs ont du produit : c'est un problème d'image.

– Les **causes de ce problème** sont identifiées.

EXEMPLE (SUITE) : le produit X est plus léger que ceux de la concurrence, en raison du choix de matériaux de synthèse.

La formulation du problème de communication doit alors mettre en évidence un paradoxe :

– la première partie de la formulation (« Comment… ») fait apparaître l'**objectif de communication final** du projet de communication ;

– la seconde partie (« alors que… ») aborde les **difficultés à surmonter**.

Attention, les solutions ne doivent pas apparaître dans cette formulation.

EXEMPLE (SUITE) : « Comment faire comprendre au consommateur que les nouveaux matériaux utilisés par l'entreprise Delta permettent de concilier légèreté et solidité, alors qu'actuellement, les produits de la concurrence sont perçus comme moins fragiles ? ».

La formulation doit nommer précisément le produit, la marque ou l'entreprise.

FICHE RESSOURCE

3

L'ÉLABORATION DU CAHIER DES CHARGES (OU *BRIEF* DE COMMUNICATION)

I Définition

Le cahier des charges (ou *brief*) élaboré par l'annonceur décrit de manière précise la demande de l'organisation et les services attendus du prestataire (agence de communication, régie de communication, agence d'événementiel).

EXEMPLES : organisation d'un événement, achat d'espaces publicitaires, conception graphique d'un packaging pour un nouveau produit, d'un *flyer*.

Le client

Vous êtes **l'expert de votre métier**, il est nécessaire **d'informer le créatif** de la synthèse de votre marché afin qu'il ait une vision en un clin d'œil.

Qualités attendues :
ouverture, écoute, créativité, confiance en votre interlocuteur.

Le créatif

Vous devez adopter **le point de vue d'un ethnologue ou d'un journaliste :** compréhension de l'environnement de la société et de son langage spécifique.

Qualités attendues :
écoute, reformulation, empathie, adaptabilité, communication non verbale, sensibilité, curiosité, conseil et patience.

Il se présente généralement sous une forme écrite, mais il peut aussi faire l'objet d'une présentation orale du client (l'annonceur) au prestataire. Dans le cadre d'une communication réalisée par un service interne, c'est généralement le responsable de la structure qui transmet le *brief* à son service Communication.

II L'intérêt d'un cahier des charges

Intérêt pour le client	Le cahier des charges permet : – d'obtenir des propositions du ou des prestataires répondant à la demande ; – d'effectuer la comparaison des offres et des devis (dans le cadre d'une mise en concurrence entre agences ou dans le cadre d'un appel d'offres) ; – d'être assuré que la prestation sera conforme aux attentes.
Intérêt pour le prestataire	Il lui permet d'apprécier l'ampleur du projet et sa complexité afin d'être en mesure de proposer une offre la plus adaptée possible en termes de coût, de délai, de ressources humaines et d'assurance de qualité.

III Le contenu du *brief*

Un *brief* structuré doit mentionner plusieurs points.

Aller plus loin

Qu'est-ce qu'un *brief* ?
liennathan.fr/h5x8t3

1. La présentation générale de l'organisation

EXEMPLES : l'activité, les chiffres clés, l'historique, les valeurs et l'engagement RSE, les éléments de différenciation, le positionnement, la communication générale de l'organisation, les informations sur l'environnement (le marché, les concurrents).

2. Le contexte

Il explique l'origine du besoin de l'annonceur.

EXEMPLE 1 : pourquoi l'annonceur a-t-il besoin d'un nouveau logo ?
Son positionnement a changé, il souhaite véhiculer une image plus moderne à travers un nouveau logo.

EXEMPLE 2 : pourquoi un annonceur souhaite-t-il lancer une campagne de communication ?
Cela peut être en réaction à un problème survenu sur un de ses produits, il faut rassurer les consommateurs à travers cette campagne.

3. Les objectifs de l'annonceur

Ils peuvent être multiples.

EXEMPLES : augmenter sa notoriété, générer plus de trafic vers son site Web, modifier son image de marque.

4. Les cibles de la communication

Une description complète des cibles facilite une bonne identification du besoin de l'annonceur.

EXEMPLES : où les cibles sont-elles localisées ? La campagne s'adresse-t-elle aux clients actuels ? aux prospects ? Quelle est leur PCS ? Quelle est la tranche d'âge ?

5. Les attentes de l'annonceur : la prestation attendue par rapport à une demande précise

L'annonceur n'est pas *a priori* un professionnel de la communication et attend de la part du prestataire des recommandations. Cependant, il peut exprimer certains souhaits et préférences pour sa communication, en s'appuyant sur son retour d'expérience des campagnes précédentes.

Pour une demande de conseil en communication
L'annonceur peut demander : – soit une opération de communication précise ; **EXEMPLES :** organisation de relations presse, plan média TV. – soit des propositions avec suivi ou non de la réalisation. **EXEMPLE :** recommandation de moyens.
Pour une conception graphique
L'objet du cahier de charges précise : – la nature du support à concevoir, les objectifs et les cibles, les éléments graphiques existants ; **EXEMPLES :** *flyer*, affiche, vidéo, logo, charte graphique, choix esthétiques, visuels en noir et blanc. – les contraintes légales ; – le ton ou les moyens d'expression à utiliser ; **EXEMPLES :** ton démonstratif, informatif, humoristique, décalé, complice, basé sur l'émotion. – le budget alloué à la conception et à la fabrication ; **EXEMPLES :** nature du papier, format du document. – le calendrier envisagé et éventuellement le suivi de la production.
Pour une production de supports
Il peut s'agir de livrets, de plaquettes, d'affiches, d'objets promotionnels… Sont précisés les dimensions, le nombre d'exemplaires, de pages, le nombre de couleurs (noir et blanc, quadrichromie…), le type et le poids du matériau ou du papier, le façonnage…
Pour un site Internet
– **Les éléments relatifs au site :** l'objectif du site (site vitrine, site marchand…), les cibles (caractéristiques), les contenus (les documents fournis par le client : photos, images, données…), le nombre de pages estimé, l'arborescence (l'architecture du site voulue par le client, présentée sous forme schématique en citant les rubriques et menus principaux, ainsi que les liens qui les relient), la charte graphique/éditoriale (la tonalité éditoriale et graphique du site), le type de nom de domaine (.fr, .com, .net…) à faire acheter par le prestataire ou à transférer si le client le possède déjà ; les services offerts sur le site (formulaires de contact, forums…), les statistiques (nombre de visiteurs et pages visitées, mots-clés recherchés, provenances géographiques…)… – **Les éléments techniques :** la gestion des contenus (qui effectue la mise à jour du site, sa périodicité, les modalités), l'hébergement (qui peut être externalisé ou assuré par le prestataire)… Les prestations évoquées ci-dessus ne sont pas exhaustives. Chaque commande supposera la rédaction d'un cahier des charges adapté.

6. Les clauses juridiques

Elles concernent le délai, le budget, une charte graphique à respecter…

En fonction du secteur d'activité, des contraintes réglementaires peuvent aussi exister.

1 Diagnostic et problème de communication : le cas Veja

★★

Fondée en 2004, Veja est la première marque de baskets écoresponsables au monde. Devenue une référence en termes de mode éthique, l'entreprise a connu une forte croissance en transformant le défi environnemental et les préoccupations qui occupent le secteur de la mode en une opportunité commerciale durable.

1. Identifier la cible de la marque de baskets Veja.
2. À partir des éléments fournis, élaborer la matrice SWOT de la marque Veja.
3. Rédiger le diagnostic final en quelques lignes.
4. Proposer une problématique de communication adoptant la forme « Comment faire pour… alors que… ».

Document 1 Présentation de la marque Veja

Veja bénéficie d'un réseau de vente multiple lui permettant d'être présente dans différentes régions géographiques, ce qui constitue un atout par rapport à ses concurrents éthiques ou durables. […]

Par ailleurs, Veja est très active sur les réseaux sociaux. Sa forte présence en ligne mais également sa proximité avec sa cible de clientèle lui permettent de construire une relation de confiance avec ces derniers, mais également de renforcer le sentiment d'appartenance à une communauté. […]

Néanmoins, la marque n'est pas encore très connue de tous et elle pratique des prix plus élevés que ses concurrents durables, mais également non durables. Veja n'est également pas commercialisée dans tous les types de magasins habituellement visités pour l'achat de sneakers, ce qui peut constituer un frein à l'achat pour une clientèle non citadine. […] Toutefois, le développement du e-commerce vient pallier cela.

Enfin, l'organisation peut être la cible de critiques de la part des ONG et écologistes en raison de ses pratiques de gestion des déchets. Veja se revendique écoresponsable et éthique, or certaines associations sont très pointilleuses et regardantes […].

www.etudes-et-analyses, 14 septembre 2021.

Document 2 La communication de la marque Veja

Veja ne communique pas, et ce depuis sa création ! La raison ? En se passant de publicité, la marque économise 70 % du coût d'une basket normale. Pourtant, fabriquer une Veja, en raison des matières premières plus écologiques et plus responsables, coûte 5 à 7 fois plus cher que la production d'une basket classique. Miser sur la non-publicité de la marque, il fallait oser, c'est pourtant bel et bien cela qui a permis que la basket reste vendue à un prix abordable, flirtant avec la concurrence. Vous l'aurez compris, si Meghan Markle, Marion Cotillard ou encore Emma Watson ne savent plus s'en passer, elles ne sont pourtant en rien des égéries, elles suivent juste la tendance la plus en vogue depuis toutes ces années.

Anissa Hezzaz, lunion.fr, 27 mars 2022.

Document 3 L'environnement de la marque Veja

Veja peut compter sur une tendance qui prend de l'ampleur : la mode du respect de l'environnement, d'une consommation plus éthique et durable, le rejet de la *fast fashion* de la part des consommateurs. La population se tournant vers des marques plus responsables ne cesse de croître, ce qui constitue une grande opportunité de croissance pour l'entreprise avec des segments de clientèle potentiellement importants à conquérir. […]

L'entrée de nouveaux concurrents sur le marché […] ou alors les marques établies qui ont une force de frappe conséquente avec davantage de moyens pour à la fois se tourner vers ce type de mode, mais aussi pour communiquer davantage, sont une véritable menace qui peut faire perdre des parts de marché à la marque. […]

[Les] réglementations de plus en plus strictes peuvent avoir un impact non négligeable sur la marque.

www.etudes-et-analyses, 14 septembre 2021.

2 Problème commercial ou problème de communication ?

Les problèmes de communication suivants sont-ils corrects ? Justifier votre réponse. Proposer une reformulation le cas échéant.

a. Comment accroître le chiffre d'affaires alors que la consommation baisse ?
b. Comment réaliser un dépliant attractif pour aider les bacheliers à s'orienter ?
c. Comment faire pour réduire les accidents de la route des jeunes ?
d. Comment différencier la marque de ses concurrents alors que les produits n'ont pas de performances spécifiques ?
e. Comment développer la notoriété de l'entreprise X alors que les concurrents ont une place importante sur le marché ?
f. Comment faire pour réduire la pollution ?

3 Vérifiez vos connaissances

Répondre aux questions suivantes.

1. À partir de quoi un diagnostic est-il établi ?
a. un *brief*. b. une matrice SWOT. c. une analyse interne et externe de l'organisation.

2. Que comporte la formulation correcte d'un problème de communication ?
a. Une justification concernant le besoin de communication.
b. Un constat établi lors de l'analyse de la situation.
c. La caractérisation du problème essentiel de communication.
d. L'identification des causes du problème de communication.

3. À quoi est assimilable un *brief* de communication ?
a. À un devis. b. À un cahier des charges. c. À une facture.

4. Reconstituer l'ordre logique des éléments d'un *brief* (1 à 5).
a. Attentes de l'annonceur
b. Objectifs de l'annonceur
c. Cibles de la communication
d. Contexte de l'organisation
e. Présentation générale de l'organisation

CHAPITRE 5

Définir un positionnement en adéquation avec le *mix marketing*

Contexte professionnel

Compétences professionnelles
- Identifier le positionnement

Savoirs associés
- Le positionnement de communication
- Les principes du *mix marketing* ou plan de marchéage
- Le dépôt et la protection de la marque (*brand*)

La marque Léon de Bruxelles a été créée en Belgique en 1893. Très vite, sa spécialité, le plat populairement appelé « moules-frites », assure sa réputation bien au-delà des frontières.
En 1989, Léon de Bruxelles s'implante en France sous forme d'une chaîne de restaurants en franchise[1]. Aujourd'hui, on compte environ 83 établissements en France. Forte de son savoir-faire plus que centenaire, la marque propose une carte de plats typiques belges à une clientèle intergénérationnelle. En 2020, la direction décide de rajeunir la marque en changeant de nom : « Léon depuis 1893 ». Cette modification s'effectue sans s'éloigner du passé. En effet, il y a toujours environ onze recettes de moules à la carte, auxquelles s'ajoute un large choix de poissons et de fruits de mer. Par ce changement majeur, la chaîne de restaurants espère conquérir une clientèle plus jeune et familiale.
Vous travaillez au service Communication du franchiseur. Il vous est demandé d'apprécier si le changement de nom de la marque a obtenu les effets souhaités.

1. La franchise est un accord commercial et juridique par lequel une entreprise, appelée « franchiseur », accorde à une autre entreprise, dite « franchisée », le droit d'exploiter sa marque, son savoir-faire, en échange d'une compensation financière.

Comprendre le contexte

1. Citer 3 à 4 marques renommées dans le domaine de la restauration en franchise.
2. Quel est le plat phare chez Léon ? Quels sont-ils dans les restaurants franchisés cités à la question précédente ?
3. Que peut-on en conclure ?

1 Caractériser et justifier le positionnement du restaurant Léon

Votre responsable vous demande de réaliser une analyse sur le changement de positionnement.

Document 1
Fiche ressource 1

1. Quand détermine-t-on le positionnement d'un restaurant ? Peut-on le changer facilement ?
2. Retrouver les déterminants d'un bon positionnement pour un restaurant.

Documents 2 et 3
Fiche ressource 1

3. Caractériser le premier positionnement de Léon à sa création, en 1893.
4. Rédiger en une phrase le nouveau positionnement de Léon en 2020. Répond-il aux 4 principes (crédibilité, spécificité, attractivité, durabilité) ?
5. Préciser l'objectif recherché par la marque avec ce nouveau positionnement.

Document 1 Le positionnement d'un restaurant : concrètement, qu'est-ce que c'est ?

« *Avoir une âme, un nom et une expérience à offrir.* » Quand on le questionne sur ce qu'est le positionnement d'un restaurant, c'est ainsi que Bernard Boutboul, président du cabinet de conseil Gira et auteur sur SOS Experts [plateforme du magazine *L'Hôtellerie-Restauration*] nous répond. Dans ce nouveau podcast, nous nous sommes donc retrouvés pour parler du positionnement d'un restaurant. Qu'est-ce que c'est concrètement ? À quel moment du projet doit-on le définir ? Comment attirer sans tromper le client ? Comment sortir de l'anonymat ? Pouvons-nous ou devons-nous plaire à tout le monde ? Ce qui est certain, pour Bernard Boutboul, c'est « *qu'il ne faut pas tromper le client* » et « *arrêter le marketing paillettes* ».

Romy Carrère, www.lhotellerie-restauration.fr, 19 décembre 2022.

Le positionnement d'un restaurant
Audio (de 1'30 à 3'50")
liennathan.fr/928gnc

Document 2 Un nouveau concept pour Léon de Bruxelles

Léon de Bruxelles s'offre une nouvelle jeunesse. Plus que le rafraîchissement de son identité visuelle, c'est le positionnement de l'enseigne qui change en profondeur. Aujourd'hui, le discours de marque prend un tournant radical, pour raconter une toute nouvelle histoire autour de la mer.

Ce changement de cap, qui fait suite à son rachat par Bertrand Restauration en décembre 2019, vise à se départir de son statut revendiqué jusqu'à maintenant de « spécialiste des moules-frites » : « *Nous avons une image très "moules-frites" alors que nous avons une offre plus riche et qui s'élargit avec plus de tapas, avec des fruits de mer à partager, une vraie gamme de salades (caesar crevette,* fish, veggie *et poulet), du poisson cru et même du homard* », explique Laurent Gillard, directeur général [aujourd'hui, président] de Léon […].

Dorénavant, on parlera de brasserie *sea food*, avec comme objectif déclaré d'imposer Léon comme le premier réseau de « *fish* brasserie ». Un concept dans l'air du temps, appuyé sur une carte et une décoration revues en profondeur, qui visent à attirer un public plus jeune, comme l'avoue Laurent Gillard : « *Nous avons une clientèle très fidèle qui peine à se renouveler. Des seniors et des familles avec 8 % de menus enfants, c'est bien. Avec le nouveau Léon, nous voulons élargir notre clientèle des 25-40 ans. Nous avons une bonne image qualité/prix. Nous voulons être la référence des produits de la mer pour tous. L'évolution de Léon le fait entrer dans le* XXIe *siècle.* »

Un repositionnement en profondeur, donc, autour d'un vrai concept travaillé par un designer et les équipes en interne. […]

cercledubranding.fr, 15 juillet 2020.

Document 3 — L'organisation du marché de la restauration

Les restaurateurs indépendants : ils dominent très largement le secteur (plus de 90 % des établissements). [...]

Les réseaux sous enseigne : ils réalisent un quart du chiffre d'affaires de la restauration commerciale. Leur organisation est proche de celle de la grande distribution. Ils disposent de centrales d'achat et proposent des produits standardisés.

Certains groupes disposent de plusieurs enseignes positionnées sur des segments de marché différents (le groupe Bertrand avec ses enseignes Hippopotamus. Au Bureau, Léon de Bruxelles, etc., le groupe Le Duff avec ses enseignes Del Arte et Tablapizza, le groupe Agapes avec ses enseignes Fluch, Pizza Paï, Amarine, etc.).

- Les enseignes spécialisées sur le segment **viande/grill** : quatre enseignes dominent ce segment : Buffalo Grill, Courtepaille (racheté par Buffalo Grill en 2020), Hippopotamus et La Boucherie (soit plus de 800 restaurants pour un chiffre d'affaires total de près de 1,1 Md€).
- Les **pizzerias** : on en dénombre plus de 14 000 (la France est le deuxième plus grand consommateur de pizzas au monde après les États-Unis). Les principales enseignes sont : Del Arte, Pizza Paï et Pizza Hut Restaurant.
- Les **brasseries** : le groupe Bertrand est présent sur ce segment avec ses enseignes Au Bureau, Café Leffe et Irish Corner. Le concept de brasserie est également exploité par le groupe Agapes Restauration (Les 3 Brasseurs).
- La **restauration à thème** : de nombreux concepts de cuisine du monde (Tex-mex, wok, sushis, tapas, etc.) se développent depuis plusieurs années. Ces restaurants misent principalement sur le cadre et l'ambiance de leurs établissements. [...]

Théophile Rousseau, propulsebyca.fr, 27 décembre 2022.

2 Décrire les axes du *mix marketing* chez Léon

Ce nouveau positionnement s'est accompagné d'une évolution des éléments du *mix marketing*. Vous devez vérifier si la cohérence positionnement/*mix marketing* est assurée.

Documents 4 et 5
Fiche ressource 2

vers pix D1.1

Aprés avoir visité le site www.restaurantleon.fr, répondre aux questions suivantes.

1. Détailler les 4P (produit, prix, distribution, communication) du nouveau *mix marketing*. Présenter votre réponse sous forme de tableau.
2. Trouver les éléments des 3P (*People, Process, Physical evidence*) dans ce nouveau *mix marketing*. Présenter votre réponse sous forme de tableau.
3. Trouver des éléments qui montrent la cohérence du nouveau positionnement.
4. Quel est le taux de notoriété spontanée ? Formuler la question à laquelle les personnes interrogées ont répondu.

Document 4 Léon *new look* arrive à Paris

Après 8 semaines de travaux, le restaurant Léon de Bruxelles devenu Léon s'est converti au nouveau concept architectural, à la nouvelle identité comme à l'évolution de la carte. [...]

Dans le quartier du Montparnasse, le traditionnel Léon de Bruxelles, reconnaissable à sa couleur verte, a effectué une mue impressionnante. Le restaurant de 170 places est passé au bleu océan. Il fait la part belle aux matériaux bruts avec ses murs recouverts de bois blanchi esprit bord de mer Cap-Ferret chic, avec sa table haute nommée Poiscaille, cordages, céramiques vert d'eau, casiers à homards, crustacés et poissons en filigrane... En supprimant « de Bruxelles » et en adoptant cette déco d'inspiration marine, le groupe Bertrand [...] ancre définitivement sa marque Léon dans son segment produits de la mer. Il efface délicatement l'image monoproduit moules-frites à l'origine de l'enseigne, la fameuse friture Léon qui a vu le jour en 1893 à Bruxelles. « *Notre repositionnement en* fish *brasserie, ce n'est pas se couper de son passé mais s'inscrire dans l'avenir et dans le sens des attentes des clients. C'était une marque vieillissante mais qui atteignait un taux de notoriété spontanée de plus de 60 % et qui ne perdait pas d'argent. Le groupe Bertrand a utilisé ce qu'il sait faire pour relancer la marque et notamment rajeunir sa clientèle* », indique Philippe Hery, directeur général de Léon.

La *fish* brasserie du groupe Bertrand

Par ces changements visuels et architecturaux, le groupe Bertrand souhaite incarner de façon évidente la révolution vécue par Léon. C'est une « *fish* brasserie ». Le poisson est son terrain de jeu. Un réel travail de fond a été réalisé sur la carte. Même si les traditionnelles moules-frites à volonté ont survécu (70 % des ventes avant le nouveau concept, 50 % aujourd'hui), elles sont complétées par des innovations produits telles qu'une sole meunière à 25,90 €, un pavé de cabillaud, un tartare de poisson, un *fish and* frites, une papillote vapeur « moules et saumon », un plateau de fruits de mer, voire un homard canadien entier et frais rôti au beurre demi-sel à 27,90 €. Une gamme d'entrées de la mer (ceviche de saumon, œufs mimosa au crabe, rillettes de poissons...) a également été introduite. Le ticket moyen est d'environ 25,50 €. [...]

Inauguré en 2020 en région parisienne, dans le centre commercial d'Aéroville (95), le nouveau concept Léon a été également implanté à Servon (77) en mai dernier et à Chambray-lès-Tours (37) en juin, qui est le premier en province. « *Les premiers indicateurs sont favorables* », dit Philippe Hery, très attentif aux retours clients et aux ventes (+ 5 % du ticket moyen). L'image, l'offre, la scénographie, les produits, les arts de la table car « *une belle assiette, c'est déjà 50 % de satisfaction conquise* », la « *digitalisation sans gros moyens mais avec un angle décalé un peu impertinent et positif* », sans oublier de « *fédérer les équipes avec des outils de formation* », rien n'a été négligé. « *Il fallait que les clients voient le changement*, assure-t-il. *Pour repositionner une marque, il faut des actes forts et une rupture totale.* » C'est chose faite. Désormais, l'heure est à la conversion du réseau qui compte plus de 80 restaurants. [...]

Nadine Lemoine, www.lhotellerie-restauration, 20 septembre 2021.

Document 5 Léon revient pour vos envies de mer

Pour marquer son nouveau positionnement et la réouverture de ses établissements, Léon reprend la parole avec une campagne digitale décalée qui vient jouer sur l'envie de mer que l'on a tous depuis des mois. [...]

Quatre vidéos ont été réalisées et donnent envie aux internautes de plonger... la tête la première ! Infiniment drôles et complètement décalées, elles invitent chacun à venir respirer l'air de la mer sans bouger de chez soi ou presque !

Car pas besoin de se déguiser en mouette pour sentir les embruns : chez Léon, c'est la mer directement en bouche et les parfums iodés qui envahissent les terrasses ensoleillées. [...]

e-marketing.fr, 31 mai 2021.

3 Analyser la composante communication du *mix marketing* chez Léon

Rendre la mer accessible à tous et partout est un des piliers de l'enseigne. Pour valoriser cette démarche et montrer qu'il est très simple d'« avoir la mer » à sa table, l'agence Drive a réalisé une série de films absurdes et courts mettant en scène des personnages qui essaient de retrouver la mer chez eux par tous les moyens…
Pour asseoir ce nouveau positionnement, la marque a investi les différents canaux digitaux : e-mailing, *storytelling via* Facebook et Twitter. Vous devez réaliser une analyse de la pertinence de cette campagne publicitaire.

Documents 6 et 7
Fiches ressource 2 et 3

1. Après avoir visionné la vidéo « Léon de Bruxelles devient Léon », vérifier si la plate-forme de marque conçue par l'agence Drive pour la chaîne de restaurants Léon l'aide à cerner les questions essentielles sur l'identité de sa marque (vision, valeurs, mission, positionnement, personnalité, cibles).
2. Relever les résultats obtenus par la nouvelle plateforme de marque conçue par l'agence Drive pour Léon.
3. Après avoir visionné la vidéo « Épisode 1 : La Mouette », décrire l'ambiance et les objectifs recherchés.
4. Consulter les rubriques « En famille » et « Le club Léon » du site de Léon. Indiquer comment Léon fidélise ses clients et quels sont les avantages du programme de fidélisation. Résumer plus particulièrement les avantages offerts par le club Léon.

Document 6 Le nouveau positionnement de Léon

Léon de Bruxelles devient Léon
Vidéo
liennathan.fr/c242wv

Document 7 Les communications vidéo sur les réseaux

Episode 1 : La Mouette
Vidéo
liennathan.fr/66qq6z

4 Protéger sa marque

Votre responsable vous demande d'étudier les aspects juridiques liés à l'évolution de la marque.

Documents 8 et 9
Fiches ressource 1 et 3

vers pix D1.1

1. Rechercher sur Internet l'ancien logo et le nouveau logo datant de 2020. Comparer ces deux logos sur le plan graphique (codes couleurs, typographie).
2. Repérer les éléments du nouveau logo « Léon depuis 1893 » qui contribuent à changer l'image perçue par les clients.
3. Indiquer à quel type de marque correspond la dénomination « Léon depuis 1893 ».
4. Citer les éléments à enregistrer lors du dépôt de la marque « Léon depuis 1893 ».
5. Auprès de quel organisme Léon a-t-il dû déposer sa marque ?
6. Exposer les raisons pour lesquelles ce dépôt est indispensable.

Document 8 Le changement de logo

Tout le monde connaissait son logo vintage. Aujourd'hui, le discours de marque prend un tournant radical, pour raconter une toute nouvelle histoire autour de la mer.
La référence à Bruxelles disparaît pour laisser place à un nouveau leitmotiv : « C'est bon la mer ». La date 1893 est ajoutée. La police rétro laisse place à une typographie, tout à l'opposé, moderne et rectiligne. Le vert est abandonné au bénéfice du bleu, marine.

cercledubranding.fr, 20 juillet 2020.

Document 9 Comment déposer une marque ?

Toute entreprise, quelle que soit sa forme juridique, ou toute personne physique, peut déposer une marque auprès de l'Institut national de la propriété industrielle (INPI). Il peut s'agir d'une marque de fabrique, de commerce ou de service, ou tout simplement du nom de l'entreprise s'il est distinctif et non encore utilisé par une autre entreprise concurrente.

bpifrance-creation.fr, octobre 2021.

Comment déposer une marque ?
Site Internet
liennathan.fr/35jhp6

FICHE RESSOURCE

1

LE POSITIONNEMENT

I Définition

Positionner une entreprise, une marque, un bien ou un service consiste à faire évoluer la place qu'elle occupe dans l'esprit des consommateurs.

La place occupée dans l'esprit des consommateurs par rapport aux concurrents, c'est-à-dire comment l'entreprise est perçue sur le marché par les consommateurs.

↓

Situation réelle du marché

vers

La place que l'entreprise veut occuper sur le marché et la façon dont elle souhaite être perçue par les consommateurs.

↓

Choix de l'entreprise

Pour être pertinent, le positionnement doit posséder plusieurs qualités :

– la **crédibilité** : le positionnement repose sur des atouts réels du produit, de la marque… ;

– la **spécificité** : il se distingue de ceux adoptés par les concurrents ;

– l'**attractivité** : il répond aux attentes des publics visés ;

– la **durabilité** : il s'inscrit dans le temps, il ne peut pas être éphémère.

II L'intérêt du positionnement

Définir le positionnement de l'entreprise est une étape fondamentale dans l'élaboration de toute stratégie.

Le positionnement permet à l'organisation de se situer et de se distinguer de façon positive par rapport à la concurrence. Une carte perceptuelle, ou *mapping* concurrentiel, permet de visualiser comment la marque ou le produit est positionné(e) par rapport aux marques ou produits concurrents.

EXEMPLE : pour le consommateur, McDonald's évoque un *fast-food* abordable (prix bas) et des produits de qualité moyenne.

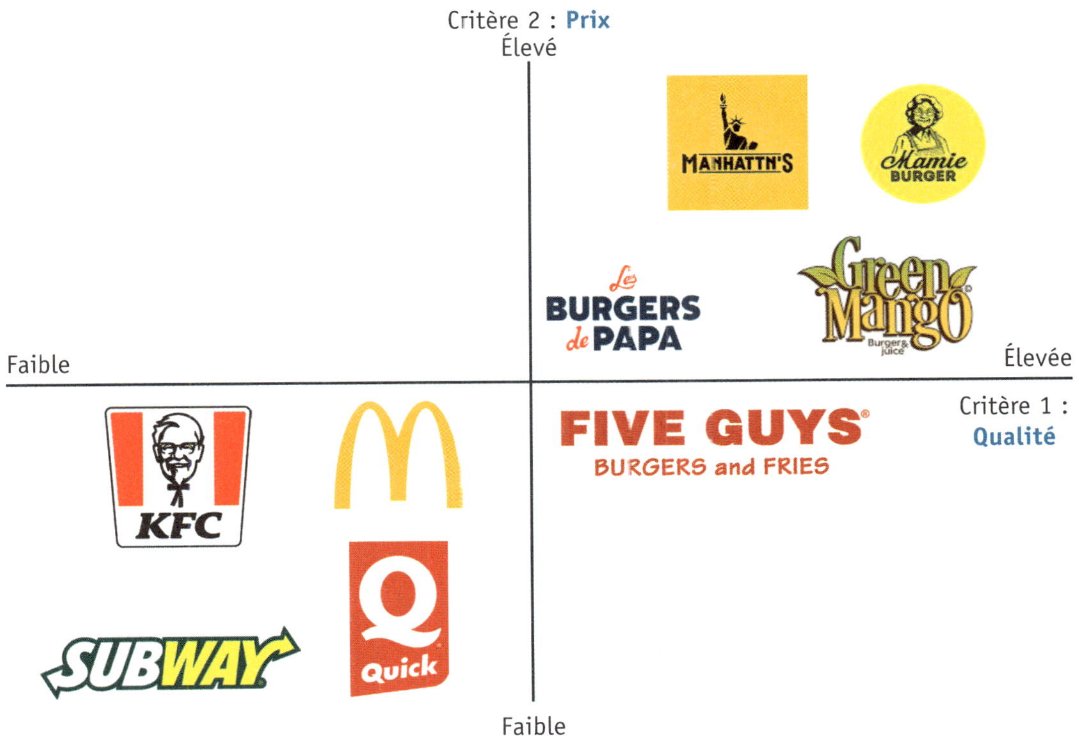

III Les éléments constitutifs d'un positionnement

Le positionnement de la communication de l'annonceur révèle la manière dont il souhaite être perçu par le public cible. Pour le déterminer, plusieurs éléments doivent être pris en compte.

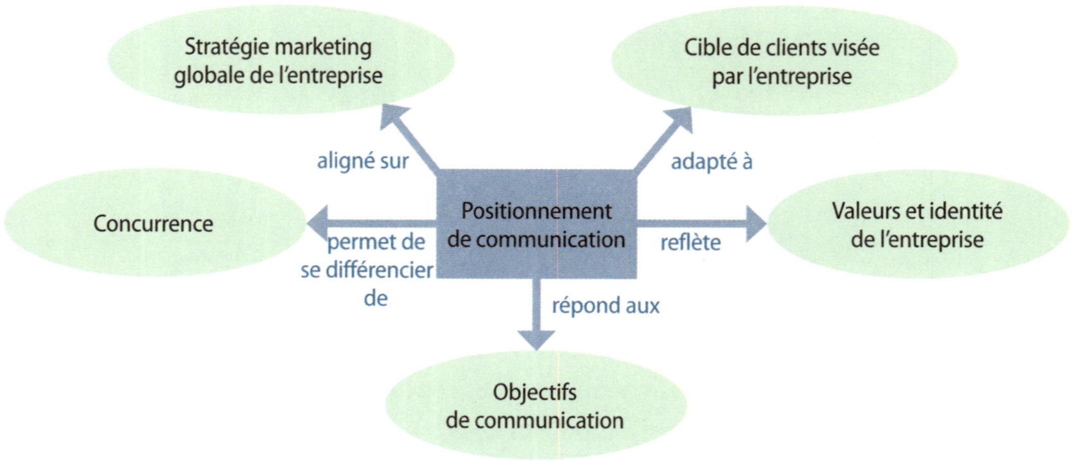

IV L'impact de la communication sur le positionnement

Si les deux aspects **image perçue/image voulue** concordent, alors l'entreprise a réussi à communiquer et transmettre auprès de ses clients et prospects son positionnement souhaité.

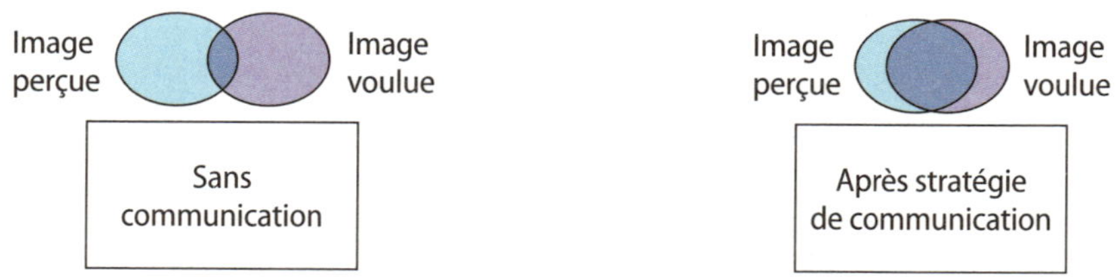

FICHE RESSOURCE

2

LES PRINCIPES DU *MIX MARKETING* OU PLAN DE MARCHÉAGE

I Le rôle du marketing

Afin de maximiser la satisfaction du client, le marketing cherche à définir la combinaison optimale, ou *mix marketing*, de quatre éléments : le **produit**, le **prix**, la **distribution** et la **communication**. La communication est donc considérée comme l'un des éléments du *mix marketing*. Philip Kotler distingue également les 4C (solution au **consommateur**, **coût** pour le consommateur, **commodité** d'accès et **communication**). Selon cet auteur, les consommateurs ne s'intéressent pas uniquement au prix de vente, mais plutôt au coût total que représentent l'obtention, l'utilisation et l'abandon d'un produit ainsi qu'à la disponibilité du bien et des services qui l'accompagnent. Ils souhaitent également que leur avis soit pris en compte.

II Les éléments du *mix marketing* : les 4P

1. Le produit (*Product*)

Il s'agit ici de réfléchir :

– au bien ou service et à ses attributs que l'entreprise souhaite mettre en avant ;

EXEMPLES : la composition du produit avec une adaptation au marché cible de produits bio ou véganes, le *packaging*.

– mais aussi, plus largement, à des idées, concepts, espaces géographiques, célébrités à promouvoir.

EXEMPLES : le concept d'une émission ou d'une série télé, un territoire (pays, région, ville…), un parti politique, une association (un club de foot…), une personnalité (Kylian Mbappé…).

2. Le prix (*Price*)

a. Le prix de vente est déterminant pour vendre les biens ou services au marché cible. La politique de prix doit être établie en fonction de la clientèle visée, plus ou moins sensible au prix, tout en assurant la rentabilité de l'entreprise.

EXEMPLES : l'enseigne de distribution Lidl est perçue comme ayant une politique de prix entrée de gamme. À l'inverse, Fauchon propose des produits d'alimentation gastronomique et d'épicerie fine à des prix élevés, haut de gamme, élitiste.

b. La gratuité s'est renforcée avec l'avènement de l'économie numérique. En effet, l'internaute peut accéder à de nombreux services gratuits.

Cependant, la gratuité n'est qu'apparente car les entreprises mettent en place différents systèmes pour récupérer des bénéfices :

Les subventions croisées	Offre gratuite liée à l'achat d'un produit payant, du type « 1 acheté, 1 offert ». **EXEMPLES :** un téléphone offert pour la souscription à un abonnement. La gratuité est financée par l'achat, à un prix plus élevé, de l'autre produit. Le client supporte *in fine* le coût de la gratuité. **EXEMPLE :** deux paires de lunettes pour le prix d'une.
Le *freemium*	Ce modèle économique finance son offre gratuite (*free*) par l'offre payante (*premium*), le *premium* proposant des produits non disponibles dans l'offre gratuite. Le client est incité à acheter la version payante. **EXEMPLES :** LinkedIn, Deezer, Skype, Spotify, Prestashop.
La publicité	Les utilisateurs accèdent gratuitement à des services dans lesquels des publicités intégrées sont payées par les annonceurs. **EXEMPLES :** les journaux, les jeux, les réseaux sociaux.
Le don / La contribution	Les utilisateurs contribuent à l'amélioration du service proposé. **EXEMPLES :** un logiciel libre, Wikipédia.

3. La distribution (*Place*)

Le *mix marketing* inclut la politique de distribution et de l'accès au bien ou au service commercialisé et préconise les circuits de distribution les plus adaptés.

EXEMPLE : produits de soins dermatologiques vendus en pharmacies et parapharmacies.

Le système de distribution s'adapte aux changements du comportement des consommateurs et utilise les nouvelles technologiques. Du multicanal, il a évolué vers le cross-canal qui lui-même évolue vers l'omnicanal. Ainsi, les consommateurs utilisent souvent plusieurs canaux de distribution dans leur parcours d'achat.

EXEMPLE : recherches sur les sites e-commerce avant d'aller acheter les produits en magasin.

Le cross-canal génère des parcours clients faisant intervenir successivement plusieurs canaux grâce à la création de passerelles entre les canaux,

EXEMPLE : le *click & collect* intègre le Web et le magasin physique.

Ainsi, une stratégie cross-canal vise non seulement à multiplier les canaux, mais aussi et surtout à les intégrer entre eux et les rendre complémentaires.

EXEMPLES : le drive, l'utilisation d'un bon reçu par mail en magasin, un code promo reçu par SMS.

4. La communication (*Promotion*)

Pour être efficace, la politique de communication de l'annonceur doit atteindre le public visé en choisissant les supports de communication adéquats et en optant pour un ton adapté au profil des consommateurs ciblés.

EXEMPLE : l'annonceur ne s'adresse pas de la même manière ni avec les mêmes supports s'il vend des articles de sports extrêmes, des cosmétiques ou des croisières.

III L'évolution du *mix marketing*

Pour s'adapter à l'évolution des marchés et aux comportements des consommateurs de plus en plus influencés par la digitalisation des processus de vente, le *mix marketing* prend en compte d'autres éléments :

People (relations directes avec les clients)	Il s'agit ici de se préoccuper de la satisfaction des clients, de les fidéliser.
Process (processus de la vente, de la première interaction jusqu'à la fin du service)	Le client va suivre un parcours de la découverte de l'offre jusqu'à la vente. Il s'agit donc de réduire l'inquiétude des clients à chaque étape pour assurer les ventes. **EXEMPLE :** la mise en place d'un *chatbot*.
Physical evidence (preuve apportée aux clients pour les convaincre)	Lors des achats Internet, les clients ne peuvent pas toucher les produits. Les entreprises utilisent des preuves pour convaincre les clients. **EXEMPLES :** des témoignages, des avis clients, des mentions spécifiques sur les pages de vente.

IV La cohérence de l'ensemble des éléments du *mix-marketing*

Les 4P évoluent en permanence pour s'adapter au marché et aux tendances, notamment dans le contexte actuel d'un marketing fortement digitalisé et très concurrentiel.

Le *mix marketing* doit être et rester cohérent avec le positionnement de l'offre.

EXEMPLE : les parfums de la marque Dior ne sont pas vendus dans des magasins discount.

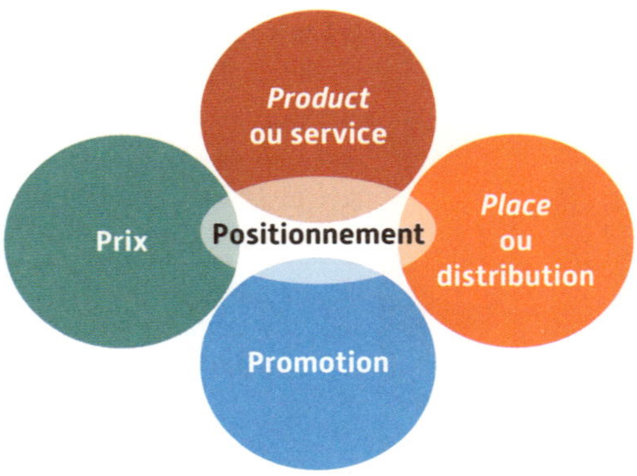

FICHE RESSOURCE

3

LA MARQUE (*BRAND*)

I Définition et rôle de la marque

La marque est un nom et un ensemble de signes qui certifient l'origine d'un produit, le différencient des produits concurrents et influencent le comportement des acheteurs en suscitant des représentations mentales et un lien émotionnel. Elle peut se matérialiser de différentes manières :

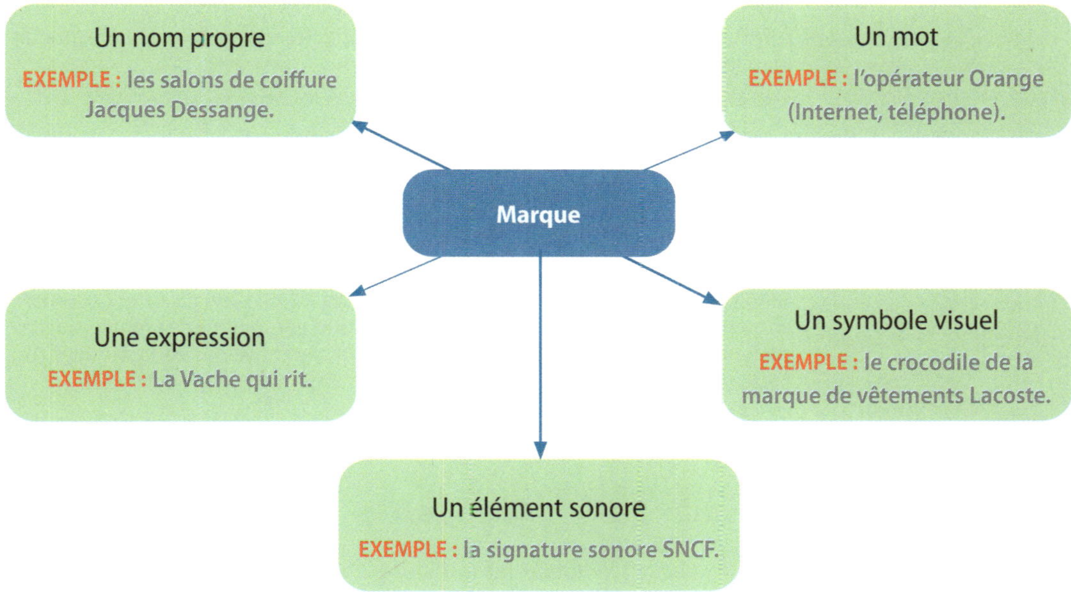

La marque a pour rôles essentiels d'identifier et de différencier les produits, de rassurer le consommateur (garantie d'une grande marque), de véhiculer une image spécifique.

Elle doit être déposée auprès de l'INPI (Institut national de la propriété industrielle) afin de garantir à l'entreprise son usage exclusif pendant dix ans, indéfiniment renouvelables.

Le dépôt de marque confère des droits d'exploitation permettant de protéger sa marque. Cela permettra à son créateur d'agir en justice pour défendre sa marque et interdire aux tiers de l'utiliser dans le même domaine d'activité que lui.

II Les cinq principaux types de marque

La marque *corporate* (ou marque institutionnelle)	C'est la marque de l'entreprise. Elle correspond à sa dénomination sociale. **EXEMPLES :** Apple, Engie.
La marque produit	Elle associe un nom et une promesse spécifique à chaque produit, la marque mère pouvant être visible ou non. **EXEMPLE :** marque mère : Danone Marques produits : Activia, Actimel, Aptamil, Danette, Évian, Volvic, Blédina.
La marque ombrelle	Elle associe sous un même nom un ensemble hétérogène de produits. **EXEMPLES :** Brandt (aspirateurs, cafetières, fers à repasser, fours), Nike (chaussures, vêtements).
La marque éponyme (ou marque caution)	La racine est utilisée pour la conception de marques « dérivées ». **EXEMPLE :** Nestlé Nestea, Nescore, Nescafé, Nesquik, Nespresso.
La marque de distributeur (MDD)	Il peut s'agir du nom de l'enseigne ou d'une marque propre à l'enseigne. **EXEMPLES :** les produits Carrefour à la marque de l'enseigne ; les produits « Pâturage de France », marque propre d'Intermarché.

III Les différentes stratégies de marque

La stratégie de marque produit autonome	La marque *corporate* est peu visible. Dans ce cas, un positionnement spécifique est adopté pour chaque marque produit. Cette stratégie nécessite un investissement en communication pour chaque marque et ne permet pas de bénéficier de l'image et de la notoriété de la marque mère. **EXEMPLE :** la marque *corporate* Procter & Gamble s'efface au profit des marques produits Ariel, Dash, Febreze, Pampers…
La stratégie de marque produit et marque *corporate*	La marque *corporate* visible cautionne le produit et rassure l'acheteur. La marque produit bénéficie de l'image et de la notoriété de la marque mère, ce qui facilite la communication, mais rend la spécificité du positionnement de la marque produit plus difficile. **EXEMPLE :** la marque *corporate* Renault a pour marques filles Renault, Dacia, Alpine et Mobilize.
La stratégie d'extension de marque	Elle vise à conquérir de nouveaux marchés en déclinant la marque sur de nouveaux produits pour bénéficier de la position acquise sur le métier de base. **EXEMPLE :** la marque Nike est étendue aux lunettes de soleil, aux ballons de football, aux ballons de basketball et aux équipements de golf.
La stratégie de *co-branding*	Il s'agit d'associer deux marques ou plus en un partenariat, pour le développement et/ou la commercialisation d'un bien, d'un service, d'une gamme de produits qu'elles cosignent. Cette alliance repose sur la complémentarité des compétences des partenaires ou sur la recherche d'un effet de synergie au niveau publicitaire. **EXEMPLE :** Mercedes et Swatch créent la Smart, la plus petite des citadines.

IV La notoriété d'une marque et sa mesure

La notoriété est le niveau de connaissance qu'ont les individus d'une marque, d'un bien ou d'un service, d'une entreprise ou d'une personne. Des enquêtes auprès d'individus pris au hasard permettent de mesurer la notoriété. On distingue trois types de mesure :

La notoriété spontanée	Elle est le degré de connaissance mesuré à l'aide d'une question ouverte. **EXEMPLES :** « Pouvez-vous citer une marque de soda ?
La notoriété assistée	Elle est le degré de connaissance mesuré à l'aide d'une question à choix multiples, c'est-à-dire proposant plusieurs réponses possibles. **EXEMPLE :** « Parmi ces marques, laquelle connaissez-vous : Coca-Cola, Fanta, Orangina, Sprite ? »
La notoriété « *top of mind* »	Elle permet d'obtenir un classement des marques parmi les premières venant spontanément à l'esprit de la personne interviewée. **EXEMPLE :** pour les marques de soda à base de cola : 1) Coca-Cola, 2) Pepsi…

V La plateforme de marque

Une plateforme de marque est un outil stratégique qui aide l'organisation à cerner les questions essentielles sur l'identité de sa marque. L'ensemble des thèmes de réflexion proposés par la plateforme explore de façon structurée la raison d'être de la marque à partir de plusieurs éclairages. Elle construit ainsi ses fondements.

La plateforme peut donc servir de cadre de référence pour les actions de communication de l'organisation et peut également constituer la première source d'inspiration pour produire des *briefs* créatifs.

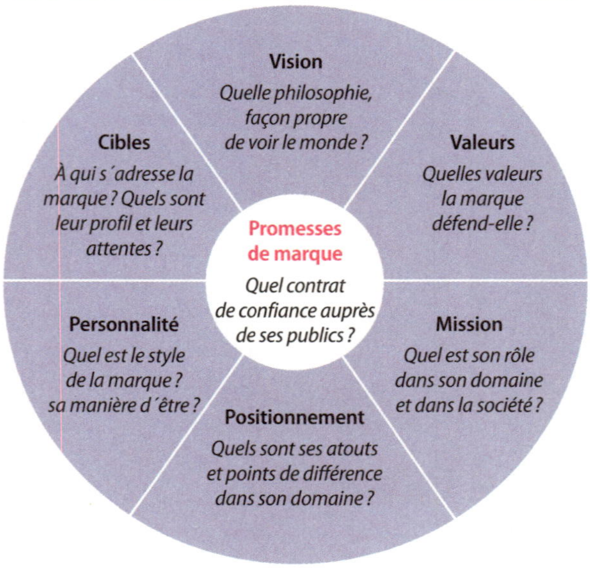

Applications

1 Réaliser un mapping concurrentiel

★★

En tant que marque emblématique française créée en 1920, Petit Bateau s'est rapidement imposée comme l'une des marques pour enfants les plus célèbres et facilement reconnaissables. Cependant, l'environnement concurrentiel du secteur de l'habillement pour enfants est devenu de plus en plus féroce ces dernières années, avec l'entrée de nombreuses marques plus abordables qui proposent des produits équivalents. Cela soulève donc la question de savoir en quoi Petit Bateau parvient à se démarquer des autres marques de ce secteur hautement concurrentiel.

1. Rédiger en une phrase le positionnement de la marque Petit Bateau.
2. Étudier sa pertinence par rapport aux critères suivants : crédibilité, spécificité, attractivité et durabilité.
3. Citer les concurrents directs de la marque Petit Bateau.
4. Reconstituer les étapes de la construction du mapping concurrentiel, puis présenter l'intérêt de ce mapping concurrentiel.

Document 1 Qu'est-ce qui permet à Petit Bateau de se distinguer des autres marques du secteur ?

- Petit Bateau accorde beaucoup d'importance à son segment sous-vêtements et ensembles. Ces catégories sont trois fois plus représentées chez Petit Bateau que la moyenne du marché.
- La marque française propose une large gamme de vêtements pour enfants de tous âges, du berceau au collège. Elle offre la plus large proportion d'articles pour nouveau-nés de tout le secteur du vêtement pour enfant.
- Petit Bateau combine matières de qualité et prix haut de gamme. [...]

Petit Bateau reste centré sur le vêtement pour enfant

Après avoir atteint la célébrité grâce au défilé Chanel, Petit Bateau lance alors sa première collection pour adultes, mettant clairement l'accent sur les vêtements pour femme. [...]

Une marque conçue pour les enfants, du berceau au collège

L'offre de Petit Bateau se distingue par l'importance de la catégorie nouveau-nés. La stratégie de Petit Bateau repose sur un large choix de basiques pour enfants, de la naissance à l'entrée au collège. [...]
On observe également chez Petit Bateau une répartition assez équilibrée entre garçons et filles par rapport aux autres marques. Les articles pour filles représentent la part la plus importante du segment vêtements pour enfant. Il n'est donc pas surprenant que cette catégorie occupe une place plus importante dans les assortiments. [...]
On constate également que Petit Bateau utilise moins de matières synthétiques que ses concurrents.

Ce positionnement constitue sans doute une tentative de la part de la marque de sensibiliser les parents à l'importance d'utiliser des matières naturelles pour le bien de leurs enfants et de l'environnement. [...]
Même si des marques plus abordables ont fait leur entrée sur le marché, les produits de qualité de Petit Bateau résistent bien et ont encore de belles années devant eux.

Un positionnement tarifaire bien spécifique sur le marché du vêtement pour enfant

Du point de vue tarifaire, on constate que les prix pratiqués par Petit Bateau sont les plus élevés du secteur. Le prix le plus fréquemment pratiqué par la marque française est quatre fois plus élevé que la moyenne du marché. Rien de surprenant à cela : Petit Bateau est en effet perçu comme plus chère que ses concurrents.

Quand qualité rime avec matières nobles

La philosophie de la marque française est de proposer des produits pour enfants de qualité. Pour ce faire, la matière joue un rôle essentiel. [...] Petit Bateau privilégie le coton pour ses célèbres brassières et culottes. 10 % des articles en coton Petit Bateau sont fabriqués en coton biologique.

lectra.com, 30 septembre 2020.

Document 2 Mapping concurrentiel de Petit Bateau

La marque a choisi deux critères pour réaliser ce mapping : la qualité et le prix. [...]

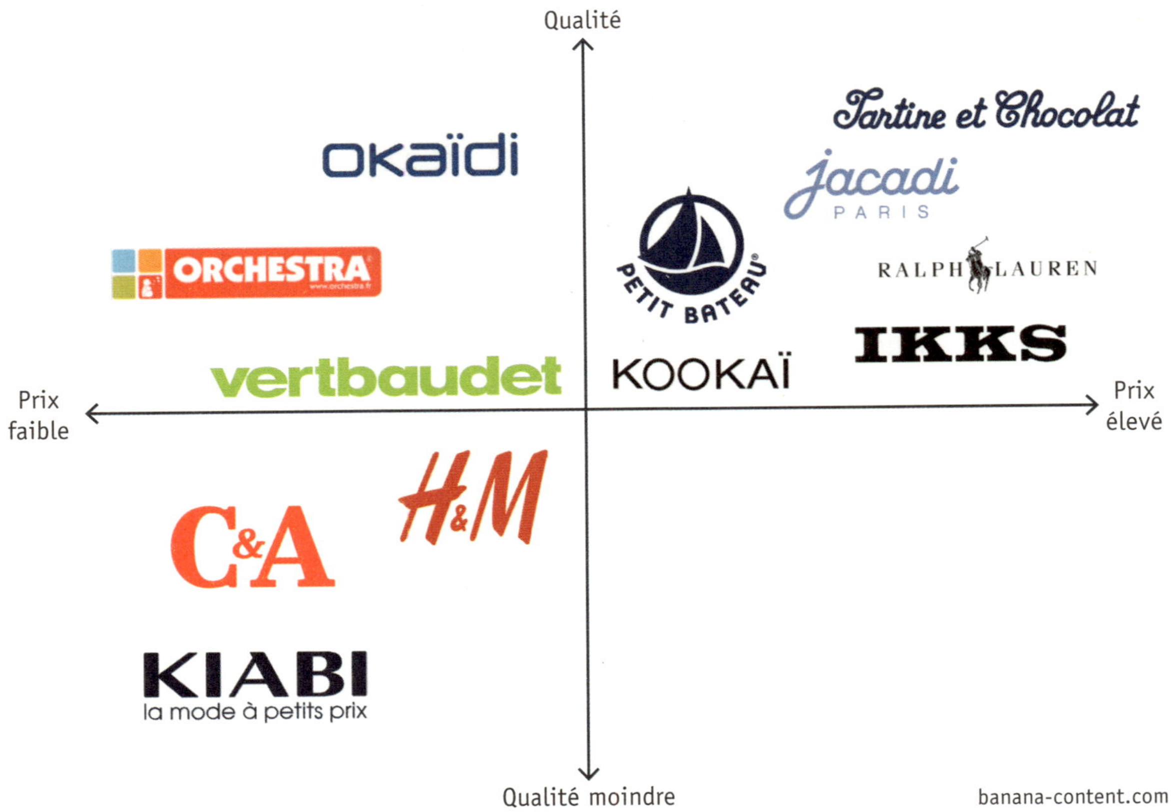

banana-content.com

Document 3 Les slogans utilisés par la marque Petit Bateau

Le slogan « Beau dessus, comme dessous » de la marque Petit Bateau est un slogan très engageant qui se concentre sur le confort et la qualité des matières. Il promet que le produit qu'il commercialise, quel que soit le type de vêtement ou de lingerie, restera beau à l'intérieur comme à l'extérieur.
Le slogan fait implicitement allusion à l'attention portée aux détails et à l'amour mis dans chaque produit, et donne une promesse claire et concise du niveau de qualité que les consommateurs peuvent attendre de la marque.

Nous connaissons 10 slogans de publicité de la marque **Petit Bateau** :
- Beau dessus, comme dessous.
- Petit bateau résiste. Sacrés gosses !
- Pour adultes aussi.
- Petit Bateau habille aussi les bébés.
- Des vêtements faits pour faire des choses dedans.
- C'est exactement ce dont ils ont besoin.
- Son histoire tient à un fil.
- Les sous-vêtements solides.
- Petit Bateau connaît bien les enfants.
- À quoi ça sert d'imaginer des vêtements si on peut rien faire dedans ?

www.slogan.pub

Document 4 Comment construire un mapping

Comment construire un mapping
Vidéo
liennathan.fr/367fns

2 La cohérence positionnement/ *mix marketing* de Kiabi

Kiabi Europe, société de distribution de prêt-à-porter créée en 1978, près de Lille, révolutionne le prêt-à-porter français en inventant le concept de mode à petits prix pour toute la famille. En 2023, Kiabi réajuste son positionnement sans changer complètement son *mix marketing*.

Apprécier la pertinence des modifications en répondant aux questions suivantes.

1. Retrouver les éléments du *mix marketing* de Kiabi.
2. Énoncer les objectifs de la communication de Kiabi.
3. Démontrer que ce *mix* est cohérent avec son positionnement.
4. Préciser les nouvelles orientations stratégiques de la marque.

Document 1 La nouvelle stratégie de Kiabi pour devenir la marque qui facilite la vie des familles

RSE, omnicanal, nouveaux formats, partenariats... Béatrice Héricourt, co-CEO de Kiabi, dévoile le nouveau plan de route de l'enseigne à 10 ans.

« *D'un distributeur de textile en périphérie, nous voulons devenir une marque qui facilite la vie des familles.* » [...] Ce nouveau positionnement repose sur trois piliers : l'accélération du digital, le développement du maillage et la RSE. Le tout avec une approche *test and learn*. « *Nous expérimentons beaucoup de choses,* estime Béatrice Héricourt. *Nous sommes le leader du prêt-à-porter sur l'enfant et la femme, nous devons réfléchir sur comment continuer à nourrir ce leadership et regarder ce qui peut manquer aux familles.* » [...]

Concernant l'omnicanal, Kiabi a en effet été très innovant en 2020, notamment pour pallier la fermeture des magasins. Citons ainsi la création d'un *drive* piéton « *monté en une semaine grâce à nos collaborateurs très engagés* », précise la dirigeante, ou encore le retrait de produits en 4 heures qui se base sur le stock du point de vente. [...]

Parallèlement au développement du digital en magasin, Kiabi investit aussi dans son *back office* et crée un *data office*. Une équipe de 20 *data scientists* et *data analysts* va travailler sur la connaissance clients, la *supply chain* et les collections afin d'optimiser les opérations et de personnaliser les échanges avec les consommateurs selon leur préférence. [...]

La conquête par de nouveaux formats de magasins

La montée du digital permet également à Kiabi d'imaginer un développement sur de nouveaux formats. « *Le grand magasin en périphérie n'existe qu'en France, nous avons déjà dans d'autres pays des points de vente plus compacts, en centre commercial ou centre-ville,* rappelle la dirigeante. *Nous allons travailler notre expansion avec des formats physiques, digitaux et mixtes puisque le client est désormais plus habitué au e-commerce.* »

Kiabi regarde ainsi quel format adopter pour attaquer Paris ou toucher des villes de 20 000 à 30 000 habitants, le maître mot étant l'agilité. Actuellement, le maillage se compose de 509 magasins répartis dans 19 pays, dont 340 en France. [...]

L'autre pilier du plan de conquête de Kiabi est la RSE. L'enseigne [...] affichera aussi plus fortement la nouvelle raison d'être de Kiabi : faciliter la vie des familles en tissant ensemble une mode responsable et des solutions durables.

Kiabi annonce ainsi que 70 % de ses basiques sont éco-conçus. La seconde main prend aussi de l'ampleur en point de vente et sur le Web, en partenariat avec Patatam. Actuellement, 37 corners sont implantés dans les magasins et le *retailer* en cible 50 d'ici [fin 2021] et veut les généraliser d'ici deux ans. Sur le site Web Kiabi et *via* une application mobile, les consommateurs peuvent aussi revendre leur article. Ils bénéficient d'ailleurs de 20 % d'abondement s'ils privilégient après une vente un bon d'achat Kiabi au lieu d'un virement classique. « *La RSE devient inhérente à la stratégie,* souligne Béatrice Héricourt, *et dans 5 ans, cela ne sera plus un point de différenciation. Nous restons très humbles sur notre démarche et nous sommes dans le marketing de la preuve.* »

Clotilde Chenevoy, www.republik-retail.fr, 17 septembre 2021.

Document 2 Kiabi accélère et multiplie ses engagements RSE avec Human

Création de boutiques pour écouler ses invendus, mise en ligne d'un site pour les articles de seconde main, ou encore création de collections en faveur de l'inclusion, Kiabi multiplie les initiatives RSE [...]. L'objectif final ? Offrir une mode pour tous, pour le bien commun et à petits prix. La crise sanitaire n'a donc pas freiné les objectifs du distributeur qui a désormais infusé ses principes RSE dès la création de ses produits. Par exemple, l'enseigne de textile favorise l'usage de matières premières durables et s'engage à ce que d'ici 2025, 100 % du catalogue n'utilise que cela, tout en réduisant l'usage d'eau et de substances chimiques.

L'inclusion est aussi un moteur de la création. Kiabi propose ainsi une gamme spécifique pour les handicapés avec des vêtements faciles à enfiler. Les équipes ont créé une collection post-opératoire dans le cadre d'Octobre Rose (période de communication sur le dépistage du cancer du sein). Autre illustration de la richesse de ses engagements sur l'inclusion, le site de Kiabi s'adapte pour devenir accessible à plus de 40 pathologies.

Des petits magasins pour les invendus

Parmi les autres principaux axes du programme Human, on retrouve les sujets de l'économie circulaire et la réduction du gaspillage des ressources. Ainsi, Kiabi teste actuellement un petit format pour écouler les invendus [...].

Parallèlement, Kiabi propose aussi une offre de seconde main omnicanale. Ainsi, en 2020, six corners ont été installés dans des magasins, en partenariat avec Patatam, et 25 le seront en 2021. De plus, un site Internet, intégré au portail classique, permet aux consommateurs de revendre leurs articles et d'accéder à une offre de seconde main. [...] Particularité du concept Seconde Main by Kiabi : acheteur et vendeur sont récompensés, grâce à un abondement en bons d'achat à valoir en magasin ou sur l'e-shop.

Clotilde Chenevoy, www.republik-retail.fr, 21 février 2021.

Document 3 Kiabi, un grand changement de communication

« *Dans le territoire de l'habillement, on court après le prix*, observe Stéphanie Caude, directrice commerciale de TBWA. *Kiabi a trouvé le bon équilibre entre la valeur et le prix. C'est une marque axée sur la famille, cela ne se ressentait pas assez dans la communication alors que c'est une réalité.* » Autre axe de travail qui se veut différenciant : « *L'univers de l'habillement est fantasmé façon luxe, cela peut donner, en termes de communication, un catalogue froid. Nous avons essayé de trouver une représentation authentique de la vie de famille, en en montrant, par exemple, les petits défauts.* » Kiabi a donc voulu imprimer sa marque autour de ce thème. La campagne, dont le budget est gardé confidentiel, est déployée à grande échelle, en télévision (TF1, France Télévisions, M6) mais aussi sur les volets digital (Dailymotion et Teads) et réseaux sociaux, radio, presse, affichage. En parallèle, le nouveau territoire de communication a vocation à être décliné plus largement. Ainsi, dans les magasins, la PLV [publicité sur le lieu de vente] de la campagne de rentrée des classes, mise en place courant août, a pris les couleurs de ce nouveau territoire. En relais, des panneaux d'affichage en 4×3 ont été installés sur les parkings des points de vente. Histoire d'imprimer les nouveaux messages dans les esprits des clients et prospects. En revanche, Kiabi ne change pas, pour l'heure, de logo ou de signature. Au final, l'ensemble de son écosystème de prise de parole est concerné par ces évolutions.

Amélie Moynot, www.strategies.fr, 27 septembre 2022.

3 La contrefaçon

★★

La société allemande Adidas a manifesté son opposition envers le distributeur de vêtements Forever 21 en raison de la présence de certains produits qui arboraient un motif composé de trois bandes. Selon les affirmations d'Adidas, l'utilisation de ce dessin constituait une violation de ses droits de propriété intellectuelle. En conséquence, une situation de contrefaçon aurait été avérée.

Forever 21, styles non autorisés par Adidas (US District Court, district de l'Oregon)

1. Que peut-on déposer en tant que marque ?
2. Expliquer pourquoi il est important de déposer une marque. Illustrer avec l'exemple.
3. Indiquer en quoi il est indispensable d'effectuer une recherche d'antériorité avant de déposer une marque.
4. Pensez-vous que Forever 21 ait réalisé une recherche d'antériorité ?

Document 1 Adidas *vs* Forever 21 (États-Unis)

La marque allemande Adidas s'est récemment opposée à Forever 21, le distributeur de vêtements, car certains de ses produits comportaient un design constitué de 3 bandes. Selon Adidas, l'utilisation de ce motif constituait une contrefaçon et une dilution de sa marque. Forever 21 était également attaqué pour concurrence déloyale et pratiques commerciales trompeuses. Le distributeur américain a cependant contesté cette plainte, en rappelant qu'Adidas surveille systématiquement les vêtements proposés à la vente par Forever 21 et s'oppose à toute commercialisation de vêtements à bandes (même lorsque celles-ci sont uniquement décoratives). […]

Comment éviter un procès en contrefaçon ?

La plupart des procès en contrefaçon peuvent être évités avec des moyens peu coûteux : la recherche d'antériorités et la surveillance des marques déposées.

Du côté du contrefacteur : la recherche d'antériorités

L'affaire fait apparaître la mauvaise foi du contrefacteur. Mais il arrive également que ce dernier ne soit pas conscient de son erreur au moment du dépôt. Pour éviter une contrefaçon « par ignorance », il est indispensable de faire une recherche parmi les marques, les sociétés et les noms de domaine antérieurs.

Une telle recherche, lorsqu'elle est bien faite, présente des coûts et peut être fastidieuse. Mais un dépôt réalisé sans recherches ouvre la porte à d'énormes risques – en particulier celui d'un procès en contrefaçon.

Du côté du titulaire de la marque : la surveillance

Cette affaire de contrefaçon montre bien la nécessité de surveiller sa marque. […] Pour avoir une marque forte, il convient de la défendre activement. Avec la surveillance, vous êtes informés au plus tôt de dépôts de marques gênants et pouvez agir à moindre coût. Une opposition coûte en effet beaucoup moins cher et dure moins longtemps qu'un procès en contrefaçon.

depot-de-marque.com, octobre 2022.

Document 2 Le site de l'INPI

L'Institut national de la propriété industrielle (INPI) est un établissement public en France qui a pour mission de protéger et de valoriser les droits de propriété intellectuelle, y compris les brevets, les marques, les dessins et modèles, les indications géographiques et les logiciels. Son site Web, accessible à l'adresse www.inpi.fr, propose de nombreux services en ligne tels que la recherche de brevets et de marques, la publication de dépôts et la gestion de dossiers. De plus, l'INPI fournit des informations et des conseils utiles pour aider les entreprises et les créateurs à protéger et à exploiter leurs créations. Enfin, l'INPI met également à disposition des ressources documentaires, des formations et des événements pour informer les différents acteurs de la propriété intellectuelle sur les enjeux liés à la protection de leurs droits.

inpi INSTITUT NATIONAL DE LA PROPRIÉTÉ INDUSTRIELLE

4 Vérifiez vos connaissances

Répondre à la question posée pour chacune des situations suivantes.

1. Pierre cherche un nom pour son entreprise de BTP spécialisée dans la rénovation haut de gamme. Afin d'aider les propriétaires à concevoir leurs projets, il sélectionne et coordonne artisans et fournisseurs. Quel est le meilleur nom de marque pour son activité ?
   a. Charmes & Rénovation
   b. Great Lifestyle Empowerment
   c. Pierrot Top Déco
   d. Chanel

2. Romain est à la tête d'une entreprise très florissante qui fabrique des chemises pour hommes sous la marque Rom. Il décide de commercialiser une ligne de caleçons. Son agence lui conseille une stratégie de marque caution. Quel nom peut-il alors choisir pour cette nouvelle ligne ?
   a. Rom
   b. Les caleçons chics et décontractés
   c. Les caleçons et les hommes
   d. Les caleçons by « Rom »

3. Pauline, excellente couturière, a créé une gamme de vêtements pour bébés. Elle a développé une bonne communication autour de son concept. Aujourd'hui, elle désire être protégée et entame des démarches auprès de l'INPI. Quels éléments peuvent être protégés ?
   a. Le nom de la marque
   b. Le slogan utilisé depuis le lancement de la gamme
   c. Le logo
   d. Les couleurs pastel des vêtements

4. Claire est directrice marketing d'une marque de sacs à main pour femmes, positionnée dans le moyen de gamme. Une jeune styliste à la mode lui propose de dessiner trois modèles chaque saison, qui seront vendus un peu plus cher que le reste de la collection. Que pensez-vous de cette idée ?
   a. C'est une mauvaise idée, car si c'est cher, les clientes ne vont pas l'acheter.
   b. C'est une bonne idée, car cela va donner à la marque une image plus mode.
   c. C'est une mauvaise idée, car il va y avoir plus de produits dans les magasins.

CHAPITRE 6

Construire une stratégie de communication

Contexte professionnel

Compétences professionnelles
- Identifier, hiérarchiser et caractériser les cibles et les objectifs
- Repérer et rédiger les éléments constitutifs de la stratégie de communication

Savoirs associés
- Les cibles de communication, dont les parties prenantes
- Les objectifs de communication
- Les éléments constitutifs de la stratégie de communication

La commune de La Riche, située entre la Loire et le Cher, dispose d'une terre propice à la culture maraîchère. Consciente de cette richesse naturelle, la mairie a entrepris, depuis de nombreuses années, de favoriser cette activité sur des terrains jusqu'alors délaissés.

C'est dans ce contexte que l'AMAP[1] La Riche en Bio est née en 2009, en réponse à la demande grandissante des consommateurs pour des produits frais, sains et issus d'une agriculture respectueuse de l'environnement. Elle souhaite ainsi maintenir et développer une agriculture locale bio, économiquement viable, socialement équitable et écologiquement soutenable.

Avec le temps, l'AMAP a pris de l'ampleur et compte aujourd'hui environ 100 familles adhérentes. Elle propose une large sélection de produits de qualité, avec plus de 800 références fournies par plus de 30 producteurs. La priorité est donnée aux producteurs locaux, sauf pour certains produits spécifiques tels que le chocolat ou les châtaignes. Les agriculteurs sont tous certifiés bio, garantissant ainsi la qualité et la traçabilité des produits.

La Riche en Bio organise un marché annuel. Cette manifestation festive est un moyen de communication pour promouvoir les différentes AMAP régionales. Les exposants et les visiteurs y participent avec beaucoup d'intérêt.

C'est dans ce contexte que le comité de communication de l'AMAP a accepté votre demande de stage. Votre objectif est de sensibiliser le grand public sur l'importance de soutenir une agriculture locale et biologique, respectueuse de l'environnement et des hommes.

1. Association pour le maintien d'une agriculture paysanne.

Qu'est-ce qu'une AMAP ? Vidéo
liennathan.fr/5qpb23

Comprendre le contexte

1. Caractériser l'AMAP La Riche en Bio et son objectif principal.
2. En quoi la mission qui vous est confiée est-elle en phase avec l'évolution du comportement des consommateurs ?
3. Quels peuvent être les éléments importants pour réaliser une stratégie de communication ?

1 Identifier, hiérarchiser et caractériser les cibles

Chaque année, l'AMAP La Riche en Bio organise un marché le premier dimanche de mai. Afin de réussir votre projet de communication centré sur cette manifestation, vous estimez qu'il est important de bien connaître et comprendre les publics visés.

Documents 1 à 4
Fiche ressource 1

1. Citer les motivations qui incitent les personnes à s'inscrire à l'AMAP La Riche en Bio.
2. Énoncer les avantages pour un producteur de travailler avec l'AMAP La Riche en Bio.
3. Citer et hiérarchiser les différentes cibles concernées par cette manifestation.
4. Caractériser les cibles concernées par le marché bio.

Document 1 Le fonctionnement d'une AMAP

L'objectif principal d'une AMAP (association pour le maintien d'une agriculture paysanne) est de mettre en lien paysans et consommateurs afin de créer un partenariat qui permet aux premiers de vivre de leur production et de pérenniser leur métier, et aux seconds d'acheter à un prix juste des produits d'alimentation de qualité.

Le principe est simple :

- chaque semaine, l'agriculteur s'engage à livrer à chaque membre de l'AMAP un « panier » de fruits et légumes de saison de sa propre production, cultivés localement et vendus à un juste prix. Il est aussi possible de créer une AMAP pour du pain, de la viande, du poisson, du fromage, du miel… ;
- les membres de l'AMAP s'engagent à préacheter en début de saison une partie de la production pendant une durée qui peut aller de six mois à un an (en fonction de la saisonnalité et des types de produits). Cela permet à l'agriculteur de préfinancer sa production, ce qui est une vraie sécurité pour lui, compte tenu notamment des aléas naturels ;
- chaque membre acheteur s'implique dans le fonctionnement de l'AMAP et s'engage à participer à des activités communes, comme des visites à la ferme, afin de (re)découvrir notamment les processus de production agricole et la vie de l'agriculteur.

www.colibris-lemouvement.org

Document 2 Pourquoi créer une AMAP ?

- **Encourager le monde paysan et un agriculteur en particulier** car vous privilégiez leurs produits plutôt que ceux vendus par l'industrie agroalimentaire.
- **Favoriser la qualité alimentaire** car la charte des AMAP demande à l'agriculteur de cultiver sans pesticides et sans engrais chimiques.
- **Valoriser les produits du terroir et la diversité alimentaire** car l'agriculture bio favorise les variétés locales et rustiques. Elle propose à notre curiosité des fruits et des légumes oubliés (panais, rutabaga, topinambour), des céréales et des légumineuses (épeautre, millet, lentilles blondes) disparues du monde du « manger conventionnel ».
- **Maintenir les emplois** et en créer de nouveaux car en consommant des produits issus de circuits courts, vous dynamisez l'économie locale.
- **Proposer un prix juste et sans dépendance** vis-à-vis de la grande distribution. En effet, du fait de l'absence d'emballage, de gâchis et d'intermédiaire, l'agriculture peut dégager un revenu décent, tout en appliquant un prix abordable.

www.colibris-lemouvement.org

Document 3 L'AMAP La Riche en Bio en bref

Il s'agit d'une association régie par la loi 1901, qui se distingue nettement d'un magasin traditionnel. En effet, il n'est pas possible d'y effectuer des achats sur place, seulement de récupérer les commandes préalablement passées. Les membres de l'association ont le statut d'adhérents, tous bénévoles, qui doivent consacrer une partie de leur temps au bon fonctionnement de l'AMAP. Les adhérents, majoritairement résidents de La Riche et des communes avoisinantes, versent une cotisation annuelle de 20 € pour rejoindre l'association. L'association doit se faire connaître pour maintenir le nombre d'adhérents. Aussi, les nouveaux habitants de La Riche sont considérés comme une cible privilégiée.

Les produits distribués ont été commandés et réglés à l'avance sur une application dédiée, Easyamap. Tous les producteurs fournissant les produits sont certifiés bio et participent à l'assemblée générale annuelle, où ils présentent un bilan de leur année, mettant en avant les points forts et les difficultés rencontrées. Cette assemblée générale est suivie d'un moment de convivialité, apprécié des adhérents. Le référencement des producteurs est parfois délicat, car l'AMAP souhaite éviter la concurrence entre eux. Ainsi, il n'y a qu'un seul boulanger référencé. De même, certains produits n'étant pas très répandus chez les producteurs bio, ils ne sont pas disponibles pour toutes les AMAP qui le demandent. Par exemple, le pêcheur de poissons de Loire ne peut pas fournir toutes les AMAP locales.

La mairie est un partenaire essentiel pour l'AMAP. Elle met à disposition une grande salle pour les réunions importantes et prête un local à loyer très modéré. Elle peut également accorder des subventions pour aider à financer la communication de l'association.

Source interne de l'AMAP La Riche en Bio.

Document 4 Présentation de l'opération « Le marché bio annuel »

L'AMAP dispose de son propre stand le jour du marché où les curieux sont les bienvenus ; c'est parfois l'occasion de convertir un nouveau visiteur en nouvel adhérent.

Le marché dure une journée entière sur un terrain gracieusement prêté par la mairie, avec des barnums également prêtés. L'équipe de professionnels des services municipaux et les adhérents de l'AMAP assurent l'installation et le démontage.

Le jour du marché, les visiteurs peuvent découvrir le concept des AMAP tout en faisant de belles rencontres avec les producteurs présents, y compris des fournisseurs de l'AMAP, des artisans et des associations engagées pour l'environnement et un monde plus responsable. Une restauration est proposée à midi, accompagnée d'une animation musicale. Au milieu du terrain, un stand avec des jeux accueille petits et grands pour partager un moment convivial. Sur cet espace, les visiteurs peuvent s'asseoir sur des bottes de paille tout en surveillant les enfants qui s'amusent.

Témoignage d'une adhérente, mars 2023.

2 Identifier les objectifs de communication

La tenue du marché est rendue possible grâce à l'implication active des membres de l'AMAP, qui participent en fonction de leurs disponibilités et de leurs compétences. Vous devez préciser les objectifs de communication propres à chacune des cibles visées. Ceci vous permettra non seulement de définir des actions adaptées à leurs attentes respectives, mais également de personnaliser votre stratégie de communication.

Documents 5 à 7
Fiche ressource 2

1. Décrire les objectifs de communication de cette manifestation en fonction des différentes cibles identifiées précédemment.
2. Préciser l'intérêt de différencier ces objectifs selon les différentes cibles.
3. Indiquer si ces objectifs sont conformes à l'objectif général de l'AMAP, à savoir consolider et maintenir sa notoriété au niveau local.

Document 5 Témoignage d'un adhérent

« L'un des objectifs du marché est de promouvoir les AMAP et leurs valeurs, en encourageant la conscience, les liens et la dynamique du commerce local et biologique plutôt que simplement vendre des produits. »

Document 6 Les AMAP face à l'inflation

L'AMAP (association pour le maintien d'une agriculture paysanne) de Fonsala travaille en lien avec huit petites exploitations : « On remarque une stabilité des prix depuis plusieurs années. Lors du renouvellement des contrats en avril, on aura toutefois une légère hausse qui devrait rester très raisonnable. Nous avons un noyau dur d'adhérents qui sont là depuis le début, et comptons en général une trentaine d'adhérents. Ce n'est pas énorme et parfois un peu difficile pour les paysans de s'y retrouver. C'est pourquoi on aimerait davantage faire connaître ce système qui donne accès à des produits frais de qualité sans intermédiaire, donc moins chers qu'en grande surface, par exemple », explique Dominique Farissier, l'un des responsables.

Françoise Liogier, leprogres.fr, 7 mars 2023.

Document 7 Le constat sur la fréquentation des AMAP

Moins de légumes et de produits laitiers. Plus de pâtes et de produits discount. L'inflation record de ces derniers mois a eu pour effet de dégrader la qualité de l'assiette des Français. D'ailleurs, selon l'ONG Destin Commun, plus d'un Français sur cinq a diminué la qualité des produits alimentaires pour faire face à la hausse des prix.

Est-ce irrémédiable ? Et si, à l'inverse, la hausse des prix généralisée constituait un déclic vers une alimentation durable ? Des méthodes alternatives, moins touchées par l'inflation, apparaissent comme des solutions, notamment pour les foyers modestes. […]

Évelyne Boulongne, administratrice du réseau des AMAP en Île-de-France, estime que « toutes les catégories de personnes ne viennent pas dans les AMAP ». Elle constate que « ce sont plutôt des gens qui ont le temps de réfléchir à ces questions-là et qui viennent de milieux dans lesquels l'idée que le changement est possible est présente ».

Théo Nepipvoda, carenews.com, 29 août 2022.

3 Analyser les éléments constitutifs de la stratégie de communication

Ayant bien cerné les cibles et les objectifs de communication correspondants, vous vous consacrez maintenant à la présentation d'une vue d'ensemble de la stratégie de communication à mettre en œuvre. Celle-ci doit être suffisamment détaillée pour convaincre le responsable de l'AMAP.

Documents 8 à 10
Fiches ressource 2 et 3

1 Indiquer l'intérêt pour l'AMAP d'avoir une stratégie de communication.

2 Présenter dans un tableau récapitulatif l'ensemble de la stratégie à mettre en œuvre, à savoir :
- la problématique ;
- la proposition et la justification du positionnement du marché ;
- la liste des cibles en précisant les objectifs poursuivis pour chacune d'entre elles ;
- la proposition de nouveaux moyens à utiliser pour améliorer le lien entre les producteurs et les consommateurs ;
- la recommandation concernant le style de communication que vous envisagez d'utiliser ;
- la préconisation concernant le budget alloué.

Document 8 Entretien avec le responsable de l'AMAP La Riche en Bio

Dans le cadre de votre mission, vous avez échangé avec le responsable de l'AMAP afin d'avoir quelques précisions.

Pouvez-vous me parler de l'importance de la communication au sein de l'AMAP ?

Effectivement, la communication est primordiale au sein de notre association. Nous avons constaté qu'il était important de maintenir une proximité entre nos adhérents et nos producteurs, afin d'assurer un fonctionnement optimal de l'AMAP. C'est pourquoi nous cherchons à créer des outils de communication de qualité.

Pouvez-vous m'en dire plus sur ces outils de communication ?

Bien sûr. Ces outils seront utilisés sur notre stand lors du marché annuel, afin de permettre à nos adhérents de mieux connaître les producteurs présents. Ils devront être réutilisables lors de diverses manifestations, telles que le forum des associations, prévu en septembre, et Convergences bio, un marché où nous sommes présents tous les ans.

Quel budget pouvez-vous allouer à ce projet ?

Le budget est d'environ 600 euros, avec une date de livraison impérative avant la fin du mois d'avril.

Quel est l'objectif principal de ces outils de communication ?

Nous souhaitons tout d'abord rendre visible et attractif le stand de l'AMAP. Ensuite, nous voudrions renforcer les liens entre nos adhérents et les producteurs, en permettant aux amapiens de mieux connaître les visages et les noms des producteurs, ainsi que leur spécialisation et le lieu de leur production.

Quelle est votre approche publicitaire pour le marché La Riche en Bio ?

Notre approche est axée sur la collaboration entre les producteurs et les amapiens pour une alimentation saine et durable, produite localement.

Avez-vous des photos des producteurs pour me permettre de réaliser ce travail ?

Nous n'avons pas de photothèque à jour. En revanche, nous pouvons vous fournir un fichier avec les noms de tous nos producteurs. Les moyens de les contacter sont aussi dans ce fichier.

Document 9 La Ruche qui dit oui ! et les AMAP : quelles différences ?

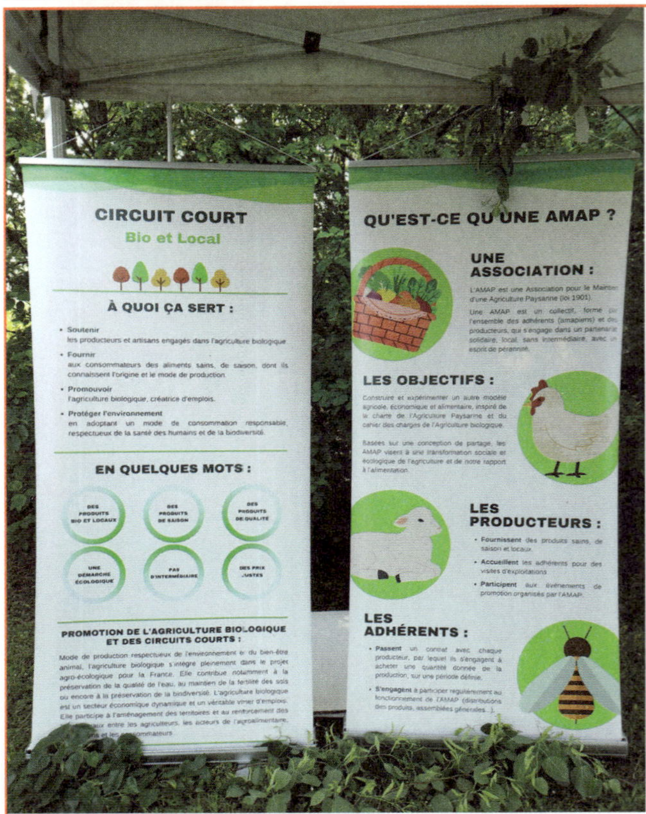

La Ruche qui dit oui ! (RQDO) et les AMAP permettent aux consommateurs de recevoir chaque semaine ou tous les 15 jours des produits issus d'une agriculture paysanne locale. Une AMAP est une association loi 1901 dirigée par un comité bénévole qui relie producteurs locaux et consommateurs. Du côté de la RQDO, on a affaire à une entreprise solidaire d'utilité sociale (ESUS), de l'économie sociale et solidaire. Elle possède donc une dimension commerciale. […]

La RQDO est une start-up développant une plateforme e-commerce nationale qui met en contact producteurs locaux et consommateurs au sein d'une Ruche. Elle permet ainsi d'utiliser Internet au service du développement local. Les producteurs facturent directement les clients *via* une plateforme bancaire dédiée à chaque vente. Chaque Ruche est animée par un responsable rémunéré. […]

Une agriculture locale et écologique ?

Dans les deux systèmes, le bio n'est pas la règle. Si la Chartre des AMAP demande une agriculture agroécologique, la labellisation bio n'est pas exigée. Dans plusieurs réseaux régionaux, des systèmes participatifs de garantie sont mis en place. Ce sont les Amapiens et les producteurs eux-mêmes qui évaluent les pratiques par concertation, montrant l'importance de la relation de confiance qui existe entre les deux parties. Du côté des Ruches, les produits sont issus d'une agriculture locale, souvent familiale, ou d'artisans locaux. Mais il n'y a pas de règles sur les pratiques agricoles. […]

Un engagement plus important dans les AMAP

L'AMAP demande un engagement des membres par contrat avec les producteurs pour l'année. Par contrat, ils s'engagent à préacheter une part de la production en début de saison. Ce qui signifie que les membres payent en début d'année l'intégralité des paniers. Préfinancer la récolte constitue une véritable sécurité pour les agriculteurs, surtout face aux aléas climatiques et aux éventuels problèmes sanitaires. […]

Des prix plus chers dans les Ruches

Généralement, un panier en AMAP pour 4 personnes coûte entre 15 et 25 euros. Ce prix est proche de celui d'un panier composé de la même manière en grande surface. Tout en étant de qualité supérieure. […]

Dans une Ruche, les producteurs fixent librement leurs prix de vente. Ils devront reverser 20 % de frais de services sur leur chiffre d'affaires hors taxes. 8,35 % vont au responsable local de la Ruche pour l'organisation des ventes. Et 11,65 % à la Ruche-mère pour payer ses salariés qui travaillent au développement de la plateforme Internet, assurent un support technique et commercial et veillent à la construction du réseau de Ruches. […]

Matthieu Combe, www.natura-sciences.com, 17 juin 2020.

Document 10 Estimation du coût des équipements du stand de l'association

Vos recherches et demandes de devis auprès de différents fournisseurs pour trouver les meilleures options et tarifs conduisent aux résultats suivants :

1. Le coût d'un kakémono[1] expliquant clairement le fonctionnement de l'AMAP varie en fonction de sa taille et de sa qualité. Il en faudra deux. Devis : 120 € pièce.

2. Le coût des *flyers* mis à disposition sur la table varie selon la quantité et la qualité du papier utilisé. Devis : 100 € pour 500 *flyers* (qualité standard).

3. Le coût des brochures dépend de la quantité et de la qualité du papier ainsi que de la complexité de la conception. Devis : 150 € pour 100 brochures (qualité standard).

1. (« objet suspendu » en japonais) bannière étroite et verticale destinée à présenter de l'information publicitaire sur un lieu de vente.

4 Élaborer une *newsletter*

En prenant part au marché annuel, vous avez l'opportunité d'y rencontrer une multitude de personnes : des membres de l'AMAP, des visiteurs ainsi que des représentants et des producteurs locaux. Parmi ces derniers, certains ont suggéré de concevoir une *newsletter* pour créer du lien entre les personnes et sont prêts à participer occasionnellement à sa rédaction. Vous avez proposé au comité de pilotage de réaliser la première lettre d'information. Il s'est montré très enthousiaste à cette idée.

Documents 11 et 12

1. Définir l'objectif de la *newsletter*.
2. Identifier les principales cibles visées par cette *newsletter*.
3. Choisir et argumenter la périodicité et l'horaire d'envoi de la *newsletter*.
4. Rédiger la trame de votre *newsletter* (objet, thèmes pouvant être abordés…).
   Vous pouvez réaliser la newsletter *sur une application : Brevo, Mailchimp…*
5. Proposer une stratégie digitale pour booster le lancement de la *newsletter*.

Document 11 Les outils de communication de l'AMAP

L'outil clé de communication est l'application Easyamap, qui est très efficace et spécialisée pour aider au bon fonctionnement des commandes et des règlements. Cette application permet de consulter le compte rendu de distribution chaque semaine et de s'inscrire pour assurer l'accueil, le contrôle et l'entretien nécessaire lors de la distribution hebdomadaire.
En plus de l'application Easyamap, l'association dispose d'un site Internet et d'un compte Facebook, et elle envisage d'ouvrir un compte Instagram. Ces différents outils de communication permettent à l'AMAP de communiquer efficacement avec ses membres et de promouvoir ses activités auprès d'un public plus large.

Document 12 Conseils pour créer la *newsletter* de votre association

Créer une *newsletter* est une excellente manière de maintenir un contact régulier avec les différents publics qui s'intéressent à votre association, sous condition de respecter les conseils suivants.

- **Définissez votre objectif :** la clarté de votre message dépend de l'objectif que vous avez défini. Par conséquent, il est essentiel de bien le préciser dès le départ pour que vos lecteurs comprennent mieux votre *newsletter*.
- **Qualifiez votre liste de diffusion :** il est important de veiller à la qualité des informations collectées sur les destinataires, y compris leur identité et leur adresse électronique. Il faut également éliminer les doublons qui peuvent se glisser dans la base de données. Des outils tels que Captain Verify peuvent vous aider à vérifier les adresses électroniques. Enfin, si l'envoi d'une *newsletter* repose toujours sur l'acceptation volontaire et préalable d'un abonnement, laissez toujours la possibilité à vos destinataires de se désinscrire s'ils le souhaitent.
- **Respectez une régularité et un horaire fixe :** la régularité est la clé pour fidéliser les lecteurs de votre *newsletter*. Choisissez une fréquence adaptée au temps que vous êtes prêt(e) à consacrer à la rédaction et au contenu de la *newsletter* ; la plus courante pour une association est mensuelle (41 %). Le moment d'envoi de la *newsletter* est également important : essayez d'identifier le moment où vos destinataires seront les plus réceptifs à votre message.
- **Soignez l'objet de votre *newsletter* :** l'objet de votre mail est essentiel pour attirer l'attention de vos destinataires et augmenter votre taux d'ouverture. Évitez les objets trop génériques comme « *newsletter* » ou « lettre d'information », qui font chuter le taux d'ouverture de 18 %. En outre, n'exagérez pas en promettant des avantages que vous ne pourrez pas tenir. L'objet doit être concis mais informatif.
- **Organisez la structure de votre *newsletter* :** une structure claire et cohérente permettra à vos lecteurs de parcourir rapidement votre *newsletter* et de trouver les informations importantes.
- **Personnalisez votre *newsletter* :** de plus en plus de plateformes d'envoi de mails proposent l'utilisation de champs personnalisés. Profitez-en pour rendre votre *newsletter* plus conviviale en saluant vos destinataires par leur nom ou prénom (par exemple, « Chère Marine »).
- **Pensez aux lecteurs mobiles :** assurez-vous que votre *newsletter* est facilement accessible depuis un smartphone ou une tablette. Uns structure complexe, des textes trop longs risquent de ne pas s'afficher correctement sur un écran mobile. Avant l'envoi de la *newsletter*, testez-la sur votre propre téléphone pour vérifier la qualité de l'affichage.
- **Mettez en valeur votre « *call-to-action* » :** la mise en valeur du « *call-to-action* » (CTA) est primordiale dans toute *newsletter* d'une association. Ce bouton d'action principal contient un lien qui dirige généralement les lecteurs vers une page spécifique du site Internet de l'association, qu'il s'agisse d'une campagne d'adhésion, d'une inscription à un événement, d'un article de blog…
- **Laissez la possibilité** aux abonnés de se désinscrire : c'est une obligation légale.

FICHE RESSOURCE

1

LES CIBLES DE COMMUNICATION, DONT LES PARTIES PRENANTES

I Identifier les cibles

Les cibles de communication sont les groupes de personnes auxquelles s'adresse la communication.

Les parties prenantes sont les personnes ou groupes de personnes qui ont un intérêt dans l'organisation et sont concernées par son activité et ses actions de communication.

EXEMPLES : clients, fournisseurs, collaborateurs, investisseurs, membres d'une communauté.

II Caractériser la cible principale

Une fois la cible bien identifiée, il faut la décrire de façon détaillée pour mieux la comprendre et ainsi mieux communiquer avec elle. Pour parfaire la description de la cible principale, il est nécessaire d'explorer ses motivations et ses freins à l'achat.

EXEMPLE : pour une crème visage haut de gamme vendue seulement en e-commerce, la cible peut être « les femmes de 20 à 30 ans prenant soin de leur peau, citadines, appartenant à une PCS+, très occupées et manquant de temps pour aller en institut chercher des conseils ».
Motivation : trouver rapidement une crème haut de gamme sans se déplacer.
Freins : la vente exclusive sur Internet, sans conseil, peut gêner des personnes appartenant à la cible.

III Hiérarchiser les cibles de la communication

Déterminer les cibles, c'est répondre à la question : à qui doit-on s'adresser ? Après avoir choisi, justifié et décrit les cibles, il faut les hiérarchiser. Cette dernière étape, essentielle dans la stratégie de communication, permet de personnaliser les messages en fonction des différentes cibles.

EXEMPLE : les publicités pour les poupées Barbie.

Hiérarchie des cibles	Commentaires
La cible principale	C'est elle que l'on cherche à impacter en priorité et pour laquelle les plus gros efforts seront faits. Il faut donc détailler sa ou ses motivations et son ou ses freins. **EXEMPLE :** pour les parents ayant des enfants en bas âge, la motivation peut être « faire plaisir à son enfant » et le frein peut être le prix du jouet ou les scrupules à acheter des jouets genrés. L'annonceur peut avoir plusieurs cibles principales. Par exemple, lorsqu'il cherche à motiver les distributeurs tout en voulant faire connaître son offre aux consommateurs.
Le cœur de cible	La notion de cœur de cible correspond à celle de cible type. C'est en quelque sorte une caricature, une description schématique de la cible. Le cœur de cible constitue ainsi le noyau dur de référence. C'est une petite partie de la cible principale. **EXEMPLE (SUITE) :** les parents de petites filles.
La cible directe	Ce sont les personnes qui sont directement intéressées par la communication. **EXEMPLE (SUITE) :** les enfants, qui sont prescripteurs.
La cible secondaire	Ce sont les individus que l'on cherche à joindre de façon complémentaire. Les cibles secondaires caractérisent les audiences qui ne sont pas toujours impliquées dans la décision, mais qui peuvent être affectées indirectement par la campagne de communication. Elles permettent d'atteindre des objectifs à plus long terme. **EXEMPLES (SUITE) :** grands-parents, grand frère, grande sœur, etc.
La cible relais	Ce sont les personnes qui ne sont pas directement intéressées par le message communiqué, mais qui, par leur statut, leur état, seront amenées à transmettre ce message à la cible principale. **EXEMPLES (SUITE) :** les journalistes, les influenceurs.
La cible interne	Il s'agit du personnel de l'entreprise. **EXEMPLE (SUITE) :** le personnel de Mattel, qui commercialise les poupées.

FICHE RESSOURCE

2

LES OBJECTIFS DE COMMUNICATION

Une fois que l'on a réalisé l'analyse préalable pour identifier les cibles et comprendre leurs besoins, leurs attentes et leurs comportements, il est important, lorsqu'on élabore une stratégie de communication, de définir les objectifs de communication en fonction de ces cibles visées. Les objectifs de communication sont de trois types différents.

I L'objectif cognitif (faire connaître)

Cet objectif vise à transmettre un ensemble de connaissances, d'informations à la cible. Ils peuvent porter sur :

Un produit ou une marque	**EXEMPLE :** la création d'un nouveau produit.
Une personne, une cause	**EXEMPLES :** une personnalité politique, le programme d'un parti politique.
Une entreprise, une enseigne	**EXEMPLE :** l'engagement d'une entreprise dans une politique de RSE.
Une promotion, un événement	**EXEMPLE :** les Jeux olympiques 2024 en France.

II L'objectif affectif (faire aimer) ou l'objectif d'image (devenir la référence du secteur)

Cet objectif consiste à créer, renforcer, modifier favorablement l'image de l'objet de communication auprès de la cible. Il s'agit de faire en sorte que cette cible soit persuadée d'une réelle différenciation de l'objet de communication par rapport à la concurrence.

L'organisation cherche alors à :

- **créer** une image, c'est-à-dire établir des liens entre l'objet de communication et certaines caractéristiques déterminantes, jugées importantes, distinctives et saillantes par la cible visée, peu importe si ces liens sont réels ou fictifs, dès l'instant où il y a croyance ;

  EXEMPLE : la marque de boissons Innocent et son logo un peu angélique.

- **renforcer** une image existante.

III L'objectif conatif (faire agir/faire acheter)

Cet objectif vise le comportement. Globalement, il s'agit de pousser la cible à agir, c'est-à-dire à s'informer, tester, venir voir, acheter, être fidèle…, bref, à adopter un comportement favorable vis-à-vis de l'objet de communication.

L'organisation cherche alors à :

- **créer** un comportement à l'aide d'une technique promotionnelle, d'une PLV (publicité sur le lieu de vente), de la publicité directe ;

  EXEMPLE : la publicité promotionnelle vise des objectifs conatifs, notamment faire acheter pour augmenter le chiffre d'affaires ou le volume des ventes.

- **profiter** d'un automatisme dans les comportements afin de glisser (par exemple, dans le slogan) une idée associée à l'objet de communication.

  EXEMPLE : la campagne « Les antibiotiques, c'est pas automatique ! » dans les années 2000.

IV Des objectifs complémentaires de communication

Les trois objectifs se complètent pour former une stratégie de communication cohérente.

EXEMPLE : les objectifs d'une entreprise de vente de vêtements de sport peuvent être les suivants :
– objectif cognitif : informer les clients potentiels sur les avantages des produits (leur durabilité, leur performance…) ;
– objectif affectif : créer une expérience de marque positive avec des images inspirantes de personnes qui pratiquent des activités sportives en portant les vêtements de la marque ;
– objectif conatif : persuader les clients potentiels d'acheter les produits en ayant recours à des incitations telles que des promotions ou des remises.

FICHE RESSOURCE 3

LES ÉLÉMENTS CLÉS D'UNE STRATÉGIE DE COMMUNICATION

La stratégie de communication est un processus qui consiste à sélectionner et mettre en place les actions nécessaires pour atteindre les objectifs de communication.

Ce processus inclut plusieurs étapes :
- choisir un positionnement qui permettra de se démarquer auprès des acteurs de son environnement (concurrents, investisseurs, usagers…) ;
- identifier le(s) public(s) cible(s) ;
- définir les objectifs à atteindre en lien avec la stratégie marketing, par exemple augmenter sa visibilité, améliorer la communication interne ;
- concevoir les messages à diffuser avec l'élaboration de la *copy strategy* ;
- mettre en place un plan de communication avec des moyens efficaces *(voir chapitre 10)* ;
- évaluer le budget, c'est-à-dire les **moyens financiers, humains et matériels** nécessaires pour mener à bien les actions *(voir chapitre 11)*.

I Le positionnement

Le positionnement de l'entreprise est fondamental dans l'élaboration de la stratégie de communication, car il oriente chaque décision. Un bon positionnement doit être simple, lisible et pertinent pour les consommateurs.

EXEMPLE : un fabricant de baskets haut de gamme pour les sportifs axe son positionnement sur la qualité et la performance.

La stratégie de communication sera réussie si la perception que le public ciblé a de l'organisation correspond au positionnement souhaité par celle-ci.

EXEMPLE (SUITE) : la communication de ce fabricant doit être en phase avec son positionnement pour atteindre sa clientèle cible. Les publicités peuvent présenter des sportifs professionnels portant ses baskets. Si, à la fin de la campagne, les consommateurs perçoivent l'entreprise comme étant spécialisée dans les baskets de haute qualité, alors le positionnement sera réussi.

II La cible ou les cibles

Connaître et comprendre la ou les cibles est essentiel pour :
- définir des actions de communication adaptées à leurs attentes ;
- personnaliser les messages, c'est-à-dire adapter la stratégie de communication.

EXEMPLE : une marque de cosmétiques propose une gamme bio et une gamme de luxe. Elle a donc deux cibles. Pour atteindre la première cible, la stratégie de communication sera axée sur les ingrédients naturels et leur impact environnemental réduit. Pour atteindre la deuxième cible, la stratégie sera axée sur la qualité et le prestige des produits (emballages luxueux, perception d'exclusivité). Les canaux de communication utilisés seront également différents.

III Les objectifs

Pour qu'une stratégie de communication soit efficace, les objectifs cognitifs, affectifs et/ou conatifs peuvent être définis selon la méthode SMART. Un objectif doit être :
- **S**pécifique : il doit se référer à un élément clairement défini ;
- **M**esurable : il est possible d'en quantifier la réalisation ;
- **A**tteignable : il est réalisable avec les ressources financières et humaines disponibles ;
- **R**éaliste : il doit être pertinent par rapport à la situation de l'entreprise ;
- **T**emporellement défini : il fixe une échéance de réalisation.

EXEMPLE : gagner 5 000 abonnés supplémentaires à une *newsletter* d'ici la fin de l'année.

IV Les moyens de communication

Il existe de nombreux moyens de communication médias et hors médias. Le choix du canal de communication dépend du public cible, des objectifs et des ressources disponibles, principalement financières.

EXEMPLE : pour promouvoir efficacement un nouveau produit auprès d'un public jeune et branché, une entreprise utilise les médias sociaux tels qu'Instagram et TikTok. Si elle souhaite toucher un public plus âgé et traditionnel, elle peut opter pour des médias hors ligne tels que la presse ou l'affichage publicitaire dans des lieux de passage fréquentés par cette cible.

V Le style de communication

Le style de communication est défini en fonction du public cible et des valeurs de l'organisation. Il permet à l'annonceur d'être identifié facilement et de créer un lien émotionnel avec le client.

EXEMPLE : une entreprise qui vend des produits de luxe à une clientèle aisée adoptera un style de communication raffiné et sophistiqué en phase avec les valeurs de cette clientèle et renforcera ainsi son image haut de gamme.

Le style de communication permet ainsi d'adapter le message de l'organisation à son public cible et de se différencier de la concurrence.

VI La stratégie de création ou copie stratégie (*copy strategy*)

La copie stratégie de l'annonceur définit l'ensemble des éléments que doit respecter l'agence de communication en charge de la campagne publicitaire. Ce document, assimilable à un cahier des charges, sert de référence aux deux parties : il accompagne et complète le *brief* en donnant des éléments de cadrage pour la création.

La *copy strategy* n'est pas figée mais évolue avec la vie de la marque (changement de positionnement, évolution de la cible, modifications du produit ou du service).

Elle détaille plusieurs éléments clés :

La promesse	L'axe de la campagne repose sur une idée forte, un message à faire passer. C'est l'avantage que procure le produit ou le service. Des chiffres, des résultats de tests peuvent étayer la promesse. **EXEMPLE :** pour une voiture électrique haut de gamme, l'axe publicitaire de l'annonce peut être : « La puissance et le luxe de l'électrique ».
La preuve	L'évocation créative de la promesse, sous forme visuelle ou rédactionnelle, matérialise, concrétise et crédibilise l'axe. On montre ou on suggère le résultat. **EXEMPLE (SUITE) :** présentation des caractéristiques exceptionnelles de la voiture (vitesse, pouvoir d'accélération, intérieur spacieux et haut de gamme).
Le bénéfice consommateur	Le bénéfice consommateur met en avant des arguments qui interpellent la cible en lui démontrant qu'acheter, utiliser ou tester le produit ou service va lui procurer des avantages. **EXEMPLE (SUITE) :** une publicité met en scène le plaisir de rouler dans une voiture électrique de luxe en toute sécurité (conducteur et passagers heureux, sereins et confiants).
Le thème	C'est la façon de mettre en scène la promesse dans le message publicitaire (scénario, musique, personnages, ton du message qui décrit l'ambiance, l'atmosphère…). Le ton peut être qualifié de « décalé », « humoristique », « persuasif »… **EXEMPLE (SUITE) :** la publicité peut mettre en avant la performance et le prestige de la voiture, avec une bande sonore élégante, une mise en scène sophistiquée et des personnages évoluant dans un cadre luxueux et une atmosphère raffinée.

1 ABC fait son cinéma

★★

Votre responsable envisage la mise en place, dans le cadre des 30 ans du cinéma ABC, d'un événement spécifique à destination des 15-25 ans avec l'organisation d'un jeu-concours. Elle vous demande de justifier l'opportunité de cette opération.

1. Présenter de façon structurée les cibles de communication de l'action envisagée.
2. Identifier les objectifs de communication de cette opération.
3. Justifier le choix de ces objectifs.
4. Indiquer si ces objectifs répondent aux qualités définies par la méthode SMART.
5. Reconstituer les éléments qui composent la stratégie de communication.

Document L'opération de promotion

Le cinéma d'art et d'essai ABC de Saint-Ouen-l'Aumône, situé dans l'agglomération de Cergy-Pontoise (Val-d'Oise), souhaite rajeunir son audience. Dans le cadre scolaire, des lycéens, collégiens et étudiants de l'agglomération assistent à des séances de projection dans ce cinéma, mais peu y viennent sur leur temps de loisirs. Ils sont davantage intéressés par l'univers et la programmation des multiplexes.

Pour fêter ses 30 ans, ABC souhaite organiser un événement dédié aux jeunes de 15 à 25 ans afin de rajeunir sa clientèle. Il s'agira de projeter un samedi la trilogie *Le Labyrinthe* puis de proposer un repas auprès d'un *food truck*. Les tickets seront prévendus sur le site (15 € pour les trois films). De plus, le cinéma organisera sur Instagram un jeu-concours sur les films avec une distribution de lots :

- du 1er au 10e prix : une carte d'abonnement d'une valeur de 50 € ;
- du 11e au 20e prix : une carte d'abonnement d'une valeur de 25 € ;
- du 21e au 30e prix : une séance de cinéma d'une valeur de 4 €.

Les résultats seront publiés sur le site Internet du cinéma ainsi que dans sa gazette.

Les objectifs de communication de l'événement sont les suivants :

- objectif d'information : faire connaître le cinéma ABC comme une salle qui ne diffuse pas que des films à petits budgets, des films d'auteur mais également des *blockbusters*[1] ;
- objectif de comportement : faire venir et revenir au cinéma les jeunes de 15-25 ans ; une augmentation de 20 % de cette catégorie d'âge est envisageable ;
- objectif d'image : développer un sentiment de proximité avec la cible jeune.

1. Production cinématographique à gros budget publicitaire destinée à produire des profits record.

2 Private Sport Shop et sa nouvelle ambassadrice

★★

En qualité d'assistant(e) du responsable de communication de Private Sport Shop, vous êtes chargé(e) de mener une réflexion sur une campagne de communication visant à développer et diversifier sa clientèle. Votre responsable s'interroge sur l'opportunité d'aborder le segment du sport féminin.
Suite au succès de l'opération « Deviens ambassadeur Millet – Private Sport Shop ! » réalisée en 2022, votre responsable vous confie la mise en place d'une action similaire à destination de la cible féminine : « Deviens ambassadrice Millet – Private Sport Shop ! ».

1. Caractériser les deux cibles principales.
2. Identifier les objectifs de communication de cette opération.
3. Présenter le positionnement de la marque.
4. Préconiser des moyens de communication complémentaires.
5. Proposer un style de communication pour cette nouvelle campagne.

Document 1 Private Sport Shop, une marque de référence sur son marché

Créé près de Montpellier en 2011 par Benoît Bertel et Guillaume Durand, Private Sport Shop est devenu le distributeur de référence de la vente privée d'articles de sport sur Internet.

Avec près de 2 000 marques, le site propose une gamme complète et technique d'articles de sport (textile, équipements, accessoires…) à des prix très concurrentiels. Les sportifs accomplis comme les sportifs plus occasionnels trouvent sur le site Sportsdirect.com des articles qualitatifs adaptés à leur pratique du sport, achètent leurs marques favorites ou en découvrent de nouvelles, à des prix parmi les plus attractifs du marché. Fort d'une communauté de plus de 8 millions de sportifs, Private Sport Shop assure ainsi aux marques une très grande visibilité et des volumes de vente élevés au sein d'un univers qualitatif valorisant. La qualité de son offre, l'efficacité de son outil logistique, l'importance et la fidélité de sa clientèle ont fait de Private Sport Shop une marque de référence sur son marché. Cette plateforme de distribution, dont le fichier clients est régulièrement mis à jour, représente un circuit de distribution efficace pour assurer un débouché aux fins de série ou aux invendus des fabricants d'articles de sport.

Document 2 Devenir ambassadeur de la marque

« Deviens Ambassadeur Millet – Private Sport Shop ! »
Les marques Millet et Private Sport Shop se sont associées en 2022 pour proposer à leurs clients de devenir leurs ambassadeurs sur les réseaux sociaux…

Profil :
1. Être passionné par les sports de montagne (ski de randonnée, alpinisme…)
2. Être très actif sur les réseaux sociaux
3. Aimer immortaliser ses sorties avec de magnifiques photos/vidéos et les partager

Missions d'un ambassadeur :
Tester les produits de la gamme Millet lors d'aventures en montagne et en partager les meilleurs moments *via* des photos, vidéos, articles de blog, web-série sur Facebook, Instagram, Twitter…

Plus précisément :
1. Promouvoir les marques Millet et Private Sport Shop tout au long de l'hiver
2. Fournir et partager *via* les réseaux sociaux des photos et vidéos libres de droits
3. Faire des retours sur les différentes sorties (au moins 4 à 6 fois par mois)
4. Tenir le rôle d'ambassadeur auprès de la communauté

L'engagement de Millet et Private Sport Shop :
Équiper l'ambassadeur pour la saison hivernale de la tenue complète Millet d'une valeur de 1 300 €. Plus précisément : pantalon et veste, doudoune Millet.

3 La communication de la ville de Rouen

★★

La ville de Rouen et la Métropole Rouen Normandie ont réalisé une campagne de sensibilisation sur les mégots jetés dans l'espace public.

1. Énoncer les objectifs de cette campagne.
2. Citer et hiérarchiser les cibles.
3. Rédiger l'idée forte du message.
4. Expliquer le concept d'évocation de l'affiche.
5. Décrire le ton du message.
6. Indiquer et justifier les emplacements choisis pour l'affichage de cette campagne.

Document — La Ville de Rouen alerte les publics sur les mégots jetés dans l'eau

En France, 12 % des **cigarettes consommées finissent dans l'espace public**. Cela représente 7,7 milliards de mégots par an qui se retrouvent dans des endroits inadaptés (sols, caniveaux, jardinières, grilles d'arbre, nature, plages, etc.). Or, un mégot mal jeté, et un mégot qui finit… à l'eau. En effet, ces déchets sont l'une des premières causes de pollution pour nos rivières, fleuves et mers. Une problématique inquiétante qui a fait l'objet, [durant l'été 2022], d'une campagne de sensibilisation lancée par la Ville de Rouen et la Métropole Rouen Normandie. Celle-ci est signée par l'agence Babel.

Ce ne sont pas « *seulement* » des mégots !

De taille et d'apparence négligeables, le mégot est pourtant le premier déchet marin. Emporté par le vent et la pluie, il se retrouve rapidement dans les réseaux d'assainissement. Puis il se retrouve dans le milieu aquatique qu'il va contaminer. Une fois dans l'eau, le filtre du mégot, composé de fibres de plastique, se fragmente peu à peu en microplastiques. Ces derniers sont souvent ingérés par les animaux, et se retrouvent dans notre nourriture, voire notre sang. À cela s'ajoute le coût du ramassage pour les collectivités, et *in fine* les citoyens. Sans oublier le fait que cela représente une pollution visuelle importante !

Pour lutter contre ce fléau et préserver ainsi son patrimoine, la Ville de Rouen a décidé de profiter de l'été pour sensibiliser ses habitants à cette problématique. Ainsi, on a vu une campagne d'affichage se déployer sur le réseau d'affichage de la Ville de Rouen, dont les faces se situent dans le cœur de ville historique et aux abords des monuments. Autrement dit, des « *hotspots* » : là où les gisements de mégots sont les plus importants.

Cette campagne est fondée sur une illustration originale mettant en scène l'impact sur le patrimoine de Rouen. Un simple mégot qui finit dans la Seine. Elle vise à alerter la population, et en particulier les fumeurs, sur les conséquences d'un mégot mal jeté. Il est fort à parier que ce dernier finira dans la Seine, qui occupe une place importante dans le cœur des Rouennais.

Agence Babel et Nora Elhajjioui,
jai-un-pote-dans-la.com, 22 septembre 2022.

4 La copie stratégie de l'annonceur

Une société spécialisée dans le financement de crédits choisit l'affichage dans le métro pour dévoiler sa nouvelle identité visuelle.

À partir de l'analyse du document, retrouver qui est l'annonceur et quels sont les éléments clés de la copie stratégie révélés par cette affiche.

5 Vérifiez vos connaissances

1 Relier chaque type d'objectif à sa signification.

1. Objectif cognitif •	• a. Faire agir/acheter
2. Objectif affectif •	• b. Faire connaître
3. Objectif conatif •	• c. Faire aimer

2 Retrouver la caractéristique associée à chaque lettre de l'acronyme SMART, puis la relier à l'objectif correspondant.

S .... •	• On peut quantifier ou qualifier l'objectif.
M .... •	• L'objectif a du sens pour l'activité de l'entreprise.
A .... •	• L'objectif est suffisamment ambitieux pour être motivant.
R .... •	• L'objectif est atteignable, les délais de réalisation cohérents.
T .... •	• L'objectif est formulé de façon précise et claire.

3 Trouver les objectifs qui respectent la formulation SMART, proposer une formulation SMART pour les autres.

a. Augmenter de 20 % le nombre de *followers* Facebook en l'espace de 2 mois, en doublant les publications et en mettant en place une campagne Facebook Ads.

b. Augmenter le trafic sur le site Web de l'entreprise.

c. Augmenter la fréquence de publication des articles de blog, en passant de 2 à 3 articles par mois et la longueur des articles de 400 à 600 mots, afin d'attirer 50 visiteurs supplémentaires d'ici 4 mois.

d. Travailler sur la fidélisation de nos clients.

4 Remettre dans un ordre logique les étapes de l'élaboration d'une stratégie de communication en les numérotant de 1 à 8.

.... Définir son style de communication	.... Mettre en place une veille concurrentielle et créative
.... Formuler le message à communiquer	.... Définir les objectifs
.... Établir son budget	.... Consulter une agence de communication
.... Connaître les cibles	.... Trouver son positionnement

CHAPITRE 7

Proposer des moyens médias de communication externe

Contexte professionnel

Compétences professionnelles
- Identifier les moyens de communication disponibles
- Sélectionner les moyens de communication

Savoirs associés
Les moyens de communication et supports de communication externes

Orange France, entreprise française de télécommunications, offre des services de téléphonie mobile et fixe, d'accès à Internet et de télévision. Elle compte environ 22 millions de clients mobiles et 11 millions de clients Internet, et s'implique dans la recherche et l'innovation technologique, ainsi que dans le développement durable. Ses préoccupations environnementales sont inscrites au cœur du plan stratégique du groupe « Engage 2025 ». Ainsi, elle a défini dans ses axes d'engagement RSE, un axe « protection de l'environnement » portant sur la maîtrise et la diminution de son impact environnemental ainsi que celui de ses clients.
Orange France lance une campagne de communication à laquelle la Direction du groupe a assigné les objectifs suivants :
- renforcer la crédibilité d'Orange en mettant en avant ses réalisations autour de la seconde vie des téléphones ;
- engager ses clients à déposer leur ancien téléphone en boutique pour leur donner une seconde vie grâce aux services Reconditionnement, Reprise et Recyclage.

Stagiaire au sein de la direction de la communication commerciale et de la création, vous contribuez au travail de l'équipe dans l'élaboration des moyens de communication externes et notamment la campagne média.

re
recyclage
reconditionné
réparation
reprise

Entreprise orange – présentation
Vidéo
liennathan.fr/g9ih42

Comprendre le contexte

1. Visionner la vidéo de présentation de l'entreprise Orange et déterminer ses différentes activités dans le monde. Préciser quelle est l'activité concernée par la campagne « re ».
2. Identifier les raisons qui ont pu motiver Orange France à réaliser cette campagne de communication.

1 Identifier les moyens de communication disponibles physiques et digitaux

Votre directeur vous demande de travailler avec l'agence Publicis Conseil, qui va réaliser la campagne. Vous devez contribuer au choix des moyens de communication externes, c'est-à-dire les médias, en cohérence avec la stratégie de communication. Dans un premier temps, vous prenez connaissance des éléments stratégiques de la campagne d'Orange.

Document 1

1 Identifier les éléments stratégiques du plan de communication de la campagne « re » : objectifs de communication, positionnement et cibles visées.

L'agence Publicis Conseil a préconisé de faire une campagne TV, presse et affichage. La direction d'Orange a attribué le budget fixé par votre directeur pour la réaliser, soit 7 millions d'euros pour les 3 médias.

Documents 2 à 4
Fiches ressource 1 à 3

2 Donner les raisons qui justifient ce choix en précisant les atouts de chacun de ces médias mais aussi leurs éventuelles limites.
Une réponse sous forme de tableau est conseillée.

3 Expliquer l'importance du budget dédié à cette campagne.

Document 1 Les éléments de la stratégie de communication pour la campagne « re »

Notre monde change. Nos modèles économiques et sociétaux sont questionnés. Les populations et citoyens attendent un engagement plus fort de la part des entreprises. Partout nous devons nous adapter à la gestion des crises successives. L'avenir de nos économies et de nos sociétés dépendra aussi de la capacité des entreprises à faire face, et surtout à participer à une relance collective et durable.
Le plan stratégique Engage 2025 démontre que les préoccupations environnementales sont primordiales pour le groupe. Pour que le progrès technologique soit accessible à tous et exemplaire sur le plan environnemental, Orange s'engage durablement pour l'égalité numérique et pour la planète.
Orange a toutes les cartes en main pour répondre à un enjeu à la fois environnemental, sociétal et économique : la seconde vie des équipements.

- Une offre de mobiles reconditionnés existe déjà sur la boutique en ligne et doit être lancée en boutique physique dès le début de la campagne.
- La reprise est un outil business utilisé dans de nombreuses offres marketing et constitue un argument de vente très efficace.
- Un circuit vertueux autour du recyclage a été mis en place et fait ses preuves depuis plusieurs années.

Pour simplifier, clarifier et expliciter notre proposition auprès du grand public, nous devons répondre aux questions que se pose le consommateur : quelle différence entre Reprise et Recyclage ? Qui décide de la valeur de mon ancien téléphone ? Que fait-on de mon téléphone recyclé ? À qui vont les bénéfices ? Quelle est la différence entre un téléphone neuf et un téléphone recyclé ? Quelles sont les garanties ?

Document 2 L'impact des médias selon l'environnement de réception des messages

Différents facteurs qualitatifs influencent l'environnement de la réception des messages : la qualité technique du support, le contexte rédactionnel et publicitaire (les autres annonceurs, l'encombrement publicitaire…) ou encore la mémorisation, c'est-à-dire le souvenir laissé par la diffusion d'un message sur une cible. La mémorisation se mesure par le taux de mémorisation. Elle s'accroît en fonction du nombre d'expositions au message. Ce processus est appelé « loi du souvenir (publicitaire) » ou « pénétration mémorielle ». La mémorisation moyenne varie d'un média à l'autre.

Média	Cinéma	TV	Presse magazine	Radio	Affichage	Internet
Format publicitaire	Spot de 30 secondes	Spot de 30 secondes	Page quadri[1]	Spot de 30 secondes	4 × 3	Bandeau
Taux de mémorisation	75 %	15 %	10 %	5 %	9,5 %	11 %

1. Technique d'impression utilisée dans l'imprimerie en impression offset, réalisée à partir de la superposition des 4 couleurs cyan, magenta, jaune et noir.

Document 3 Analyse comparée des caractéristiques qualitatives des médias

Plus le support est intéressant sur une caractéristique qualitative, meilleur est son score (+ + +), et inversement.

Caractéristiques qualitatives	Télévision	Radio	Presse quotidienne	Magazines	Affichage	Cinéma	Internet
1. Volume audience[1]	+ + +	+ +	+	+	+ +	− − −	+ + +
2. Couverture utile[2]	+	−	+	+ +	+	− −	+ + +
3. Valorisation de l'image de l'annonceur	+ + +	+	+	+ + +	+ +	+ + +	−
4. Quantité d'informations transmises par répétition du message[3]	−	+	+	+	+	−	+ + +
5. Impact sur l'attitude dû à la valorisation du message	−	−	+ +	+ +	−	−	−
6. Maîtrise de la gestion[4]	−	− −	− − −	−	− − −	− −	+ + +
7. Valorisation du message[5]	+ +	+ +	+ +	+ +	−	+ + +	−

1. Volume audience : nombre de personnes exposées au message.
2. Couverture utile : nombre de personnes du cœur de cible exposées au message.
3. Répétition du message : nombre de vues.
4. Maîtrise de la gestion : l'annonceur dispose de plus ou moins de latitude pour son support (choix de l'emplacement, durée de diffusion…).
5. Valorisation du message : qualité de l'environnement offert par le média.

Document 4 Exemple d'un budget de communication média

Budget de la dernière campagne de communication média :

Budget des moyens de communication média*	
Télévision (cible : 25-49 ans)	5 millions d'euros
Presse (cible : 25-49 ans)	1 million d'euros
Affichage urbain (cible : 18-54 ans)	1 million d'euros
Radio (cible : 18-54 ans)	700 000 €
Internet (cible : 18-54 ans)	500 000 €
Total brut	**8,2 millions d'euros**

* Chiffres modifiés pour des raisons pédagogiques.

www.abc-netmarketing.com

2 Analyser les moyens de communication

Suite à la validation des médias choisis, Publicis Conseil présente à l'équipe chargée de la campagne « re » les films TV, les annonces presse et les affiches de la campagne. Vous visionnez les films et prenez connaissance des annonces presse et des affiches.

Documents 5 à 8
Fiches ressource 1 à 6

1. Démontrer, de façon synthétique, la cohérence de ces différentes réalisations avec la stratégie de communication de la campagne « re » d'Orange.
2. Proposer d'autres médias pour déployer la campagne « re » et présenter les avantages et les inconvénients de chacun d'eux.

Document 5 Le calendrier de la campagne

Phases	Dates	Supports	Objet de communication
Phase 1	Du 27/09 au 07/10	TV et digital	Film *Re : Le jouet* 60 secondes — liennathan.fr/u28ph6
Phase 2	Du 08/10 au 14/11	TV et digital	Film *Re : Le jouet* 60 secondes
	Du 08/10 au 14/11	TV et digital	Film *Reprise* 20 secondes — liennathan.fr/4x45vm
	Du 08/10 au 14/11	TV et digital	liennathan.fr/x247zc — Film *Reconditionnement* 20 secondes
	Du 08/10 au 14/11	TV et digital	Film *Recyclage* 20 secondes — liennathan.fr/b4ip33

Document 6 Les annonces presse

Les annonces presse de la campagne « re »
Site
liennathan.fr/s6v8k6

Document 7 Les affiches

Les affiches de la campagne « re »
Site
liennathan.fr/5w3tf2

Document 8 Publicis Conseil

Le point de vue de l'agence sur la campagne RE

« *Pour traiter le sujet de la seconde vie des téléphones, il me semblait essentiel de revisiter une histoire de transmission : il est temps de voir le monde avec les yeux de ceux qui le vivront* », précise Marco Venturelli, président en charge de la création de Publicis Conseil. Le film « The Toy », réalisé par Frédéric Planchon (Iconoclast), raconte la relation intime entre une petite fille et son jouet, le mythique téléphone à roulettes Fisher Price. « *À travers les années, l'enfant grandit, devient adolescente, délaisse peu à peu son jouet qui finit au grenier… Devenue maman, elle y retourne des années plus tard avec sa petite fille qui s'émerveille et adopte le jouet à son tour. Avec cette habile parabole, Orange nous encourage ainsi à donner une seconde vie à nos téléphones* », précise un communiqué.

jai-un-pote-dans-la.com, 8 octobre 2020.

3 Sélectionner les médias

En collaboration avec la direction de la communication commerciale et création d'Orange France, vous travaillez sur une première sélection de médias. Votre responsable vous demande de vérifier la cohérence de la proposition.

Documents 9 à 11
Fiches ressource 1, 3 et 4

1 Lister les médias, moyens de communication externe, qui sont retenus.

2 Expliquer la signification des termes « répétition » et « contacts », entourés dans le document 10. Pourquoi sont-ils spécifiés dans la sélection ?

Vous constatez que, dans les indicateurs de mesure d'audience, il manque le GRP, qui est un critère de choix.

3 Calculer le GRP (*Gross Rating Point*) pour le média TV (phase 1 et phase 2) et pour le média presse (phase 1 et phase 2).

4 Calculer le total GRP de la campagne « re ».

5 Justifier l'intérêt de ces calculs pour la direction commerciale d'Orange.

6 Au regard des résultats obtenus, apprécier la puissance de cette campagne.

7 Justifier la cohérence de ce planning média au regard des objectifs de la campagne de communication.

Document 9 Les formats des panneaux publicitaires

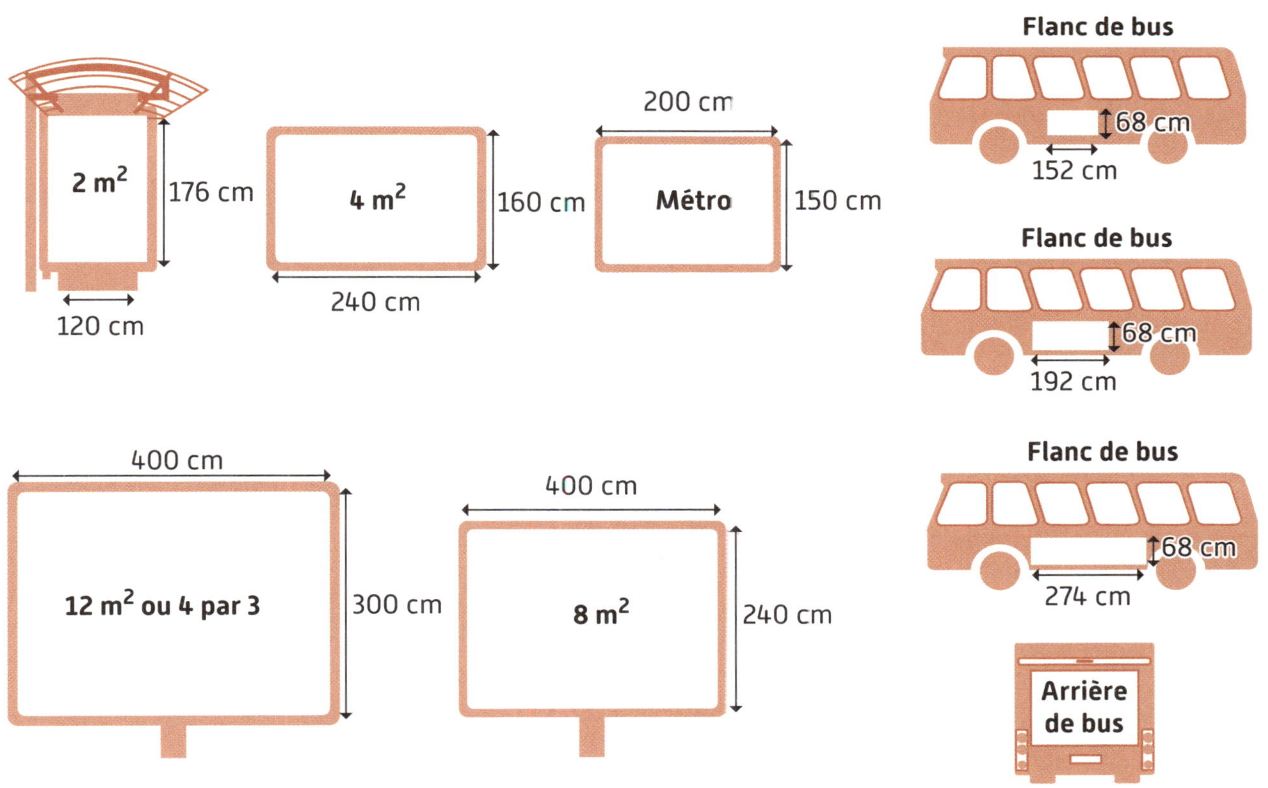

Document 10 Projet de calendrier de communication Environnement « re »

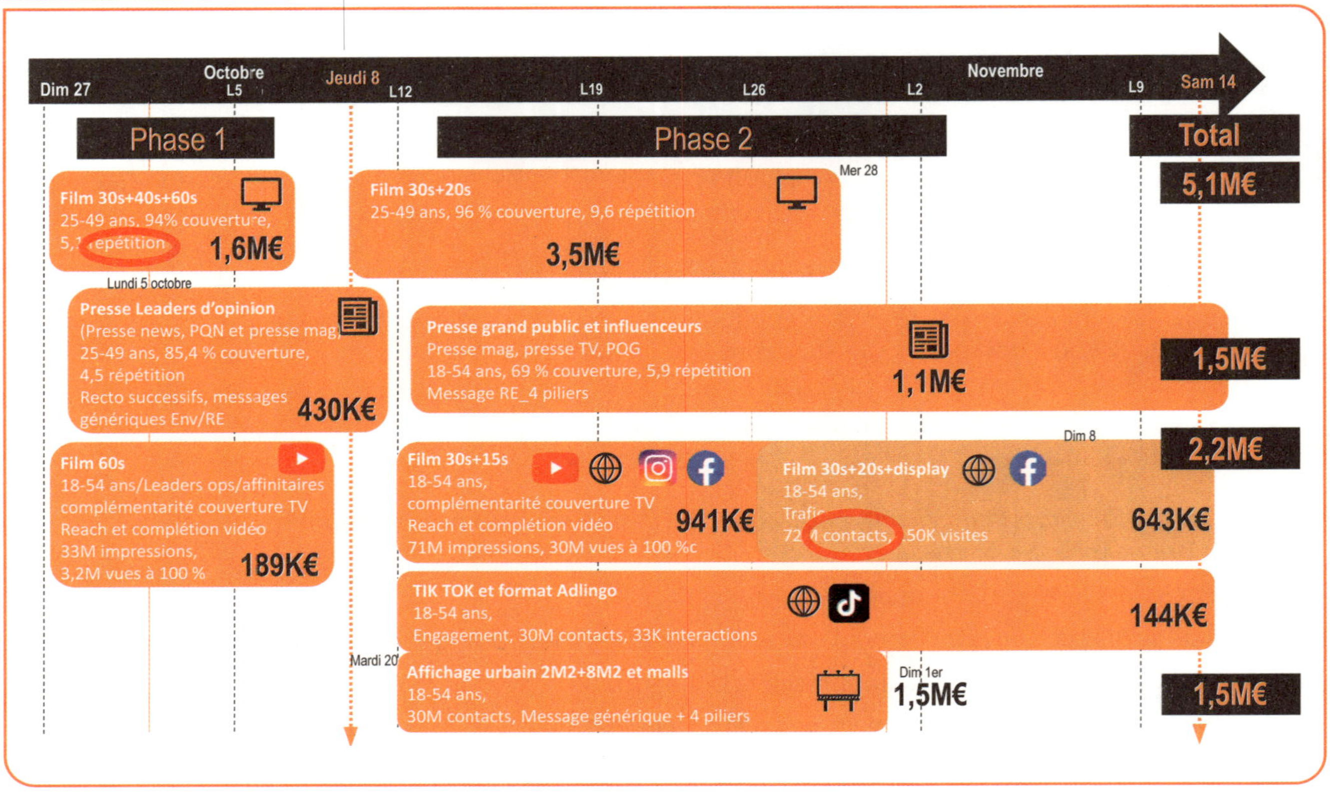

Document 11 Utiliser des indicateurs quantitatifs pour mesurer l'efficacité de la campagne

Le **GRP (*Gross Rating Point*)** est un indicateur de puissance d'une campagne, de la pression publicitaire d'une campagne. Un point GRP donné par une insertion dans un support mesure 1 % de pénétration de la cible. Autrement dit, le GRP est le nombre de contacts pour 100 personnes de la cible.

On calcule le GRP simplement :

GRP = Couverture × Répétition moyenne

EX. : si, pour une campagne, on obtient un taux de couverture de 63 % et que le public voit en moyenne 3 fois la publicité, alors le GRP sera de : 63 × 3 = 189.

Le GRP est un indicateur quantitatif de puissance d'un moyen ou d'une campagne (avec plusieurs moyens) : il permettra de dire, au regard des campagnes passées, si une campagne est assez puissante ou non.

EX : en TV, avec moins de 300 GRP, la campagne passera inaperçue.

Le total des GRP d'une campagne est la somme des GRP des insertions dans tous les médias utilisés pour cette campagne.

- **Répétition moyenne (en *media planning*) :** la répétition moyenne est le nombre moyen d'ODV par individu au moins atteint une fois.
- **ODV :** le contact support d'un média génère une Occasion De Voir (ou d'entendre) le message véhiculé par le support.
- **Couverture :** la couverture, ou *reach*, en anglais, est le pourcentage de la population cible exposée effectivement à une campagne.

Arnaud de Baynast, *Publicitor*, Éd. Dunod.

FICHE RESSOURCE 1

LA TÉLÉVISION, UN MÉDIA COÛTEUX

I Un média puissant

La télévision reste le média **numéro 1** en termes de **recettes publicitaires** (2,4 milliards d'euros en 2022). C'est le **média le plus puissant** pour les campagnes de masse. Elle a une capacité forte à rassembler grâce à ses rendez-vous d'audience au travers des programmes. Sa place au centre du foyer constitue un avantage majeur pour délivrer de l'émotion. Son impact est directement mesurable grâce aux indicateurs de performance et de notoriété. De plus, la télévision allie le visuel et l'auditif, et offre un énorme potentiel en termes de créativité. Cependant, elle ne peut satisfaire que les annonceurs à gros budgets.

Équipement des foyers

91,7 %

des foyers français possèdent un téléviseur en 2020

Top 10 des annonceurs TV en durée

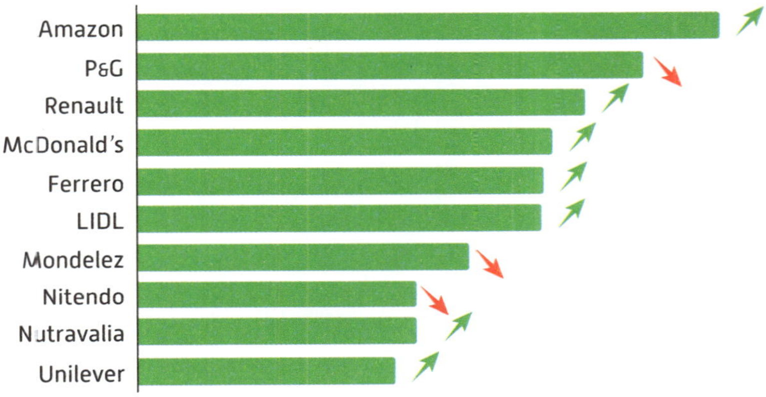

II La typologie du média

L'ARCOM (Autorité de régulation de la communication audiovisuelle et numérique) régule l'optimisation des fréquences de la TNT avec la diffusion de **30 chaînes nationales**. Le développement de la TV thématique concurrence la presse et la radio sur le critère de la sélectivité.

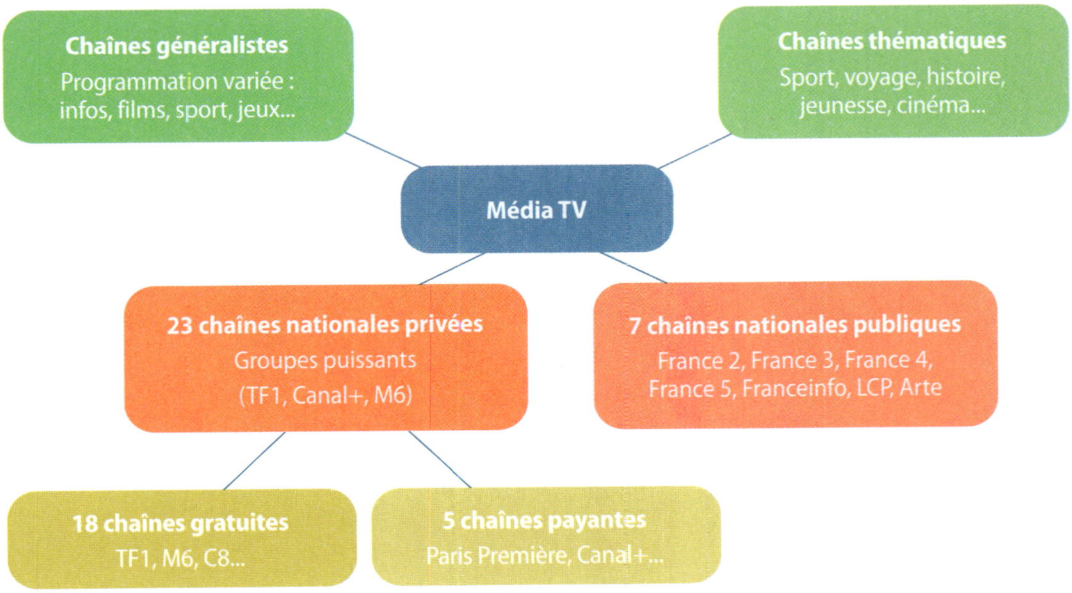

III L'audience du média TV

1. La mesure de l'audience ou audimat

La mesure de l'audience à la télévision est effectuée par Médiamétrie, qui a créé un panel de téléspectateurs interrogés par l'intermédiaire d'un ou de plusieurs boîtiers selon le nombre de téléviseurs présents dans le foyer.

2. Les indicateurs d'audience

La part d'audience **(PDA)**, ou part de marché (PDM), est l'indicateur le plus utilisé. Il s'agit du pourcentage des personnes ayant suivi un support (chaîne de télévision, station de radio, site Web) ou un ensemble de supports (agrégats, couplages) par rapport à l'audience globale du média (télévision, radio, Web) ou d'un sous-ensemble (exemple : programmes généralistes).

La **durée d'écoute**, exprimée en heures et en minutes, mesure la moyenne du temps passé à l'écoute d'une émission ou d'un média.

3. Les types d'audience

L'audience instantanée	Nombre de téléspectateurs présents à un moment précis, mais extrêmement variable en fonction des tranches horaires.
L'audience moyenne (ou taux moyen d'audience)	Moyenne (journalière, hebdomadaire, mensuelle, annuelle) de la part d'audience sans considération d'horaire ni de durée d'écoute.
L'audience cumulée (ou audience globale)	Nombre de personnes ayant regardé une émission quelle que soit la durée d'écoute.

EXEMPLE : si TF1 obtient une audience cumulée hebdomadaire de 50 %, cela signifie qu'un téléspectateur sur deux ayant accès à la chaîne l'a regardée au moins une fois dans la semaine.

IV Les différentes solutions de communication

Il existe plusieurs types de solutions, qui se distinguent par une puissance média différente.

Le format du spot publicitaire	Le **spot publicitaire** est le format standard de la publicité télévisée. Sa durée est généralement de 30 secondes. Le format spot TV est reconnu pour son potentiel de puissance, c'est-à-dire sa capacité à délivrer un grand nombre de contacts publicitaires.
Le parrainage d'émission	Un annonceur parraine une émission. **EXEMPLE :** Truffaut et l'émission *Silence ça pousse*.
Le placement de produit ou de marque	Il met en valeur un produit ou une marque dans une émission. Le téléspectateur est informé de l'usage de cette technique publicitaire par un pictogramme affiché en début d'émission.
La participation à des émissions de type jeu ou téléréalité	L'annonceur est cité à l'antenne par une courte annonce publicitaire diffusée avant l'émission et/ou à la reprise de l'émission.
La place du spot dans l'écran publicitaire	Un spot situé en début ou en fin de tunnel est un emplacement préférentiel, plus cher et à audience plus forte.

FICHE RESSOURCE 2

LA PRESSE, LE PLUS ANCIEN DES MÉDIAS

Selon l'Alliance pour les chiffres de la presse et des médias (ACPM), en 2022, 7,3 millions d'exemplaires de la presse française ont été diffusés en moyenne chaque jour, englobant les titres et sites grand public, professionnels et gratuits. Les sites et applications de presse ont, eux, généré 72,6 millions de visites chaque jour. En ce qui concerne les diffusions payées (vente au numéro, abonnement…), le numérique prend très largement l'avantage sur le papier pour les titres de presse quotidienne nationale, avec 68 % des ventes. La part des versions numériques de la presse professionnelle atteint 25 %.

I L'attitude des Français vis-à-vis de la presse

La mesure de l'audience de la presse par l'ACPM révèle que 39 % des Français pensent que la presse les aide à se forger une opinion et 37 % à trouver les informations les plus fiables et les plus crédibles. Le lecteur a confiance dans le support, il est donc plus disponible pour recevoir la publicité. Les journaux et quotidiens servent davantage à se tenir au courant de l'actualité (56 %), alors que la presse magazine a pour fonctions de se tenir au courant des nouveaux produits ou des produits à la mode (30 %), de trouver des informations pratiques, des conseils (30 %) ou encore de cultiver des passions (29 %).

II Les types de presse

1. La presse quotidienne

Les quotidiens sont des journaux dont la parution est journalière.

La presse nationale généraliste	*Le Monde*, *Le Figaro* et *Libération* sont des journaux d'informations générales (politique, économique, culturelle…) centrés sur l'actualité.
La presse spécialisée	*Les Échos* (économie), *L'Équipe* (sport)…
La presse quotidienne régionale (PQR)	*La Dépêche*, *Ouest-France* et *Sud Ouest* sont considérés comme des médias tant régionaux que nationaux grâce aux couplages publicitaires, accord associant plusieurs titres de presse. Un couplage propose une offre commune d'espaces publicitaires ou d'annonces classées à tarif unique. Il accroît l'audience et simplifie les négociations pour les annonceurs. Il valorise des supports presse à faible diffusion qui, isolés, auraient des difficultés pour attirer la publicité ou les annonces classées.

2. La presse magazine

Ce média dynamique répond à tous les besoins des annonceurs :
– il bénéficie d'une forte audience car il est spécialisé par centres d'intérêt ;
– il a pour atout une grande qualité de reproduction des visuels et l'ajout possible de rédactionnel.

EXEMPLES : *TV Magazine, Sciences et Vie, Paris Match.*

3. La presse gratuite

Financée par les annonceurs et la vente d'espaces publicitaires, c'est un concurrent sérieux pour la presse quotidienne payante. Elle comprend la presse gratuite d'information (PGI), comme *20 minutes*, et la presse gratuite d'annonces (PGA), comme *Truffaut Magazine*.

Les gratuits d'information offrent aux annonceurs une couverture quotidienne extrêmement puissante en format papier ou numérique, à un moment où les lecteurs sont disponibles et donc particulièrement réceptifs.

4. La presse professionnelle

Certains titres de presse s'adressent à des professions précises et permettent de toucher avec efficacité l'audience ciblée. La presse professionnelle est incontournable dans les plans médias BtoB.

EXEMPLES : *Stratégie* s'adresse aux communicants, *LSA* aux distributeurs, *L'Usine Nouvelle* au monde de l'industrie.

III Les indicateurs d'efficacité du média presse

1. L'audience

L'**audience** du support est constituée de toutes les personnes déclarant lire, feuilleter ou consulter le support au cours de la dernière période de parution. On parle aussi de « lectorat ». Cet indicateur est essentiel pour déterminer le prix de vente des espaces publicitaires contenus dans un support.

L'audience est calculée à partir de deux données :

- la **diffusion**, c'est-à-dire le nombre d'exemplaires total distribué ;
- le **taux de circulation (ou nombre de lecteurs moyens par exemplaire)**, c'est-à-dire le rapport entre le nombre de lecteurs et la diffusion globale (payée et non payée).

Audience = Diffusion × Taux de circulation

2. L'audience utile

Cet indicateur définit la partie de l'audience d'un support qui appartient à la cible de communication visée par la campagne d'un annonceur.

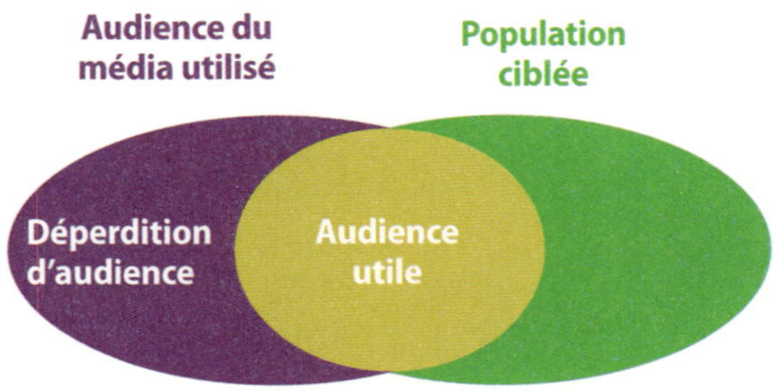

IV Les différents espaces presse

L'annonce presse	Annonce commerciale insérée dans un titre de presse (publicité).
Le publireportage	Publicité qui se présente sous la forme d'un article. La mention « publireportage », « communiqué » ou « publirédactionnel » est obligatoire.
L'encart publicitaire	Supplément collé, agrafé ou jeté (non fixé au journal).

FICHE RESSOURCE

3

L'AFFICHAGE : UN MÉDIA DE PROXIMITÉ

I La publicité extérieure, un média de proximité particulier

L'affichage, appelé aussi « publicité extérieure », comprend tous les messages visibles dans les lieux publics. C'est un média de proximité et le seul auquel le public accède gratuitement.

Actuellement, l'affichage représente moins de 7 % des investissements publicitaires en France, pays où les dépenses publicitaires dans ce média sont les plus importantes.

La réglementation de ce média est contraignante : la loi Barnier (décembre 1979) et ses diverses modifications ont pour objet de renforcer la protection de l'environnement, en précisant les zones où la publicité est autorisée : chaque commune doit éditer un règlement local de publicité encadrant les différents affichages privés et publics, et la publicité extérieure est interdite hors agglomération (mais des autorisations sont possibles sur demande).

L'affichage extérieur est très attaqué par les « anti-pubs », qui dénoncent la pollution visuelle.

II L'audience

Affimétrie, association créée par les principaux afficheurs, fournit des outils de mesure d'efficacité et de planification pour les campagnes d'affichage. Plusieurs indicateurs sont pris en compte :

Le taux de couverture	Analyse de flux de déplacement à proximité de la publicité.
La fréquence d'Occasion De Voir (ODV)	Occasion de contact de la publicité.
La puissance d'un emplacement ou d'un réseau d'emplacements	C'est une audience de qualité car les trois quarts de la population française vivent en milieu urbain, ce qui multiplie donc les occasions de voir les panneaux publicitaires. Elle peut être exprimée en ODV.

III Les différents supports

1. Les affichages *outdoor* et DOOH

– L'**affichage *outdoor*** se décline en location à la semaine. Il est commercialisé par emplacement ou par réseau. Les formats habituels sont de 12 m^2 (4 × 3 m). Son coût est élevé. Il est présent dans les zones urbaines et touche les individus pendant leurs déplacements.

– L'**affichage digital DOOH** (*Digital Out Of Home*) regroupe l'ensemble des réseaux d'affichage publicitaire utilisant des écrans digitaux. L'impact visuel de l'affichage digital est considéré comme plus important que celui de l'affichage extérieur traditionnel. Le coût de mise en place des annonces est quasi nul par opposition au coût élevé de mise en place des affiches papier. La mise en place et la gestion des espaces publicitaire se font par le biais d'un serveur publicitaire d'affichage.

2. L'affichage dans les transports

Présent dans les zones urbaines, il touche les individus pendant leurs déplacements en transports en commun : métro, bus, tram, gares. Les formats sont très divers pour s'adapter aux dimensions de leurs supports.

3. L'affichage du mobilier urbain

Ce type d'affichage, inventé par JCDecaux, leader mondial sur ce marché, concilie publicité et service rendu au public par son offre abribus, kiosques à journaux, colonnes Morris, sanisettes…

4. La diversité des autres supports

Parmi les autres supports, on peut citer les réseaux vitrines, les réseaux des caddies de supermarché, l'affichage mobile sur camions, avions, taxis, vélos…, les enseignes lumineuses médias tactiques (de type tables de brasserie), les grandes toiles sur les monuments en restauration…

FICHE RESSOURCE 4

LA RADIO, UN MÉDIA INTERACTIF

I Un média très puissant

D'après une étude de Médiamétrie – Global Audio réalisée en 2022, 82,3 % des Français de 15 ans et plus écoutent chaque jour la radio. L'écoute de la radio sur les supports numériques séduit particulièrement :

– les 35-49 ans (22,1 % d'entre eux écoutent la radio sur des supports numériques chaque jour) ;

– les CSP+ (23,4 %) ;

– les Franciliens (19,8 %).

La durée d'écoute s'établit à 2 h 50 en moyenne par jour et par auditeur sur les supports numériques.

Le format podcast (replay + natifs) connaît une croissance régulière depuis 2019 : 36,1 % des internautes consomment un podcast par mois.

II L'audience

Médiamétrie mesure les audiences radio, quel que soit le support de réception (poste de radio traditionnel, Internet, TV, téléphone mobile…) et quelle que soit la localisation de l'écoute (domicile, travail, voiture…), y compris l'écoute en mobilité.

On retient plusieurs indicateurs :

L'audience moyenne (AM)	Volume des audiences obtenues en moyenne par quart d'heure, exprimée en pourcentage de la population ou en milliers.
L'audience cumulée (AC)	Ensemble des personnes ayant écouté au moins une fois la station dans la journée, en pourcentage de la population ou en milliers.
La durée d'écoute par auditeur (DEA)	Durée moyenne d'écoute d'une station (en minutes pour une journée ou une tranche horaire donnée).
La part d'audience (PDA)	Part de marché correspondant au volume d'écoute d'une station par rapport au volume d'écoute global du média radio.

III Le classement des types de radio par l'ARCOM

L'ARCOM a déterminé cinq catégories de radios, selon leur vocation, locale ou nationale, et leur contenu, thématique ou généraliste.

Les radios commerciales à vocation nationale	– Radios commerciales généralistes. **EXEMPLE :** RTL. – Radios commerciales thématiques. **EXEMPLE :** France Culture.
Les radios commerciales locales ou régionales	– Radios affiliées à un réseau à vocation nationale. **EXEMPLE :** France Bleu Pays d'Auvergne. – Radios indépendantes. **EXEMPLE :** Toulouse FM.
Les radios non commerciales	Radios associatives de proximité, communautaires, culturelles ou scolaires. **EXEMPLE :** Campus FM Toulouse.

IV Les spécificités du média radio

Intérêts	Limites
Tout type de radios	
– Réelle interactivité avec les auditeurs (jeux, débats, témoignages…) – Forte pression publicitaire sur l'auditeur – Canal favori des Français – Importance de la musique, du jingle…	– Faible taux de mémorisation (5 %) : le message doit être souvent répété. – Baisse de la durée de la publicité – Stagnation des recettes publicitaires – Absence de toute image
Radios locales	
– Média à puissance instantanée – Prix très abordables – Rendement immédiat pour l'annonceur	– Média dont les publicités manquent de créativité – « Matraquage » qui peut lasser l'auditeur

FICHE RESSOURCE

5

INTERNET, UN MÉDIA JEUNE ET INCONTOURNABLE

D'après le rapport de Digital Report de 2022, 93 % de la population française utilise Internet et 95 % des internautes de 16-64 ans ont un smartphone. Les Français passent en moyenne 5 h 34 en ligne par jour. Cela fait d'Internet un média incontournable.

I Avantages et limites du média Internet

Avantages	• Un **ciblage** précis : la publicité comporte¬mentale s'adapte au profil des internautes. • **Souplesse** et **réactivité** : rapidité dans la mise en œuvre des campagnes et les ajustements éventuels. • L'**interactivité** se développe en créant une grande proximité avec les cibles. • La **créativité** : innovations en matière de messages publicitaires au niveau des codes (sonore, iconique…), des formes (bannière, article…) ou des modes d'apparition (lien sponsorisé, pop-up…). • Un **coût d'accès** peu élevé. Cependant, plus l'annonce a du succès (nombre de clics), plus elle est chère ; c'est le coût par clic (CPC). • La **traçabilité** est garantie car les résultats d'une campagne sont suivis en temps réel.
Limites	• La mesure de l'audience est difficile et contestée (ex. : fraude au taux de clics). • Les internautes manifestent un **rejet de la publicité** en ligne. • La stratégie de communication ne peut pas reposer que sur la publicité en ligne. • Les critères d'efficacité peuvent être contestés par les annonceurs. • Le **coût de la publicité** en ligne peut vite s'envoler si la stratégie n'est pas définie. • Les outils pour **bloquer** les publicités, comme AdBlock, se multiplient.

II L'audience

Plusieurs instituts concurrents mesurent l'audience, comme Médiamétrie ou ACPM/OJD (qui contrôle et publie chaque mois la mesure de la fréquentation des sites Web).

La mesure de l'audience est réalisée grâce à une variété de techniques :

– le **trafic** d'un site Web est une donnée stratégique pour les entreprises : il permet de mesurer la visibilité d'un site, la popularité de sa marque, son attractivité sur les réseaux sociaux… ;

– l'**analyse** de l'audience peut être **quantitative** (fréquentation du site) **ou qualitative** (comportement d'un panel d'internautes) ;

– d'autres outils, comme Google Analytics, permettent d'analyser les données (telles les principales informations sur le visiteur d'un site : localisation, langue…).

III L'e-publicité

L'e-publicité est désignée par le terme « publicité ***display*** », qui désigne les formes de publicité digitale utilisant des éléments graphiques, audio ou vidéo.

Pour être visible sur Internet, un annonceur peut également avoir recours :

– au **SEA** (***Search Engine Advertising***), un référencement payant qui consiste à diffuser des annonces ciblées sur les moteurs de recherche grâce à des mots-clés choisis ;

– au **SEO** (***Search Engine Optimization***), qui permet de positionner un site Web dans les moteurs de recherche afin de le rendre visible auprès des internautes : plus un site est fréquenté, plus il est référencé et placé en bonne position.

Le *display* et le *search* sont favorisés par les annonceurs. .

FICHE RESSOURCE 6

LE CINÉMA, UN MÉDIA À L'IMPACT MARGINAL

I Les spécificités du média cinéma

Le cinéma reste le plus modeste des médias du point de vue :

– des investissements : 0,2 % de part de marché (PDM) en 2021 selon l'IREP (Institut de recherches et d'études publicitaires) ;

– du nombre d'annonceurs : 177 en 2022 selon Kantar (société d'études spécialisée dans les médias).

La baisse de fréquentation des salles continue selon l'étude du CNC (Centre national du cinéma et de l'image animée). Cependant, le cinéma offre aux spectateurs des conditions de visionnage incomparable : grand écran, confort, sonorisation intense, impossibilité de zapper, de détourner son regard et son attention, faible luminosité dans la salle créant un contraste avec l'écran. La salle de cinéma offre donc aux annonceurs un public captif et attentif dans un environnement favorable à une exposition optimale aux messages publicitaires, d'où une mémorisation exceptionnelle (taux de mémorisation de 75 %).

II Les formes du message publicitaire

Le spot traditionnel s'achète à la semaine, du mercredi au mardi suivant. Sa production (conception, tournage, montage) est souvent confiée à un studio spécialisé et constitue un coût supplémentaire.

L'annonceur peut aussi opter pour le placement de produit : c'est l'apparition d'une marque ou d'un produit dans un film.

III Médiavision, une régie publicitaire incontournable

Créée en 1971 par Jean Mineur, créateur de la publicité au cinéma, Médiavision est notamment connue pour son personnage emblématique « Le Petit Mineur ». Médiavision est la régie leader en France sur le marché du cinéma publicitaire. Elle exploite aujourd'hui plus de 3 500 salles dans 523 complexes répartis sur tout le territoire et appartenant à différents groupes d'exploitation cinématographique. La forte présence de la régie à Paris et dans les grands pôles urbains positionne Médiavision comme un acteur incontournable des campagnes publicitaires sur grand écran.

IV L'adaptation de l'offre d'écrans aux besoins spécifiques des annonceurs

L'offre de la régie Médiavision est commercialisée en fonction d'un coefficient d'entrées spectateurs et applique des conditions tarifaires hebdomadaires calculées en fonction de la période choisie ainsi que du format du spot.

> **EXEMPLES :** l'offre « Ciné Essentiel » donne à des budgets limités l'opportunité d'une présence dans une sélection restreinte de complexes répartis sur tout le territoire (315 cinémas, 1 807 écrans, 315 villes, 1 250 000 entrées hebdomadaires moyennes, 56 927 spots diffusés en moyenne hebdomadaire).

Des dispositifs d'écrans digitaux sont installés dans les halls de cinéma, équipés de triptyques (groupe de trois écrans), présents à des endroits stratégiques (caisses, halls, accès aux salles). Cet outil de communication permet aux annonceurs d'accompagner le spectateur tout au long de sa sortie cinéma.

Applications

1 Le marché publicitaire par média

★★

Vous commencez votre stage dans l'agence Publicis Média au sein de l'équipe Conseil média. Cette équipe est composée d'experts spécialisés par média. Vous découvrez le BUMP, baromètre unifié du marché publicitaire et de la communication en France. Il est réalisé par la société Kantar, leader mondial de la *data*, des études et du conseil. Il est publié chaque année et permet de connaître les grandes évolutions du marché publicitaire.

1. Classer dans l'ordre décroissant les 6 grands médias en fonction de leurs recettes publicitaires.
2. Calculer le taux d'évolution du 1er semestre 2019 au 1er semestre 2022 pour chacun des 6 grands médias.
3. Calculer le taux d'évolution du 1er semestre 2021 au 1er semestre 2022 pour chacun des 6 grands médias.
4. Analyser les résultats obtenus.

Document — L'évolution du marché publicitaire par média (premiers semestres de 2019 à 2022)

recettes publicitaires des médias - recettes digitales incluses - en valeur nette	S1 2019	S1 2020	S1 2021	S1 2022	*évolution S1 2022/ S1 2021*	*évolution S1 2022/ S1 2020*	*évolution S1 2022/ S1 2019*
	en millions €	en millions €	en millions €	en millions €	*en %*	*en %*	*en %*
1- télévision*	1 713	1 254	1 672	1 726	3,3%	37,7%	0,7%
2- cinéma	46	17	3	29	971,0%	69,2%	-36,2%
3- radio*	264	207	256	261	1,7%	26,0%	-1,1%
4- presse (1)*	770	538	633	666	5,2%	23,9%	-13,5%
5- publicité extérieure - OOH	593	340	398	552	38,9%	62,5%	-6,8%
dont digital	*89*	*43*	*60*	*90*	*51,3%*	*110,5%*	*1,3%*
outdoor	171	110	119	131	9,5%	19,2%	-23,4%
transport	175	82	76	150	96,7%	83,3%	-14,3%
mobilier urbain	201	127	172	227	32,2%	78,4%	12,9%
shopping	46	21	31	45	47,0%	111,1%	-3,0%
6- display**	556	471	676	820	21,3%	74,1%	47,5%
7- social **	671	751	950	1 217	26,8%	62,1%	81,4%
8- search**	1 188	1 078	1 537	1 850	20,4%	71,6%	55,7%
9- autres leviers (affiliation, emailing, comparateurs)**	385	402	432	415	-3,9%	3,2%	7,8%
10- courrier publicitaire (2)	411	288	334	324	-2,8%	12,4%	-21,2%
11- imprimés sans adresse (2)	303	177	251	241	-4,0%	36,0%	-20,6%
Total digital média TV, Radio, Presse	187	157	230	270	17,3%	72,1%	44,2%
Total digital média TV, Radio, Presse, DOOH	276	200	290	360	24,3%	80,4%	30,3%
TOTAL TV, Cinéma, Radio, Presse, OOH inclus digital des médias (sous-total de 1 à 5)	3 386	2 355	2 961	3 234	9,2%	37,3%	-4,5%
TOTAL TV, Cinéma, Radio, Presse, OOH inclus digital des médias et digital (sous-total de 1 à 9)***	5 999	4 900	6 336	7 266	14,7%	48,3%	21,1%
TOTAL GENERAL MARCHE (total de 1 à 11)***	6 713	5 366	6 921	7 831	13,2%	45,9%	16,7%

* Recettes digitales incluses : extension de la marque média en digital (tous formats, toutes commercialisations regroupées) en excluant toute diversification 100% numérique

** Données issues de l'Observatoire de l'e-pub du SRI (Syndicat des Régies Internet) en partenariat avec l'Udecam, Oliver Wyman

*** Les recettes Digital Média TV, Presse et Radio sont dédupliquées avec les données Display du SRI pour le calcul du Total marché

(1) Évolution du périmètre PQR rétropolé sur 2019 et 2020

(2) Cette mesure prend uniquement en compte les recettes de distribution et ne comprend pas la production et le conseil

www.francepub.fr

2 JCDecaux, leader de la publicité extérieure (DOOH)

★★

L'histoire de JCDecaux est intrinsèquement liée à celle de son fondateur, Jean-Claude Decaux, inventeur en 1964 d'un concept qui rencontre un vif succès dans de très nombreux pays : le mobilier urbain publicitaire. Ce concept consiste à mettre gratuitement à la disposition des villes du mobilier urbain de qualité, entretenu et maintenu par JCDecaux et financé par la publicité.

1. Relever quelques chiffres démontrant la puissance de la marque JCDecaux.
2. Énumérer les différents types de mobilier urbain, supports de communication extérieure, proposés par JCDecaux, et leurs avantages respectifs sur le plan de la communication.
3. Préciser en quoi le mobilier urbain JCDecaux offre des services à la population. Illustrer votre réponse.

Document Présentation de JCDecaux

Site Internet de JCDecaux
liennathan.fr/uz3r52

La communication extérieure pour les marques et les ville
Vidéo
liennathan.fr/9fku67

3 Vérifiez vos connaissances

1. Indiquer à quel type d'audience se rapporte chacune des définitions ci-dessous.

Audience TV instantanée – Audience TV moyenne – Audience TV globale

1. Nombre de personnes ayant regardé une émission quelle que soit la durée d'écoute
2. Nombre de téléspectateurs présents à un moment précis
3. Part d'audience (journalière, hebdomadaire, mensuelle, annuelle) sans considération d'horaire ni de durée d'écoute

2. Classer les médias ci-dessous selon l'importance de leurs recettes publicitaires, du plus important au moins important.

Courrier publicitaire – Télévision – Radio – E-publicité – Presse
Publicité extérieure (DOOH) – Cinéma – Imprimés sans adresse

3. Donner la signification des sigles des organismes suivants et indiquer leur finalité (organisme de contrôle de la publicité ou organisme d'autodiscipline.

ACPM – ARCOM – UDECAM

CHAPITRE 8 Proposer des moyens de communication hors médias

Contexte professionnel

Compétences professionnelles

- Identifier les moyens de communication hors médias disponibles
- Sélectionner les moyens de communication hors médias

Savoirs associés

Les moyens de communication et supports de communication externes physiques et digitaux

L'entreprise Michel & Augustin a été créée en 2004 par deux amis d'enfance qui se sont lancés dans la production de biscuits sucrés. Les jeunes entrepreneurs décident alors d'apposer leurs prénoms sur leurs produits. À l'époque, le packaging est déjà soigné, coloré et décalé.

Puis l'entreprise s'agrandit et propose aux enseignes de la grande distribution des biscuits sucrés et salés, des yaourts, des boissons... Son quartier général est établi à La Bananeraie (à Issy-les-Moulineaux, dans les Hauts-de-Seine), un lieu où les deux entrepreneurs imaginent leurs nouveaux produits, organisent des événements, forment au CAP Pâtissier.

La spécificité de la stratégie de communication de l'entreprise est l'utilisation d'un ton décalé et original qui lui permet de se démarquer de ses concurrents sur le marché de l'agroalimentaire, de présenter une marque humaine et vivante, proche de ses clients et, à l'image des produits qu'elle fabrique, originale et unique.

Michel & Augustin utilise peu la communication média, qui concerne les actions menées à travers les médias traditionnels. « Agiter son imagination plutôt que son porte-monnaie » est le pilier de sa stratégie de communication, qui fait la part belle au hors-média et aux réseaux sociaux. L'entreprise privilégie la communication opérationnelle, c'est-à-dire des moyens de communication « de terrain » qui ne font pas appel à l'achat d'espaces et visent à obtenir des effets rapides et mesurables, comme provoquer un achat ou impliquer les consommateurs.

Stagiaire au sein de la tribu Michel & Augustin, vous êtes tutoré(e) par Julien, chef de projet de communication, qui vous demande de faire un bilan des actions de communication hors médias menées par l'entreprise.

Comprendre le contexte

1. Quelle est l'originalité du ton et du style de communication de Michel & Augustin ?
2. Définir l'expression « communication hors médias ».
3. Expliquer pourquoi Michel & Augustin a essentiellement recours à ce type de communication.

1 Découvrir la stratégie de communication hors médias de Michel & Augustin

Dès votre arrivée dans l'entreprise, vous avez noté que le cœur de la stratégie de Michel & Augustin est de faire partager son aventure aux consommateurs. Cela passe par divers moyens de communication que vous allez étudier en vue de réussir votre intégration au sein du pôle Communication. Vous décidez également d'examiner le site Internet de l'entreprise afin de vous imprégner de la charte graphique, du style de communication, de son originalité et de son ton décalé.

Documents 1 et 2
Fiche ressource 1

1. Indiquer le type de communication privilégié par Michel & Augustin.
2. Lister les moyens et illustrer chacun d'eux avec un exemple précis.
3. Préciser les objectifs de ce type de communication.
4. Quels avantages présente la communication hors médias par rapport aux médias traditionnels ?

Document 1 Entretien avec la responsable de la communication de la marque Michel & Augustin

Pouvez-vous nous décrire plus précisément les fondements de votre stratégie de communication ?

Notre premier support de communication est le packaging de nos produits : c'est un présentoir exceptionnel pour diffuser des messages. Il permet de montrer notre humour et nous faire remarquer dans les rayons des supermarchés. Ces petits packs colorés nous servent à raconter notre histoire, comme un véritable outil de *storytelling*. La seconde étape dans notre stratégie de communication a été la mise en scène de Michel et Augustin dans des opérations de *street marketing*. Cela a commencé avec des séances photos sur les quais du métro déguisés en vache, puis sont venues les premières conférences de presse de cookies dans la rue. C'est seulement après que le digital a pris sens. Au départ, Facebook était loin d'être une évidence. La preuve, en 2008, c'était une consommatrice et fan de la marque qui animait notre compte. Nous avons ensuite pris le taureau par les cornes en entretenant des échanges hebdomadaires avec le réseau social pour se former et créer une communauté engagée. Enfin, en 2014, nous avons fait l'expérience du mass media TV.

digitalisations.com

Document 2 Miser sur l'humain pour créer du lien (suite de l'entretien)

Aujourd'hui, comment s'organise votre présence sur le Web ?

Nous avons tout d'abord un site Web qui est mis à jour quotidiennement. Pour les réseaux sociaux, nous avons une responsable « contenu » qui gère tous les comptes au cœur de notre stratégie de communication (Instagram, YouTube, Twitter, Facebook). Sur Facebook, en particulier, nous avons un taux d'engagement de plus de 7 %, alors qu'il n'est que de 0,5 % pour les autres marques alimentaires. On le doit au fait que le consommateur est au cœur de la stratégie. On l'interroge toujours et sur tout ! Quel type de format préfère-t-il pour cette nouvelle création ? Quelle couleur lui plaît le plus ? Quelle est sa recette préférée ? Autant de questions qui renforcent l'attachement des consommateurs à la marque et qui leur donnent l'impression de faire partie d'une aventure. Sur tous nos comptes, l'humour est très important et on aime le mettre en scène à travers des jeux-concours et des publications aux formats variés. Les réseaux sociaux sont aussi l'écho médiatique de nos opérations de marketing direct : on relaie notamment les dégustations en magasin ou les portes ouvertes à La Bananeraie.

digitalisations.com

2 Identifier la diversité des moyens de communication hors médias mis en œuvre par Michel & Augustin

Vous avez bien perçu les fondamentaux de l'entreprise : un positionnement original, des produits gourmands, une communication décalée, une relation transparente basée sur la joie de vivre avec le consommateur et un écosystème de partenaires. Vous poursuivez donc votre étude, plus précise, sur les divers moyens de communication hors médias proposés par Michel & Augustin.

Documents 3 à 6
Fiche ressource 1

vers pix D1.1 Consulter le site Web et la chaîne YouTube de Michel & Augustin puis, dans un tableau récapitulatif, répondre aux questions suivantes.

1. Citer les principales actions d'animation organisées à La Bananeraie, quartier général de l'entreprise, et à l'extérieur.
2. Préciser les cibles particulières auxquelles s'adresse chacune de ces actions et leurs objectifs.
3. Expliquer l'intérêt de développer des partenariats.
4. Citer les avantages et les limites de ces actions.

Document 3 Informations extraites du site Web

Pâtissez avec nous

Learn at lunch

Portes ouvertes

www.micheletaugustin.com

Document 4 De multiples rencontres de terrain

CONFÉRENCE ÉTUDIANTE – Vous voulez percer les secrets de nos vaches à boire ? Découvrir pourquoi La Bananeraie s'appelle la « bananeraie » ? Pourquoi on ne s'est pas appelés « Augustin et Michel » ? (Ça on ne sait pas vraiment.) **1 fois par mois, Didi, notre boulanger de quartier, répond à toutes les questions de nos chers étudiants.** Que ce soit pour dénicher une info pour un mémoire ou par simple curiosité, vous êtes tous bienvenus !

www.micheletaugustin.com/blog/nos-rendez-vous-avec-vous

Aux entrepreneurs ! Nous avons envie d'encourager les curieux qui prennent leur vie en main et fourmillent d'idées pour faire bouger les choses ! Nous recevons régulièrement de jeunes start-up à La Bananeraie, où chacun des trublions, selon ses compétences, intervient pour échanger sur de bonnes pratiques et papoter. Nous avons déjà eu la joie de recevoir Le Chocolat des Français, L'Embeillage, Bric à vrac…

www.micheletaugustin.com

Document 5 La chaîne YouTube Michel & Augustin

En naviguant sur la chaîne YouTube, visionnez quelques extraits, dont celui-ci :

Sablés Beaufort AOP pas la peine d'en faire un fromage !
Vidéo
liennathan.fr/5bj8r7

Document 6 Des partenariats pour donner une autre dimension à l'entreprise

Aux populations les + fragiles ! Une seule devise pour les trublions : #Liberté #Différence #Fraternité ! Ouvrir les yeux et prendre le temps d'agir à son échelle, c'est important. La tribu soutient depuis toujours l'association Bouée d'Espoir. Depuis plus récemment, la tribu s'investit auprès de Tout le Monde contre le Cancer à travers plusieurs actions : l'intégralité des droits d'auteur pour notre livre est reversée à leur projet Toques en truck, ou encore, les trublions participent à leur tournée annuelle des hôpitaux français pour donner le sourire aux enfants en organisant des cours de pâtisserie. Nous sommes également partenaires des Solidays.

www.micheletaugustin.com

À côté des nombreux événements proposés par Michel & Augustin, d'autres moyens sont utilisés. Votre responsable vous demande d'effectuer un travail de veille sur les autres actions hors médias mises en place par l'entreprise.

Documents 7 à 9
Fiche ressource 1

5. Décrire les opérations mises en œuvre.
6. Préciser leurs objectifs et leurs limites.
7. Analyser un communiqué de presse (rubrique « Nos communiqués de presse » située en bas du site Michel & Augustin). Expliquer l'intérêt de recourir aux communiqués de presse.

Document 7 Michel & Augustin s'engage pour les personnes isolées

L'entreprise, installée depuis deux ans à Issy, lance un nouveau projet alliant cuisine et convivialité pour les personnes isolées. Ce nouveau rendez-vous est issu d'une collaboration avec l'association Les Petites Cantines.

Michel & Augustin inaugure au mois de juillet 2022 un partenariat avec l'association Les Petites Cantines, qui propose des cours de cuisine participatifs à l'attention des personnes isolées. Tout le monde peut venir, on cuisine puis on déguste. À la fin, une contribution est demandée mais chacun donne ce qu'il veut, en fonction de ses moyens. Une recette qui a déjà fait ses preuves avec plusieurs « Petites Cantines » implantées dans toute la France.

ww.issy.com, 19 août 2022.

Document 8 Nos chouettes communiqués de presse !

Que se passe-t-il VRAIMENT à La Bananeraie ?

Pour le savoir, rendez-vous juste en dessous !
Feuilletez nos communiqués de presse.

www.micheletaugustin.com

MICHEL & AUGUSTIN
Les trublions du goût

La famille des mousses s'agrandit avec
L'INCROYABLE MOUSSE AUX MARRONS

Avril 2023

En 2023, Michel et Augustin **innove** sur le marché de la mousse avec une toute **nouvelle recette de mousse……aux marrons**
Gourmande, fondante en bouche et délicieusement marronnée

DU GOÛT DU GOÛT DU GOÛT !

- **UNE TEXTURE UNIQUE** : très très fondante en bouche et aérienne
- **UNE RECETTE GOURMANDE ET DES INGRÉDIENTS DE QUALITÉ** : 23% de purée de marron, pointe d'infusion de vanille de Madagascar, œufs de poules élevés en plein air.

Concoctée en France

DANS UN EMBALLAGE UNIQUE ET RESPECTUEUX DE NOTRE PLANÈTE

Le **SEUL FORMAT À PARTAGER** du marché des mousses aux marrons.
Notre pot en carton se recycle dans la poubelle de tri :
il est composé de **80 À 85% DE CARTON**, recyclable dans la filière **PAPIER/CARTON.**
C'est **3 FOIS MOINS DE GAZ À EFFET DE SERRE** vs un pot en plastique !
Certifié PEFC : Un label qui certifie la gestion durable des forêts depuis 20 ans

UN MARCHÉ À POTENTIEL

LE MARRON: 2EME PARFUM LE PLUS PLÉBISCITÉ PAR LES CONSOMMATEURS
Un parfum qui pèse 15M€ CA en 2022*.
*Source : IRI HMSM PROXI - 2022

UNE VRAIE PLACE À PRENDRE
Seulement 2 marques concurrentes : une vraie opportunité sur le **segment premium** avec une mousse différente des autres à la texture unique
Cerise sur le gâteau : **Elle est 30% moins sucrée que le marché des mousses aux marrons**

EN VENANT S'INTEGRER PARFAITEMENT À CÔTÉDE NOS 2 MOUSSES STARS
22% de croissance valeur depuis la nouvelle recette et le changement de pot**
** Source: IRI HMSMPROXI ECOM –de P3 à P12 2022

LA MOUSSE AUX MARRONS MICHEL ET AUGUSTIN

- PMC: 4,99€***
- Poids: 245g

***le distributeur reste seul maître des prix

À PROPOS DE MICHEL ET AUGUSTIN :

Une aventure humaine, gourmande et pleine de peps lancée en 2004.
Aujourd'hui, Michel & Augustin concocte **une centaine de recettes gourmandes et simples** (épicerie sucrée, salée, desserts, yaourts, boisson) grâce à leur savoir-faire pâtissier. **En septembre 2020**, ils ont été certifiés **B-CORP**. Un label exigeant qui reflète leur triple ambition :

- concevoir des recettes engagées pour demain
- privilégier des packagings respectueux de l'environnement
- continuer de travailler main dans la main avec leurs producteurs !

Certified B Corporation

CONTACT MÉDIAS
Eloise Lejeau
eloise@micheletaugustin.com
07.63.97.42.83

Document 9 Ça se fête !

JOYEUX ANNIVERSAIRE !
Pour nos 10 ans d'aventures avec Monoprix, on a pensé à VOUS !
Courez viiiite dans le Monoprix animé le plus proche de chez vous et cherchez notre tablier orange, pour découvrir plein de surprises !
Retrouvez la liste des Monoprix animés juste ici :
https://bit.ly/3fCXuea
#10ansmonoprixetlatribu #micheletaugustin #10yearschallenge #partager #monoprix #ensemble #aventures #anniversaire #fete #collaboration #celebration #merci @monoprix

3 Utiliser le marketing direct

L'entreprise envoie un mail personnalisé aux consommateurs qui se sont abonnés *via* un formulaire disponible sur le site.

Document 10
Fiche ressource 1

1. Qualifier cet outil de marketing direct.
2. Expliciter les objectifs de cet outil.
3. Quelle est la condition indispensable préalable à l'envoi de ce support de communication ?

Document 10 Il paraît qu'on est voisins (extrait d'une *newsletter*)

MICHEL & AUGUSTIN
Les trublions du goût

Feuille de bananier
28 Avril

MOUSSE aux MARRONS

Sa gourmandise va vous chambouler !

La FAMILLE des MOUSSES S'AGRANDIT avec cette recette délicieusement maronnée, à la texture aérienne et fondante en bouche.

Concoctée en France avec des ingrédients soigneusement sélectionnés.

Schmilblick du JOUR !!

Le « schmilblick », c'est un mot un peu compliqué qui cache une règle toute simple pour être plus heureux et rendre votre voisin plus heureux :
« Trouver enfin au BANANIER un ARROSEUR avec expérience » *Schmilblick 13*
Cette année, la tribu (re)prend la résolution d'arroser soigneusement ses bananiers, car oui oui nous avons des bananiers à La Bananeraie. Vous l'avez ? Ahahah !
Une résolution aussi dure à tenir que faire du sport 2 fois par semaine ou lire 1 livre par mois.
Oh oui, croyez-nous. On vous envoie nos meilleures ondes pour vous aider à relever vos petits et grands défis de 2023.

À très vite ♥
pour la prochaine feuille de bananier ;)
La tribu !

Envie d'en apprendre encore plus sur nous ?

Vous ne souhaitez plus jamais recevoir la feuille de bananier ?
Concoctez 16 éclairs et 32 salambos ou cliquetez ici.

Extrait de la *newsletter* du 28 avril 2023.

4 Préconiser les moyens de communication sur les lieux de vente

Difficile de se distinguer dans les rayons de la biscuiterie, où sont déjà implantés de nombreux concurrents. Aussi, Michel & Augustin renouvelle en permanence ses moyens de communication sur les lieux de vente et soigne tout particulièrement la présentation de ses nouveaux produits lors de leur lancement.
Face à l'engouement des consommateurs pour le vrac, Michel & Augustin a décidé de commercialiser ses biscuits apéritifs en vrac. Désormais, on peut les retrouver dans ce format dans les magasins de la chaîne Day by Day.

Documents 11 et 12
Fiche ressource 2

1. Donner les raisons pour lesquelles Michel & Augustin doit communiquer sur les lieux de vente.
2. Décrire les moyens de communication sur les lieux de vente présentés dans ces exemples.
3. Expliquer les objectifs recherchés par ce type de communication.
4. Préconiser d'autres moyens de communication qui peuvent être mis en œuvre sur un lieu de vente, notamment lors du lancement des biscuits apéritifs en vrac.

Document 11 Le kit PLV

La gamme des petits sablés en présentoir

MICHEL & AUGUSTIN
Les trublions du goût

Les biscuits apéritifs en vrac

Document 12 Le corner de présentation

Cadre Michel & Augustin

Ou comment casser la monotonie des linéaires ! Il s'agissait de mettre en avant, pour un partenariat spécifique avec l'enseigne de grande distribution Carrefour, les produits de la marque Michel & Augustin dans le rayon frais. Ce cadre de linéaire fait ressortir la gamme des produits Michel & Augustin avec une approche merchandising événementielle et une communication forte et distinctive. Facile à poser, il est réalisé en métal pour une résistance à toute épreuve, avec un habillage PET pour fixer les supports visuels. Colorés et frais, ces cadres font émerger du rayon les produits de manière décalée, à l'image de la communication de la marque !

pilotesplv.fr

Structures type « serre » pour réaliser des dégustations en hypermarché (Carrefour, Auchan notamment). Serre démontable, simple à mettre en place.

ladirect.com

5 Vérifier la conformité des actions de communication hors médias avec la législation

Votre tuteur envisage une nouvelle action de *street marketing* dans les rues de la ville. Il vous demande de faire le point sur la législation en vigueur afin de mettre en place une stratégie respectueuse des règles.

▶ Documents 13 à 15
▶ Fiche ressource 3

1. Indiquer les caractéristiques d'une opération de *street marketing*.
2. Lister les mesures à prendre avant de mettre en place une opération de ce type.

Document 13 Le *street marketing*, la force de la marque

4 personnes assises = une mousse au chocolat offerte
Vidéo
liennathan.fr/7my92s

Document 14 Le *street marketing*, de quoi parle-t-on ?

Le *street marketing* désigne une opération de communication qui utilise des éléments urbains et l'environnement extérieur comme supports de promotion. On connaît depuis longtemps ce concept qui vient des États-Unis. L'homme-sandwich en est le parfait exemple. Aujourd'hui, il s'agit le plus souvent pour une enseigne ou une marque de créer des événements marquants et surprenants pour le consommateur. En ce sens, le *street marketing* suscite de la curiosité et ce type d'opération de communication fait le buzz la plupart du temps. […]

Le *street marketing* consiste à surprendre, à faire parler d'un produit ou d'une marque de manière inhabituelle à l'aide de supports originaux dans un environnement insolite où les clients n'attendent pas l'entreprise qui organise un tel événement. Avec ce concept promotionnel, l'entreprise cherche avant tout à donner une image positive et créative.

www.lemagdeleconomie.com

Document 15 Le marketing de rue et la réglementation

La législation

Étant donné que le *street marketing* se passe sur la voirie, il y a une **législation** à respecter, on ne peut pas prospecter impunément à n'importe quel endroit. Le *street marketing* appartient à la catégorie des activités qui relèvent du colportage. Dans l'article 18 de la loi du 29 juillet 1881, il est stipulé que « Quiconque voudra exercer la profession de colporteur ou de distributeur sur la voie publique ou en tout autre lieu public ou privé, de livres, écrits, brochures, journaux, dessins, gravures, lithographies et photographies, sera tenu d'en faire la déclaration à la préfecture du département où il a son domicile. » […]

La déclaration

Elle doit comporter les nom, prénom, profession, domicile, âge et lieu de naissance du déclarant. Vous obtiendrez un récépissé dont il faudra faire une photocopie à donner à l'employé qui sera sur le lieu de l'opération. Donnez-lui également un certificat d'emploi afin qu'il puisse se justifier en cas de contrôle. […]

Les interdictions

Avant toute opération, renseignez-vous auprès de la mairie ou de la préfecture de l'endroit où vous souhaitez faire du *street marketing*. Des ordonnances et des arrêtés spécifiques à chaque ville réglementent les actions de colportage et de *street marketing*. Ainsi, certains lieux sont interdits. Renseignez-vous ! […]

Les obligations

Différentes mesures sont à prendre pour respecter la législation :

- indiquer le nom et le domicile de l'imprimeur sur tout écrit rendu public (article 2 de la loi du 29/07/1881 sur la presse) ;
- à Paris, il faut ramasser les prospectus qui auront été jetés sur la voie publique dans un rayon de 3 mètres autour des points de distribution fixes (arrêté du maire de Paris et du préfet de police du 11/08/1986) ;
- dans le cas d'une distribution mobile, la même obligation est à suivre sur tout le long du trajet.

Jérémie Monein, www.bepub.com, 22 décembre 2021.

Sur le site Web de Michel & Augustin, les internautes ont la possibilité de communiquer directement avec l'entreprise.

Document 16
Fiche ressource 3

vers pix D4.2

3 Préciser l'objectif de cette invitation.

4 Vérifier sa conformité au règlement général sur la protection des données (RGPD).

Document 16 Gribouillez votre e-mail !

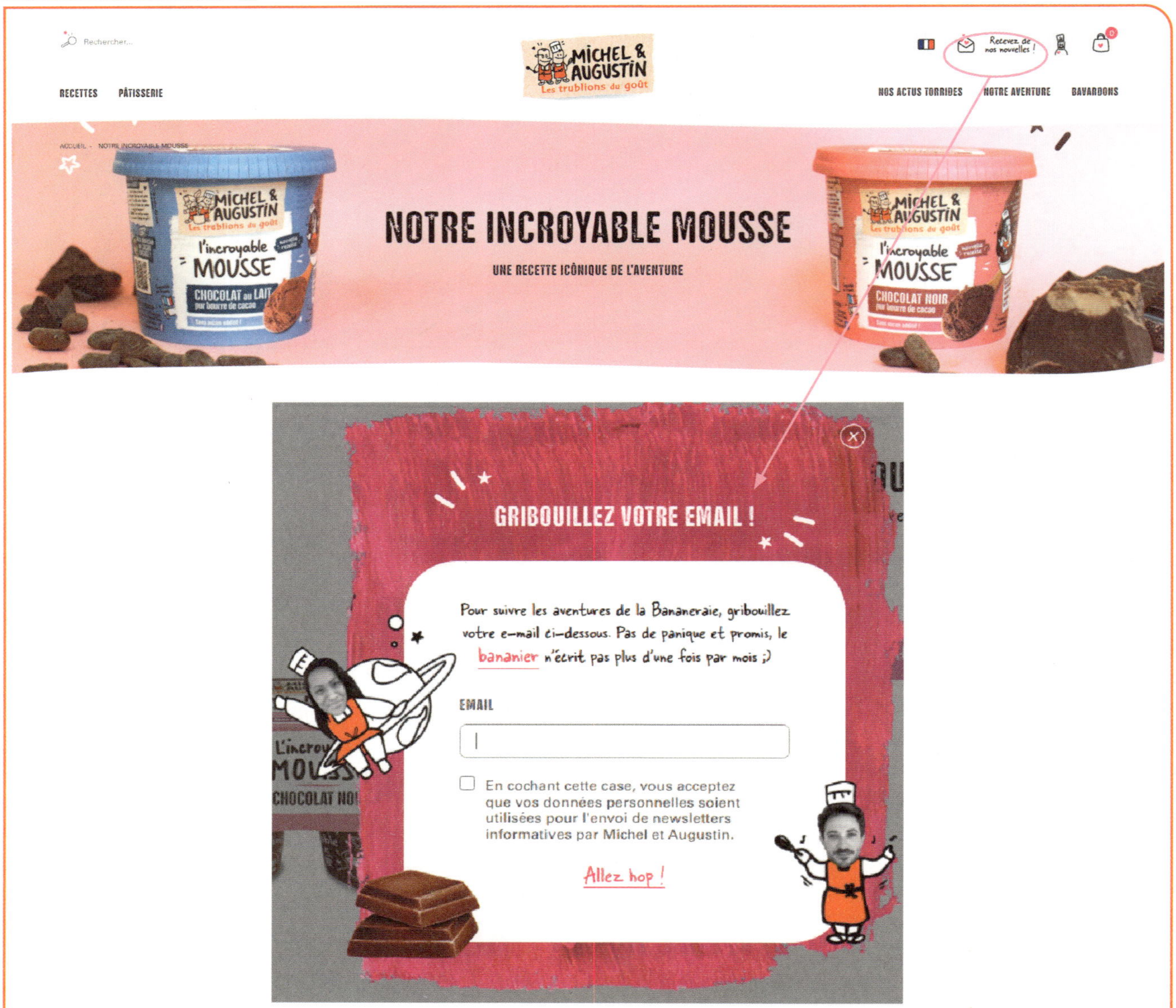

www.micheletaugustin.com

FICHE RESSOURCE 1

LA MERCATIQUE DIRECTE (OU MARKETING DIRECT)

I Définition

Le marketing direct est un ensemble de techniques de communication qui consiste à adresser un message personnalisé à une cible identifiée afin d'obtenir une réaction rapide et mesurable, sans intermédiaire entre l'annonceur et sa cible. Pour atteindre cet objectif, le marketing direct utilise des moyens qui lui sont propres.

II Les outils du marketing direct

Le publipostage (ou *mailing*)	
C'est une communication personnalisée portant le nom du destinataire. L'envoi regroupe plusieurs supports de communication tels qu'enveloppe, courrier, brochure, coupon-retour, enveloppe retour. C'est une communication « active », car elle ne se contente pas de délivrer un message mais provoque une implication du récepteur qui est invité à répondre à l'annonceur.	
Les supports imprimés indifférenciés	
L'imprimé sans adresse (LSA)	C'est un document commercial qui ne comporte aucune personnalisation concernant le destinataire. Il est plus fréquemment appelé « prospectus ».
Le catalogue	Diffusé à titre gratuit ou payant, il est utilisé le plus souvent dans la vente par correspondance (VPC). Les catalogues sont de plus en plus dématérialisés et envoyés par mail ou consultables sur les sites Internet ou les réseaux sociaux.
L'asile-colis	Ce document commercial, inséré au moment de l'expédition d'un colis, a pour but de promouvoir le produit ou le service d'une marque non concurrente, ou un produit nouveau ou complémentaire.
L'encart-courrier	C'est une variante de l'asile-colis. L'entreprise utilise l'envoi de son propre courrier pour faire une offre commerciale en insérant un document publicitaire dans l'enveloppe. **EXEMPLE :** une plaquette de présentation d'un nouveau service envoyé avec la facture d'électricité ou le relevé de compte d'une banque.
Les encarts sur les lieux de vente	Ils sont à mi-chemin entre le marketing direct et l'affichage. **EXEMPLE :** des présentoirs avec « cartes postales » sur des lieux de vente ciblés (cafés, restaurants…) proposant des coupons de réduction pour visiter des sites touristiques de la ville ou de la région.
Les supports électroniques personnalisés	
L'e-mailing	L'annonceur envoie des courriels dans les boîtes électroniques ou Webmails d'une cible définie dans une base de données. Chaque destinataire s'est inscrit dans une base de données marketing (BDM). À la différence du spam, l'internaute a donné son accord préalable pour y figurer. Il doit donc avoir aussi la possibilité de demander de retirer son identité de la BDM.
L'envoi de mails non sollicités	Par le biais de banques d'adresses, des mails sont envoyés en flotte massive (ou *spamming*) dans les boîtes électroniques et Webmails d'internautes. Considérés comme abusifs, ils ont provoqué le développement de programmes anti-spam.
La *newsletter*	Par le biais d'une base de données ciblée, dans laquelle l'internaute accepte de figurer, l'annonceur émet des mails. La *newsletter* a un caractère à la fois informatif et commercial.
Les autres outils	
Le SMS	Il permet de communiquer rapidement une offre à un client. **EXEMPLES :** des soldes privées, une réduction à l'occasion d'un anniversaire.
Le *phoning*	Le *phoning* (ou démarchage téléphonique), massivement utilisé pour remporter de nouveaux clients *via* des appels téléphoniques, est de plus en plus considéré comme intrusif par les particuliers.
Le *chatbot*	Grâce à un programme informatique, mis au point par l'intelligence artificielle (IA), le *chatbot* conversationnel répond en temps réel aux questions des internautes, leur propose des solutions et services adaptés en fonction de leurs requêtes.

Longtemps considéré comme hors médias, le marketing direct étend sa présence aujourd'hui dans les médias, notamment la presse et la télévision. Une entreprise ne possédant pas de base de données clients ou souhaitant l'élargir peut effectivement déployer des outils de prospection en exploitant les supports médias traditionnels.

EXEMPLES : un coupon-réponse dans la presse, un spot TV, un Numéro Vert, le téléachat.

III La démarche de mise en œuvre d'une action de marketing direct

Les fichiers d'adresses et les bases de données sont la clé du marketing direct. En effet, pour proposer une offre et un message adaptés, l'entreprise doit avoir identifié ses prospects, connaître ses cibles et leurs besoins.

Acheter ou utiliser un fichier d'adresses/une base de données
↓
Segmenter la cible selon les critères définis
↓
Élaborer les outils et le planning
↓
Créer les supports de communication
↓
Envoyer les supports à la cible
↓
Mettre à jour le fichier d'adresses/la base de données avec les retours et non-retours

IV Les objectifs

Le marketing direct doit agir sur :

– le **comportement** : faire réagir très rapidement la cible (remplir un bon de commande, renvoyer un coupon-réponse, demander un devis, prendre un rendez-vous, participer à une collecte de fonds pour une cause humanitaire…). Dans tous les cas, le but est de vendre ou de prospecter ;

– la **fidélisation** : établir un dialogue durable avec sa clientèle ;

– la **notoriété** et l'**image** : lorsque l'entreprise cherche à entamer le dialogue avec sa cible, elle accroît sa notoriété ; tous les messages qu'elle émet participent à la construction de son image et de celle de ses produits (ou marques).

V Les intérêts du marketing direct

Une communication personnalisée	Le marketing direct est une forme de communication interactive qui vise à établir un dialogue durable avec le client ou le prospect. La communication peut être de nature relationnelle (envoi des vœux, par exemple), mais le plus souvent, l'offre est commerciale. La cible est une personne précise à laquelle l'annonceur s'adresse directement en lui proposant l'offre la plus appropriée à son cas. Elle provoque chez l'interlocuteur une réponse très rapide (renvoi d'un coupon-réponse ou d'une commande…).
Une réponse aux besoins du marché	Face à la surabondance des produits, le marketing direct permet au produit de sortir de l'anonymat ; il répond également à la nécessité du contrôle des dépenses publicitaires des annonceurs.
Une exploitation des nouvelles technologies	Seule l'informatique permet une gestion efficace et rapide de fichiers volumineux comportant des informations sur les clients et hébergés dans les bases de données.
Une utilisation généralisée	Le marketing direct est utilisé dans tous les secteurs d'activité et pour toutes les formes de communication.

VI Les avantages et les inconvénients du marketing direct

Avantages	Inconvénients
– Sélectivité du contenu des messages – Attention soutenue de la cible du fait de la personnalisation du message – Faible coût – Mesure facile de la rentabilité des opérations	– Moyens de communication pouvant être perçus comme intrusifs (sollicitations non désirées par le client ou prospect) – Taux de retour faible – Concurrence accrue

FICHE RESSOURCE 2

LA PROMOTION SUR LE LIEU DE VENTE (PLV)

I La notion de PLV

La promotion sur le lieu de vente (PLV) utilise un ensemble de techniques qui vise à pousser le produit vers le consommateur (stratégie « *push* »), à modifier le comportement de ce dernier lors du processus décisionnel d'achat, grâce à un avantage exceptionnel et temporaire. Considérées comme des compléments à la publicité, les techniques promotionnelles sont nombreuses et variées.

La promotion poursuit différents objectifs.

EXEMPLES :
- Conquérir de nouveaux clients
- Faire connaître un produit nouveau
- Augmenter la fréquence et les volumes d'achat
- Fidéliser les clients actuels
- Inciter à l'essai
- Provoquer l'achat

C'est pourquoi, les opérations promotionnelles entrent généralement dans le budget commercial des entreprises plutôt que dans le budget de communication.

II Les techniques de PLV

Plusieurs techniques de promotion hors médias permettent de faire de la promotion sur les lieux de vente.

Les jeux et concours	Jeux traditionnels : organisation de loteries avec envoi d'un bon de participation, jeux de grattage…
Les réductions de prix immédiates	Cette technique est souvent utilisée, car elle est peu coûteuse pour l'annonceur qui, généralement, l'intègre systématiquement dans l'architecture de son prix de vente : offre spéciale, vente par lot, réduction pour reprise (comme dans l'électroménager)…
Les opérations par le remboursement	Elles sont activées à la suite de l'achat : essai, remboursement (avec retour de la preuve d'achat), *cash refund* (remboursement contre plusieurs preuves d'achat), *cross couponing* (ou coupon croisé : offre de remboursement portant sur un autre produit), couponnage simple (présentation en caisse d'un coupon de réduction immédiate), couponnage électronique (coupons édités par l'équipement caisse, à valoir sur les prochains achats, sélectionnés en fonction de la nature des achats effectués par le client).
Les primes ou cadeaux	Prime directe, échantillon, parrainage…
La valorisation de l'offre	Dégustation, démonstration, adhésion à un club, prime fidélité…

III L'objet publicitaire (*goodies*) et la communication sur le lieu de vente

L'objet publicitaire	La communication sur le lieu de vente
Cette technique permet à l'annonceur de communiquer un message à sa cible en lui offrant un support utile et valorisant (objet publicitaire ou *goodies*) qui provoque un sentiment de reconnaissance. EXEMPLES : un porte-clé, un chargeur, un stylo.	La publicité sur le lieu de vente (PLV) et l'information sur le lieu de vente (ILV) sont deux moyens de communication utilisés dans les points de vente. Ils ont pour but soit d'informer l'acheteur, soit de l'inciter à l'achat. EXEMPLES : la pancarte, le stop-rayon, le fléchage, le présentoir, l'enseigne lumineuse dans un rayon, l'animation vivante (dégustation, vidéo…).

FICHE RESSOURCE 3

LA RÉGLEMENTATION DE LA COMMUNICATION HORS MÉDIAS

Le droit français encadre le secteur de la communication et le secteur lui-même recommande et établit des bonnes pratiques afin d'accompagner les professionnels.

I Le règlement général sur la protection des données (RGPD)

Toute campagne de marketing direct repose sur l'utilisation de bases de données contenant des données personnelles dont l'exploitation est strictement encadrée par le droit européen depuis 2018. Le RGPD s'inscrit dans la continuité de la loi française Informatique et Libertés de 1978. Il impacte les pratiques du marketing direct.

Lors d'une opération de marketing direct, les principales mesures concernent le consentement explicite de l'individu concerné, la possibilité de désabonnement ou de désinscription et le choix ou non d'activer totalement ou partiellement la quasi-totalité des cookies.

Aller plus loin

Le RGPD

liennathan.fr/wbx822

Le RGPD énonce aussi les obligations auxquelles les organisations sont soumises concernant la sécurité du stockage des données, leur exploitation et le droit du consommateur à y avoir accès, à les rectifier ou les effacer.

II La réglementation des méthodes de promotion

Les actions promotionnelles se présentent sous de nombreuses formes : offre spéciale, bon de réduction, 1 produit acheté/1 produit offert, vente flash, échantillon gratuit… D'une façon générale, elles ne bénéficient pas d'un encadrement spécifique : l'annonceur peut choisir les produits, le moment et la durée de la promotion. La période de promotion doit être clairement indiquée sur les supports (prospectus, affiche ou publicité Internet).

Cependant, quelques règles spécifiques s'appliquent aux soldes :

Les promotions par la réduction de prix	Toute réduction (en ligne ou en magasin) doit indiquer clairement le prix antérieur (prix le plus bas pratiqué au cours des 30 derniers jours avant l'application de la réduction). En cas de réductions de prix successives pendant une période déterminée, le professionnel doit afficher le prix d'origine pratiqué avant l'application de la première réduction de prix.
Le produit concerné	Il doit être disponible durant toute la période. S'il n'est plus en stock, le commerçant doit se réapprovisionner. Cependant, l'offre peut être limitée à un nombre précis de produits (cette information doit être clairement indiquée). **EXEMPLE :** la mention « 30 robots ménagers à – 15 % » sur un prospectus.
Le calendrier	L'objectif est l'écoulement accéléré du stock. Leur période est fixée par l'arrêté du 27 mai 2019.

III La communication promotionnelle dans un espace public

L'organisation d'une opération promotionnelle nécessite de respecter certaines règles.

L'occupation de l'espace public	Toute occupation temporaire du domaine public doit faire l'objet d'une demande d'autorisation préalable municipale ou préfectorale.
La musique et le droit d'auteur	Le droit d'auteur est protégé par le Code de la propriété intellectuelle. Pour diffuser de la musique lors d'un événement, l'autorisation de la SACEM est nécessaire.
Les informations obligatoires	Tous les documents utilisés lors des opérations promotionnelles doivent comporter les informations suivantes : la dénomination sociale ou le nom de l'organisation, son numéro de RCS suivi du nom de la ville où est enregistrée son immatriculation, sa forme sociale pour les personnes morales et le montant du capital pour les sociétés commerciales.
La sécurité et l'assurance	L'organisateur doit assurer la sécurité de la manifestation et souscrire au préalable une assurance adaptée.

1 Le marché de la publicité et de la communication

★

Chaque année, l'IREP (Institut de recherches et d'études publicitaires) publie la mesure économique de référence de l'ensemble du marché publicitaire français.

1. Calculer les parts de marché des moyens hors médias.
2. Que peut-on en déduire ?

Document Investissements en communication des annonceurs en 2022

	En millions d'euros	Parts de marché	Évolution 2021/2022
Presse	1 727	5,3 %	– 0,4 %
Radio	808	2,5 %	2,0 %
Télévision	4 189	12,8 %	– 0,5 %
Publicité extérieure	1 317	4,0 %	16,2 %
Cinéma	113	0,3 %	57,7 %
Sous-total 5 médias	**8 154**	**24,9 %**	**2,7 %**
Marketing direct	5 645	…… %	– 4,8 %
Courrier publicitaire	1 930	5,9 %	– 6,7 %
ISA	2 169	6,6 %	– 6,0 %
Autre marketing direct	1 546	4,7 %	– 0,6 %
Promotions	5 531	…… %	4,5 %
Dont Cadeau par l'objet	*1 111*	*…… %*	*4,1 %*
Foires, Expositions	1 132	…… %	65,0 %
Parrainage	803	…… %	16,0 %
Mécénat	246	…… %	14,0 %
Relations publiques	1 742	…… %	16,0 %
Annuaires	471	…… %	– 6,0 %
Sous-total autres médias	**15 569**	**…… %**	**5,1 %**
Médias numériques	**9 024**	**27,6 %**	**9,7 %**
MARCHÉ DE LA COMMUNICATION	**32 747**	**100,0 %**	**5,7 %**

Source : IREP

2 Les tendances de la communication hors médias

★★

Face à une saturation de certains moyens de communication et à une modification des comportements des consommateurs, les agences de communication et les entreprises ont recours à de nouveaux moyens de communication, dits « alternatifs ». L'ensemble des techniques de marketing alternatif s'appuie sur une logique : établir un rapport fort entre la marque et la cible pour créer un lien affectif entre eux, pour qu'ensuite l'individu diffuse un message sur la marque dans son entourage.

1. Rechercher la définition de chacune des techniques ci-dessous.
2. Illustrer chacune d'elles à l'aide d'un exemple concret.
3. Identifier les avantages et les limites de ces techniques.

- *Buzz marketing* (ou marketing viral)
- *Undercover marketing* (marketing furtif)
- Guérilla marketing
- Marketing ethnique
- Marketing expérientiel
- Marketing générationnel
- Marketing mobile
- Marketing tribal

3 La ville de Menton et la Fête du Citron®

★★

La Fête du Citron®, qui a lieu chaque année dans la ville de Menton depuis les années 1930, attire plus de 200 000 visiteurs et bénéficie d'une couverture médiatique internationale.
Chaque année, la Fête du Citron® invite son public cosmopolite à découvrir un thème précis, à partir duquel sont réalisés des motifs monumentaux, des parterres de fleurs colorés, des danses et des chants... Corsos, animations, corso illuminé, carnaval des enfants seront comme toujours au rendez-vous, pour le plus grand plaisir des enfants comme des parents.

vers pix D1.1

1. À l'aide du site Internet de l'événement, https://www.fete-du-citron.com/, et de diverses recherches, détailler les différents moyens hors médias mis en œuvre dans la stratégie de communication de la ville de Menton.
2. Justifier ces choix (objectifs).

4 Vérifiez vos connaissances

Pour chacune des situations de communication suivantes :
– citer le(s) moyens(s) de communication hors médias concerné(s) ;
– repérer les objectifs de ceux-ci.

Vous donnerez votre réponse sous forme de tableau.

a. Un hôtel envoie un e-mailing de présentation de nouvelles prestations aux clients ayant déjà séjourné dans son établissement.
b. Une société agricole décide de participer au prochain Salon de l'agriculture au Parc des expositions de la porte de Versailles à Paris.
c. Pour célébrer ses 20 ans, une entreprise ouvre ses portes au public afin de lui faire découvrir ses locaux, ses équipements et son savoir-faire.
d. Une marque de dentifrice remet un échantillon aux clients d'un supermarché.
e. Un festival de musique adresse un communiqué de presse aux journalistes locaux pour annoncer la nouvelle programmation.
f. Un annonceur décide de sponsoriser une équipe de football locale et appose son logo sur les tee-shirts de l'équipe.
g. Un distributeur offre un pack d'eau pour deux achetés.
h. Une marque de goûter pour enfants décide d'organiser une opération de PLV avec dégustation dans divers supermarchés de la région.
i. Une fondation soutient la rénovation du patrimoine de sa ville par l'apport de dons financiers.

CHAPITRE 9 Proposer des moyens de communication interne

Contexte professionnel

Compétences professionnelles
- Identifier les moyens de communication disponibles (physiques et digitaux)
- Sélectionner les moyens de communication

Savoirs associés
- Les moyens de communication interne (intérêts, limites et approfondissement)
- Les supports de communication interne

Vous travaillez pour le département du Calvados en tant qu'assistant(e) du directeur de la communication. Ce département français de la Région Normandie est administré par le conseil départemental. Il emploie plus de 3 000 agents répartis dans 11 circonscriptions et représentant 65 métiers différents.

Le directeur de la communication supervise la communication externe mais également la communication interne, qu'il souhaite renforcer. Deux priorités sont fixées :
- encourager les intérimaires occupant des emplois en tension (auxiliaire puéricultrice, assistants familiaux, chauffeurs de transport urbain, agent de la propreté) à passer les concours des agents territoriaux ;
- associer l'ensemble des agents territoriaux aux projets de la collectivité, notamment améliorer la qualité de vie au travail et respecter l'environnement numérique de travail.

En votre qualité d'assistant(e) de communication, vous êtes chargé(e) d'optimiser l'utilisation des moyens de communication disponibles, physiques et digitaux, et de sélectionner les moyens de communication qui répondent le mieux aux objectifs de communication interne.

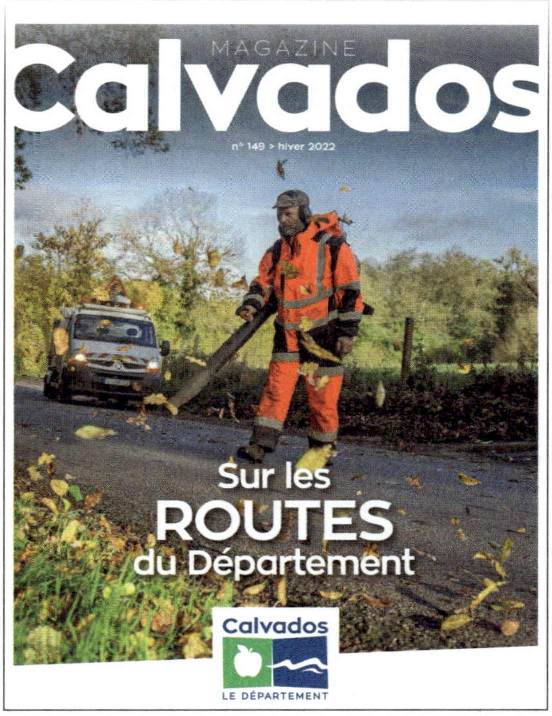

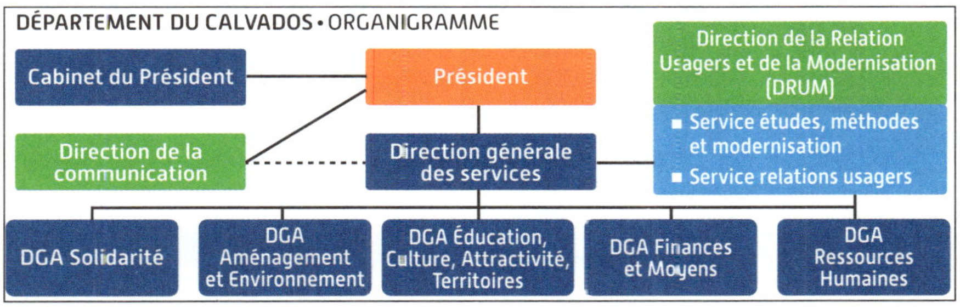

Comprendre le contexte

1. Où se situe la direction de la communication dans l'organigramme du conseil départemental du Calvados ? Commenter cette position.
2. Identifier les principales missions du département.
3. Combien y a-t-il de métiers dans le département pour assurer ces missions ?
4. En quoi cette diversité peut-elle impacter la communication interne au sein du conseil départemental ?

1 Analyser la stratégie globale de la communication interne

Au sein du service de la communication, vous découvrez votre poste et la mission qui vous est confiée.

Documents 1 à 3
Fiche ressource 1

1 Déterminer quels peuvent être les objectifs généraux de la communication interne du département du Calvados (comme dans toute organisation territoriale).

2 Caractériser la cible de la communication interne quand il s'agit de communiquer des informations générales (par exemple, les élections des représentants du personnel).

3 Indiquer les intérêts respectifs d'un intranet et d'un extranet pour la communication interne.

Document 1 Les effectifs employés par le conseil départemental et leur statut

Les personnels employés sont des « agents de droit public ». Ce sont aussi bien les titulaires fonctionnaires ou stagiaires que les agents contractuels.
Le département emploie plus de 3 000 agents répartis dans 11 circonscriptions, soit :
- plus de 500 professionnels sociaux et médico-sociaux (assistants socio-éducatifs, médecins, éducateurs, agents administratifs…) ;
- environ 700 assistants familiaux qui accueillent les enfants ;
- 250 personnes qui travaillent à la Maison départementale de l'enfance et de la famille (MDEF) ;
- plus de 500 agents qui assurent l'entretien, la maintenance et la restauration scolaire des collèges ;
- près de 380 agents d'exploitation qui interviennent sur les routes départementales et les 7 ports départementaux.

Document 2 Le site Web du département du Calvados et l'accès à l'extranet

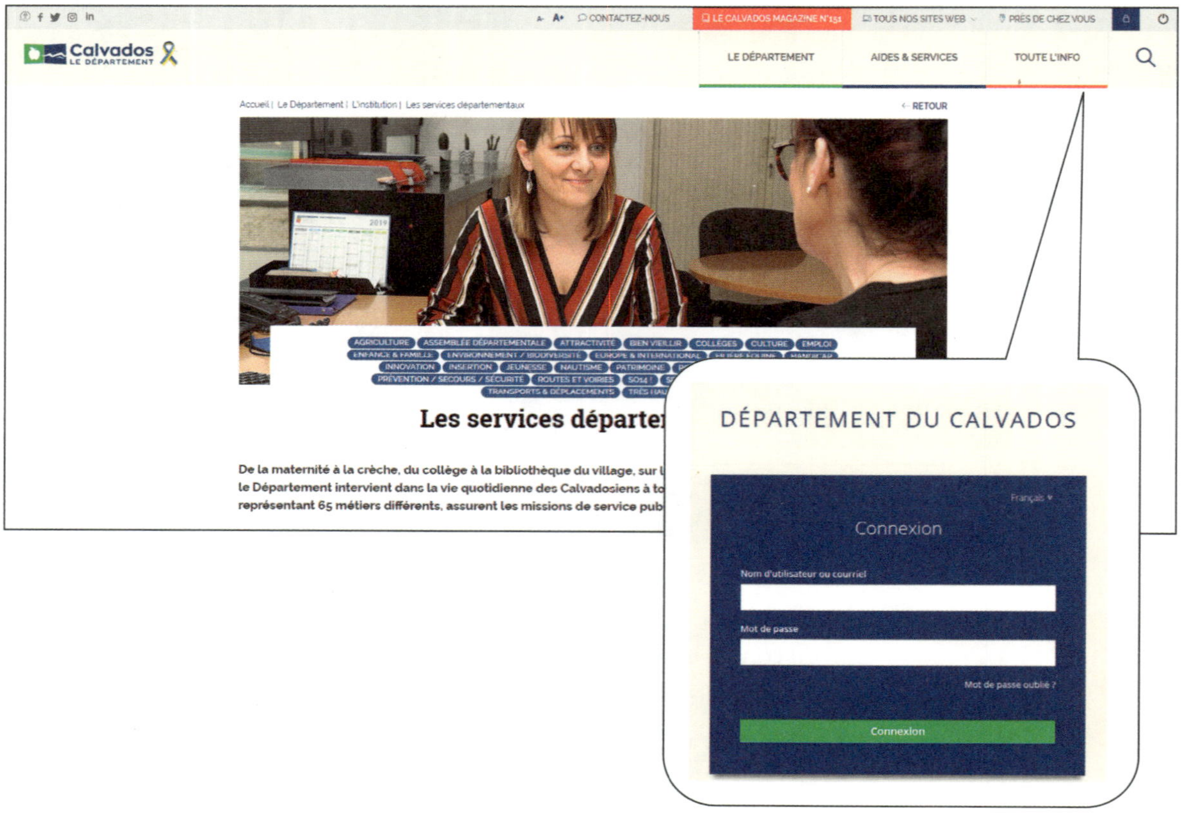

www.calvados.fr

Document 3 Extrait du rapport d'activité mis en ligne sur l'intranet

Ressources humaines

Nouveaux collaborateurs

Charline GUSTAVE, chargée de promotion attractivité résidentielle, depuis le 2 février 2021

Animation du pôle support

Aménagement des espaces de travail

Après avoir instauré en 2020 le télétravail régulier, le pôle support a travaillé, avec un groupe de 9 collaborateurs, sur l'aménagement de nouveaux espaces de travail afin que ces derniers puissent répondre aux différents besoins des equipes en termes de créativité, de convivialite et d'attractivité, bien sûr !

Calvados Attractivité, *Rapport d'activité 2021*, octobre 2022.

2 Communiquer en interne sur les emplois territoriaux

Dans un contexte de difficultés de recrutement et d'important *turnover*, le directeur de la communication souhaite mettre en lumière les métiers en tension. Il s'agit de fidéliser les agents contractuels qui occupent ces emplois en les incitant à passer des concours d'agents territoriaux qui leur permettraient de devenir titulaires de leur emploi. Il veut une communication proche, humaine et authentique *via* des témoignages d'agents titulaires volontaires.

Documents 4 à 6
Fiche ressource 1

1. Énoncer le problème de communication auquel est confronté le département du Calvados.
2. Citer le service du département avec lequel il est nécessaire de collaborer pour la mise en œuvre de cette campagne de communication.
3. Caractériser la cible visée par la communication interne concernant les emplois territoriaux.
4. Justifier l'intérêt de faire témoigner les agents titulaires volontaires et le moyen à utiliser pour diffuser leur témoignage sur des supports destinés au grand public.
5. Expliquer les raisons de mettre en avant la marque employeur « Département du Calvados », pratique courante dans les organisations privées.

Document 4 Le statut particulier des agents contractuels

La direction des ressources humaines recrute des agents contractuels quand il s'agit :
- d'un remplacement (ex. : congé maladie ou maternité) ;
- d'un poste vacant en attente du recrutement d'un titulaire (ex. : départ en retraite) ;
- d'un besoin temporaire dû à un accroissement d'activité ou saisonnier d'activité.

Il n'y a pas de recrutement d'agent contractuel si le recrutement d'un titulaire est possible.
Un agent contractuel peut être recruté en contrat à durée déterminée (CDD) de 3 ans maximum. Le CDD est renouvelable dans la limite d'une durée de 6 ans maximum. Au-delà de cette période, le contrat peut uniquement être renouvelé en contrat à durée indéterminée (CDI).

Document 5 *Magazine du Calvados* n° 145 – Département du Calvados

Témoignage de Chloé, auxiliaire de vie

LE DÉPARTEMENT EN ACTION

UN SUIVI QUALITÉ DES SAAD

Le Département délivre aux structures d'aides à domicile l'autorisation nécessaire à l'exercice de leur activité et est en charge de l'accompagnement et du contrôle des services.
Le SAAD, ainsi autorisé, doit remplir des obligations réglementaires strictes et rendre des comptes régulièrement au Département.

Chloé Guézet
Auxiliaire de vie

« Je suis salariée depuis trois ans dans une structure privée. Je savais qu'il manquait beaucoup d'aides à domicile quand j'ai postulé. J'ai eu mon entretien et trois jours après, je commençais à travailler. Je n'avais pas de diplôme mais j'avais déjà travaillé et fait plusieurs stages auprès des personnes âgées. Je pense que mon savoir-être a aussi fait la différence. Je n'avais jamais travaillé à domicile et finalement je préfère : le contact à domicile est plus sympa, on a plus de temps pour les personnes âgées. J'ai bien pris mes marques et aujourd'hui, je forme même des stagiaires ! ».

Magazine du Calvados, n° 145, 2021.

Document 6 Développer sa marque employeur

Par la communication autour de sa marque employeur, l'entreprise doit prouver pourquoi elle est plus attractive qu'une autre entreprise.

La marque employeur repose sur l'image de marque dans la relation employeur-candidat et la relation employeur-salarié. Cette image de marque nécessite donc une gestion globale des ressources humaines :

- du premier contact jusqu'à la signature du contrat de travail en structurant le parcours du candidat;
- accompagner le salarié dans sa vie professionnelle dans l'entreprise pour améliorer l'expérience collaborateur et développer la fidélisation des salariés.

Pour une marque employeur forte et cohérente, il est nécessaire de lier plusieurs critères essentiels :

- l'identité de l'entreprise : sa raison d'être, sa culture, ses valeurs, sa stratégie;
- son image externe : la perception du monde extérieur;
- son image interne : la vision des salariés et anciens salariés.

Sylvain Lartaud, « Comment rendre attractif son entreprise pour recruter », *Le Journal de Saône-et-Loire*, 29 novembre 2022.

3 Impliquer les agents dans la communication interne

Votre responsable souhaite améliorer la communication interne au sein de l'entreprise. Il vous a suggéré d'organiser une séance de *brainstorming* (remue-méninges). Vous avez invité une dizaine de collaborateurs à y participer. Ce travail en groupe a pour objectif de produire le maximum d'idées pour améliorer la communication interne. Il repose sur la spontanéité des suggestions et l'interdiction de critiquer les idées énoncées par les participants.

À l'issue de la séance, les participants ont retenu et classé par ordre de priorité les idées qui leur semblaient le plus pertinentes.

Document 7
Fiche ressource 2

1 Préconiser des moyens de communication interne en vue de concrétiser chacune des idées qui ont été exprimées (le moyen de communication à utiliser, ses avantages et ses limites).

2 Expliquer par quel moyen ces préconisations sur les améliorations à apporter à la communication interne seront transmises aux participants et l'intérêt que présente ce retour du point de vue de la communication interne.

Document 7 Idées émises lors de la séance de remue-méninges

Idée 1 : donner la parole aux collaborateurs, notamment leurs attentes en matière de télétravail.

Idée 2 : impliquer davantage les collaborateurs dans l'organisation des événements (propositions, participation, débriefing…).

Idée 3 : mieux partager les actualités de l'organisation.

Idée 4 : valoriser les profils professionnels des collaborateurs.

Idée 5 : inciter davantage à la formation.

Idée 6 : mettre en place un centre d'offres d'emploi pour faire connaître la disponibilité ou la création de postes en interne

Lors de la séance de *brainstorming*, plusieurs participants ont exprimé leurs fortes attentes en matière d'amélioration du télétravail. Vous proposez au directeur de la communication, en relation avec la DRH, d'utiliser l'intranet pour réaliser une enquête visant à approfondir cette demande. Le personnel sera invité à répondre à un questionnaire auto-administré, à remplir en ligne, durant la dernière quinzaine du mois.

Documents 8 et 9
Fiches ressource 1 et 2

3 Expliquer l'utilité de l'enquête et l'intérêt de l'intranet pour la diffuser.

4 Peut-on la considérer comme une opération de communication interne ? Pourquoi ?

5 Rédiger le message de présentation qui accompagnera la mise en ligne de cette opération.
Justifier dans ce message l'intérêt de cette enquête pour inciter les collaborateurs à y participer.

Vous envisagez de doubler la diffusion de cette information au moyen d'un affichage classique.

Documents 8 et 9
Fiches ressource 1 et 2

6 Justifier l'intérêt de ce choix et les conditions à remplir pour qu'il soit efficace.

7 Décrire les éléments à mettre sur une affiche destinée aux collaborateurs des directions du département, pour les informer de la mise en ligne de l'enquête.

À la fin de l'enquête, vous traitez les réponses et analysez les résultats.

Documents 8 et 9
Fiches ressource 1 et 2

8 Identifier les destinataires des résultats.

9 Indiquer les supports à retenir pour diffuser les résultats de l'enquête.

Document 8 La prise en compte de la QVT (qualité de vie au travail)

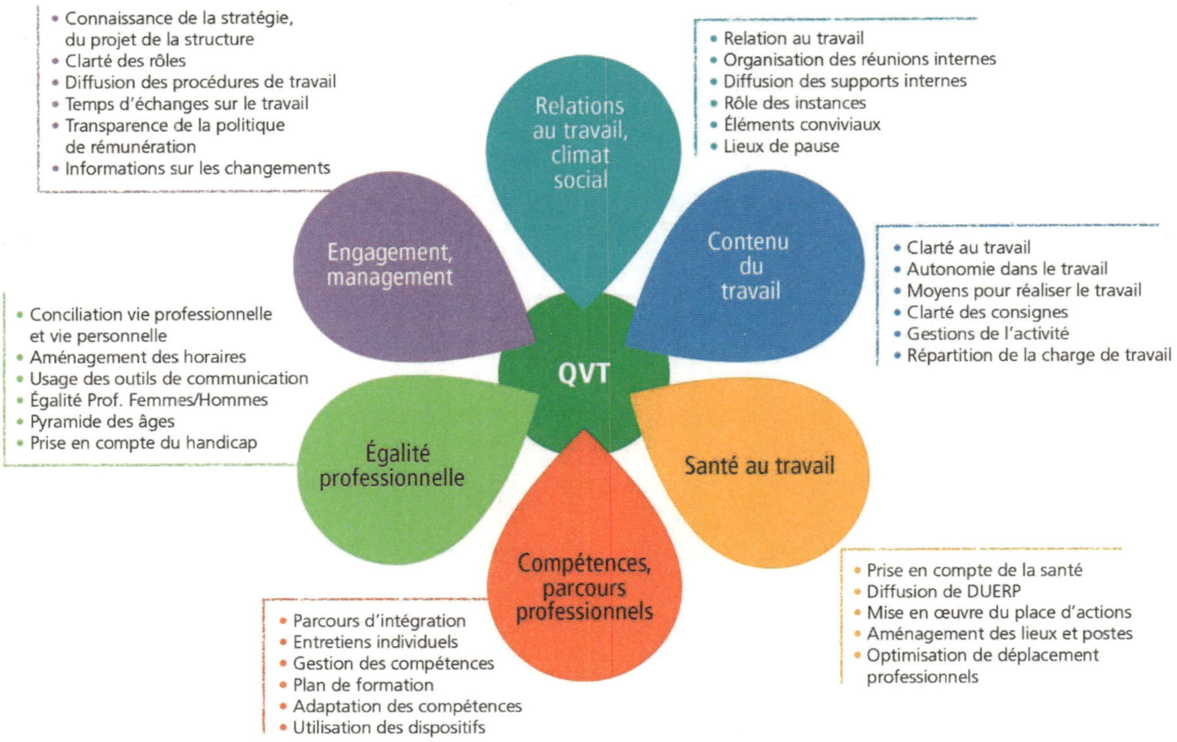

Association régionale pour l'amélioration des conditions de travail, PACA, 2019.

Afin d'animer sa communication interne et d'en améliorer les actions, réalisez des sondages régulièrement. Ils permettent d'évaluer leur pertinence en interrogeant les principaux concernés et font remonter des données essentielles relatives à leurs attentes et leurs besoins. Pour une démarche QVT (qualité de vie au travail), le sondage permet d'identifier les inefficacités et conflits grâce à des indicateurs (conditions de travail, qualité du management, etc.), pour agir en faveur de l'augmentation du bien-être des salariés.

blog.cenareo.com, 17 octobre 2022.

Les vœux de l'ANAC
Historique et lien avec QVT
Vidéo
liennathan.fr/eve533

Document 9 Questionnaire d'enquête sur l'organisation du travail et la mise en œuvre du télétravail (extrait)

L'organisation du travail et la mise en œuvre du télétravail

1. Êtes-vous satisfait de l'organisation du travail mise en place au sein de l'entreprise ?
   - ○ Oui
   - ○ Non

   Si non, pourquoi ?

   Entrez votre réponse.

2. Êtes-vous satisfait du temps de travail et des horaires pratiqués au sein de l'entreprise ?
   - ○ Oui
   - ○ Non

   Si non, pourquoi ?

   Entrez votre réponse.

3. Diriez-vous que l'organisation et les temps de travail sont justes et équitables entre tous les salariés ?
   - ○ Oui
   - ○ Non

   Si non, pourquoi ?

   Entrez votre réponse.

4. Vos fonctions sont-elles compatibles avec le télétravail ?
   - ○ Oui
   - ○ Non

   Si oui, allez à la question 5 et suivantes.
   Si non, allez à la question 10 et suivantes.

   Entrez votre réponse.

5. Réalisez-vous une partie de vos activités en télétravail ?
   - ○ Oui
   - ○ Non

6. À quel rythme télétravaillez-vous (par semaine) ?
   - ○ 1 jour
   - ○ 2 à 3 jours
   - ○ 4 jours et plus

7. Avez-vous bénéficié d'un accompagnement lors de la mise en place du télétravail ?
   - ○ Oui
   - ○ Non

8. Donnez-nous votre avis sur le télétravail au sein de notre organisation.

   Entrez votre réponse.

9. Donnez votre avis sur cette enquête.

   ☆ ☆ ☆ ☆ ☆

10. Si non, est-ce de votre volonté ?
    - ○ Oui
    - ○ Non

11. Donnez-nous votre avis sur le télétravail au sein de notre organisation ?

    Entrez votre réponse.

12. Donnez votre avis sur cette enquête.

    ☆ ☆ ☆ ☆ ☆

4 Identifier les moyens de communication de l'opération « Et ton tri, t'as pris le pli ? »

Le directeur général des services du département souhaite mettre en place une opération interne de sensibilisation au développement durable et plus précisément à la sobriété numérique. Votre responsable vous demande d'apprécier la possibilité d'une telle opération de communication sur ce thème.

Documents 10 à 12
Fiches ressource 1 et 2

1. D'après vous, est-ce une bonne idée de réaliser une opération de communication interne sur le thème de la sobriété numérique ?
2. Donner l'objectif de communication de cette opération.
3. Lister les moyens concrets proposés à titre individuel aux salariés pour atteindre cet objectif.
4. Repérer les cibles de communication et donner les motivations.

Document 10 La pollution numérique

Le numérique représente 4 % des émissions de gaz à effet de serre dans le monde, et pourrait atteindre 7 % à 15 % en 2040, selon les projections. [...]
Enfin, pour ne citer que quelques exemples, Greenmetrics est une « *greentech* » spécialisée dans la mesure de l'empreinte carbone et sociale de l'activité numérique des entreprises. Elle est lauréate du concours d'innovation i-Nov, organisé par Bpifrance et le ministère de la Transition écologique.

« *La mesure passe d'abord par l'analyse du parc informatique* », détaille Nicholas Mouret, cofondateur de la start-up. « *Nous étudions tout le cycle de vie du matériel, de la fabrication à la fin de vie, et son usage, la consommation énergétique de l'entreprise, l'envoi d'e-mails, l'organisation de visios. Ensuite, le site Internet : quelle est l'intensité carbone dans le pays de l'utilisateur – on sait que le kW est plus carboné en Allemagne qu'en France – mais aussi quelle est la conception des pages, le nombre de requêtes, l'hébergement.* »

Pascale Cossat, *Stratégies*, 27 janvier 2023.

Document 11 Le respect de l'environnement numérique dans le département du Calvados

En 30 ans, le nombre de fichiers informatiques du département du Calvados a été multiplié par 1 500, l'espace de stockage par 170 000 et celui-ci a doublé ces 4 dernières années. De même, 74 000 kW/h sont consommés par mois par ses deux *datacenters*, soit l'équivalent de la consommation électrique de 56 maisons individuelles de 100 m².

Or, à l'heure où l'énergie devient une denrée rare et chère, il devenait crucial de sensibiliser les agents à la question de la sobriété numérique, de les inviter à réduire leurs données et à prendre de bonnes habitudes numériques. Pour cela, après plusieurs semaines de sensibilisation, ils ont été invités à réaliser, en équipe, un ou plusieurs défis pendant 3 semaines.

www.cap-com, 2022.

Document 12 Verbatim de la réunion de travail

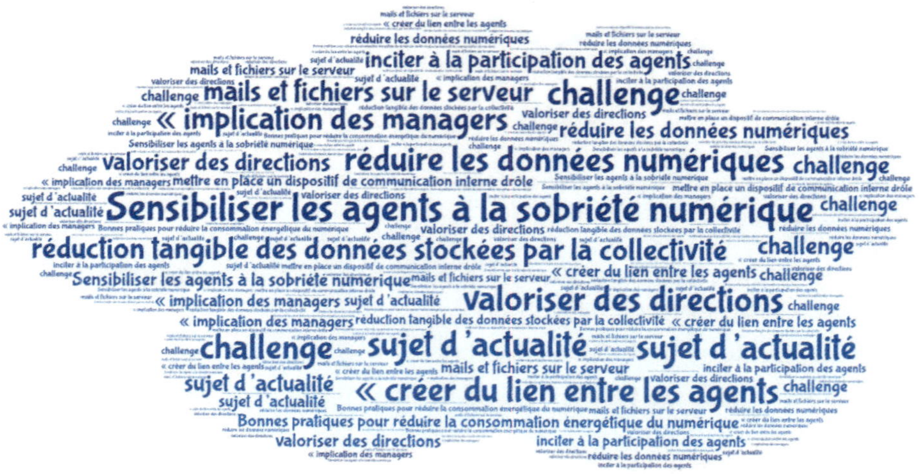

À l'issue d'une réunion avec les membres de l'équipe de communication et des collaborateurs du département, l'objet, le concept et le nom de l'opération de communication ont été validés. L'opération s'appelle « Et ton tri, t'as pris le pli ? » et son concept « Sensibiliser les agents à la sobriété numérique et les inciter à réduire leurs données numériques au moyen d'un challenge de 3 semaines ». La campagne a commencé et plusieurs supports de communication ont été conçus.

Documents 13 et 14
Fiche ressource 2

5 Identifier les supports retenus pour cette opération de communication interne et le rôle assigné à chacun d'entre eux.

6 Classer ces supports de communication (*print* ou digital).

7 Expliquer l'intérêt de communiquer sur cette campagne dans le journal interne.

Document 13 Les supports de l'opération « Et ton tri, t'as pris le pli ? »

Le cartapli (document pliable) : le parcours explique comment réduire l'impact numérique.

Guide de la sobriété numérique, guide des managers et affiche Giga Déstockage

Des vidéos sur les bonnes pratiques et un petit défi
L'exemple d'un agent du département du Calvados

Les bonnes pratiques et petit défi ludique
Vidéo
liennathan.fr/ki5m45

Articles dans le journal interne

Document 14 La campagne « Et ton tri, t'as pris le pli » ?

Présentation de la campagne par les agents du département
Vidéo
liennathan.fr/7ak2q9

FICHE RESSOURCE 1

LA COMMUNICATION INTERNE

I Définition

La communication interne comprend l'ensemble des actions de communication à destination des cibles internes (tous les salariés, quel que soit leur statut). Elle remplit de multiples fonctions, comme la transmission d'information.

II Les objectifs et les cibles de la communication interne

Les objectifs	– Informer et sensibiliser le personnel aux enjeux de l'entreprise. – Renforcer le sentiment d'appartenance à l'organisation pour rassembler les acteurs autour d'un projet d'entreprise. – Motiver et fidéliser les salariés en capitalisant sur des valeurs communes. – Favoriser la cohésion interne grâce à la construction d'un climat de confiance. – Inciter chacun à mieux communiquer pour favoriser le travail en commun. – Permettre à chacun de s'exprimer pour prévenir les conflits collectifs.
Les cibles	L'ensemble du personnel : les cadres, les employés, les futurs collaborateurs, mais aussi les représentants du personnel, les syndicats, et parfois le personnel d'intérim, ou encore les bénévoles dans les associations. La communication interne peut s'adresser plus particulièrement à des segments selon des critères identifiés (fonctions, statuts, qualifications, ancienneté…). **EXEMPLES :** salariés/direction, syndicats, comité d'entreprise.

III Les différentes formes et fonctions de communication interne

La communication descendante ou hiérarchique (« *top down* »)	Elle sert à transmettre les informations, surtout réglementaires, en vue d'informer les acteurs de l'entreprise de leurs tâches et de leurs fonctions. Ce type de communication est indispensable si l'entreprise fait partie d'un réseau. **EXEMPLE :** informer sur la mise en place du télétravail au sein de l'organisation.
La communication ascendante ou « salariale » (« *bottom up* »)	Elle provient des collaborateurs de l'organisation et remonte vers la hiérarchie ou la direction. Elle permet de détecter d'éventuelles anomalies ou besoins en matière de communication interne au sein de l'organisation. **EXEMPLE :** les réclamations et attentes des salariés en matière de télétravail. Cette forme de communication est à la base du dialogue social. Essentielle, elle repose sur l'écoute active des collaborateurs par la hiérarchie.
La communication horizontale ou transversale	Elle permet aux différents acteurs de l'organisation de partager les connaissances et d'échanger de l'information. **EXEMPLE :** les collaborateurs d'un projet peuvent s'informer auprès des salariés d'un autre projet pour savoir comment ils ont pu résoudre un problème.

IV La notion de réseaux dans la communication interne

L'intranet	Il s'agit d'un réseau privé à usage restreint. Ce réseau est interne à un réseau local, c'est-à-dire accessible uniquement à partir des postes d'un réseau local, ou il est constitué d'un ensemble de réseaux bien définis et invisibles (ou inaccessibles) de l'extérieur.
L'extranet	Ce réseau vise à faire communiquer l'entreprise avec ses collaborateurs travaillant à l'extérieur ou des partenaires extérieurs (fournisseurs de prestations, directeurs de la publicité, consultants, annonceurs, clients). L'accès à l'extranet est sécurisé *via* le « https » pour toutes les pages Web consultées. L'extranet n'est ni un intranet ni un site Internet. C'est un accès privilégié effectué par l'intermédiaire d'une interface Web.
Les réseaux sociaux d'entreprise (RSE)	Un réseau social d'entreprise est un groupement de personnes (salariés…) qui ont des intérêts à se mettre en communauté pour des fins professionnelles ou juste pour partager des passions au sein de l'entreprise. Les RSE sont liés à des plateformes applicatives. Les fonctionnalités sont rattachées au site intranet de l'entreprise.

V L'adaptation de la communication interne à la culture de l'organisation

La **culture d'entreprise** se définit par rapport à l'histoire, l'image de marque, les valeurs de l'entreprise, son organisation du travail et les croyances partagées en son sein. L'objectif d'une culture d'entreprise rejoint les objectifs de communication, comme fédérer et impliquer les salariés ou encore améliorer l'image et l'attrait de l'entreprise.

L'assimilation des éléments de la culture d'entreprise peuvent donner envie aux salariés de s'impliquer et aider à créer une bonne synergie d'équipe. La culture d'entreprise positive et partagée par les salariés est un atout. L'organisation va associer ses valeurs et son fonctionnement à la qualité de ses produits ou de ses services dans le but d'attirer de nouveaux collaborateurs.

EXEMPLE : Décathlon valorise le sport et mise sur la culture de l'effort pour engager ses salariés à une cause commune.

La communication interne est généralement placée sous l'autorité de la direction générale. Mais, en fonction de la culture de l'entreprise, elle peut être du ressort :

- du directeur de ressources humaines (DRH), quand les enjeux de la politique de communication interne sont considérés comme étant liés davantage à la gestion du personnel qu'à une simple information ;
- du directeur de la communication, quand elle fait partie intégrante de la stratégie de communication globale de l'organisation. Dans ce cadre, la cohérence d'ensemble est primordiale.

VI La marque employeur à la recherche de l'ambassadeur salarié

La **marque employeur** représente l'ensemble des éléments attachés à l'image, la notoriété d'une entreprise, à son enseigne pour séduire un public tant interne qu'extérieur à l'entité. Elle englobe la gestion interne des ressources humaines. Elle peut aussi être mise en valeur auprès des clients, des fournisseurs et de différents partenaires lors des opérations de recrutement (étudiants des universités, écoles…).

L'**ambassadeur salarié**, ou *ambassador*, est un collaborateur qui communique sur son entreprise de manière positive. Il en fait la promotion dans les conférences ou sur les réseaux sociaux en utilisant son propre profil. Convaincu par le discours et les pratiques RH de son entreprise, il valorise celle-ci, ce qui en fait un véritable promoteur de la marque employeur.

Ces notions s'inscrivent dans la prise en compte du bien-être au travail des salariés. En effet, pour obtenir une marque employeur forte et recruter des collaborateurs ambassadeurs, il est nécessaire pour les dirigeants de renforcer les actions sur le bien-être des salariés, d'où le développement des labels QVT (qualité de vie au travail), ou l'apparition de **responsables du bonheur au travail**, ou *chief happiness officers*.

FICHE RESSOURCE 2

LES MOYENS DE COMMUNICATION INTERNE

I Les supports de diffusion à un grand nombre de personnes

Formes et description	Avantages	Limites
L'affichage interne		
Les messages sont placés dans des **lieux fréquentés** par toutes les personnes de l'entreprise. EXEMPLES : hall d'entrée, cantine, salles de réunion.	Il met en avant des informations de façon simple en mobilisant peu de moyens. *Print* ou digital, ce mode de communication peu coûteux se prête bien à des messages et visuels pour interpeller les personnes.	Les lieux d'affichage doivent être visibles. Certains sont réservés aux informations obligatoires ou dédiés à des usages spécifiques. EXEMPLE : les panneaux syndicaux. Relayées *via* l'intranet, les informations gagnent en efficacité.
Le journal interne		
Ce support périodique d'information intègre des articles et des photos en lien avec l'actualité de l'organisation.	Sous forme papier ou numérisé, il informe les salariés sur la vie de l'entreprise, les projets. Créateur de lien entre les services et les collaborateurs, il renforce la culture d'entreprise et fédère les équipes.	Sa rédaction nécessite des personnes dédiées (coût) avec une équipe de rédaction. Il peut représenter des coûts importants (impression et diffusion).
L'e-mail		
Les messages sont envoyés rapidement au(x) destinataire(s), individuellement ou en groupe. L'e-mail permet de conserver les échanges pour les équipes. EXEMPLE : l'outil Slack.	La transmission et le partage se font immédiatement avec les personnes concernées, sous forme de tchats individuels ou *via* un groupe de conversation. Les **fils de conversation** rassemblent tous les canaux de communication digitaux.	– Il présente moins d'immédiateté que le téléphone. – Il y a perte de temps et de productivité. – Il est peu utile pour la diffusion d'informations de masse dans l'entreprise.
La *newsletter* interne		
C'est un outil de communication dématérialisé, envoyé sous forme de mailing à une fréquence régulière à l'ensemble du personnel.	Elle permet de communiquer sur les nouveautés issues des différents services, l'actualité de l'entreprise (projets), et de proposer des dossiers traitant de sujets en lien avec l'activité de l'organisation. Elle permet d'insérer des liens hypertextes.	Il est important de choisir la bonne fréquence (hebdomadaire ou mensuelle) et le volume des contenus à transmettre pour éviter l'infobésité. La *newsletter* interne risque d'être noyée dans les flux de mails ou dans les spams.
Le podcast interne		
Ce contenu audio numérique est réalisé pour l'entreprise et disponible en ligne grâce au système du flux RSS. EXEMPLES : les outils Simplecast, Storyboard, UStudio.	Ce format est souple car il peut être écouté tout en faisant une autre activité. Les sujets peuvent être variés : projets de transformation numérique, témoignages d'employés, réalisations de l'entreprise… Cet outil peut également être exploité pour proposer des formations aux collaborateurs.	Moyen de communication unidirectionnel, il doit être combiné à d'autres outils si l'on souhaite favoriser l'échange et la participation. L'écoute se fait *via* une app/plateforme, ou nécessite le téléchargement du fichier sur le smartphone, tablette ou ordinateur.

La visioconférence		
C'est un moyen pertinent pour organiser des réunions pour les équipes qui ne sont pas toutes présentes sur le lieu de travail. Une messagerie et des partages de contenu sont intégrés à l'outil. **EXEMPLES :** les outils Zoom, Teams, Google Hangout.	Les collaborateurs restent productifs malgré la distance. La visioconférence permet la prise de parole spontanée et des échanges directs, à l'image des réunions physiques. Elle facilite les prises de décision en équipe. Elle est disponible sur tous les supports mobiles.	Une bonne connexion Internet et un bon équipement sont nécessaires pour avoir une bonne qualité audio et vidéo. La visioconférence favorise peu l'engagement de l'ensemble des collaborateurs.
La vidéo		
Le film est plus ou moins long (de 15 secondes à 2 heures) selon le sujet. Ce support offre une variété dans le contenu (savoir-faire, valeurs, chiffres clés et services) et la forme (film traditionnel, d'animation…).	Ce format facilite la mémorisation et l'implication des collaborateurs. Si le film est de qualité, il peut favoriser le sentiment d'appartenance et susciter la fierté des collaborateurs.	La réalisation d'une vidéo peut représenter un coût élevé. Pour que la vidéo soit de qualité, il faut souvent avoir recours à des professionnels vidéastes. Le choix du format est important pour que le chargement numérique soit rapide et que la qualité du visionnage soit satisfaisante (débit et qualité de l'image et du son).
Le webinaire		
Le webinaire est un séminaire en ligne : réunion interactive *via* l'intranet de l'entreprise.	Cet outil favorise le travail collaboratif et permet la transmission d'informations au plus grand nombre. Il peut également être exploité pour proposer des formations.	Un équipement de qualité est nécessaire. Le webinaire ne permet pas de s'assurer de l'attention des collaborateurs.

II Les moyens de recueil d'information

Formes et description	Avantages	Limites
La boîte à idées		
Mise à la disposition de tous les collaborateurs, elle permet de recueillir de façon anonyme leurs idées, suggestions ou remarques.	L'anonymat facilite la libre expression des propositions. Sous format numérique, la boîte à idées peut être plus accessible.	Il n'y a pas de reconnaissance possible de l'origine de l'idée pour le collaborateur qui a émis la suggestion.
Le sondage et le *feedback*		
Ces outils d'enquête, souvent diffusés en ligne, permettent de recueillir les opinions et réflexions des collaborateurs. **EXEMPLE :** SurveyMonkey.	C'est un moyen de recueillir aisément des données (multiplicité des supports, participation basée sur le volontariat), qui peut s'inscrire dans une démarche d'amélioration continue.	Les collaborateurs ne sont pas obligés de répondre. Seuls les collaborateurs impliqués sont susceptibles de répondre, ce qui peut biaiser les résultats.

1 Renforcer l'engagement des collaborateurs dans la communication interne

Votre responsable souhaite impliquer les collaborateurs dans des opérations de communication interne. Le Trophée du Podcast de Marque a récompensé plusieurs marques dans la catégorie « Podcast de communication interne ». Intrigué, votre responsable, qui souhaite impliquer les collaborateurs dans des opérations de communication interne, vous demande s'il est judicieux de réaliser des podcasts pour sa communication interne.

1. Présenter l'intérêt du podcast comme moyen de communication interne.
2. Donner trois thèmes possibles pour la rédaction du script d'un flash d'information qui serait diffusé sous un format « podcast ». Justifier votre réponse.
3. Recommander une solution ludique de communication à l'attention des collaborateurs susceptibles de vouloir témoigner sur leur expérience professionnelle dans un podcast. Justifier votre recommandation.

Document 1 RTA, la webradio d'Intermarché et Netto

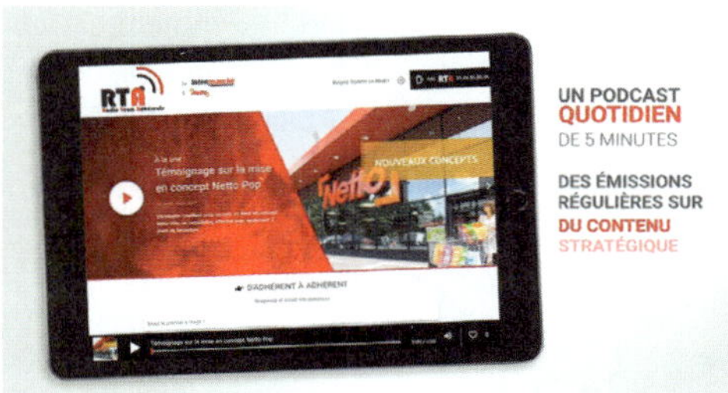

Présentation des podcasts de RTA
Vidéo
l.ennathan.fr/kz3z79

RTA : Radio Team Adhérents, la webradio d'Intermarché et Netto récompensée par un Grand Prix Stratégies Bronze

Depuis octobre 2018, RTA, Radio Team Adhérents, anime la communauté des adhérents des métiers de l'alimentaire *via* des podcasts quotidiens. L'objectif est de créer un média de partage et de connaissances, pour donner du sens à la stratégie. Au programme : des témoignages d'hommes et de femmes de terrain. Sur RTA, plusieurs formats sont proposés, le flash quotidien du lundi au vendredi, l'émission mensuelle au cours de laquelle est exposé un pan de la stratégie et des flashs spéciaux pour la communication de crise, lorsque l'actualité l'impose. Un média de réactivité et de terrain [...].

www.mediammeting, 21 septembre 2021.

Document 2 Post LinkedIn sur le podcast d'Intermarché

Intermarché
120 814 abonnés
6 mois Modifié

Un immense **#bravo** à l'ensemble de nos équipes RH qui se sont vu décerner le **#Prix** de l'Innovation RH 2022. Chez **#Intermarché** & **#Netto**, nous sommes persuadés que nos collaborateurs sont le facteur clé de notre succès. Alors pour les accompagner dans un monde qui ne cesse d'évoluer, nous avons imaginé **#LeSnack** : un programme de **#podcasts** d'acculturation à la **#transformation**. Le Snack, c'est déjà 2 saisons, 28 épisodes et des centaines de collaborateurs embarqués à bord du "Train de la Transfo". Félicitations à l'ensemble de nos équipes RH qui œuvrent ensemble à la production et la diffusion de ce podcast, et merci à notre partenaire **StoryRH** pour son accompagnement sur ce beau projet !

Compte Intermarché, réseau LinkedIn, juillet 2022.

2 Un outil fédérateur pour améliorer les échanges chez BCHEF

YOOBIC a créé une plateforme digitale destinée à fournir un environnement de travail performant aux équipes terrains. Son application mobileYOOBIC ONE facilite les échanges d'information entre les acteurs et la collecte de leurs *feedbacks*.

1. Expliquer l'intérêt de cet outil collaboratif.
2. Repérer des fonctions de cet outil dans la communication interne.
3. Quels sont les développements prévus à l'avenir pour l'enseigne BCHEF ?

Document 1 Présentation de BCHEF

Créé en 2015, BCHEF est une enseigne de restauration rapide 100 % française en pleine croissance qui compte déjà plus de 65 restaurants en activité en France. Nos restaurants proposent une offre multiproduits innovante avec un rapport qualité/prix inégalé !

Site officiel de BCHEF, janvier 2023.

Document 2 YOOBIC, support de communication interne de BCHEF

BCHEF utilise YOOBIC pour renforcer l'engagement de ses franchisés et de leurs équipiers, maximiser l'efficacité de la formation initiale comme continue et améliorer l'exécution quotidienne.
« *Nous recherchions un outil fédérateur et simple d'emploi afin d'assurer une bonne fluidité des échanges, et garantir l'homogénéité constante de notre réseau. YOOBIC a su apporter une réponse complète à nos besoins en nous accompagnant, au travers de sa plateforme, dans l'optimisation de l'engagement de nos équipes et la communication, la formation et l'exécution opérationnelle.* » (Julien Perret, PDG de BCHEF)

yoobic.com

Témoignages de collaborateurs
Vidéo
liennathan.fr/75fkv8

3 Vérifiez vos connaissances

Compléter les phrases suivantes avec la ou les bonnes propositions.

1. La communication interne représente :
a. une communication faite à l'intérieur du service Communication.
b. l'ensemble des actions de communication en direction des collaborateurs.
c. l'ensemble du langage verbal et non verbal d'une personne.

2. La cible de communication interne est :
a. l'ensemble des collaborateurs d'une organisation visés par la communication.
b. des personnes interrogées par une enquête faite par une entreprise.
c. un regroupement de personnalités pouvant sévir au sein de l'entreprise.

3. La communication horizontale ou transversale est :
a. une manière de communiquer dans le cadre d'animations internes à l'organisation.
b. une communication réduite à la communication d'un service dans l'entreprise.
c. un moyen pour faciliter les échanges et le partage d'information entre collaborateurs.

4. La communication interne peut être du ressort :
a. du directeur général.
b. du directeur des ressources humaines.
c. du directeur de la communication.

5. La boîte à idées est :
a. une boîte à surprise, cadeau que le directeur de l'entreprise offre à ses collaborateurs.
b. une boîte dans laquelle les salariés peuvent mettre des idées pour améliorer le processus ou les conditions de travail.
c. un outil collaboratif qui permet de planifier les événements festifs de la « boîte ».

CHAPITRE 10

Formaliser un plan de communication

Contexte professionnel

Compétences professionnelles
- Rédiger un plan de communication en mobilisant une démarche structurée

Savoirs associés
- Le plan de communication
- Le budget de communication
- Le plan média

Vous êtes en stage chez Anotherway, fabricant et distributeur de produits sains et durables pour le corps et la maison à Marseille.
L'histoire de l'entreprise, fondée en 2018 par Samuel Olichon, a commencé par la production d'emballages alimentaires en cire d'abeille (les *bee wraps*). Dès 2019, Anotherway s'engage sur un autre chemin de consommation en élargissant sa gamme aux produits d'hygiène, de cuisine et d'entretien : tablettes pour lave-vaisselle, éponges et essuie-tout lavables, déodorants solides, contenants rechargeables…
Les produits sont commercialisés sur le site Internet another-way.com et *via* un réseau de plus de 1 000 distributeurs en France (Biocoop, Marcel et Fils, Altermundi, BHV…).
Anotherway se définit comme une entreprise à mission : elle affirme publiquement les objectifs sociaux et environnementaux qu'elle se fixe dans le cadre de son activité. Cela se traduit par plusieurs engagements inscrits dans ses statuts : 75 % des produits sont fabriqués en France et certains par des ESAT (établissements ou services d'aide par le travail, favorisant la réinsertion des personnes en situation de handicap), 1 % des ventes est reversé à des associations engagées dans l'environnement. De plus, elle fait partie des 200 entreprises françaises labellisées B Corp, label qui récompense les organisations ayant un impact sociétal et environnemental positif.
Vous assistez Margaux Genevey, chargée de communication d'Anotherway, dans la préparation de la campagne de communication pour l'année à venir. À ce titre, vous contribuez à l'élaboration d'un plan de communication.

Comprendre le contexte

1. En quoi Anotherway se différencie-t-elle des marques concurrentes implantées dans la plupart des enseignes de la grande distribution ?
2. Indiquer si ses engagements sont en phase avec les préoccupations de la société.
3. Identifier les points forts d'Anotherway.

Activités

1 Élaborer un plan de communication

Vous prenez connaissance des produits commercialisés par l'entreprise. Margaux Genevey, votre responsable, vous indique que la communication a pour objectif principal de faire progresser la notoriété de la marque.

Documents 1 et 2
Fiche ressource 1

vers pix D1.1

1. À partir du site de l'entreprise another-way.com, repérer les trois grandes familles de produits commercialisés ainsi que leurs caractéristiques.
2. Déterminer les cibles auxquelles s'adresse Anotherway.

Votre responsable vous demande de préparer le plan de communication pour le lancement du nouveau produit d'Anotherway, le shampooing en pastilles.

Document 3
Fiches ressource 1 et 2

3. En vue d'un lancement national de ce shampooing, énoncer les étapes à respecter pour élaborer le plan de communication.
4. Citer des moyens à privilégier par Anotherway pour toucher ses futures consommatrices, sachant que son objectif principal est de gagner en notoriété en s'appuyant sur un produit innovant.
5. Préciser, pour chaque moyen de communication proposé, des indicateurs pour mesurer leur efficacité.

Anotherway s'appuie sur un réseau de plus de 1 000 revendeurs dans toute la France. Dans le cadre du lancement du nouveau shampooing, la chargée de communication souhaite s'adresser à ses distributeurs. En effet, cette cible est très importante car elle contribue à la visibilité et au développement de la marque.

Document 3
Fiches ressource 1 et 2

6. Détailler toutes les étapes d'un plan de communication spécifique pour toucher la cible des revendeurs.
7. Votre responsable a mis en place un événement rassemblant les revendeurs. Comment peut-elle apprécier l'efficacité de ce moyen de communication ?

Document 1 Éclaté du site www.another-way.com

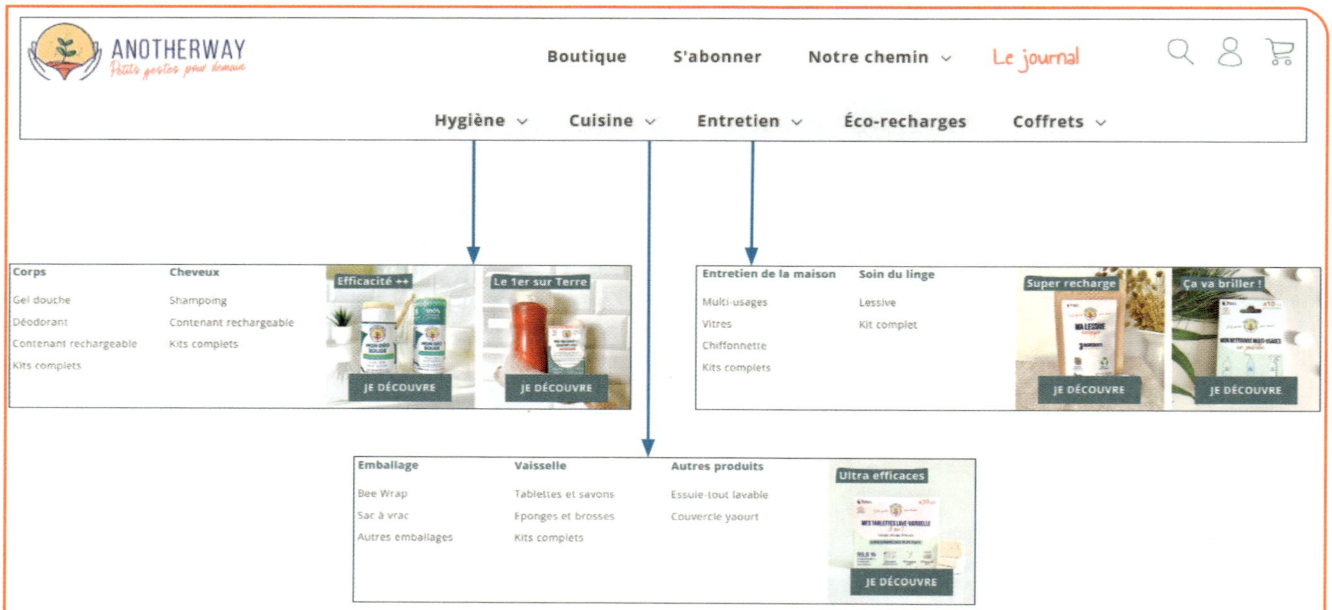

Consultez le site another-way.com pour obtenir plus d'informations.

Document 2 Sondage IFOP du 25 septembre 2020

Les Français et le développement durable

Plutôt méfiants à l'égard des actions des différents gouvernements pour agir en faveur du développement durable (confiance notée à 4,5/10) et conscients que les actions efficaces en faveur de la protection de la planète se font avant tout au travers d'initiatives citoyennes (les citoyens sont le premier acteur jugé le plus capable d'agir avec 37 % de citations, devant l'État ou les entreprises), les Français semblent aujourd'hui prêts à investir cette problématique. En effet, plus de **8 sur 10 d'entre eux se sentent concernés par le développement durable** (82 %), près d'un quart affirmant être « tout à fait concernés » (24 %). Dans les faits, **la quasi-totalité d'entre eux réalise déjà certaines actions en sa faveur**, en particulier *via* le tri des déchets (88 %) ou encore le fait d'éviter la surconsommation (80 %), qui sont de loin les deux actions les plus populaires. Viennent ensuite – et dans une mesure bien moindre – des actions ayant trait à la consommation […] et [aux] transports […]. En revanche, l'engagement auprès d'associations luttant en faveur de l'environnement *via* la participation à des actions terrain (22 %) ou le don (16 %) ne concerne qu'une faible partie de la population. Si les plus jeunes se montrent plus concernés par le sujet (35 % des 18-24 ans se déclarent « très concernés ») que leurs aînés (17 % des 65 ans et plus), ils ont pourtant moins tendance à réaliser les gestes durables les plus communs. Ainsi, alors que **92 % des plus de 35 ans déclarent pratiquer systématiquement le tri sélectif**, ils ne sont que 69 % chez les 18-24 ans.

Le même phénomène s'observe notamment sur le fait de moins consommer (85 % *vs* 55 %).

Les Français se disent également prêts à s'engager plus : on observe en effet, pour chacune des initiatives testées, de nettes marges d'amélioration (autour de 50 % des sondés affirmant qu'ils seraient prêts à le faire), exceptions faites des contraintes relatives au transport et du don associatif, qui séduisent peu (respectivement 22 % seraient prêts à limiter leurs déplacements en avion, 33 % à renoncer à leur voiture et 31 % à faire un don). De fait, l'impact sur le pouvoir d'achat qui peut découler de ces actions est le premier frein identifié à un plus fort engagement en faveur du développement durable (37 %, devant l'impact sur le temps libre).

ifop.com, 25 septembre 2020.

Document 3 Le shampoing en pastilles d'Anotherway élu meilleur produit bio

ANOTHERWAY
Petits gestes pour demain

La start-up marseillaise Anotherway poursuit sa belle croissance et cela sans se faire mousser. Son shampoing en pastilles vient d'être primé meilleur produit bio 2023. Une innovation unique en France.

[…] La start-up marseillaise vient de se distinguer avec un produit de sa gamme pour salle de bains. Son shampooing en pastilles a été élu meilleur produit bio 2023. Meilleur Produit Bio est une distinction destinée au circuit spécialisé bio. Depuis 2012, il récompense tous les ans des dizaines de produits biologiques et écologiques d'excellence vendus en magasins bio. « *Une belle reconnaissance* » pour Samuel Olichon, fondateur d'Anotherway, d'autant plus que ce sont les consommateurs qui ont plébiscité ce shampooing, unique en son genre. « *Ça s'inscrit dans notre stratégie de co-construction avec les utilisateurs pour répondre à leurs attentes. D'ailleurs, dès la semaine prochaine, nous recevrons une analyse détaillée, ce qui nous permettra d'améliorer encore notre produit* », explique Samuel Olichon.

Présent dans plus de 1 000 points de vente en France et en Europe

Créée en 2018, Anotherway est la première entreprise française à avoir lancé un shampoing avec cette technologie totalement novatrice. Elle réutilise son concept de pastilles effervescentes proposé dans les produits ménagers de la marque. Mode d'emploi : dans un grand flacon, dissoudre la pastille dans de l'eau chaude. Dix minutes plus tard, le produit est prêt. « *Ce format à diluer est une solution écologique puissante, à efficacité égale* », commente Samuel Olichon. « *Le produit est cinq fois moins lourd à l'achat et permet une baisse minimum de 85 % d'impact de* CO_2 *au moment du transport. La fabrication est moins énergivore, le contenant en plastique à usage unique est remplacé par un contenant rechargeable.* »

madeinmarseille.net, 29 novembre 2022.

2 Budgétiser les moyens de communication

Pour développer sa notoriété à l'échelle nationale auprès des femmes de 30 à 45 ans, Anotherway souhaite acheter de l'espace dans la presse magazine. Vous disposez d'un budget de 150 000 € pour les achats d'espaces presse. Votre responsable a présélectionné trois supports et obtenu la présentation des concepts et les tarifs sur le site tarifspresse.com.

Documents 4 à 6
Fiches ressource 2 et 3

1 Sélectionner les deux supports magazines qui sont le plus en adéquation avec la cible d'Anotherway et justifier les choix de Margaux Genevey.

2 Choisir les emplacements dans ces deux magazines en prenant en compte le budget alloué.

3 Présenter un budget structuré et détaillé.

Document 4 Le magazine *ELLE*

Audience : 1 312 688 lecteurs	
Sexe Hommes : 16 % Femmes : 84 %	**Personne de référence** CSP+ : 41 % Actifs : 52 %
Âge Moins de 50 ans : 48 % Niveau d'instruction supérieure : 60 %	**Habitat** Agglos et communes de – 100 000 hab. : 42 % Agglos et communes de + 100 000 hab. : 58 % Agglo Paris : 27 %

TARIFS DE PUBLICITÉ 2023

ELLE

Concept du support

Depuis 75 ans, *ELLE* est la marque qui pare à toutes les femmes, dans tous les aspects de leur vie, pour les accompagner et porter leur voix.

Engagée, progressiste, bienveillante, audacieuse, marque d'esprit et d'influence, *ELLE* a ce ton unique et singulier : cet équilibre entre sujets forts et pages inspirantes.

Hebdo féminin et news, à la rédaction *ELLE*, grands reporters et plumes ioniques prennent chaque semaine le pouls de la société, explorent, décryptent, donnent un temps d'avance pour faire réagir et donner de l'énergie positive aux femmes.

Marque en perpétuel mouvement, motivée par sa profonde sororité, *ELLE* s'inspire des femmes et les inspire : Bible **mode** et marque dénicheuse de talents, experte **beauté** plaisir, *ELLE* célèbre l'art de vivre et célèbre les femmes à chaque instant.

TARIFS PRINT			
	SIMPLE		DOUBLE
RÉFÉRENCES TARIFAIRES			
Page	32 000 €	Double page	64 000 €
EMPLACEMENTS PREMIUM			
4e couverture Spécial Mode	82 400 €	Double d'ouverture Spécial Mode	118 800 €
4e couverture	74 900 €	Double d'ouverture	108 000 €
3e couverture	47 400 €	2e double d'ouverture	102 900 €
		3e double d'ouverture	101 300 €
Face Sommaire / Sommaire bis / ELLE Avec	45 000 €	4e double d'ouverture	99 500 €
Face Édito	45 000 €	5e double d'ouverture	98 700 €
Face ELLE Archives	44 300 €	À partir de la 6e double d'ouverture	98 400 €
ELLE Info 1er, 2e, 3e, 4e recto	44 300 €	Double entre sommaire/sommaire bis et ELLE Avec	98 400 €
Ouvertures Culture, Style	44 300 €	Double entre ELLE Avec et Édito	98 400 €
		Double entre Édito et ELLE Archives	98 100 €

tarifspresse.com

Document 5 *Santé Magazine*

Audience : 2 070 844 lecteurs	
Sexe Hommes : 27 % Femmes : 73 %	**Personne de référence** CSP+ : 27 % Actifs : 49 %
Âge Moins de 50 ans : 32 % Niveau d'instruction supérieure : 45 %	**Habitat** Agglos et communes de – 100 000 hab. : 55 % Agglos et communes de + 100 000 hab. : 45 % Agglo Paris : 18 %

Concept du support

***Santé Magazine* en pleine forme !**

Les nouveautés

- **+ de pages d'actualités** en début de magazine, décryptant les sujets sociétaux et environnementaux
- Une rubrique « **Santé holistique** » où se côtoient la médecine conventionnelle et les approches alternatives
- Un nouveau rendez-vous « **info ou intox** »
- Une nouvelle rubrique « **Beauté naturelle** » / **cosmétique bio**
- La **minceur** dans la rubrique « **Nutrition** » dans une vision d'équilibre générale
- Une rubrique « Bien-être » avec un **angle psy**, la santé c'est aussi dans la tête !

L'ADN de *Santé Magazine* en phase avec les attentes et les inspirations des femmes d'aujourd'hui

Une vision avant tout experte

Une approche accessible et collaborative

Une approche non normative et déculpabilisante

TARIFS 2022

EMPLACEMENTS (quadri)			
PREMIUM		**STANDARDS**	
4e couverture	41 000 €	Double page Rubrique	58 000 €
3e couverture	32 000 €	Double page au mieux	46 000 €
2e couverture	37 000 €	Page recto Dossier du mois	29 500 €
Double d'ouverture	74 000 €	Page recto Dossier rubrique	29 000 €
		Page recto Rubrique	25 000 €
Face édito	33 000 €		
Face sommaire 1	32 000 €	Recto au mieux	23 000 €
Face sommaire 2	31 500 €	Verso	23 000 €
1er recto (experts)	31 000 €	1/2 page	13 500 €
2e recto (face actu)	30 800 €	1/3 page	9 500 €
3e recto (face actu)	30 600 €	1/4 page	6 800 €
4e recto (face actu)	30 400 €	Module Jeux	8 100 €
1re double après sommaire	62 000 €		
2e double après sommaire	61 200 €		
3e double après sommaire	60 800 €		

tarifspresse.com

Document 6 *Causette*

Audience : 260 000 lecteurs	
Sexe Hommes : 8 % Femmes : 92 %	**Personne de référence** CSP+ : 82 % Actifs : 87 %
Âge Moins de 50 ans : 71 % Niveau d'instruction supérieure : 75 %	**Habitat** Agglos et communes de – 100 000 hab. : 20 % Agglos et communes de + 100 000 hab. : 55 % Agglo Paris : 25 %

PLUS FÉMININE DU CERVEAU QUE DU CAPITON

CONCEPT UNIQUE

Mensuel d'informations, de reportages, d'idées, ***Causette*** pose un regard féminin sur le monde réel.

Féminin décalé qui ressemble aux vraies femmes et refuse le modèle unique et formaté de la femme tel qu'il est proposé, fantasmé par la presse féminine classique dans les rubriques mode, cuisine, minceur, people, enfant, shopping…

POSITIONNEMENT EXCLUSIF

Entre *news*, féminins, magazines culturels et de société, ***Causette*** partage des cousinages avec des magazines à forte valeur éditoriale. C'est un défricheur de l'air du temps sociétal avec un regard spécifiquement féminin.

DES RÉSULTATS EXCEPTIONNELS

- Coup de cœur du jury Relay 2016
- 2 Étoiles OJD en 5 ans
- Meilleur Magazine de Presse 2012 au Grand Prix des Médias
- Magazine passion de l'année 2015 du SEPM
- Coup de cœur 2013 du SEPM

FORMAT – EMPLACEMENTS			
COMMERCIALE > NATIONALE > QUADRI > STANDARD		COMMERCIALE > NATIONALE > QUADRI > PREMIUM	
Double page quadri	28 000 €	Double page quadri 1re double ouverture	35 000 €
Page quadri	14 000 €	Double page quadri 1re double	30 800 €
1/2 page quadri	9 100 €	Page quadri 4e couverture	25 200 €
1/3 page quadri	7 000 €	Page quadri 2e couverture	21 700 €
1/4 page quadri	4 900 €	Page quadri 3e couverture	18 200 €
		Page quadri 1re recto	18 200 €
		Page quadri face sommaire	16 800 €
		Page quadri face ouverture Dossier	16 250 €
		Page quadri au mieux 1er cahier	16 100 €
		Page quadri recto contre texte	15 400 €

tarifspresse.com

3 Élaborer un plan média

Pour les fêtes de fin d'année, et toujours dans le cadre de la promotion du nouveau shampoing en pastilles, Anotherway souhaite mettre en place une campagne média s'adressant à sa cible féminine.

Document 7
Fiche ressource 2

1. Pour compléter le dispositif de la presse magazine, préconiser d'autres moyens médias traditionnels. Justifier les choix de supports.
2. Indiquer la période qui sera couverte par le plan média pour les moyens que vous préconisez. Justifier le calendrier choisi.
3. Présenter un plan média précis et structuré.

Afin de renforcer sa notoriété sur le plan national, la marque souhaite établir une stratégie digitale solide.

Documents 7 et 8
Fiche ressource 1

4. Choisir des moyens digitaux et les classer selon le modèle PESO.
5. Apprécier la pertinence de recourir à un micro- ou nano-influenceur pour Anotherway.
6. Préciser les indicateurs à retenir pour mesurer l'efficacité de votre campagne digitale.

Document 7 Le modèle PESO

OWNED (détenu)
Contenu que vous avez créé et partagé sur vos réseaux
- Blog
- Vidéos
- Webinaires
- Livres blancs
- Études de cas

PAID (payant)
Contenu pour lequel vous payez
- Posts externes
- Marketing d'influence
- Publicité
- Communiqués de presse

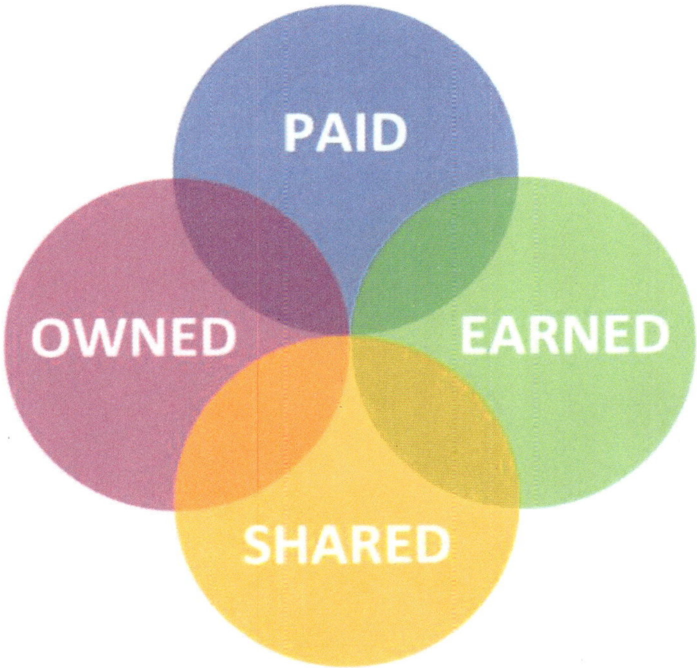

SHARED (partagé)
Contenu créé par votre communauté et partagé
- Réseaux sociaux
- Revues clients
- Contenus générés par vos utilisateurs
- Références
- Commentaires

EARNED (acquis)
Contenu créé par des sources externes, sans rémunération
- Articles dans des publications reconnues
- Contenus d'influences
- Articles dans la presse

Modèle PESO, créé par Gini Dietrich et adapté de Spin Sucks.

Document 8 Le marketing d'influence

Les micro- et nano-influenceurs, les nouveaux leviers du marketing local

En transposant sur les réseaux sociaux le fameux principe du bouche-à-oreille, le marketing d'influence s'est imposé depuis quelques années comme un levier incontournable dans la stratégie d'une marque. Il faut dire que les chiffres parlent d'eux-mêmes. Selon une étude réalisée par Rakuten, 8 internautes sur 10 déclaraient en 2020 avoir déjà acheté un produit ou un service suite à la recommandation d'un influenceur. C'est un fait avéré, les contenus de ces prescripteurs digitaux produisent un taux d'engagement plus fort que des contenus publiés directement par une marque.

Parallèlement à cette tendance, depuis la fin des confinements successifs, une autre verticale s'est vue de plus en plus utilisée par les entreprises : le marketing local. En subissant de plein fouet la fermeture des magasins physiques, de nombreuses entreprises (boutiques, franchises, bars, restaurants, lieux événementiels…) ont été dans l'obligation de séduire de nouveau les consommateurs afin qu'ils reprennent le réflexe de se déplacer en boutique.

En combinant le meilleur de ces deux tendances, les entreprises peuvent alors accéder à un nouvel univers de marque plus fédérateur et plus authentique, le marketing d'influence locale.

Pour une stratégie d'influence locale, les micro- et nano-influenceurs sont à privilégier

Le monde du marketing d'influence n'est pas un bloc monolithique, c'est plutôt une nébuleuse dans laquelle évoluent différentes typologies de prescripteurs. Bien qu'ayant sur leurs réseaux sociaux entre 500 K et plus d'un million d'abonnés, les macro- et méga-influenceurs ne sont pas toujours ceux à privilégier. La première raison est purement économique : collaborer avec eux peut vite faire grimper le budget marketing d'une marque. Ensuite, car les réseaux sociaux sont régis par une logique simple : plus le nombre d'abonnés augmente, plus le taux d'engagement diminue. Plus la communauté est restreinte, plus le message sera puissant. En 2019, une enquête menée par l'Observatoire de l'influence de l'agence Wôo indiquait que le *reach* d'une story d'un micro-influenceur s'élevait à 24 % contre seulement 4 % pour un influenceur avec 500 K d'abonnés. Et pour une publication, l'écart se creuse encore, 42 % contre « seulement » 22 %.

En plus d'un taux d'engagement plus important et d'un coup financier moindre, les nano- et micro-influenceurs délivrent un message plus chaleureux. Depuis le début de la pandémie, les consommateurs sont devenus plus méfiants vis-à-vis du marketing invasif, ils sont à la recherche de plus de transparence et d'authenticité. Selon une étude de l'agence londonienne Influencer Intelligence, 61 % des consommateurs déclarent d'ailleurs que l'authenticité est la qualité première qu'ils recherchent chez un influenceur. Authenticité, confiance et expertise, un triptyque qui colle parfaitement avec les enjeux du marketing local. Anne Laure Branchu, directrice de l'école Esccom, basée à Nice et à Cannes, nous confirme que « *la stratégie d'influence locale est déjà une notion largement intégrée dans le discours des intervenants. Les futurs communicants intégreront le marché du travail avec cette vision-là, l'influence locale a de beaux jours devant elle.* »

jai-un-pote-dans-la.com, 28 mars 2022.

FICHE RESSOURCE 1

LE PLAN DE COMMUNICATION

I Définition

Une fois la stratégie de communication clairement définie, et validée par l'annonceur, le plan de communication est un outil qui **définit et organise l'ensemble des actions de façon opérationnelle** en réponse à la demande d'un annonceur. La planification de la mise en œuvre des moyens de communication selon une **démarche structurée** est indispensable au suivi des actions et à leur évaluation.

II Les étapes de la construction d'un plan de communication

Le plan de communication est construit en plusieurs étapes :

Organiser les actions	Les moyens de communication sont à organiser selon un calendrier précis (rétroplanning). Les tâches propres à chaque action ainsi que le cahier des charges technique de chaque moyen doivent être également prévus. EXEMPLE : pour une campagne digitale, prévoir la conception des supports, l'achat d'espaces sur des plateformes… Préciser le format, les contenus et toutes les caractéristiques techniques.
Estimer les coûts de chaque action	Chaque moyen doit être estimé en termes de coûts de façon à respecter le budget initialement prévu : budgets de création (graphisme, contenu optimisé SEO par une agence digitale, vidéo…) et de diffusion (achat d'espace, routage e-mailing…). EXEMPLE : un post boosté peut comprendre la création de la publication par un graphiste, l'achat d'espaces sur des plateformes…
Coordonner les acteurs internes et externes	L'annonceur peut faire appel à des ressources internes ou externaliser certaines tâches selon ses compétences et son budget. EXEMPLE : réaliser le contenu en interne et faire appel à un prestataire pour le graphisme. Les petites structures doivent souvent réaliser au maximum en interne leurs actions de communication, faute de budget.
Évaluer la performance des actions pendant et après la campagne	L'analyse est essentielle tout au long du projet pour vérifier régulièrement que l'action répond bien à ses objectifs (achat, clic, téléchargement…). Il ne faut surtout pas attendre la fin pour évaluer l'efficacité des actions. Réajuster rapidement en cours de projet est primordial. EXEMPLE : grâce à l'AB testing, lors d'une campagne digitale, on peut connaître le taux d'engagement des internautes. S'il reste trop faible, la campagne doit être modifiée très rapidement.

III La présentation du plan de communication

Il n'existe pas de modèle type de plan de communication. Chaque agence ou structure est libre de créer l'outil qu'elle souhaite dès lors que le plan apporte une véritable aide dans le pilotage des actions de communication.

1. Présentation détaillée sous forme de tableau

Cet outil très visuel offre un aperçu global de l'ensemble du projet :

– selon la nature du projet, il peut fournir un aperçu annuel, semestriel, trimestriel ou mensuel des actions à mener ;

– il est construit de façon **chronologique** en utilisant la technique du rétroplanning, qui consiste à déterminer l'ensemble des tâches à effectuer, à partir de l'échéance finale ;

EXEMPLES : la date d'un événement, la date de lancement d'une campagne de communication.

– il doit être **structuré** ;

EXEMPLE : présenter les moyens par typologies (médias traditionnels, digital, autres médias) et/ou par cibles (principale, cœur de cible…).

– il doit être construit en **entonnoir** : il donne d'abord une vision globale qui prend en compte toutes les actions envisagées, puis il entre dans le détail des actions en listant les principaux moyens envisagés pour chacune des actions et enfin, il précise les tâches à accomplir pour chacune des actions.

Le plan de communication peut donc comprendre le **plan média** (*cf.* fiche ressource 3), qui planifie la mobilisation des médias traditionnels et digitaux ainsi que les budgets alloués.

EXEMPLE : extrait d'un plan de communication pour un événement

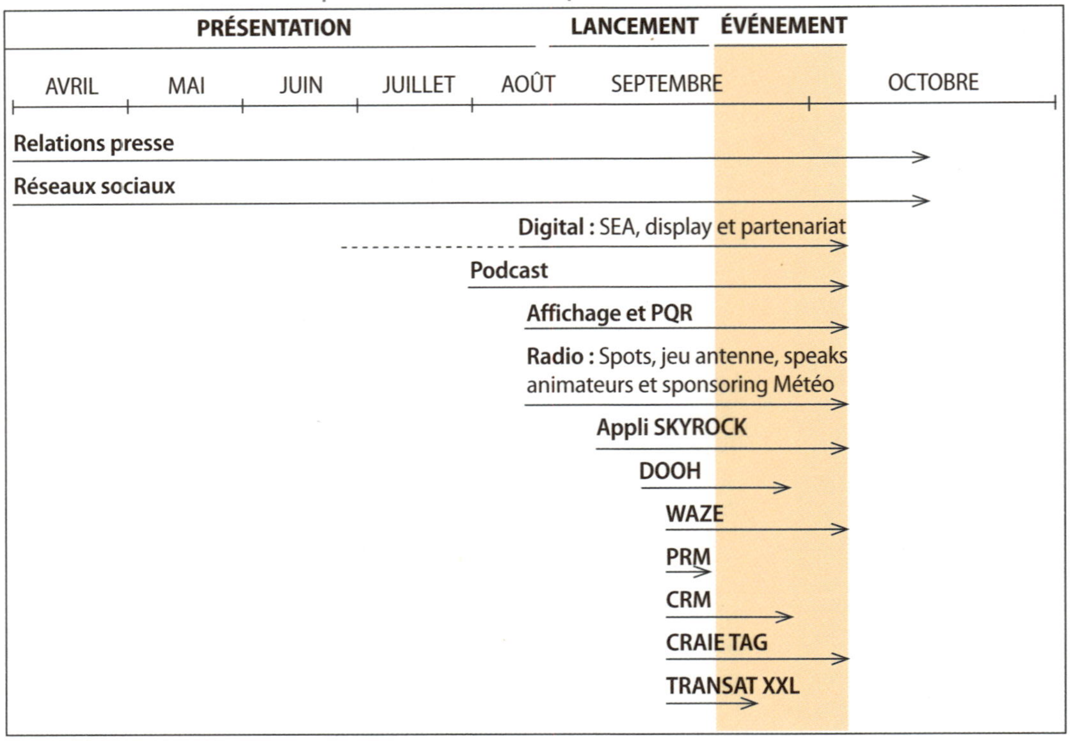

2. Présentation simplifiée d'un plan de communication

EXEMPLE : plan de communication pour le lancement d'un nouveau produit diététique ciblant les seniors de plus de 60 ans, avec un budget de 300 000 €

1.	**Définition de la cible**
	a. Les seniors de plus de 60 ans qui cherchent à maintenir un mode de vie sain **b.** Les personnes atteintes de maladies chroniques telles que le diabète, l'hypertension artérielle, l'hypercholestérolémie…
2.	**Objectifs de la campagne**
	a. Faire connaître le produit diététique auprès de la cible **b.** Convaincre la cible des avantages du produit diététique pour la santé **c.** Générer des ventes de produits diététiques
3.	**Stratégies de communication**
	a. Publicité télévisée : diffusion de publicités à des heures de grande écoute sur les chaînes populaires regardées par les seniors, ainsi que sur les chaînes thématiques de santé **b.** Publicité sur les réseaux sociaux : création de publicités ciblées sur Facebook et Instagram, en utilisant les données de profil pour atteindre la cible **c.** Marketing d'influence : collaboration avec des influenceurs reconnus dans le domaine de la santé et du bien-être pour promouvoir le produit diététique **d.** Relations publiques : organisation d'événements de presse pour présenter le produit diététique aux médias, en mettant en avant ses avantages pour la santé des seniors **e.** Création d'un site Web : création d'un site Web dédié au produit diététique, avec des informations détaillées sur les avantages pour la santé, les ingrédients, les témoignages de clients, et une boutique en ligne pour acheter le produit **f.** E-mail marketing : envoi de *newsletters* régulières pour informer les clients des promotions, des nouveaux produits et des dernières actualités de la marque

4.	Budget alloué
	a. Publicité télévisée : 100 000 € **b.** Publicité sur les réseaux sociaux : 50 000 € **c.** Marketing d'influence : 40 000 € **d.** Relations publiques : 30 000 € **e.** Création d'un site Web : 40 000 € **f.** E-mail marketing : 20 000 € **g.** Frais de production pour les publicités : 20 000 € **h.** Autres coûts (design, traduction, frais de gestion…) : 10 000 €
5.	**Mesures d'évaluation**
	a. Analyse de l'impact de la campagne publicitaire en termes de notoriété, de préférence de marque et de ventes **b.** Suivi de la fréquentation du site Web, du taux de conversion et du nombre de commandes **c.** Analyse des interactions sur les réseaux sociaux, des commentaires et des partages **d.** Évaluation de la couverture médiatique et des retours des journalistes

IV La mesure de l'efficacité du plan de communication

1. Les indicateurs de performance

Tout au long de l'exécution du plan de communication, des bilans intermédiaires permettent d'apprécier le bon déroulement des actions. Il s'agit de détecter les retards et les dépassements de budget éventuels et surtout d'évaluer l'efficacité des moyens mis en place en vue de réajuster éventuellement certaines actions. Plusieurs critères permettent de mesurer l'efficacité des actions de communication en accord avec les objectifs préalablement fixés et ainsi déterminer le ROI (retour sur investissement). Ces indicateurs peuvent être quantitatifs ou qualitatifs.

2. Les indicateurs quantitatifs

Ils répondent à la question « combien ? ». Ce sont donc des éléments chiffrés qui s'apprécient à l'aide de calculs. On parle de KPI (*Key Performance Indicators*). Ils sont suivis régulièrement à l'aide de reporting dans des tableaux de bord.

Concernant la communication digitale, on peut calculer le CPC (coût par clic), le CPM (coût pour mille) et le CPA (coût par action), apprécier le nombre de vues, de partages, d'impressions, de *like*, de commentaires…

Ces informations vont permettre de calculer le **taux d'engagement** :

(Nombre de réactions / Nombre d'impressions) × 100

On peut également quantifier le nombre de visiteurs à un événement, le nombre d'articles obtenus suite à des relations presse…

EXEMPLE : une action de communication en BtoB (par exemple, en direction de distributeurs) pourra être évaluée en fonction du CA réalisé, du taux de conversion (rapport entre le nombre de rendez-vous pris et le nombre de rendez-vous signés) et de la marge réalisée.

3. Les indicateurs qualitatifs

Ils répondent à la question « comment ? » et mesurent des perceptions à l'aide :

- d'enquêtes portant sur l'image de la marque, la fidélité des clients ;
- d'une veille portant sur l'e-réputation de la marque (avis laissés par des clients ou utilisateurs sur Internet).

4. Le bilan de la campagne et les actions correctives

Tout au long et à la fin de la campagne, un bilan doit être réalisé. Il s'agit d'évaluer l'efficacité de la campagne dans son ensemble et de déterminer si les objectifs ont été atteints auprès des cibles visées. Ce bilan est essentiel pour justifier les dépenses en communication de l'annonceur. Il permettra d'ajuster les actions à venir (reconduction ou non de certains moyens).

FICHE RESSOURCE 2

ÉLABORER UN PLAN MÉDIA

I La notion de plan média

Le plan média, aussi appelé « média planning », présente, sur une période définie, tous les achats d'espaces prévus par une organisation, que ce soit dans les médias traditionnels ou le *display*.

Présenté sous forme de calendrier, il détaille les médias, les supports et les dates ou périodes d'insertion. Il permet de gérer le planning et le budget des activités publicitaires et d'en optimiser l'efficacité. En fonction de leur stratégie de communication (objectifs, cibles…), les annonceurs sélectionnent les médias ou plateformes les plus adéquats.

Tout comme le plan de communication, il permet d'organiser, de contrôler, voire de réajuster les actions mises en place. Dans les grandes agences, un métier y est consacré : le média planner.

II La présentation du plan média

Le plan média présente le recensement des médias traditionnels (TV, presse, affichage, cinéma, radio) et des médias numériques (*display* et social) sélectionnés par l'agence en fonction, notamment, du budget total de l'annonceur, des objectifs et des cibles fixées (tranche d'âge, CSP…). Pour chaque média, sont précisés le support, le format et le calendrier des insertions.

EXEMPLES : pour la radio, il faut choisir le support (Radio Star, M Radio…) puis le format (spot de 30 secondes).
Pour une campagne *display*, il faut choisir les canaux (site, blog, médias sociaux…), le format (bannière, habillage de site…) et l'emplacement (page d'accueil, rubrique précise…).

Exemple d'un plan média combinant médias traditionnels et digitaux

	Précisions	Jours	L	M	M	J	V	S	D		L	M	M	J	V	S	D
DISPOSITIF		Dates	15	16	17	18	19	20	21		22	23	24	25	26	27	28
AFFICHAGE																	
Abribus	105 faces																
Panneaux urbains	270 faces																
Centres commerciaux	351 faces																
DISPLAY																	
Spotify	Méga bannière animée 728 x 90 px																
YouTube	Vidéo 30 secondes																
RADIO																	
Radio Star	Speak animateur																
M Radio	Spot de 20 secondes																

III La mesure d'efficacité

Grâce aux mesures quasi instantanées de l'engagement pour le digital ou des retours moins immédiats (sur la notoriété, les ventes, etc.), l'agence va pouvoir apprécier ses achats d'espaces et optimiser ses actions pour les prochaines campagnes.

EXEMPLE : si les vidéos YouTube ne génèrent pas les réactions attendues par les cibles, on peut les modifier ou décider d'allouer le budget à Spotify.

FICHE RESSOURCE

3

BUDGÉTISER LES MOYENS DE COMMUNICATION

I Définition

Le budget de communication est la part des dépenses consacrée par un annonceur à ses actions de communication. Il peut être fixé à l'année ou pour une campagne spécifique, et parfois exprimé en pourcentage du chiffre d'affaires (CA).

II L'élaboration du budget de communication

1. La ventilation budgétaire

Le choix et la planification des moyens dépendent de la part du budget consacrée à la communication par l'annonceur. Il n'y a pas de règle établie concernant cette part, elle peut varier entre 5 % et 20 % de son CA, en fonction des besoins de l'entreprise, de son secteur d'activité, de la concurrence, de son chiffre d'affaires…

EXEMPLE : le lancement d'un parfum requiert un effort de communication en termes budgétaires pour se démarquer des concurrents, consolider la notoriété.

Une première ventilation par grandes masses entre les différents moyens de communication va traduire des orientations stratégiques. Outre la prise en compte du CA, l'annonceur peut reconduire le même budget que l'année précédente ou se baser sur la part de voix de ses concurrents. L'annonceur peut opter pour de l'achat d'espaces publicitaires (campagnes ads, par exemple) ou de la communication sur ses propres médias (site Web, réseaux sociaux).

EXEMPLE : les médias de masse permettent de toucher un large public quand la sponsorisation de publications favorise un ciblage plus affiné.

Aujourd'hui, une grande partie du budget est consacrée à la communication digitale.

2. Les différents coûts entrant dans le budget

Le budget comporte différentes catégories de frais :

– les frais de conception, de création, de production ;

– les frais inhérents à la mise à la place des autres moyens ;

– l'achat d'espaces (médias traditionnels, *display*, *social ads*) ;

– la rémunération de l'agence, le cas échéant.

Le coût salarial des ressources humaines disponibles en interne n'est pas inclus dans ce budget.

EXEMPLES : *community manager*, graphiste.

En revanche, le recours aux services de prestataires représente des frais parfois importants.

3. La présentation du budget

Le budget est généralement présenté sous la forme d'un tableau détaillant les supports, les quantités, les formats et les coûts pour chaque moyen. Le budget total est exprimé hors taxes.

Il peut également être représenté de façon plus visuelle, sous la forme d'un graphique, afin de faire ressortir les parts allouées à chaque moyen de communication.

On peut ainsi apprécier les écarts budgétaires entre le prévisionnel et le réel afin de mieux déterminer les dépenses à engager pour de futures campagnes.

Ce budget global est ensuite détaillé pour chaque moyen. Seront précisés les plans médias (*cf.* fiche ressource 2) pour les médias traditionnels et digitaux.

EXEMPLE : pour la radio, on précise les stations, les heures de diffusion…

Exemple d'un budget prévisionnel de communication globale

Ici, il s'agit du budget d'une entreprise qui organise des événements au printemps sur le thème de la mer. Elle intensifie donc sa communication durant cette période.

	janv-22	févr-22	mars-22	avr-22	mai-22	juin-22	juil-22	août-22	sept-22	oct-22	nov-22	déc-22	Total généré en milliers d'euros	
Budget prévisionnel														
Radio			5 000	5 000	7 000	7 000							24 000	
Design		1 100	740	640	740	640	500	740	2 100	1 100	2 100	1 100	11 500	
Display		700	300	300	300	300	300	300	300	300	300	300	3 700	
Événementiel			6 000	5 500	55 000				6 000				72 500	
Référencement	1 000	1 500	1 500	1 500	1 500	1 500	1 000	1 000	1 500	1 000	1 500	1 800	16 300	
TOTAL PRÉVU	1 000	3 300	13 540	12 940	65 540	9 440	1 800	2 040	9 900	2 400	3 900	3 200	**128 000**	
BUDGET CUMULÉ	1 000	4 300	17 840	30 780	95 320	104 760	106 560	108 600	118 500	120 900	124 800	128 000		
Budget dépensé														**Écarts budgétaires**
Radio			5 000	5 000									10 000	– 14 000
Design	2 400	1 100	740	640	740	640	500	1 300	2 100	1 100	2 100	1 100	14 460	2 960
Display		300	300	300	300	300	300	300	300	300	300	300	3 300	– 400
Événementiel			6 000	5 500	55 000								66 500	– 6 000
Référencement	1 500	1 500	2 000	2 000	2 000	2 000	1 000	1 000	1 5000	1 500	1 500	1 800	19 300	3 000
TOTAL DÉPENSÉ	3 900	2 900	14 040	13 440	58 040	2 940	1 800	2 600	3 900	2 900	3 900	3 200	**113 560**	**– 14 440**
DÉPENSES CUMULÉES	3 900	6 800	20 840	34 280	92 320	95 260	97 060	99 660	103 560	106 460	110 360	113 560		

Détails des dépenses média radio de ce même budget de communication

DÉP	AGGLOMÉRATIONS	RÉGIE	RADIO OU COUPLAGE DE RADIOS	NB SPOTS	TIMING	BRUT	NÉGO[1]	NET	FMO[2]	NET FINAL
05	GAP/ST ETIENNE EN DEVOLUY/ LARAGNE/SERRE	HA MEDIA	ALPES 1	36	30″	2 200,50	55 %	990,23	72,00	1 062,23
05	GAP	HA MEDIA	LA RADIO PLUS	36	30″	1 222,50	55 %	550,13	72,00	622,13
06	NICE	HA MEDIA	NICE RADIO	36	30″	1 117,85	65 %	391,25	72,00	463,25
06	VILLEFRANCHE SUR MER	CI MEDIA	RADIO STAR	36	30″	720,00	65 %	252,00	72,00	324,00
06	NICE	HA MEDIA	RADIO EMOTION	36	30″	1 715,00	50 %	857,50	72,00	929,50
13	MARSEILLE	CI MEDIA	RADIO STAR – LOCAL	36	30″	4 320,00	65 %	1 512,00	72,00	1 584,00
13	MARSEILLE	CI MEDIA	SKYROCK – LOCAL	36	30″	5 040,00	65 %	1 764,00	72,00	1 836,00
83	TOULON	CI MEDIA	RADIO STAR – LOCAL	36	30″	1 512,00	65 %	529,20	72,00	601,20
83	TOULON	HA MEDIA	MISTRAL FM	36	30″	3 423,00	65 %	1 198,05	72,00	1 270,05
84	AVIGNON	HA MEDIA	MTI	36	30″	1 404,00	65 %	491,40	72,00	563,40
84	ORANGE/AVIGNON	CI MEDIA	RADIO STAR	36	30″	1 124,70	65 %	393,65	72,00	465,65
			FRAIS DE WEB DIFFUSION							**280,00**
			TOTAL TOUTES RADIOS	**396**		**23 799,55**				**10 001,39**

+ Frais technique de création de spot (1 exemplaire) = 150,00 €

1. Négo : taux du rabais obtenu lors d'une négociation. – 2. FMO : frais de mise en œuvre.

Source : CI/HA MEDIA

III Le bilan budgétaire

Le suivi budgétaire est établi pour apprécier les écarts entre le budget prévisionnel et le budget réel tout au long de la campagne. Il est aussi l'occasion d'évaluer la rentabilité d'une opération de communication grâce à plusieurs indicateurs. Pour une campagne digitale, on observe les ROI, ROAS (*Return On Ad Spend*), CPA (coût par acquisition), taux de conversion…

EXEMPLE : si le taux de conversion d'une campagne Google Ads est faible, son contenu sera modifié.

Applications

1 Le plan de communication pour la Foire de Marseille

Chaque année, au début de l'automne, se tient au parc Chanot la Foire internationale de Marseille, organisée par la SAFIM (SA Foire Internationale de Marseille). CI Média est la régie publicitaire en charge de la stratégie de communication de la manifestation.

vers pix D1.1

1 À partir du document 1, proposer un plan de communication détaillé en tenant compte des cibles et des moyens de communication préconisés par la régie et en vous aidant de recherches documentaires.

Pour communiquer plus particulièrement auprès de la cible des jeunes adultes, la régie a opté pour l'achat d'espaces sur l'application Skyrock.

2 Apprécier la pertinence des choix stratégiques de CI Média.

Document 1 Les choix stratégiques de CI Média pour la SAFIM

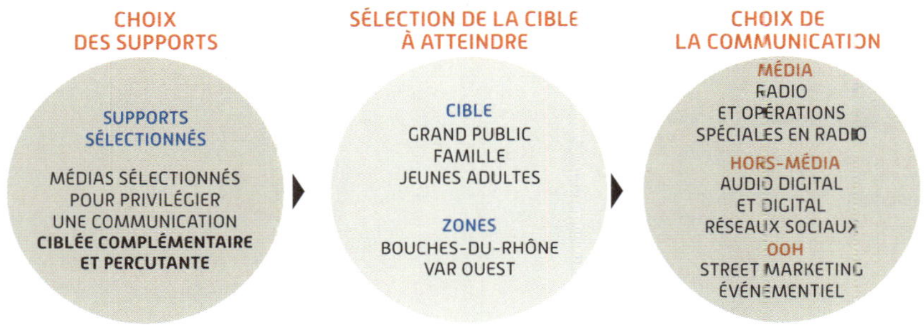

Régie CI Média.

Document 2 Achat d'espaces sur l'application mobile Skyrock

APPLI MOBILE : POUR CIBLER LES JEUNES

Média	Support	Format	Emplacement	Ciblage géographique	Nb jours	CPM brut	CPM net	Impressions	Part voix	Total brut	Total net
Mobile Appli	Skyrock.fm	Interstitiel[1]	Rotation générale[3]	Région PACA	30	120 €	12 €	3 000	50 %	360 €	36 €
Mobile Appli	Skyrock.fm	Banner[2]	Rotation générale	Région PACA	30	40 €	4 €	30 000	50 %	1 200 €	120 €
Mobile Appli	Skyrock.com	Interstitiel	Rotation générale	Région PACA	30	120 €	12 €	6 000	50 %	72 €	7 €
Mobile Appli	Skyrock.com	Banner	Rotation générale	Région PACA	30	40 €	4 €	30 000	50 %	1 200 €	120 €
Mobile Appli	Smax[4]	Interstitiel	Rotation générale	Région PACA	30	120 €	12 €	3 000	50 %	360 €	36 €
Mobile Appli	Smax	Banner	Rotation générale	Région PACA	30	40 €	4 €	75 000	50 %	3 000 €	300 €
								141 600		**6 192 €**	**619 €**

Frais techniques	Total net
Diffusion des formats mobile appli	21 €
	21 €

TOTAL NET FINAL	**640 €**

1. Interstitiel : publicité plein écran qui recouvre le contenu du site un certain temps. – 2. Banner (« bannière ») : encart publicitaire qui renvoie généralement vers un site. – 3. Rotation générale : l'annonce n'est pas constamment présente sur la page. – 4. Smax : application de rencontres géolocalisées publiée par Skyrock.

Régie CI Média.

2 Le budget de communication

À l'occasion de cette foire, un important dispositif de communication est déployé. La régie CI Média vous charge de budgéter ces actions.

1 À partir du plan média radio établi par CI Média, calculer et présenter le budget total consacré à ce média pour la Foire de Marseille sous la forme d'un tableau structuré.

2 En se référant au document 2 de l'application précédente, calculer le CPM d'un interstitiel sur skyrock.fm.

Document 1 Le plan média radio de CI Média

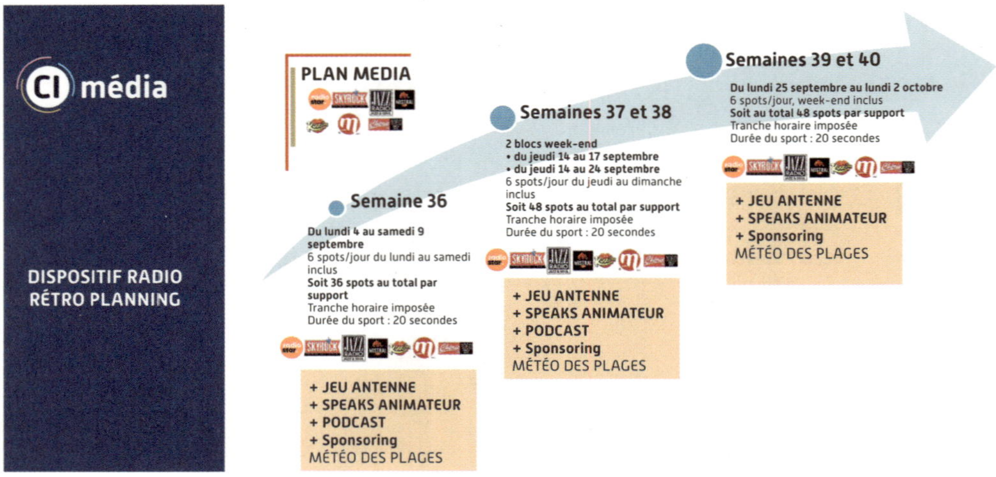

Régie CI Média.

Document 2 Précisions sur les tarifs radio CI Média

Les tarifs s'entendent en euros hors taxes et nets.
– Jeu antenne : contre dotation équivalente
– Podcast (montage et diffusion) : 750 €/podcast, 6 au total
– Speak[1] animateur Radio Star : 450 €/speak, 30 au total
– Sponsorisation météo des plages : 1 500 € pour l'ensemble de la campagne (création du spot en sus : 150,00 € Net HT)

DÉP	AGGLOMÉRATIONS	RÉGIE	RADIO OU COUPLAGE DE RADIOS	NB SPOTS	TIMING	BRUT	NÉGO 1[2]	NET	FMO[3]	NET FINAL
13	AUBAGNE	CI MEDIA	MISTRAL FM	138	20″	5 558,83	65 %	1 945,59	264,00	2 209,59
13	LA CIOTAT	CI MEDIA	KISS FM	138	20″	4 488,00	65 %	1 570,80	264,00	1 834,80
13	MARSEILLE / AIX EN PROVENCE	CI MEDIA	JAZZ RADIO	138	20″	6 171,00	65 %	2 159,85	264,00	2 423,85
13	MARSEILLE / AIX EN PROVENCE	CI MEDIA	M RADIO	138	20″	6 732,00	65 %	2 356,20	264,00	2 620,20
13	MARSEILLE	CI MEDIA	RADIO STAR	138	20″	13 464,00	65 %	4 712,40	264,00	4 976,40
13	MARSEILLE	CI MEDIA	SKYROCK	138	20″	15 708,00	65 %	5 497,80	264,00	5 761,80
83	TOULON	CI MEDIA	RADIO STAR	138	20″	4 712,40	65 %	1 649,34	264,00	1 913,34
83	TOULON	HA MEDIA	MISTRAL FM	138	20″	10 239,95	65 %	3 583,98	264,00	3 847,98
			TOTAL TOUTES RADIOS	1 056		67 074,18				22 019,98

1. Speak : placement de produit par l'animateur. – 2. Négo : taux du rabais obtenu lors d'une négociation. – 3. FMO : frais de mise en œuvre.

Régie CI Média.

CHAPITRE

11

Piloter un plan de communication commerciale

Contexte professionnel

Compétences professionnelles
- Identifier les ressources disponibles
- Évaluer les ressources nécessaires
- Mobiliser les ressources appropriées

Savoirs associés
- La démarche générale de pilotage d'un plan de communication
- L'identification et l'évaluation des ressources nécessaires
- La mobilisation des ressources appropriées

Les Sentes de Bailly (78)

Bouygues Immobilier (BI) réalise d'importants projets immobiliers, neufs ou en rénovation. Il s'agit principalement de logements collectifs, tels qu'« Îlot des Tourelles » à Boissy-Saint-Léger, mais aussi d'immeubles de bureaux et d'aménagements de quartiers entiers, comme « Nanterre Cœur Université ». Depuis 2020, sous l'impulsion de la direction Développement durable et RSE, placée sous l'autorité de la direction de la communication, le mot d'ordre de l'entreprise est de rééquilibrer systématiquement le rapport entre « le béton » et « la nature » dans chacune de ses réalisations. Chaque projet doit favoriser la préservation ou la création d'espaces verts, avec des jardins partagés ou en terrasse, et garantir le respect de la biodiversité. Cette démarche environnementale vient prolonger l'effort actuel des villes voulant réintroduire la nature en zones urbaines ; elle est également plébiscitée par la population et les futurs occupants de ces espaces, sensibles à la question du réchauffement climatique. Elle doit aussi inciter les équipes de conception à maximiser les surfaces « vertes » sur chaque projet et devenir de surcroît un argument commercial fort pour les bureaux de vente de Bouygues Immobilier (les « BI Stores ») chargés de commercialiser ces programmes rendus ainsi plus attrayants et plus confortables.

Vous êtes stagiaire au sein de la direction Développement durable et RSE de BI. Votre maître de stage vous associe aux campagnes commerciales concernant des projets immobiliers en cours.

Comprendre le contexte

1. Quelles sont les directions impliquées dans les projets immobiliers de BI ? Pour quelles raisons ?
2. Quelles sont les préoccupations situées au cœur de l'activité de BI ?
3. Citer les différentes parties prenantes susceptibles d'être visées par cette communication.

1 Engager une démarche de pilotage d'un plan de communication

Avec l'appui de la direction de la communication de Bouygues Immobilier dont elle dépend, votre responsable souhaite renforcer la crédibilité du discours de BI sur la biodiversité avec des propositions fortes en faveur de l'environnement. L'idée est notamment de diffuser l'engagement en faveur de la biodiversité de manière très tangible auprès des différentes parties prenantes impliquées dans tous les nouveaux projets immobiliers à chacune de leurs étapes, de la conception à la commercialisation.
Vous êtes amené(e) à analyser, évaluer et proposer différentes actions contribuant à la réalisation de ce plan de communication.
Ce travail consiste notamment à optimiser la communication commerciale de BI.

Documents 1 et 2
Fiche ressource 1

1. Formuler la problématique de communication à laquelle est confronté BI.
2. Préciser les trois étapes nécessaires au pilotage du plan de communication à mettre en œuvre pour y répondre.
3. Citer les cibles vers lesquelles cet engagement en faveur de la biodiversité peut être exploité par la communication commerciale de BI.
4. Pourquoi BI fait-il référence à ces différents labels environnementaux dans la présentation de son engagement ?

Document 1 L'importance de la biodiversité chez BI

Pourquoi insistez-vous chez Bouygues Immobilier sur la question de la biodiversité ?
En premier lieu, être un promoteur moderne, c'est être un acteur conscient de ses engagements vis-à-vis de la société : d'un côté, il faut répondre à un besoin réel de logements, de l'autre, il faut corriger les excès de l'urbanisation. L'artificialisation des sols du fait des constructions en béton contribue au réchauffement climatique, alors que l'implantation d'espaces verts retient l'humidité du sol et réintroduit ainsi de la fraîcheur l'été, tout en constituant un élément de bien-être et de santé pour les habitants.
En second lieu, les villes, pour rester vivables et désirables, doivent aujourd'hui réintégrer plus de nature. En effet, toutes les études récentes le montrent : les Français plébiscitent à 81 % la présence d'un espace vert dans leur résidence. Nous devons donc nous soucier du confort de nos futurs clients, faire en sorte qu'ils vivent mieux en ville, et rendre ainsi nos offres de logements encore plus désirables.

Qui cherchez-vous à sensibiliser à la biodiversité, et comment ?
Nous voulons que nos 1 600 collaborateurs intègrent cet engagement dans leurs pratiques quotidiennes, qu'ils soient concepteurs, réalisateurs ou vendeurs BtoC ou BtoB de ces nouveaux programmes. Nos partenaires habituels également. Pour rendre plus concret ce discours, nous avons voulu participer à un salon très réputé : « Jardins, Jardin ».
Pour cela, il a fallu concevoir un prototype de « Jardin nature » tel que nous l'imaginions chez BI, en nous appuyant sur l'expertise d'écologues et de paysagistes. Ce prototype nous sert dès à présent de modèle de référence, illustrant notre cahier des charges « Paysage et biodiversité », pour concevoir la végétalisation de nos futurs programmes. Il a même reçu le label « Jardins de Noé[1] », qui atteste son respect du cahier des charges « Paysage et biodiversité ». Ainsi, notre engagement est réellement incarné auprès de tous !

1. Le label « Jardins de Noé » atteste qu'un jardin implanté dans un des programmes de Bouygues Immobilier respecte bien notre cahier des charges « Paysage et biodiversité ».

Interview de Mme Olivia Conil Lacoste, directrice Développement durable et RSE, Bouygues Immobilier, février 2023.

Document 2 Les engagements RSE de Bouygues Immobilier

Extraits de la fresque murale de 5 m² utilisée dans les BI Stores et les salons professionnels.

2 Identifier les ressources disponibles

Votre responsable vous demande d'analyser la présentation en ligne de certains programmes récents, comme le programme « Îlot des Tourelles » à Boissy-Saint-Léger. Vous vous intéressez également aux BI Stores, autre moyen de communication incontournable qui soutient chaque nouveau programme immobilier.

Documents 3 à 5
Fiche ressource 2

1. Identifier les composantes du site Internet qui apportent des ressources pour la communication commerciale de BI.
2. En quoi les BI Stores constituent-ils des ressources matérielles disponibles importantes ? Montrer qu'ils constituent des ressources matérielles disponibles décisives.
3. Démontrer que ces différentes ressources se complètent.

Document 3 Le site Internet BI, point de contact avec les clients

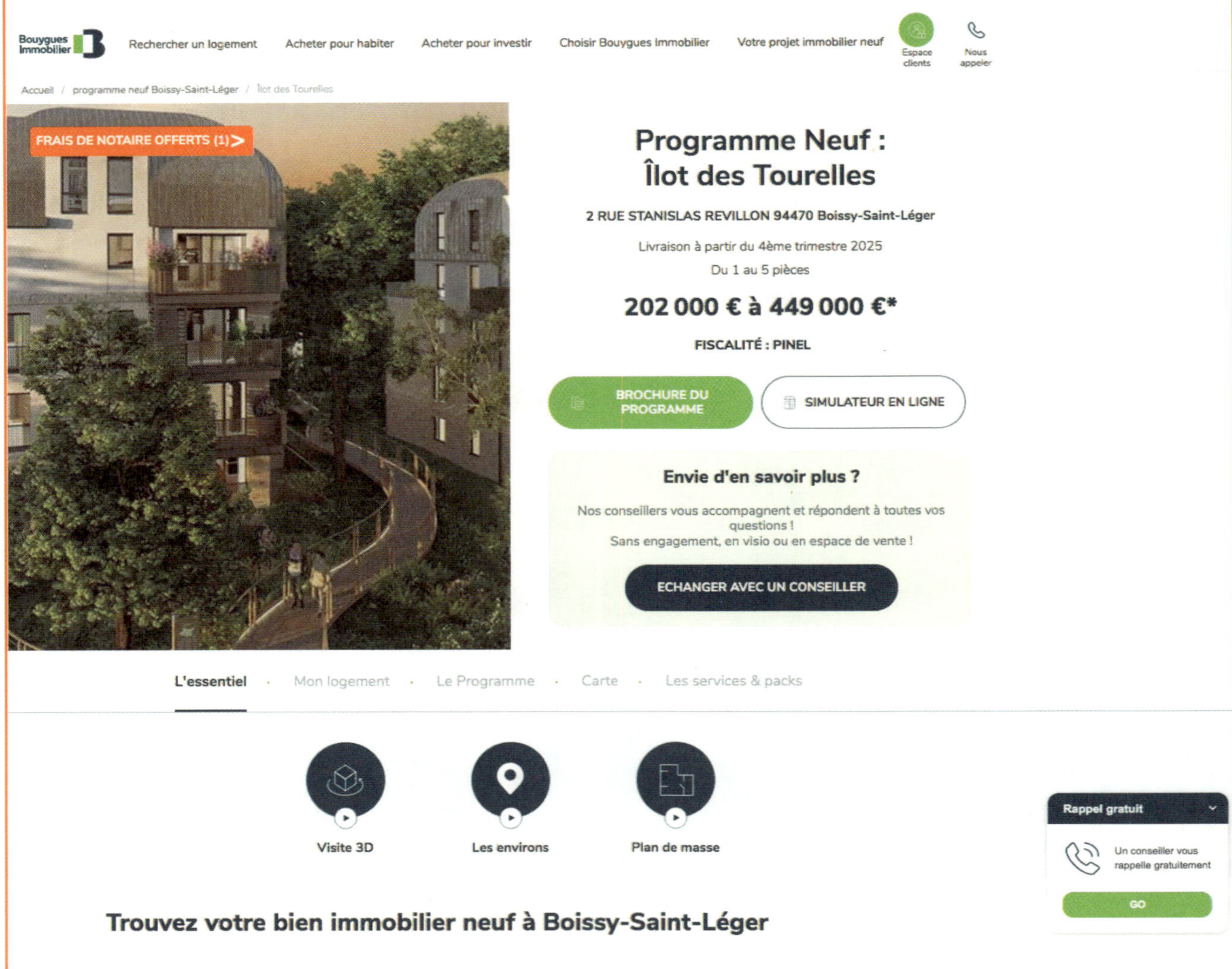

www.bouygues-immobilier.com

Document 4 L'inauguration d'un BI Store à Lyon

Dans le 7e arrondissement de Lyon, Bouygues Immobilier installe son BI Store, un espace innovant dédié à la découverte et à l'expérience client. On y découvre l'ensemble des opérations et des offres que propose le promoteur immobilier sur l'ensemble de la Métropole lyonnaise.

« Mettre en lien les technologies numériques au service de l'humain et de la relation client pour proposer une expérience client simplifiée et personnalisée », tel est le service proposé par le BI Store Lyon de Bouygues Immobilier.

Charlotte Charlier, www.lyon-entreprises.com

Inauguration du BI Store de Lyon
Vidéo
liennathan.fr/6w8tw9

Document 5 Les BI Stores, au service de l'expérience client

Au sein du BI Store, on retrouve plusieurs ateliers. Une partie de l'espace est occupée par des outils numériques digitaux très performants, avec des tablettes et écrans tactiles, un casque à réalité virtuelle et des maquettes en 3 dimensions.

On peut également faire l'expérience du logement connecté grâce à un appartement équipé de la solution Flexom, qui permet de piloter certains équipements de l'habitat comme le chauffage, les volets ou encore la lumière.

Un atelier de personnalisation permet d'accueillir les clients dans la finalisation de leur projet grâce à la mise à disposition de matériaux, échantillons et accessoires pour personnaliser leur intérieur.

Enfin, Le Club est un espace de rencontre et de présentation pour accueillir les acteurs de la ville et les programmes d'animation. L'occasion de présenter, lors de l'inauguration, le programme Entre Voisins, un outil pour *« encourager les échanges et la communication dans les résidences »*, explique Bérangère Bouvier [directrice régionale Auvergne-Rhône-Alpes de Bouygues Immobilier].

Le BI Store mise pleinement sur le digital, et reflète le bouleversement de nos modes de consommation qui *« donne naissance à de nouvelles attentes que Bouygues Immobilier s'efforce d'écouter et de traduire en actes concrets dans ses projets immobiliers »*, déclare la directrice régionale.

Charlotte Charlier, www.lyon-entreprises.com

3 Évaluer les ressources nécessaires et déterminer le besoin d'externaliser pour participer à un salon

Le très médiatique salon annuel « Jardins, Jardin » a été perçu par la directrice Développement durable et RSE comme une opportunité à ne pas manquer pour permettre à BI de communiquer sur son engagement en faveur de la biodiversité. Pour y participer, il a fallu avant tout imaginer un prototype de « jardin nature » tel que BI pourrait l'implanter dans ses nouveaux projets immobiliers en zones urbaines peu végétalisées. Vous devez évaluer les ressources nécessaires pour cette action.

Documents 6 à 8
Fiches ressource 2 et 3

1. Justifier l'intérêt pour BI de participer au salon « Jardins, Jardin ».
2. Dans un tableau, distinguer les ressources humaines internes et externes nécessaires et préciser leur rôle.
3. Justifier, dans ce contexte, le besoin d'externaliser certaines prestations.

Document 6 Le « Jardin nature », le prototype de jardin selon BI

Faire vivre le Jardin BI

Notre prototype en démonstration à Paris (Salon « Jardins Jardin »)

Dans un premier temps, nous avons demandé un cahier des charges technique à des écologues et des paysagistes ; sur cette base, un prototype de jardin garantissant la biodiversité a été réalisé par un paysagiste réputé : Les Jardins de Gally.

C'est un vrai jardin de 100 m² conçu pour respecter dix principes favorables à la biodiversité et proposant des espaces spécifiques associant des déclinaisons sensorielle, rafraîchissante, comestible de ce jardin nature. Le label « Jardins de Noé » atteste en outre qu'un jardin implanté dans un de nos programmes respecte bien notre cahier des charges « Paysage et biodiversité ».

Ce prototype a été/sera exposé à Paris, dans le cadre du salon « Jardins, Jardin », en juin 2022 et juin 2023, avec :

- des visites guidées pour découvrir les grands principes de conception en biodiversité ;
- des opérations de relations presse et publiques (envers nos partenaires) ;
- des entretiens avec les visiteurs pour recueillir leurs impressions, dans une démarche de « *design thinking*[1] » : concevoir nos projets en interaction avec nos clients ;
- des supports de présentation conçus en interne ou avec une agence.

1. Méthode qui consiste à se rapprocher des clients ou des usagers d'un service et à interagir avec eux pour mieux co-construire l'offre ou l'améliorer.

Interview de Mme Olivia Conil Lacoste, directrice Développement durable et RSE, Bouygues Immobilier, février 2023.

Document 7 « Jardins, Jardin », une vitrine essentielle pour BI

Bouygues Immobilier a déployé le troisième étage de sa fusée biodiversité. Le salon « Jardins, Jardin » a servi de rampe de lancement au concept d'aménagement extérieur que le promoteur systématisera dans toutes ses opérations, en complément de deux autres dispositions : la mobilisation de paysagistes et d'écologues dès la phase de conception, l'utilisation de la calculette[1] qui optimise les impacts positifs sur les écosystèmes.

1. Cette calculette numérique permet d'attester l'augmentation de 10 % minimum de la part de la nature sur des programmes de BI, par rapport à la situation d'avant les travaux.

Laurent Miguet, www.lemoniteur.fr, 9 juin 2022.

Document 8 Le salon « Jardins, Jardin » à Paris

[...] Implanté au cœur de Paris, dans le cadre majestueux du jardin des Tuileries, en partenariat avec Le Louvre, « Jardins, Jardin » est devenu le rendez-vous essentiel des professionnels et des amateurs du jardin urbain et du design d'extérieur.
Cette manifestation de renom accueille un public toujours plus nombreux, sensible à l'art du paysage urbain, au design d'extérieur, aux innovations, à la cause du végétal et à la création. Chaque année, le grand public vient s'inspirer en découvrant les créations paysagères éphémères, scénographiées pour l'occasion par des paysagistes reconnus ou de jeunes talents émergents, rencontrer les exposants, échanger avec les professionnels du végétal, assister à des ateliers et participer à des conférences. Une manifestation ouverte à tous les publics, professionnels et amateurs de jardins, petits et grands.

« Jardins, Jardin » aux Tuileries en quelques chiffres :
- 5 journées exceptionnelles
- 3 000 m² dédiés au jardin
- 500 espèces différentes
- 300 000 végétaux plantés
- 25 000 visiteurs attendus

Extrait du communiqué de presse « Jardins, Jardin », 8 février 2022.

4 Mobiliser les ressources appropriées pour réaliser un kit de communication

Votre responsable a souhaité bâtir un véritable kit de communication pour mieux accompagner le travail des commerciaux des bureaux de vente de BI. Le but est de leur fournir tous les éléments leur permettant de mieux connaître les nouveaux programmes qu'ils vont devoir vendre, tout en s'assurant de leur bonne compréhension des dispositifs de biodiversité mis en œuvre dans ces projets et qu'ils vont devoir mettre en valeur devant leurs futurs prospects. Des films, un guide de la biodiversité et du matériel de PLV sont au cœur de ce kit. Vous devez apprécier la pertinence de ces supports et des conditions de leur réalisation.

Documents 9 à 13
Fiches ressource 1 à 3

1 Dans un tableau, distinguer, parmi ces différents supports, ceux qui ont pu être réalisés en interne et ceux qui ont été probablement confiés à des prestataires.

2 En quoi le choix de l'agence Shim Sham comme seul prestataire est-il pertinent ?

3 Montrer comment la réalisation de ces supports a pu faire l'objet d'un pilotage « agile » entre BI et l'agence.

Document 9 Les deux films

Pierre angulaire de l'engagement en faveur de la biodiversité, le « Jardin nature » a fait l'objet d'un premier film pour bien mettre en valeur son intérêt dans les programmes immobiliers de BI, en cours et futurs, auprès de tous les publics de BI. La conception de ce film de 2 minutes a été confiée à une agence de communication indépendante (Shim Sham) que ses deux associés présentent comme une agence « alternative », sensible aux problématiques RSE de ses clients et à l'écoute de ceux-ci. L'annonceur est ainsi étroitement associé à la « fabrication » des supports de communication. Habituée à travailler avec un ensemble de partenaires spécialisés, l'agence a conçu le film en assemblant des vidéos préexistantes et a confié certains aspects techniques à des spécialistes (montage final, voix, étalonnage des couleurs et des lumières…).

Un second film, destiné aux collaborateurs, a permis de profiter de la présence de BI au salon « Jardins, Jardin » en juin 2022 à Paris. Il a été réalisé en interne, comme un simple reportage dans lequel OCL, la responsable de la direction Développement durable et RSE, accompagne le spectateur à la découverte du salon « Jardins, Jardin » et lui présente le prototype du « Jardin nature » conçu par BI, et exposé dans ce salon. Les principes de la biodiversité du « Jardin nature » sont clairement exposés.

Nos jardins sont des jardins nature

Ils se veulent à la fois libres et maîtrisés. Conçus de main de jardinier, ils sont aussi des lieux d'accueil pour la faune et la flore spontanée.

Présentation de « Jardin nature »
Vidéo
liennathan.fr/89ed7r

Participation de BI à « Jardins, jardin »
Vidéo
liennathan.fr/3ht58t

Document 10 Le déploiement des autres supports

Comment s'organise votre communication chez BI ?

À la direction Développement durable et RSE, nous nous voyons comme une force de proposition au service de toute l'entreprise afin de faire progresser l'ensemble du groupe BI dans ses réponses concrètes aux enjeux environnementaux de l'immobilier : lutter contre le réchauffement climatique, préserver la biodiversité, favoriser l'économie circulaire pour lutter contre la raréfaction des ressources…

Dans le même temps, nous ne perdons pas de vue que nos actions doivent rester cohérentes avec l'ADN de notre marque : nous devons enrichir la plateforme de marque de BI (« La vie commence ici »). Pour cela, nous travaillons en étroite collaboration avec la direction de la communication qui nous soutient fermement dès que nos propositions respectent ce but et sont attractives.

Enfin, nous devons respecter l'image de BI, ses autres axes stratégiques et son identité visuelle : tous nos supports doivent être chartés, c'est-à-dire que nous devons respecter la charte graphique de BI. Rien ne peut se faire chez nous sans la validation de la direction de la communication.

Le pilotage de la réalisation des supports de communication, faits en interne ou en externe, fait l'objet d'échanges permanents et de contrôles croisés entre nos deux directions. Des spécialistes de l'événementiel ou des relations presse de la direction de la communication viennent souvent nous épauler grâce à leur expertise et contrôler l'absence de *greenwashing* dans nos arguments. De notre côté, nous validons tous les contenus techniques des supports invoquant le développement durable et la biodiversité.

Comment ont été réalisés les supports de la campagne « biodiversité » ?

En plus des deux films, de nombreux supports *print* ont été réalisés par Shim Sham ou en interne pour assurer la promotion du concept de « Jardin nature ». Le but est de donner à nos commerciaux les moyens de bien présenter cet engagement à nos futurs clients, et au-delà, faire que chacun dans l'entreprise puisse être un ambassadeur de notre engagement et lui donner envie d'y contribuer d'autant plus.

Interview de Mme Olivia Conil Lacoste, directrice Développement durable et RSE, Bouygues Immobilier, février 2023.

Document 11 Les principaux supports de communication présentant le « Jardin nature » de BI

La charte en carte postale • Format 10 × 15 cm • Papier CM 400 g/m², écoresponsable • Impression recto quadri verso quadri	Pour détailler les 10 grands principes de conception du Jardin que BI s'est engagé à respecter pour la création de ses jardins et qui leur ont valu d'être reconnus « Jardin de Noé ».	
Dépliant 3 volets • Format ouvert 29,7 × 21 cm – Format fermé 9,9 × 21 cm • Papier CM 350 g/m², écoresponsable • Recto verso quadri • Finition : rainages, plis roulés	Pour présenter et illustrer le concept du « Jardin nature » de Bouygues Immobilier et ses déclinaisons	
Insertion Presse (A4 simple ou double) **et communiqué de presse**	Pour amplifier notre démarche et capitaliser sur notre participation à « Jardins, Jardin »	
Film institutionnel / commercial	Pour présenter à nos publics externes le « Jardin nature »	Réalisé par l'agence Shim Sham *(Voir 1re vidéo, document 9)*
Film reportage	Pour présenter le « Jardin nature » à nos équipes	Réalisé en interne lors du salon *(Voir 2e vidéo, document 9)*

Service de communication de Bouygues Immobilier.

Document 12 Supports techniques et pédagogiques pour exposer l'engagement « biodiversité »

Guide *Biodiversité* Collaborateurs 120 pages **Guide Partenaires** (version résumée)	Un support technique exhaustif présentant les actions menées par BI en faveur de la biodiversité et le dispositif mis en place dans les jardins plus spécifiquement Pour nos partenaires	
2 diaporamas pour le réseau	**Diaporama 1 : notre stratégie « biodiversité »** – Contexte, constats – Plan stratégique – Déploiement – Résultats actuels	**Diaporama 2 : récapitulatif de nos projets avec :** – impact sur la biodiversité – impact carbone – impact social et territorial – impact ressources

Service de communication de Bouygues Immobilier.

Document 13 Supports salons et PLV BI Stores

Ces supports ont vocation à être utilisés dans les points de vente (BI Stores) et lors de salons comme « Jardins, Jardin ». Ils ont été réalisés par l'agence Shim Sham.

Fresque RSE Panneau mural 184,5 cm × 286 cm	Les grands axes et preuves de notre démarche RSE (climat, biodiversité). Nos objectifs et solutions	
Supports de PLV Roll up 84 × 210 cm Affiche 40 × 60 cm	Pour mettre en avant notre charte Jardins et exposer les 10 grands principes de conception du Jardin que BI s'est engagé à respecter	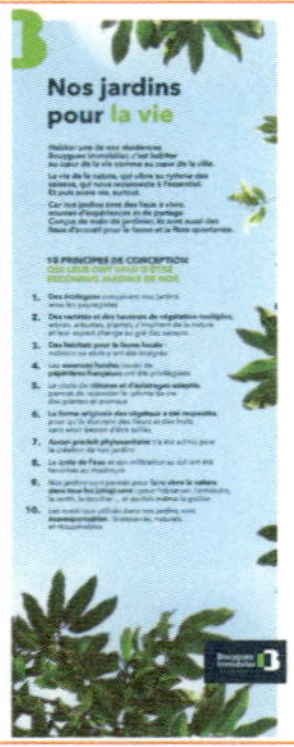
Cadres « Le saviez-vous ? » 40 × 30 cm et 18 × 24 cm	Pour éveiller la curiosité autour des produits BI et préciser certaines preuves RSE	
Totems 3 faces Jeux de 3 visuels 48 × 102 cm sur support rigide (forex)	Même objectif que pour les cadres, à utiliser dans les salons et en extérieur	

Service de communication de Bouygues Immobilier.

FICHE RESSOURCE

1

DÉMARCHE GÉNÉRALE DE PILOTAGE D'UN PLAN DE COMMUNICATION

I De la demande initiale à la recommandation

Un annonceur privé confronté à une problématique de communication exprime son besoin de communication à l'aide d'un *brief* annonceur de manière plus ou moins précise. Dans le meilleur des cas, il produira un véritable cahier des charges initial. Mais, bien souvent, dans le cas d'une PME, sa demande sera plus informelle, souvent formulée oralement à l'occasion d'un rendez-vous avec un responsable de l'agence.

Le service interne de communication de l'annonceur, seul ou avec l'aide d'une agence, va répondre à ce *brief* avec une recommandation, c'est-à-dire un plan de communication comportant :
– une analyse (bilan-diagnostic) ;
– des choix stratégiques (cibles, objectifs, positionnement…) ;
– un plan média (une proposition de moyens médias et hors-médias, un budget, un calendrier de diffusion de ces moyens).

Ces propositions vont faire l'objet d'échanges, de demandes d'amélioration jusqu'à leur validation finale. À ce stade, aucun moyen n'est réellement finalisé : seules des maquettes ont pu être élaborées pour faire apprécier la pertinence et l'attractivité des propositions.

II De la recommandation à la mise en œuvre du plan de communication

Le **calendrier média** (ou *media planning*) permet à l'annonceur de visualiser les dates pendant lesquelles seront actionnés les différents moyens choisis. Mais il ne permet pas de voir quand ces moyens devront être élaborés en amont.

> EXEMPLE : le calendrier média indiquera une semaine d'affichage en mi-décembre, précédée d'une semaine de spots radio, mais ne précisera pas quand ces supports (affiches et spots) seront élaborés (par exemple, de septembre à novembre).

Un cahier des charges final plus précis doit permettre de finaliser la programmation du plan. À défaut, l'imprécision introduit des « zones grises » dans le plan.

Néanmoins, à cette étape du pilotage du plan, l'annonceur peut mener différentes actions.

1. Constituer une équipe

L'annonceur peut :

- **recruter les ressources humaines nécessaires.** Il peut éventuellement faire appel à d'autres prestataires et, dans ce cas, organiser la consultation ou la compétition entre ces derniers afin de sélectionner les meilleurs ;
- **définir** plus précisément **la composition de l'équipe projet**, que celle-ci soit interne, externe ou mixte. Un tableau de répartition des tâches entre les membres est recommandé, surtout quand l'équipe intègre de nombreux prestataires indépendants n'ayant pas l'habitude de travailler ensemble.

2. Arrêter le planning du plan et définir des livrables à remettre

Par « livrable », on entend toute réalisation concrète d'un moyen prévu dans le plan média, ou tout travail intermédiaire jugé nécessaire et confié à un membre de l'équipe.

> EXEMPLE : la rédaction du règlement d'un jeu-concours.

3. Piloter et suivre la réalisation du plan

Ceci peut se faire notamment en contrôlant régulièrement, grâce aux *reportings*, la remise des livrables par les membres de l'équipe et le respect des délais, particulièrement pour ceux qui sont impératifs (« *deadlines* »).

Il s'agit alors de :

– **gérer les dysfonctionnements :** trouver des solutions, voire des alternatives pour y remédier. Le chef de projet doit savoir anticiper les problèmes et y répondre avec une réactivité suffisante sans mettre de pression excessive sur son équipe ;

– **dérouler les moyens et les actions du plan média**, le moment venu, selon les dates prévues dans le calendrier média, et en contrôler le bon déroulement pratique.

III De la mise en œuvre du plan de campagne à l'évaluation des résultats

En fin de plan, l'annonceur doit, grâce à un tableau de bord :

– **évaluer les résultats** du plan de campagne et **analyser les écarts** entre le « prévu » et le « réalisé ». Le « prévu » a dû être formalisé, lors de la phase d'élaboration de la stratégie, sous forme d'**indicateurs de performance** ;

– **tirer un retour d'expérience** du déroulement global de ce plan afin de prendre des mesures correctrices en cours de campagne ou de devenir plus performant à l'avenir.

IV L'adaptation du pilotage : pilotage souple plutôt que classique

Avant la montée en puissance de la communication digitale, la logique du cahier des charges pouvait créer de la rigidité et de l'opacité dans la prestation proposée par l'agence à l'annonceur. On parle d'« **effet tunnel** » quand l'annonceur ne découvre les propositions de l'agence qu'à la fin de la phase du travail de celle-ci.

Or, souvent, lors d'une proposition digitale (par exemple, la création d'un site marchand ou d'une application mobile), on présentera à l'annonceur une maquette ou un prototype, à l'occasion d'une réunion d'étape, afin de lui exposer les choix opérés (fonctionnalités, options…) et lui demander sa validation ou les corrections à apporter.

Cette méthode « agile » provoque ainsi plus d'interactions avec le client (l'annonceur) : un esprit de co-construction au service d'une solution plus qualitative s'installe.

Ces méthodes souples posent cependant le problème du temps prévu par l'agence pour un travail donné (et donc de son propre planning global de travail) et du devis initialement proposé au client qu'il faudra probablement renégocier.

FICHE RESSOURCE

2

IDENTIFIER ET ÉVALUER LES RESSOURCES NÉCESSAIRES ET LE BESOIN D'EXTERNALISER

L'annonceur qui souhaite mettre en œuvre un plan de communication est confronté à la question des moyens dont il dispose pour le mettre en œuvre. Il doit d'abord évaluer les ressources nécessaires, identifier les ressources en interne afin de déterminer s'il est nécessaire de faire appel à des ressources en externe. Ces ressources sont de trois ordres.

I Les ressources financières

Le plan de communication est un poste de dépenses qui va entrer dans le coût de revient d'une opération commerciale et qui doit produire un retour sur investissement au niveau des ventes. Si la rentabilité escomptée est faible, le plan de communication peut lui-même être limité à quelques moyens. Se pose également la question du financement du plan : l'annonceur peut-il mobiliser le budget nécessaire pour lancer l'opération prévue ?

II Les ressources matérielles

Avant de décider de réaliser lui-même une partie de sa communication classique ou digitale (opérations de relations presse ou de marketing direct, création d'un site Internet, animation d'une communauté – *community management* –, création d'animations numériques), l'annonceur doit s'assurer qu'il dispose :

– des ressources matérielles suffisantes ;

> **EXEMPLE :** son site Internet, son *community management* ou encore des petites créations qui vont alimenter ses prises de parole sur le Web, dans son marketing direct ou encore ses relations presse.

– du matériel informatique et des suites logicielles qui font référence dans le métier. Si non, a-t-il les moyens d'investir dans ce matériel et ces logiciels ?

– d'un hébergement suffisamment professionnel auprès d'un fournisseur d'accès à Internet garantissant la sécurité de ses données, et, dans le cas d'un site marchand, de la sécurité des données et des paiements de ses clients.

Dans le cas d'une communication digitale, il est important d'avoir conscience des limites qui peuvent se poser : l'apparente facilité des outils, l'ambition de toucher rapidement et à peu de frais un public très large (voire international), grâce à un site et à des applications en ligne gratuites ou peu chères et aux réseaux sociaux, peuvent faire oublier à l'annonceur la nécessité de disposer d'outils professionnels, au risque d'avoir à refaire rapidement ce qu'il avait réalisé auparavant.

> **EXEMPLE :** un site marchand qui ne semble pas suffisamment professionnel peut décrédibiliser l'annonceur.

III Des ressources humaines, et surtout des compétences

Lorsqu'il décide de prendre en charge le plan de communication, l'annonceur doit constituer une équipe suffisante avec les compétences requises (conseil, créativité, technicité, qualités rédactionnelles…) pour mener à bien ses plans de communication. Il peut alors s'avérer nécessaire de recruter ou d'externaliser tout ou partie du plan de communication.

> **EXEMPLE :** un commerçant ayant des points de vente physiques et un site marchand pourra assurer en interne les relations presse, le *community management*, la mise à jour des produits en ligne, le marketing direct et la communication interne, mais devra souvent externaliser la création et l'optimisation du site marchand, le suivi de son référencement naturel (SEO) ou payant (SEA), une campagne de publicité (affichage, presse, Web…) pour attirer des visiteurs vers les magasins et vers le site.

Plusieurs paramètres sont à prendre en compte avant de décider s'il convient de prendre en charge en interne ou d'externaliser certaines actions de communication.

Paramètres du choix	Faire soi-même	Externaliser sa communication auprès d'un prestataire (agence ou prestataire spécialisé)
Regard sur la problématique	Bonne connaissance de son propre environnement (ses produits, son entreprise, son marché…).	Regard extérieur et objectif. Mais possible complaisance du prestataire pour fidéliser son client.
Expertise technique	Variable selon les cas.	Expertise, apport de compétences professionnelles, actualisées, que n'a pas l'annonceur. Mais maîtrise de ces compétences parfois difficile à apprécier.
Cohérence des prises de parole	Contrôle de l'ensemble de la communication, cohérence du discours (positionnement, promesse) lors de ses différentes actions de communication.	Cohérence non assurée si changements réguliers d'agences ou de prestataires. Une relation plus fidèle avec une agence peut garantir cette cohérence.
Délais	Variables. En cas d'urgence (cas fréquent en communication), l'annonceur ne peut pas toujours « mettre la pression » sur ses propres communicants.	Habitué à travailler avec des délais serrés. Mais l'annonceur doit rester vigilant, notamment lorsque le prestataire travaille également avec des clients plus importants à qui il peut donner la priorité.
Confidentialité	Plus grande maîtrise de la confidentialité de la démarche commerciale, du savoir-faire spécifique et des éventuelles difficultés rencontrées.	Obligation de confidentialité envers l'annonceur.
Coûts	Liberté dans les arbitrages à opérer. Mais maîtrise du budget de communication pas toujours assurée.	Coûts plus élevés (rareté de l'expertise, marges du prestataire) ou plus bas (économie d'échelle, situation concurrentielle du secteur favorisant des prix bas).
Droits d'auteur	Titularité des droits d'auteur sur ses propres créations.	Sauf clause contraire dans le contrat, titularité des droits d'auteur reconnue au prestataire.

Le choix d'un prestataire peut être rapide (consultation directe) ou plus long (compétition ou « appel d'offres privé »). Dans les deux cas, l'annonceur doit bien préciser ses besoins : de quelle prestation a-t-il réellement besoin ? La réponse n'est pas si simple, surtout quand on a recours à des solutions digitales, de plus en plus techniques.

> **EXEMPLE :** qui faut-il consulter pour optimiser les ventes d'un site Web marchand ? Est-ce un problème de référencement, « d'expérience utilisateur décevante » liée à des problèmes de navigation et d'ergonomie du site, d'une offre commerciale finalement peu attractive, ou d'un entretien insuffisant de la relation avec les clients ? Un spécialiste du référencement s'intéressera peu aux deux derniers aspects du problème.

Ensuite, l'annonceur devra définir les bons critères de sélection de ses sous-traitants. Une évaluation *a posteriori* de la qualité de la prestation sera indispensable : elle permettra à l'annonceur de vérifier si ses choix ont été pertinents et de décider s'il prolongera ou non la relation avec tel prestataire.

FICHE RESSOURCE

3

MOBILISER LES RESSOURCES HUMAINES ET FINANCIÈRES APPROPRIÉES

I Mobiliser les ressources humaines

1. Composer l'équipe projet

L'annonceur peut vouloir miser, selon les cas, sur une équipe interne (ses propres salariés membres du service Communication), externe (membres de l'agence et/ou des prestataires spécialisés) ou mixte. Ce dernier cas est fréquent dans la mesure où le responsable de la communication chez l'annonceur veut souvent s'assurer du bon déroulement du plan de campagne, et notamment du respect des délais. Des réunions régulières permettent alors de faire des points d'étape et de voir l'état d'avancement du plan (finalisation des livrables dans les délais impartis).

Pour un plan ambitieux faisant intervenir plusieurs prestataires, la constitution d'une équipe est plus complexe, surtout quand ceux-ci n'ont pas l'habitude de travailler ensemble.

2. Répartir les rôles

Une importante opération de communication engage de nombreuses équipes, ce qui nécessite la répartition claire des missions entre chacune et leur coordination.

Pour un plan de campagne largement externalisé, un document contractuel précise les engagements de chaque prestataire auprès de l'annonceur : collaborateurs mobilisés et tableau de répartition des tâches entre eux. Des espaces collaboratifs professionnels dédiés seront alors créés pour formaliser cette ventilation des rôles et suivre le projet.

Pour un plan interne moins complexe, de nombreux outils comme MS Project, GanttProject, Trello… peuvent être utilisés pour définir les rôles des différents membres de l'équipe et leur affecter leurs missions (ou tâches) respectives.

EXEMPLE : GanttProject ventile les tâches par équipier (onglet « Diagramme des ressources »). La réalisation de brochures de présentation de nouveaux produits destinées à des chefs de rayon de GSA a été réalisée par une petite agence, spécialisée dans la réalisation de documents commerciaux pour la grande distribution. À gauche, les tâches de chaque équipier ; à droite, en mars, la charge de travail de chacun (en jours).

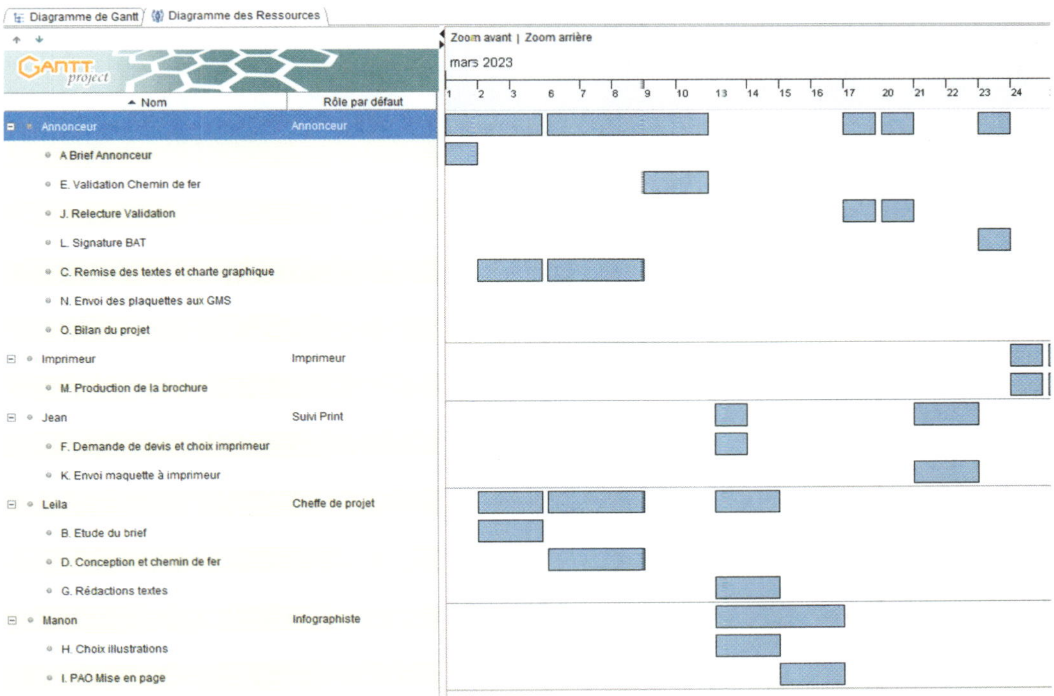

3. Assurer une bonne coordination

Qu'il s'agisse d'un projet réalisé en interne, externalisé ou mixte, l'annonceur doit veiller à son bon avancement et à la bonne coordination entre les membres du groupe. L'animation de l'équipe est décisive pour garantir le succès du projet. Elle suppose en amont la définition d'un planning général de travail, articulé autour de plusieurs réunions.

Une première réunion de cadrage
Elle officialise le démarrage du projet en clarifiant ses objectifs, ses contraintes, ses grandes échéances. Pour un plan complexe faisant intervenir différents prestataires, elle précise la répartition des missions entre les uns et les autres : c'est aussi l'occasion de présenter les responsables du plan chez chacun des prestataires. Les coordonnées de chaque responsable peuvent être enregistrées dans un espace de travail commun ou ***groupware*** dédié à ce plan : tous les documents essentiels de travail pourront y être également partagés, ainsi que le planning et les dates des prochaines réunions (ex. : Slack, Asana).
Des réunions périodiques
Elles permettent de faire des points d'étape, d'évaluer le degré d'avancement du projet. Une réunion commence par le rappel des éléments essentiels motivant le projet et des faits nouveaux à prendre en compte, puis se poursuit par l'état de réalisation des **livrables** prévus dans le planning et rappelés lors de la réunion précédente. Les retards éventuels doivent être expliqués et des **mesures d'ajustement** doivent éventuellement être décidées. Ces réunions servent aussi et surtout à bien coordonner le travail d'ensemble, à aplanir les difficultés et les fréquents manques de communication entre les uns et les autres, sachant que le retard des uns risque d'impacter le travail des autres. Enfin, chaque réunion est également l'occasion de motiver les collaborateurs et de consolider le groupe autour d'un objectif commun, même si la durée de vie de l'équipe est éphémère : à chaque nouveau projet, son équipe dédiée.
Enfin, une réunion de fin de plan de campagne
Elle sert à évaluer les derniers livrables et le degré d'atteinte des objectifs. Pour l'annonceur, c'est aussi l'occasion de tirer de la conduite de ce plan un **retour d'expérience** sur ce qui a bien fonctionné et sur ce qui devra être amélioré à l'avenir.

II Mobiliser les ressources financières et matérielles

Pour la communication d'entretien, récurrente, au service des produits et des marques, la détermination du budget repose souvent :

- soit sur l'expérience (par exemple, « dans notre entreprise, on consacre régulièrement 10 % du CA à la communication… ») ;
- soit sur la part de marché et la part de voix escomptée ;
- soit sur le calcul du seuil de rentabilité.

La question du budget est plus complexe pour un plan de communication :

- ambitieux ;

  EXEMPLE : première campagne TV de la marque.

- ou lié à une situation exceptionnelle.

  EXEMPLES : lancement d'un nouveau produit, arrivée d'un gros discounter sur le marché.

Dans ce cas, il faut négocier ce budget avec la direction Marketing concernée et probablement avec le directeur financier.

Toute demande de nouveaux moyens matériels fera également l'objet d'un arbitrage financier avec ces directions. Le responsable de la communication devra justifier ces dépenses en démontrant le retour sur investissement qu'elles devraient générer.

Applications

1 Pilotage d'un projet de diaporama

★

Vous êtes stagiaire en communication dans une petite entreprise qui propose des solutions domotiques à des particuliers (assistance informatique à la sécurité et au confort des logements : régulation de la température, des lumières…). Votre entreprise, encore jeune, a réservé pour la première fois un stand sur un salon de l'Habitat dans votre ville. Vous êtes chargé(e) de réaliser, avec deux autres collaborateurs, un diaporama séduisant de présentation de votre entreprise à partir de vidéos et d'images préexistantes disponibles en interne ou à acquérir sur des banques d'images et de vidéos.

1. Montrer l'intérêt de participer à ce salon.
2. Montrer l'intérêt de réaliser ce diaporama.
3. Évaluer les différentes ressources matérielles qui seront nécessaires pour le réaliser et l'utiliser sur votre stand.
4. Présenter une démarche générale de réalisation de ce diaporama en tant que support de communication de votre entreprise.

2 Réaliser un premier site d'e-commerce

★★

Vous travaillez au sein du service Marketing-Communication d'un commerçant indépendant conscient de la nécessité d'être également présent sur Internet.

Voici quelques-unes des activités requises pour la création d'un site d'e-commerce :

a. réaliser l'arborescence du site ;
b. créer une première maquette ;
c. assurer la promotion du site (achat de mots-clés et de publicité sur d'autres sites – *display*) ;
d. gérer son référencement naturel ;
e. optimiser la navigation et le parcours client (*web-design*, UX *design*) ;
f. définir les attentes de l'entreprise pour ce site (cahier des charges fonctionnel) ;
g. choisir les produits à mettre en avant et les promotions.

1. Réorganiser dans l'ordre les étapes de la création de ce projet.
2. Quelles activités pourraient être réalisées en interne ? Lesquelles devront être externalisées ? Justifier.
3. Lister les critères de choix qui pourraient être utilisés pour retenir les meilleurs prestataires.
4. Montrer qu'un tel projet justifie d'utiliser une démarche de conception-réalisation agile.

3 Vérifiez vos connaissances

L'annonceur Danone innove régulièrement et lance des produits de grande consommation (PGC) vendus par le canal de la grande distribution (grandes surfaces alimentaires, GSA). Pour ces lancements, Danone fait régulièrement appel à des intervenants internes (I) et externes (E). Voici une liste des actions nécessaires pour le plan de communication commerciale d'un produit aux vertus nutritionnelles fortes.

1 Remettre ces différentes actions dans un ordre logique.
2 Indiquer, pour chacune d'elles, si elle est réalisée par un intervenant interne (I) ou externe (E).

	Ordre	Missions	I	E
a	………	Une agence de marketing opérationnel réalise les animations en magasin (PLV, dégustations…).	☐	☐
b	………	Des commerciaux de chez Danone démarchent les chefs de rayon des GMS pour leur proposer des « aides à la vente » (dont des PLV et des promotions) pour stimuler le référencement et des ventes rapides de ce nouveau produit.	☐	☐
c	………	Une opération de relation presse est réalisée (communiqués, dossiers de presse, conférence de presse…) par une agence spécialisée dans les relations presse (comme Rumeur Publique).	☐	☐
d	………	Une agence spécialisée dans la réalisation de supports de promotion des ventes réalise les visuels des emballages-conditionnements (*packagings*) promotionnels, des coupons de réduction, des fiches produits…	☐	☐
e	………	Le service Marketing fixe les objectifs commerciaux pour cette catégorie de produits. Ses choix reposent sur des *datas* compilées sur le Web par son service informatique et les résultats des panels de distributeurs et de consommateurs.	☐	☐
f	………	Une agence conseil en communication (comme BETC) définit la stratégie d'ensemble (recommandation d'agence).	☐	☐
g	………	Une agence spécialisée dans le repérage de relais réalise une action en direction des influenceurs, des nutritionnistes…	☐	☐
h	………	Une agence média (comme Carat) optimise l'achat d'espaces et propose un conseil en médiaplanning. En relation avec les régies des supports retenus (moyens médias classiques et digitaux), elle réserve l'espace où seront diffusés les messages publicitaires « classiques » (affichage classique et digital, TV, presse magazine, radio, cinéma) et digitaux (*display* sur des sites Web et sur les réseaux sociaux).	☐	☐
i	………	Le responsable du *community management* et du *brand content* chez l'annonceur prend en charge les *posts*, *stories* diffusées sur les réseaux sociaux, et assure la gestion des échanges avec le public.	☐	☐
j	………	Un rédacteur Web du service Communication alimente l'onglet « Magazine » du site de Danone pour présenter les vertus de ce nouveau produit.	☐	☐

CHAPITRE 12

Mesurer la performance d'un plan de communication commerciale

Contexte professionnel

Compétences professionnelles

- Définir les indicateurs de performance
- Mesurer l'efficacité du plan de communication
- Réaliser un bilan du plan de communication

Savoirs associés

- Les indicateurs de performance du plan de communication
- Documents de suivi du plan de communication (tableau de bord)
- Le bilan du plan de communication

Payote est une jeune entreprise créée à Perpignan en 2016 par Olivier Gelly. Ce dernier, un pur entrepreneur intuitif, voulait relancer l'intérêt pour l'espadrille, très prisée dans le Midi, en la rendant plus attractive et plus à la mode grâce à une démarche de customisation permettant de proposer de nombreux modèles colorés, dessinés et même parfois personnalisés.

Pour communiquer, il a su pleinement profiter des opportunités du Web avec son site marchand, les réseaux sociaux et des partenariats avec d'autres revendeurs en ligne. Son offre est également visible dans deux boutiques Payote (à Perpignan et à Toulouse), qui ont été financées grâce à des opérations de *crowdfunding* (financement participatif en ligne) qui ont renforcé la notoriété et l'e-réputation de la marque Payote.

Olivier Gelly n'a pas négligé pour autant une communication plus classique (affichage, radio, insertions presse, relations presse et publiques, promotion des ventes), acquérant ainsi une bonne visibilité nationale. Son enthousiasme, sa démarche et ses produits lui ont aussi permis de réaliser des collaborations avec le XV de France, les Jeux olympiques, le Louvre et même l'Élysée, toutes donnant lieu à des créations originales.

Le succès est au rendez-vous : le chiffre d'affaires dépasse le million d'euros et l'entreprise compte 16 employés. Une usine est en projet : elle permettra de répondre aux 3 millions de commandes annuelles insatisfaites, venant du monde entier, faute d'une production suffisante.

Vous êtes stagiaire au sein du service Communication de Payote. Votre tuteur vous demande de l'aider à mesurer plus rigoureusement la performance de ses actions de communication commerciale.

Reportage TV sur l'atelier perpignanais de Payote
Vidéo
liennathan.fr/3yn94q

Comprendre le contexte

1. Montrer en quoi le Web a permis à Payote de se faire connaître et de se développer.
2. Relever tous les moyens utilisés pour donner de la visibilité à la marque.
3. Indiquer les raisons pour lesquelles Payote doit se préoccuper de la mesure de l'efficacité de sa communication.

1 Recourir à un tableau de bord

Olivier Gelly s'interroge sur l'utilité d'un tableau de bord de communication commerciale pour une petite entreprise comme Payote. Vous devez alimenter sa réflexion.

Document 1
Fiches ressource 1 et 2

1. Présenter à Olivier Gelly les avantages qu'il pourrait tirer d'un tableau de bord de communication commerciale.
2. Présenter les étapes de réalisation d'un tableau de bord.
3. Faire des préconisations pour éviter qu'un tel outil ne devienne trop contraignant pour Payote.

Document 1 Interview d'Olivier Gelly : Payote face à son avenir

Le changement de taille de Payote a-t-il modifié votre manière de piloter la communication de l'entreprise ?
Nous sommes désormais 16 et je sens bien que nous avons franchi un cap qui m'oblige à me comporter de manière plus rigoureuse, ce qui n'était pas dans ma nature. J'essaie de bien expliquer ma stratégie à mes collaborateurs afin qu'ils comprennent mieux où nous allons avec cette future usine et quelles sont nos priorités en termes commerciaux et de communication.
J'ai dû également m'obliger à fixer des missions et des objectifs plus précis à chaque collaborateur. J'attends aussi d'eux le même effort pour qu'ils communiquent sur leurs propres résultats, à mon égard, et à l'égard des autres.
Voilà pourquoi je veux que nous mettions en avant quelques chiffres significatifs dont tout le monde doit comprendre l'intérêt et l'incidence sur son travail. Cela nous permettra d'être plus vigilants, mais sans perdre de vue ce qui a fait notre force : intuition, enthousiasme et humour, créativité, envie de tester ce qui nous paraît intéressant sans l'écarter *a priori*. Sinon, chacun risque de se concentrer exclusivement sur son travail et ses résultats, ce qui nous appauvrirait collectivement.
De même, je souhaite évaluer chaque action de communication afin de mieux sélectionner à l'avenir les moyens classiques et digitaux vraiment performants, en confrontant leur coût avec les résultats qu'ils ont produits. Une difficulté importante est de bien apprécier les moyens dont les effets se font sentir avec le temps et pas forcément tout de suite sur les ventes : je pense à notre notoriété et à notre image, par exemple.

Qu'est-ce qui freine votre développement actuel ?
Nous recevons de notre fournisseur, implanté dans le Sud-Ouest, les semelles à partir desquelles nous réalisons nos espadrilles (découpe de la toile et customisation sont réalisées dans notre atelier). Pour l'instant, et même avec de grosses commandes venant du monde entier (jusqu'à 3 millions actuellement !), nos ambitions commerciales sont bloquées faute de stocks suffisants de semelles. Notre fournisseur ne peut pas nous fournir plus de 80 000 paires par an. Pas question d'aller se fournir hors de France, c'est dans l'ADN de Payote ! D'où la nécessité d'implanter rapidement notre propre usine (d'ici 2025) et, dans l'immédiat, de mieux valoriser nos transactions et faire monter en gamme nos produits.
En effet, l'espadrille est trop souvent perçue comme un produit basique, de faible valeur et rapidement jetable en fin d'été. Nous proposons au contraire de vraies chaussures, de qualité et à la mode. Et nous devons le faire savoir encore plus et mieux !
Nous sommes ainsi très actifs sur Instagram, notamment pour bien mettre en valeur nos derniers modèles. Cette démarche nous a valu de nombreux retours positifs auprès des clients, de la presse féminine, d'influenceurs et même de partenaires (des marques ou des distributeurs) voulant travailler avec nous. Ce fut le cas dernièrement avec OMY, la marque de cadeaux créatifs pour enfants, avec qui nous avons imaginé des Payote à colorier : succès garanti sur les réseaux !

Interview d'Olivier Gelly, mars 2023.

La fabrication des espadrilles de Payote
Vidéo
liennathan.fr/6d2fe4

Suite à vos échanges, vous avez soumis à Olivier Gelly une première présentation assez sommaire du suivi des objectifs généraux commerciaux et de communication, sur la base des deux dernières années connues.

➊ Documents 2 à 4
➊ Fiche ressource 2

4 Établir une distinction entre objectifs commerciaux et objectifs de communication commerciale.

5 Apprécier la pertinence des objectifs généraux commerciaux et des objectifs généraux de communication commerciale que vous avez choisis.

6 Compléter les tableaux des documents 2 et 3, puis les commenter.

7 Discuter le rapprochement qui est fait entre les indicateurs « taux de satisfaction » et « NPS » (*Net Promoter Score*).

Document 2 Objectifs généraux commerciaux de Payote

	Données N	Objectifs N+1	Objectifs N+1 en %[1]	Réalisé N+1	Réalisé N+1 en %[2]	Écart
Ventes en volume	60 000	63 000		63 000		
Ventes en valeur	1 200 000	1 300 000		1 320 000		
Prix moyen	20 €					

1. Par rapport aux données N
2. Par rapport aux objectifs en N+1

Document 3 Objectifs généraux de communication commerciale de Payote

	Données N	Objectifs N+1	Réalisé N+1	Écart
Notoriété en France	4 %	5 %	6 %	
Notoriété dans les Pyrénées-Orientales	18 %	20 %	25 %	
Image positive et attractive*	6,5	7	8	
Incitation à aller sur le site et dans les boutiques*	5,5	6	7	
Taux de satisfaction client ou NPS	50 %	55 %	60 %	

* Notes sur 10

Document 4 L'intérêt du *Net Promoter Score* (NPS)

Le NPS (*Net Promoter Score*) est un indicateur permettant de mesurer la recommandation des clients envers une marque. Indirectement, le NPS permet de mesurer la fidélité et la satisfaction des clients *via* le fait qu'ils recommanderaient (ou pas) une marque à des proches. Le NPS permet d'identifier le pourcentage de promoteurs, de personnes avec un sentiment neutre et de détracteurs vis-à-vis d'une marque et d'un produit.

Est-ce que vous recommanderiez nos produits et nos services à une de vos connaissances ?

NPS = Taux des promoteurs (9 et 10) – Taux des détracteurs (0 à 6)

Au-delà de la formule de calcul, il y a un vrai sens derrière le NPS, à la fois de manière opérationnelle (détecter l'insatisfaction), mais aussi stratégique (quelle est l'évolution de mon indicateur, et quel est le NPS moyen de mon secteur et de mes concurrents).

L'intérêt du NPS, c'est que le calcul est simple, et ce chiffre peut être partagé dans toute l'entreprise et devenir un outil de diffusion de la culture client.

Frédéric Canevet, www.conseilsmarketing.com

2 Construire le tableau de bord : définir les indicateurs pertinents

Après la réflexion préalable sur les objectifs de Payote, le service Communication a réalisé une première maquette du tableau de bord. Elle se compose de deux principaux modules :
– les objectifs généraux (commerciaux et de communication) vus précédemment (activité 1) ;
– les résultats spécifiques de trois moyens de communication (relations presse, réseaux sociaux, site marchand).
Vous présentez l'état de votre réflexion sur cette maquette.

Documents 5 à 9
Fiches ressource 2 et 3

1 Justifier le choix qui a été fait de suivre dans le tableau de bord trois moyens de communication : relations presse, réseaux sociaux, site marchand.

Votre tuteur souhaite évaluer l'efficacité de la communication de la marque réalisée par le biais des relations presse et vous demande votre contribution.

Documents 5 à 9
Fiches ressource 2 et 3

2 Discuter l'intérêt et les limites des indicateurs retenus.

3 Commenter les résultats obtenus lors de la première phase de la campagne et présentés dans le tableau « Impact des relations presse ».

4 Proposer d'autres indicateurs pertinents.

Document 5 Les moyens de communication commerciale de Payote

Payote actionne de nombreux leviers pour communiquer. Principalement :

- de la **publicité classique**, avec particulièrement de l'achat d'annonces presse dans des pages dédiées à l'actualité commerciale de magazines (TV, féminins…) ;
- des **relations presse**, entretenues régulièrement par le biais d'une agence de relations presse parisienne (Flag) et qui ont permis à Payote d'être interviewé par de grands titres de presse (*Le Parisien*, *20 Minutes*, *Ouest France*, *La Dépêche du Midi*, *Le Midi Libre*, *L'Indépendant catalan*…) et de faire l'objet de reportages qualitatifs sur la plupart des grandes chaînes TV (TF1, France 2, France 3, M6, BFM). L'agence est abonnée à **Kantar Media**, qui lui fournit des résultats réguliers sur ces différentes retombées. C'est elle qui se charge également d'acheter de la publicité dans la presse écrite ;
- des échanges de marchandises avec des **radios locales** (citation de la marque contre une offre de produits à faire gagner aux auditeurs, lors des jeux de la station) ;
- de nombreuses **collaborations avec d'autres marques** (Jules, Goldorak, XV de France, Le Louvre, l'Élysée, la NBA…) et de grands événements (Coupe du monde de rugby, Jeux olympiques), permettant à Payote de proposer des modèles spécifiques ;
- du **sponsoring** (clubs de rugby à XV et à XIII de Perpignan) ;
- des **partenariats** avec d'autres opérateurs en ligne (revendeurs, spécialistes d'offres de coupons de réduction…) ;
- le **site marchand** (90 % des ventes) et les **réseaux sociaux** (Facebook, Instagram, LinkedIn, TikTok, Twitter), dont la visibilité et l'attractivité sont renforcées par de la publicité digitale (achat régulier de mots-clés et *display* Web) et des dispositifs promotionnels ;
- des **ateliers**, désormais payants, qui permettent à des particuliers de découvrir Payote tout en s'initiant à la fabrication d'espadrilles : le succès a été immédiat et Olivier Gelly en profite pour écouter attentivement les remarques de ses clients ;

Document 6 Les moyens de communication commerciale de Payote (suite)

• les deux **boutiques**, qui permettent de montrer les produits et de les vendre dans une logique souvent *Web-to-store* (après consultation du site, certains clients se déplacent vers le magasin).
La présence de Payote dans les médias (presse écrite, radio, TV) stimule à son tour les connexions sur le site et les ventes : en novembre 2022, après un passage remarqué dans l'émission *66 Minutes – Le Grand Format* de M6, les commandes se sont littéralement envolées. Noël n'était pas loin !
• La présence de Payote chez certains **gros distributeurs** (Galeries Lafayette, E.Leclerc) renforce également la visibilité de la marque.

Source interne Payote.

La boutique Payote, à Toulouse.

Document 7 Un exemple de retombée presse écrite (Le Parisien)

Des espadrilles à l'effigie de la reine Élisabeth II
Article
liennathan.fr/2q37ps

Document 8 L'efficacité des relations presse

Faire passer le bon message au public, par les bons relais

Camille travaille depuis plus de 15 ans dans les relations publiques et presse, et perçoit son rôle comme celui d'une ambassadrice des annonceurs pour qui elle travaille.

La sortie du Covid nous a donné un sérieux coup de fouet : nous avons senti qu'il fallait qu'on fasse front avec nos clients afin de relancer la machine trop longtemps grippée qu'était leur entreprise. Notre relation avec eux s'est souvent construite dans la durée. Cette confiance que nous avons réussi à établir avec eux, nous devons également l'obtenir des médias vers qui nous adressons nos communiqués et nos dossiers de presse, et dont nous attendons qu'ils relaient l'actualité de nos clients, le mieux possible. Avec eux, on ne peut pas passer en force : il faut obtenir le droit de rencontrer les journalistes, de les faire venir à des conférences de presse, d'obtenir d'eux qu'ils couvrent une actualité de notre annonceur.
C'est cela la performance de notre point de vue : des retombées presse de qualité, émanant de supports et de journalistes reconnus pour leur expertise. Quantifier le nombre d'articles obtenus ou même les chiffrer financièrement n'a pas beaucoup de sens, finalement, par rapport à la qualité de ce qui va être publié.

Interview de Camille, responsable grands comptes en agence de relations presse.

Document 9 L'impact des relations presse (maquette du tableau de bord Payote)

Impact des relations presse au 28/03	Données N	Objectif N+1	Réalisé N+1	Écart
Nombre d'articles de presse écrite obtenus (supérieurs à ¼ de page)[1]	15	15	15	0
Nombre de reportages TV-Web obtenus (de plus de 2 min)[1]	8	10	12	+ 2

Chiffres modifiés pour des raisons pédagogiques.

Votre tuteur souhaite mesurer précisément l'efficacité de la communication de la marque sur les réseaux sociaux. Il vous met à contribution pour réaliser une étude.

Documents 10 à 12
Fiche ressource 2

5 Discuter l'intérêt et les limites des indicateurs retenus.

6 Compléter le tableau « Impact des réseaux sociaux », puis commenter les résultats.

7 Proposer d'autres indicateurs pertinents.

Document 10 L'approche des réseaux sociaux par Payote

L'approche des réseaux sociaux est marquée par une double logique : des actions récurrentes dictées par le calendrier des événements habituels (Noël, Saint-Valentin, fête des Mères…) et des actions plus opportunistes, quand une actualité se présente et sur laquelle Payote rebondit avec des *posts* amusants (finale de Coupe du monde : « on croise les pieds »…) ou avec une offre spécifique (des espadrilles recyclées, des masques gratuits dès les premiers jours du confinement suite au Covid en 2021, un modèle d'espadrilles en hommage à la reine d'Angleterre…). Dans ce dernier cas, des retombées presse sont fréquentes, les journalistes voulant se saisir de cette actualité.
Autre exemple spectaculaire : l'annonce sur les réseaux de l'ouverture de la boutique de Toulouse, avec le message suivant : « Les 100 premiers clients venant pieds nus auront droit à une paire gratuite ! », a provoqué une file d'attente impressionnante le 7 mai 2022.

Source interne Payote.

Document 11 L'efficacité des réseaux sociaux : le point de vue d'un *community manager*

Bien sûr, l'e-commerçant voulant communiquer également *via* les réseaux sociaux devra surveiller le nombre d'abonnés, le nombre de visites par profil, la couverture des *posts*, le taux d'engagement sur chacun d'eux et enfin, le taux de conversion en ventes réelles. Certains tableaux de bord vont détailler certaines ou toutes les opérations liées à un achat publicitaire sur les réseaux sociaux (*social paid*) pour évaluer le rapport efficacité/coût de l'action.

Il y a plusieurs techniques pour un e-commerçant pour être performant sur les réseaux sociaux, mais selon moi, ce qui changera tout et lui permettra de viraliser son contenu sera son *storytelling* : il faut vraiment le travailler. En effet, les clients cherchent du sens, et des valeurs, plus qu'un simple produit qui existe bien souvent déjà ailleurs. Le ton, la manière de présenter les choses favorisent aussi une proximité avec la cible visée… comme c'est le cas dans les médias classiques.

Et par la suite, il faut s'adapter à chaque réseau social pour le contenu et les formats, jusqu'à ce que ça prenne. Ce travail de veille permanent sur ce qui fonctionne sur telle plateforme à un moment donné est essentiel avant d'envisager de lancer ses propres actions.

Interview de Christopher Buss, *community manager* et formateur en communication sur les réseaux sociaux.

Document 12 L'impact des réseaux sociaux (maquette du tableau de bord Payote)

Impact des réseaux sociaux (RS)	Objectif N+1	Réalisé N+1	Écart
Nombre d'abonnés	+ 10 %	+ 13 %	+ 3 %
Portée moyenne des publications	+ 20 %	+ 22 %	+ 2 %
Engagement moyen	2 %	3 %	+ 1 %
Contribution des RS aux ventes	+ 20 %	+ 25 %	+ 5 %

Chiffres modifiés pour des raisons pédagogiques.

Selon *Les Échos*, dès la fin 2019, au bout de 3 ans d'existence et 50 000 paires vendues, Payote comptait déjà environ 20 000 *followers* sur Facebook et 12 000 sur Instagram.
Le *post* le plus viral en 2022 a été l'hommage sincère fait à la reine d'Angleterre sous forme d'une création originale d'espadrilles non destinées à la vente. Devant l'emballement du public, le modèle a été décliné en 500 paires, vendues en quelques jours en France et à l'étranger. Tous les bénéfices ont été reversés à l'association « Les Apprentis d'Auteuil ».

Source interne Payote.

Depuis sa création, le site marchand est l'un des piliers essentiels de la communication de la marque. Il a accompagné son développement. Votre tuteur souhaite mesurer précisément l'efficacité de la communication de la marque due à son site Web. Il vous met à contribution pour réaliser une étude.

Documents 13 et 14
Fiche ressource 2

8 Discuter l'intérêt et les limites des indicateurs retenus.

9 Commenter les résultats présentés dans le tableau « Impact du site Web » de Payote.

10 Proposer d'autres indicateurs pertinents.

Document 13 L'efficacité d'un site marchand : le point de vue d'un expert

À chaque e-commerçant, ses KPI

Le plus important, en début d'activité, est de développer sa visibilité et ses ventes. Le CA est la clé d'entrée essentielle vers la rentabilité à terme (attention, ça prend du temps !), mais n'oubliez pas que c'est aussi une source de crédibilité face aux fournisseurs et aux banques. Ce n'est qu'en phase de croissance-maturité qu'on surveillera davantage la rentabilité à travers la marge dégagée et le coût d'acquisition.

Surveiller son activité, c'est faire en permanence des comparaisons de mois en mois et d'un mois donné par rapport à ce même mois un an avant, et en tirer des tendances. Certaines hausses ou baisses sont logiques car liées à des activités saisonnières (par exemple, des articles de plage) ; les autres doivent être analysées avec précision car elles sont révélatrices d'un problème ou d'un phénomène positif à bien interpréter : hausse durable, succès feu de paille ? À ce stade, il ne faut pas perdre de vue que chaque e-commerçant est un cas particulier : à chacun ses spécificités et une analyse sur mesure de ses résultats s'impose. Il faut se créer son propre tableau de bord, avec quelques indicateurs clés et s'y tenir.

La rentabilité, entre marge et coût d'acquisition

Pour un e-commerçant, en phase de croissance ou de maturité, la rentabilité est l'objectif essentiel à atteindre. Souvent, le taux de marge pour une catégorie de produits est le même (par exemple, 50 % : un produit dont le coût de revient est de 10 € sera vendu 15 €). Il faut donc être très attentif au panier moyen du client et à son évolution (par rapport à M-1 et à N-1). Si on réussit à faire augmenter ce panier moyen, on pourra mieux faire des économies d'échelle et réduire le poids unitaire des charges fixes. Pour chaque vente, il faut surveiller le coût d'acquisition du client : combien a-t-il fallu débourser pour réussir telle vente ? Ce coût sera très faible si on se base sur les résultats obtenus après l'envoi d'un mail commercial ; plus cher si on l'accompagne d'une offre promotionnelle amputant notre marge. Souvent plus cher avec l'achat d'*ads* (*adwords* ou mots-clés).

Interview de Stephen Puig,
développeur de sites marchands et formateur.

Document 14 L'impact du site Web (maquette du tableau de bord Payote)

Impact du site Web	Objectif N+1	Réalisé N+1	Écart
Trafic global	+ 10 %	+ 15 %	+ 5 %
Nombre de ventes abouties	+ 5 %	+ 8 %	+ 3 %
CA réalisé en ligne	+ 10 %	+ 15 %	+ 5 %
Panier moyen	+ 10 %	+ 13 %	+ 3 %
Taux d'abandon du panier	20 %	14 %	– 6 %
Taux de retour des produits	15 %	12 %	– 3 %

Chiffres modifiés pour des raisons pédagogiques.

En 2022, Payote a investi environ 1 000 € par mois en mots-clés (sur Google et Méta) et en *display* Web (bannières sur des sites ou sur les réseaux).

Source interne Payote.

3 Réaliser un bilan du plan de communication commerciale

À la suite des analyses précédentes discutées avec Olivier Gelly, ce dernier vous demande de prendre du recul et de lui proposer un bilan global de cette communication. Vous devrez croiser les différents éléments évalués précédemment avec les propos d'Olivier Gelly.

Documents 15 et 16
Fiche ressource 2

1 Établir, à partir des résultats précédents, un bilan quantitatif, puis un bilan qualitatif, indiquant si les objectifs généraux de Payote ont bien été réalisés au cours de l'année étudiée.

2 Au vu de ces bilans et des commentaires d'Olivier Gelly, proposer un retour d'expérience et des pistes d'amélioration pour la communication commerciale de Payote.

Document 15 La presse parle de Payotte

Des visites gratuites devenues des ateliers payant
Article
liennathan.fr/s4g3q2

Des collaborations inattendues
Article
liennathan.fr/fw598q

Document 16 Interview d'Olivier Gelly

Nous venons de vivre chez Payote des années étonnantes. La pandémie nous a bloqués bien sûr, mais en même temps, elle nous a permis d'accroître le capital de sympathie de la marque en fabriquant et en offrant gratuitement des masques à des hôpitaux, par exemple. La presse en a parlé souvent et la population ainsi que les responsables régionaux ont apprécié ce geste. De ce fait, notre discours d'entreprise citoyenne en est sorti renforcé : le *made in* France, le refus d'importer des semelles ou de délocaliser la production, la réalisation de certains modèles d'espadrilles avec du plastique recyclé… sonnent encore plus justes aujourd'hui.
En termes de management, je retiens l'idée que manager est un métier auquel je n'étais pas préparé : prévoir, chiffrer, faire des tableaux de bord, répartir et contrôler le travail de mes collaborateurs… n'était pas dans ma nature ! Mais j'apprends tous les jours. Fixer des objectifs de communication me semble également important, même si cet aspect de la gestion reste difficile à mettre en place, par manque de temps, d'outils et probablement de rigueur dans notre manière de faire : l'urgence ou les opportunités commandent encore souvent nos actions, sur les réseaux sociaux, particulièrement.
À terme, il nous faudra un véritable directeur de la communication.
Comme beaucoup de start-up, nous devons notre succès à Internet et aux réseaux sociaux, qui nous permettent de nous constituer une communauté qui à son tour parle de nous.

Interview d'Olivier Gelly, mars 2023.

FICHE RESSOURCE

1

ÉVALUER LA COMMUNICATION COMMERCIALE À L'AIDE D'UN TABLEAU DE BORD

I La notion de tableau de bord

Le tableau de bord est un outil de pilotage pour suivre et évaluer l'efficacité d'une campagne de communication.

Son rôle est multiple :
– proposer une présentation synthétique des résultats ;
– mesurer l'efficacité de la communication commerciale ;
– faciliter la réactivité des décideurs et de leurs collaborateurs ;
– visualiser la répartition des responsabilités.

Le tableau de bord permet aux managers de fixer des objectifs précis à atteindre à leurs collaborateurs ; pour chaque objectif, un ou plusieurs indicateurs chiffrés guident l'action et évaluent les résultats obtenus. Il permet de s'assurer régulièrement que l'atteinte des objectifs est respectée. En cas d'écarts, des décisions correctrices permettront de « rétablir le cap ». En disposant de données fiables et régulièrement actualisées, le décideur est plus réactif. Ses décisions sont mieux étayées.

II Les avantages du tableau de bord du service Communication

La direction du service Communication, grâce au tableau de bord :
– crédibilise ses actions auprès de la direction générale et celle des autres services pour défendre son budget, qui peut entrer en concurrence avec celui d'un autre service ;
– sensibilise les dirigeants à des problématiques de communication dont ces derniers pourraient sous-évaluer l'importance.

EXEMPLE : le lien entre une baisse de la notoriété et une baisse des ventes.

En interne, le tableau de bord est un outil de management de l'équipe : il clarifie les missions de chacun, facilite l'adhésion de l'équipe aux objectifs communs et, en fin de cycle, permet d'évaluer les résultats de chacun. Il permet également de suivre les dépenses du service Communication et de les confronter au budget alloué par le service financier de l'entreprise.

Une synthèse finale du tableau de bord doit indiquer si le plan de communication a bien produit un retour sur investissement (ou *Return on Investment*, ROI).

Face à la concurrence, le tableau de bord se doit de proposer des indicateurs permettant de se comparer aux concurrents et surtout aux meilleurs (*benchmarking*).

III Les limites des tableaux de bord en communication

Toute décision comporte une prise de risque : le meilleur des tableaux de bord pourra « encadrer » le risque, sans le faire disparaître. Il doit être utilisé sous certaines conditions.

- **Bien connaître les limites d'un indicateur**

EXEMPLE : dans l'absolu, toute réaction des internautes fait grimper le **taux d'engagement** ; il faut donc analyser les commentaires et ne pas retenir uniquement ceux qui sont positifs.

- **Apprécier la qualité des retombées médiatiques**

EXEMPLE : à la suite d'une opération de relations presse ou d'un événement, le revenu équivalent publicitaire permet de « monétiser » les retombées presse obtenues gratuitement. S'il avait fallu payer l'espace correspondant à ces articles, combien aurait-il fallu débourser ? L'économie réalisée sert ainsi d'indicateur de performance des actions de relations presse. Or, ce qui compte, c'est moins le nombre d'articles obtenus et leur volume que la réputation des titres et des journalistes qui ont parlé de nous, et des contenus positifs de leurs articles ou reportages.

• Éviter l'obsession du résultat à court terme

Les objectifs d'une communication commerciale nécessitent un temps plus ou moins long pour être atteints. La fidélisation des clients nécessite d'instaurer une relation durable avec eux, rentable à terme.

EXEMPLES : consolider une image, gagner en notoriété et en attractivité, obtenir la confiance des parties prenantes.

• Ne pas mettre les équipes sous pression

L'évaluation des individus au sein d'un service Communication est difficile car c'est le travail de toute l'équipe qui permet d'obtenir un résultat.

EXEMPLE : la partie « conseil » (analyse et instructions créatives) est souvent invisible alors que les créations et le plan média sont visibles. Le jugement sur la pertinence du travail stratégique est donc délicat.

• Tenir compte des limites des indicateurs quantitatifs

Si les indicateurs permettent d'obtenir des mesures objectives, il est aussi nécessaire d'avoir des indicateurs qualitatifs pour rendre compte de l'efficacité du plan de communication.

EXEMPLE : la qualité des relations de confiance d'un annonceur avec ses clients ou ses prestataires.

• Faire du sur-mesure

À chaque entreprise, son tableau de bord.

IV De la mesure spécifique des campagnes de publicité aux tableaux de bord

Le recours au tableau de bord ne fait pas disparaître l'évaluation spécifique des campagnes publicitaires. Traditionnellement, une campagne publicitaire commerciale, parce que souvent très coûteuse, est évaluée à trois niveaux :

En amont	Des **pré-tests** permettent de valider la pertinence formelle des messages (« pré-tests diagnostics ») et leur capacité à générer de bons résultats sur la cible visée (« pré-tests pronostics »).
À la fin de la campagne	Des **post-tests** permettent de mesurer les résultats de la campagne au regard des objectifs cognitifs, affectifs et conatifs attendus. **EXEMPLES :** taux de mémorisation de la campagne, taux d'attribution de celle-ci au bon annonceur, taux d'agrément (d'appréciation) du message, taux d'incitation à se renseigner, essayer, acheter…
Après la campagne	Quelques mois plus tard, un **bilan de campagne** plus complet permet d'évaluer l'efficacité de la campagne de communication en intégrant à la fois les résultats du post-test, ceux d'études de notoriété et d'image et enfin, les résultats sur l'évolution des ventes.

La digitalisation des moyens de communication a modifié la donne : alors que les campagnes publicitaires classiques sont discontinues et délicates à évaluer au niveau de leur impact sur les ventes, les campagnes digitales peuvent être permanentes et leur performance peut être mesurée immédiatement.

EXEMPLES : taux de clic, taux de conversion, taux de satisfaction, ventes sur un site marchand.

De ce fait, les tableaux de bord deviennent incontournables. Cependant, la mesure de la notoriété d'un annonceur ou la perception de son image nécessitent un laps de temps plus important. Il faut donc concevoir les tableaux de bord de manière souple et modulable selon ce que l'on veut mesurer : les tableaux de bord contiennent des parties fixes pour faciliter les analyses dans le temps, et d'autres variables, pour des raisons plus conjoncturelles (par exemple, mesurer l'impact d'une Coupe du monde ou l'atteinte d'objectifs à court terme).

FICHE RESSOURCE

2

ÉLABORER ET UTILISER UN TABLEAU DE BORD DE COMMUNICATION COMMERCIALE

Le service Communication de l'annonceur doit respecter plusieurs étapes pour concevoir et exploiter correctement son propre tableau de bord.

I Première étape : construire la structure du tableau de bord

La direction du service Communication doit d'abord décider si le tableau de bord de communication commerciale doit détailler toutes les actions ou se contenter de surveiller celles qui sont jugées prioritaires. La question prend tout son sens quand l'entreprise gère un portefeuille de marques étendu.

Le tableau de bord se présente sous la forme d'un tableau structuré ou d'un ensemble de graphiques : une très grande liberté de présentation règne en la matière. Les spécialistes recommandent la sobriété car « trop d'informations tuent l'information ». Trois objectifs par domaine de communication avec, pour chacun d'eux, trois à cinq indicateurs, sont suffisants.

EXEMPLE : extrait d'un tableau de bord pour la communication commerciale (année N+1) d'une entreprise proposant des vêtements de qualité pour préados, appréciés des mères de famille, mais jugés « trop sages » par les préados. Sa gamme de prix est moyenne-haute. Ses volumes de vente varient en fonction des canaux de vente : site marchand = 30 % des ventes, espaces dédiés à la marque dans des grands magasins (« *corners* concédés ») = 70 % des ventes.

Objectifs de communication	Cibles	Moyens	Indicateurs	Résultat attendu	Résultat obtenu	Écart
1. Rajeunir l'image perçue de notre marque de vêtements	10-13 ans	Sponsoriser une équipe réputée de e-sport avec page dédiée sur notre site	Taux de satisfaction	*Net Promoter Score* (NPS) : + 20 %		
		Challenges sur TikTok	Taux d'engagement	Atteindre 3 % d'engagement positif (*likes*, avis positifs)		
		Display sur YouTube et Twitch	Taux de clics sur les publicités en ligne effectués par cette cible	+ 25 % de trafic vers notre site		
		Contrat avec un influenceur	Taux de trafic	+ 10 % de trafic vers notre site		
2. Stimuler des essais	Parents des préados	PLV Grands magasins	Connexions sur les pages de notre site par cette cible	+ 20 % de trafic		
		Promotions régulières en ligne (offres spéciales)	Évolution des ventes en magasin et en ligne	+ 5 % attendus		

Les colonnes « Cibles » et « Moyens » sont des rappels facultatifs des choix stratégiques.

II Deuxième étape : collecter puis traiter les données utiles

1. Alimenter le tableau de bord

Une fois la structure du tableau construite, il faut organiser la collecte des données utiles de manière **automatique** :
- par compilation des données analytiques de fréquentation du site ou du CRM ;
- par abonnements à un panel de consommateurs ou de distributeurs ;
- grâce à des alertes sur des moteurs de recherche ;
- grâce à un agrégateur de flux liés à ce marché ;
- parfois de manière **manuelle** (données transmises par différents collaborateurs qu'il faut formater et compiler).

2. Surveiller régulièrement les indicateurs

Le tableau de bord ne sert pas seulement à mesurer en fin de période si les objectifs ont bien été atteints. Les marques étant de plus en plus soumises à des variations imprévisibles de leur marché, les managers surveillent plus **régulièrement**, parfois quotidiennement, les indicateurs de leur activité.

EXEMPLE : après un problème de non-conformité justifiant le rappel de certaines de ses voitures, un constructeur automobile devra surveiller quotidiennement son e-réputation et les retombées presse.

C'est plus particulièrement le cas des *pure player*, entreprises misant sur Internet pour vendre et communiquer. Cette vigilance assure leur efficacité en les rendant plus réactives.

III Troisième étape : constater les résultats et les écarts en fin de période

En fin d'année (ou d'une période plus courte : trimestre, mois), il s'agit de constater les résultats obtenus et d'interpréter les écarts éventuels entre le « prévu » et le « réalisé ».

EXEMPLE (SUITE) : on constate en fin d'année :

Objectifs de communication	Cibles	Moyens	Indicateurs	Résultat attendu	Résultat obtenu	Écart
1. Rajeunir l'image perçue de notre marque de vêtements	10-13 ans	Sponsoriser une équipe réputée de e-sport avec page dédiée sur notre site	Taux de satisfaction	*Net Promoter Score* (NPS) : + 20 %	+ 25 %	+ 5 %
		Challenges sur TikTok	Taux d'engagement	Atteindre 3 % d'engagement positif (*likes*, avis positifs)	1 %	– 2 %
		Display sur YouTube et Twitch	Taux de clics sur les publicités en ligne effectués par cette cible	+ 25 % de trafic vers notre site	+ 35 %	+ 10 %
		Contrat avec un influenceur	Taux de trafic	+ 10 % de trafic vers notre site	+ 10 %	0 %
2. Stimuler des essais	Parents des préados	PLV Grands magasins	Connexions sur les pages de notre site par cette cible	+ 20 % de trafic	+ 25 %	+ 5 %
		Promotions régulières en ligne (offres spéciales)	Évolution des ventes en ligne et en magasin	+ 5 % attendus	+ 2 %	– 3 %

IV Quatrième étape : analyser les écarts

1. Analyse des écarts positifs

Les écarts positifs démontrent que les objectifs ont bien été atteints et même dépassés. Les actions programmées ont donc été efficaces. Une analyse plus fine permettra de comprendre ce qui a bien fonctionné afin de capitaliser, à l'avenir, sur cet élément dont l'importance avait été probablement sous-estimée jusque-là, ou sur un fait nouveau. Parfois, c'est le résultat attendu qui a été sous-évalué ou pour lequel on s'est montré trop prudent : il faudra le relever à l'avenir.

EXEMPLE (SUITE) : la stratégie d'association de la marque avec l'univers du e-sport et la « tribu » des *gamers* fonctionne bien. L'intérêt pour la marque s'est nettement amélioré (plus de visites du site par des préados). Une analyse plus fine du trafic permettra de dire quelle plateforme a été la plus efficace (TikTok, YouTube ou Twitch) et sur laquelle il faudra réinvestir davantage.

2. Analyse des écarts négatifs

Les écarts négatifs sont encore plus importants : ils doivent alerter sur un problème à analyser puis à régler rapidement. Le but est de comprendre ce qui n'a pas fonctionné : le choix d'un moyen d'action, sa mise en œuvre… Parfois, c'est le résultat attendu qui était trop optimiste et qu'il faudra revoir à la baisse à l'avenir.

EXEMPLE (SUITE) : s'agissant d'une marque non emblématique pour préados, l'engagement de ceux-ci reste limité à quelques *likes* de plus, même si le *Net Promoter Score* semble indiquer que ces jeunes la préconiseront demain plus volontiers.
De même, les ventes ne décollent pas : les mères doivent probablement composer avec les réticences actuelles de leurs enfants à l'égard de cette marque pourtant qualitative et proposant régulièrement des réductions de prix. Les préados font donc de la résistance…

V Cinquième étape : réaliser un bilan en fin de période et faire un retour d'expérience

En fin de période, le responsable de communication doit faire un bilan global des résultats obtenus et voir s'ils sont conformes aux objectifs fixés. Ce bilan sera :
– **quantitatif :** ventes, notoriété, portée et engagement ;
– **qualitatif :** contenu des retombées presse et Web (e-réputation).

Cette synthèse, si elle est négative, doit déclencher des mesures correctives : revoir les objectifs, les moyens de communication utilisés ou les ressources allouées.

Au-delà de ce bilan, il faut analyser les points du plan de communication ayant bien fonctionné et ceux ayant pu poser des problèmes (le planning, le suivi des actions et des prestataires, le dialogue avec les autres partenaires…). À partir de ce **retour d'expérience**, le responsable peut retirer une série d'enseignements et de préconisations qui lui permettront d'être plus efficace à l'avenir, sur une problématique voisine.

EXEMPLE (SUITE) : dans le cas du recours à un influenceur :
– constat : gagné par sa popularité due à son style très décalé, l'influenceur a eu tendance à « faire le show » et à oublier l'argumentaire produit qu'on lui avait soumis ;
– préconisation : ne pas se contenter de choisir un influenceur dont la personnalité est bien en phase avec la cible visée mais, sans le brider, accompagner davantage celui-ci en préparant avec lui ses prises de parole pour s'assurer qu'elles respectent bien le discours de la marque.

FICHE RESSOURCE

3

DÉFINIR DES OBJECTIFS DE COMMUNICATION COMMERCIALE ET DES INDICATEURS PERTINENTS

Le contenu et la forme des tableaux de bord sont très variables : il n'existe pas de modèle « officiel ». Par contre, la méthodologie de construction d'un tableau de bord est la suivante :
– définir des **objectifs « SMART »** ;
– retenir des **indicateurs de performance** pour mesurer la réalisation de ces objectifs ;
– définir la **forme graphique** que prendra le tableau de bord.

Les objectifs et leurs indicateurs de performance peuvent être variés : certains sont communs à toutes les entreprises, d'autres sont spécifiques à certaines du fait de leur activité, de leurs canaux de vente et de communication.

Certains annonceurs voudront surveiller toutes leurs actions afin de repérer celles qui sont les plus efficaces.

EXEMPLES : promotion, e-communication, relations presse et publiques.

D'autres voudront disposer d'une vue synthétique centrée sur leurs objectifs principaux, afin de vérifier s'ils ont été atteints.

Sur le plan visuel, certaines entreprises misent sur des tableaux Excel classiques ; d'autres ont conçu de véritables infographies stylisées. Il faut ici rappeler une double contrainte :
– le tableau de bord doit être pertinent : il doit livrer des informations vraiment décisives, c'est-à-dire facilitant la décision ;
– il doit être facilement compréhensible par tous ses destinataires : ni trop bavard ni trop peu explicite.

EXEMPLE : extrait d'un tableau de bord concernant les effets sur les ventes d'actions de *sponsoring*

T zéro = événement sponsorisé	T + 3 mois	T + 6 mois	T + 12 mois	T + 24 mois
Objectifs de CA : **• Évolution/T zéro**	+ 10 %	+ 15 %	+ 20 %	+ 25 %
• Réalisation/T zéro	+ 5 %	+ 12 %	+ 20 %	+ 30 %
Réactions	Campagne publicitaire	Actions de PLV	Poursuite des actions	Suspension des actions

Les écarts négatifs à 3 et 6 mois (moindres ventes) entraînent ici des actions correctives immédiates.

I Le choix des objectifs de communication commerciale

Les objectifs de communication jouent sur les trois niveaux d'attitude du consommateur : cognitif, affectif et conatif.

Un bon objectif doit être « SMART » : il doit être à la fois Spécifique, Mesurable, Atteignable, Réaliste et défini dans le Temps.

Pour être correctement mesurable, un objectif doit reposer sur un ou des indicateurs précis.

EXEMPLE : au lieu de fixer l'objectif « améliorer de 10 % notre notoriété », on dira plutôt : « gagner 2 points de notoriété spontanée et 10 points de notoriété assistée sur tel produit, sur la cible de 15-25 ans, dans l'année à venir ».

II Le choix des indicateurs chiffrés en communication commerciale

Une fois les objectifs de communication commerciale déterminés, il faut définir les indicateurs qui vont permettre de chiffrer les attentes et, en fin de période, de mesurer les résultats obtenus.

1. Les indicateurs de résultat

Ce sont ceux qui mesurent les résultats obtenus par l'annonceur en fin d'action. Ils peuvent lui être spécifiques : une telle mesure peut être stratégique pour l'un et pas pour un autre.

EXEMPLES : taux de fréquentation d'un point de vente, d'un événement ou d'un site, taux de conversion (% de ventes obtenues par rapport à la fréquentation observée), taux de notoriété, taux de satisfaction, nombre de citations positives dans la presse ou les réseaux sociaux.

2. Les indicateurs de performance : les KPI

La notion de KPI (*Key Performance Indicator*) a été popularisée par les tableaux de bord issus du trafic et des ventes sur Internet fournis par les gestionnaires de réseaux sociaux, de sites ou les moteurs de recherche.

EXEMPLE : Google Analytics.

Parmi les indicateurs de résultat, les KPI sont considérés comme étant généralement les plus révélateurs de la performance d'une communication. Souvent, ils facilitent les comparaisons à des normes, des standards du métier.

Les KPI les plus utilisés en communication commerciale sont les suivants :

a. La mesure de la satisfaction et de la propension à préconiser la marque

– La mesure quasi systématique du **taux de satisfaction** du client, après chaque interaction avec lui.

EXEMPLES : lors d'une vente, d'une demande d'information, d'une sollicitation du SAV à l'aide d'un mini-questionnaire en ligne proposé dès la fin de l'échange téléphonique.

– La propension à préconiser la marque.

EXEMPLE : Le ***Net Promoter Score*** **(NPS)** calcule autrement le taux de satisfaction exprimé par les internautes, en faisant l'opération suivante : pourcentage d'internautes très satisfaits et susceptibles de recommander la marque (note de 10 ou 9) moins pourcentage d'internautes insatisfaits (note inférieure à 6).

***Net Promoter Score* comment ça marche ? Vidéo**
liennathan.fr/47wn3z

Dans ce cas, l'indicateur s'intéresse moins à la **fidélité** du public (qui découlerait du taux de satisfaction classique) qu'à son pouvoir de **préconisation** de la marque, le meilleur ambassadeur d'une marque étant le client lui-même.

b. La portée et l'engagement sur les réseaux sociaux

Sur les réseaux sociaux, tous les annonceurs sont plus attentifs à l'**engagement** qu'à la **portée** (ou « ***reach*** »).

EXEMPLES : le taux d'engagement peut être mesuré par le nombre d'interactions (*likes*, partages ou commentaires) rapporté au nombre de visiteurs et multiplié par 100.
La portée mesure le nombre de personnes touchées par un message (*posts*, *stories*, *tweets*…).

C'est surtout la **viralité d'un message particulier** qui mérite d'être examinée, plutôt que celle de la moyenne des messages adressés : ce qui compte, c'est de savoir quel type de message fait réagir le plus le public ciblé.

c. Le trafic sur le site marchand et les ventes

Ces KPI sont plutôt des indicateurs de performance des ventes, mais ils témoignent aussi de l'efficacité de la communication en amont qui a attiré du public vers le site marchand.

– Les mesures du **trafic** (nombre de visiteurs), du **taux de conversion ([nombre de ventes / trafic] × 100)** et du **panier moyen (CA / nombre d'acheteurs)** sur les sites marchands restent les plus utilisées.

– D'autres indicateurs sont également importants.

EXEMPLES :
– Taux de retour de produits = (Nombre d'articles renvoyés / Nombre d'articles vendus) × 100
– Taux d'abandon du panier = (Pourcentage de prospects n'allant pas jusqu'au paiement de leur commande / Total des visiteurs ayant actionné le panier) × 100
– Taux de marge d'un article = (Prix de vente – Coût de revient) × 100
– Taux de marge = (Marge / Coût d'achat) × 100

– De même, les e-commerçants qui « achètent du clic » dans des **opérations de référencement** payant (achat d'annonces et de mots-clés), destinées à stimuler leur visibilité et à accroître leurs ventes en ligne, sont très vigilants sur les différentes méthodes de paiement proposées à l'annonceur par le moteur.

Il existe trois méthodes de paiement principales :

Le coût par clic (CPC)	L'annonceur paie dès qu'un internaute clique sur l'annonce ou le mot-clé.
Le coût par *lead* (CPL)	L'annonceur ne paie que s'il récupère les données de l'internaute (un *lead* correspond à un contact qualifié).
Le coût par acquisition (CPA)	L'annonceur ne paie que si l'internaute achète.

Ces différents exemples montrent que le choix d'un indicateur doit être bien réfléchi afin de correspondre à ce que l'on veut réellement mesurer.

d. Le retour sur investissement (ou* Return on Investment, ROI*)

Cette notion est capitale pour savoir si les efforts réalisés ont généré du profit *in fine*.

Initialement, le ROI permet d'apprécier à moyen ou long terme la pertinence d'un gros achat (une immobilisation) sur l'ensemble de l'activité. Mais cette notion comptable a été quelque peu dévoyée par la culture du Web marchand : l'« investissement » correspond alors à toute dépense de communication (et souvent de promotion), y compris pour un article donné, et son « retour » (le bénéfice) sera apprécié à court terme.

EXEMPLES :
– ROI comptable « pur » : impact de la réalisation, pour Payote, d'une nouvelle usine de 2 millions d'euros sur l'ensemble des ventes, au bout de 1 à 5 ans.
– ROI en communication moderne : rentabilité d'un achat de publicité de 300 € sur Instagram sur les ventes d'un article précis, dans la semaine.

III Les conditions d'efficacité des indicateurs

Le responsable ne doit pas multiplier les objectifs et les indicateurs : trois objectifs par domaine de communication, avec pour chacun d'eux trois à cinq indicateurs, semblent suffisants.

Il doit s'en tenir aux indicateurs choisis, afin d'en optimiser l'usage : ainsi, des comparaisons dans le temps seront possibles et permettront de mieux apprécier les situations.

EXEMPLES : évolution de la satisfaction, de l'e-réputation, de la fréquentation d'un site ou d'un événement récurrent.

Changer trop souvent d'indicateurs ne permet pas de produire une expertise de qualité sur le long terme.

1 Taux de satisfaction et *Net Promoter Score* (NPS)

Les opérateurs téléphoniques (Orange, SFR, Free...) adressent systématiquement un questionnaire de satisfaction aux clients ayant contacté leurs services (service clients, SAV) pour évaluer la qualité de la réponse qui leur a été fournie.
En mai N, un opérateur a ainsi étudié, au niveau de son service après-vente (SAV), 2 000 demandes de clients et 500 réponses au questionnaire qui leur a été adressé.
Vous devez exploiter les résultats ci-dessous :

Notes	10	9	8	7	6	5	4	3	2	1
Nombre de clients exprimant leur taux de satisfaction (très satisfaits : 10 ; très insatisfaits : 1)	90	150	80	50	50	30	10	10	10	20
Nombre de clients prêts à recommander la marque autour d'eux (à coup sûr : 10 ; surtout pas : 1)	120	130	70	80	20	30	10	10	20	10

1. Calculer la note moyenne de satisfaction obtenue.
2. Commenter ce résultat, son intérêt et ses limites.
3. Calculer le *Net Promoter Score* (NPS) obtenu.
4. Commenter ce NPS, son intérêt et ses limites.
5. Comparer ces 2 types de mesures : méthode de calcul, objectif spécifique de chacun de ces indicateurs.

2 Mesurer l'efficacité des moyens utilisés dans une campagne publicitaire commerciale

Pour rentabiliser ses locaux, une chaîne d'hôtels, qui compte 200 établissements en France, propose la location à la journée d'une salle de réunion équipée d'ordinateurs, d'une connexion wifi et d'un matériel de rétroprojection à des dirigeants d'entreprise et des cadres « nomades » ayant besoin de rencontrer occasionnellement des clients et partenaires dans une ville donnée. L'offre comprend également un petit-déjeuner et des collations.
Une campagne de communication a été lancée en deux phases, en octobre et en décembre N-1 (document page suivante).
La cible visée est estimée à 200 000 entreprises ou cadres susceptibles d'être intéressés par cette offre. L'objectif est de vendre 16 000 prestations de ce type cette année (80 par hôtel).
Vous devez en analyser les résultats en janvier N.

1. Analyser et commenter l'efficacité des moyens « classiques » utilisés.
2. Analyser et commenter l'efficacité des moyens digitaux.
3. Montrer la complémentarité des moyens utilisés et des résultats obtenus.

Document — Les résultats de la campagne de communication

Phases	Dispositif	Impact estimé	Résultat obtenu
Phase 1 Campagne d'affichage dans le métro (Paris, Marseille)	2 vagues de 2 semaines	Couverture utile : 25 %	Résultat du post-test : – taux de mémorisation : 40 % – taux d'attribution : 20 % – taux d'agrément : 30 % – taux d'incitation à réserver : 10 %
Phase 1 Relations presse	Retombées presse : 30 articles dans la presse professionnelle	Audience utile globale de ces titres : 50 000 lecteurs	Reprise fidèle de l'offre : 20 articles
Phases 1 et 2 *Display* Web	500 insertions sur des sites de presse professionnelle	Durée moyenne de visibilité : 1 semaine	Taux de clics : 5 % Taux de réservations obtenu : 2 %
Phase 2 E-mails	100 000 envois auprès des clients professionnels de l'hôtellerie	Taux d'ouverture : 20 %	Demande de devis : 20 % Taux de réservations obtenu : 8 %
Phase 2 Messages sur les réseaux sociaux (Twitter, Facebook)	5 000 messages	Portée : 500 000 individus	Partages et avis : 10 000 Taux de réservations obtenu : 2 % des vues

3 Vérifiez vos connaissances

Compléter les affirmations suivantes avec la ou les propositions qui conviennent.

1. Un tableau de bord :
   a. clarifie les missions de chaque membre d'une équipe.
   b. facilite l'adhésion de l'équipe aux objectifs communs.
   c. fixe des objectifs les plus ambitieux possible à chacun.
   d. permet de suivre les dépenses du service Communication.

2. Le NPS (*Net Promoter Score*) permet de mesurer :
   a. le taux de notoriété d'une marque.
   b. le taux de satisfaction du public à l'égard d'une marque.
   c. le taux d'individus susceptibles de recommander la marque.
   d. le taux de fidélisation des clients.

3. Le CPL (coût par *lead*) signifie que :
   a. l'annonceur paie dès qu'un internaute clique sur l'annonce ou le mot-clé.
   b. l'annonceur ne paie que s'il récupère les données de l'internaute.
   c. l'annonceur paie dès qu'un internaute clique sur l'annonce ou le mot-clé.
   d. l'annonceur paie dès qu'un internaute clique sur l'annonce ou le mot-clé.

CHAPITRE 13

Piloter et mesurer l'efficacité d'un plan de communication interne

Contexte professionnel

Compétences professionnelles

- Identifier les ressources disponibles
- Évaluer les ressources nécessaires
- Mobiliser les ressources appropriées
- Définir les indicateurs de performance
- Réaliser un bilan du plan de communication
- Mesurer l'efficacité du plan de communication

Savoirs associés

- La budgétisation et la planification du plan de communication
- Les indicateurs de performance du plan de communication
- Le bilan du plan de communication

Vous travaillez, en tant qu'assistant(e) du directeur de la communication du département du Calvados, sur les dossiers de la communication interne.

Vous avez pris connaissance des résultats d'une étude sur la pollution numérique : les deux *data centers* du département ont une consommation de 74 000 kWh par mois, le nombre de fichiers informatiques a été multiplié par 1 500 en 30 ans et l'espace de stockage a connu un doublement ces quatre dernières années.

Le président du conseil départemental du Calvados, très investi dans le bien-être de ses administrés, est aussi très attentif au respect de l'environnement. À sa demande, afin de freiner la pollution numérique, une campagne de communication « Et ton tri, t'as pris le pli ? » est engagée en direction des agents départementaux. Le concept de la campagne est « de sensibiliser les agents à la sobriété numérique en vue de réduire leurs données numériques *via* un challenge de trois semaines ».

Il s'agit désormais d'organiser le plan de communication de cette campagne interne au département. Vous avez pour mission de piloter l'ensemble du plan de communication.

Comprendre le contexte

1. Quelles sont les raisons qui justifient cette campagne de communication ?
2. Quel est le concept retenu pour cette campagne ? Qui l'a défini ?
3. Selon vous, pourquoi le thème du développement durable peut-il être mobilisateur ?

Activités

1 Identifier les ressources et le besoin d'externalisation

Préalablement à la préparation du plan de communication de la collectivité territoriale, vous vous intéressez aux spécificités de ce plan (objectifs de communication, cibles internes et stratégie de communication).

Document 1
Fiche ressource 1

1 Indiquer les spécificités d'un plan de communication interne.

Votre responsable, le directeur de la communication, veut établir un état précis des ressources internes pour réaliser cette campagne. Il vous demande d'identifier les ressources possibles et disponibles.

Documents 2 et 3
Fiches ressource 1 et 2

2 Expliquer comment les outils de sensibilisation envisagés par la direction de la communication pour cette campagne permettent de répondre aux objectifs.
3 Établir la liste des ressources matérielles et humaines à mobiliser pour concevoir ces outils.
4 Énumérer les ressources dont dispose la direction de la communication pour réaliser cette campagne de communication.
5 Que peut-on en conclure ?

Votre responsable vous informe qu'il a fait appel à l'agence de communication WAP. Ensemble, vous allez collaborer pour développer et diffuser les supports de communication envisagés pour cette campagne.

Document 4
Fiches ressource 1 et 2

6 Expliquer les raisons pour lesquelles il est fait appel à une agence de communication.
7 Selon vous, sur quels critères la direction de la communication du département du Calvados a choisi cette agence ?

Document 1 Les objectifs de communication

La direction du département a validé un certain nombre d'objectifs avant la mise en place du plan de communication :

- Sensibiliser : amener les agents à prendre conscience de la nécessité de réduire le poids des espaces de stockage
- Former : transmettre les bonnes pratiques numériques
- Mobiliser : engager les agents dans une action collective
- Valoriser les missions des archives et des services numériques
- Utiliser un ton pédagogue, innovant et ludique

www.cap-com.org

Document 2 Extrait du cahier des charges fonctionnel de l'opération de communication interne

- **Ressources humaines du projet :** un groupe projet transversal (direction des Archives, direction de la modernisation, direction des services numériques, direction de la communication) de 4 personnes + 5 renforts pour un total de 725 heures de travail
- Enveloppe prévue au cas où il faudrait faire appel à une agence externe
- **Budget global : 25 000 €** (coût agence)
- Temps hommes et mobilisation de l'imprimerie interne

Document 3 Les outils et les supports du lancement de l'opération

Jessica Huyghe (chargée des archives électroniques aux Archives du Calvados), « La sobriété numérique au département du Calvados. Bilan », juin 2022.

Document 4 La présentation de l'agence de communication WAP

WeArePublic (WAP) est une agence de communication institutionnelle globale dédiée notamment aux régions, départements, villes, communautés de communes, syndicats publics, universités, grandes écoles, ainsi qu'au secteur culturel. L'agence accompagne ses clients dans leurs stratégies de communication *via* la création de supports physiques et numériques sur mesure. Elle a une expertise dans le numérique, par exemple l'offre commerciale en lien avec le moteur de recherche interne pour un site Web d'une entreprise. Elle tient compte également des enjeux de société forts comme la sobriété numérique. Elle a des compétences pour conseiller en la matière dans la référence aux lois et à l'étude des tendances. Elle est située à Caen, elle a 15 collaborateurs permanents.

Le texte de la présentation vidéo de l'agence de communication

Parce que depuis plus de vingt ans, au fil des projets, des expériences, des rencontres, notre agence a changé plusieurs fois de visage. Qu'avec le temps, elle a devancé les attentes clients plutôt que juste y répondre. Qu'en devenant plus impliquée dans les projets sociétaux, elle a su devenir un partenaire indéniable du secteur public et institutionnel. Qu'à force de travail, notre expertise et notre savoir-faire valorisent vos propres projets. Que de créer des campagnes innovantes ou des supports digitaux dédiés à tous les citoyens que nous sommes fait de nous des acteurs mais aussi des utilisateurs. Parce que nous sommes des femmes et des hommes qui œuvrons pour améliorer la relation entre le terrain et les décideurs… *WeArePublic*

Source : site de l'agence WAP, février 2023.

Compétences de l'agence WAP (WeArePublic)
Vidéo
liennathan.fr/2g8e4h

2 Suivre le déroulement de l'opération

Vous avez établi le calendrier des opérations de communication interne. Il va vous permettre de planifier les tâches à réaliser et de mener les actions de communication pour chaque étape de l'opération de communication.

▶ Documents 5 et 6
▶ Fiches ressource 1 et 2

1 Justifier les étapes du planning.

2 Indiquer quand doivent être diffusés les supports de motivation. Expliquer pourquoi.

3 Décrire et présenter l'intérêt des supports de communication diffusés entre le 26 janvier et le 22 mars dans le plan de communication.

L'équipe de communication souhaite mettre en avant le concept des défis. Votre responsable est séduit par cette idée car il estime que les défis seront de nature à motiver les agents pour s'impliquer dans l'opération « Et ton tri, t'as pris le pli? ». Il vous demande de suivre plus particulièrement l'activité des services liée aux défis.

▶ Document 7
▶ Fiches ressource 1 et 2

4 Pour quelle raison la mise en place de défis à relever intéresse particulièrement le directeur de la communication ?

5 Est-il utile de donner une durée du challenge pour relever les défis ?

6 Peut-on dire que les défis sont des indicateurs ? Justifier.

Document 5 Planning du plan de communication interne

1. Connect : nom de l'espace dédié (onglet) sur l'intranet pour se connecter directement à l'opération de communication.
2. DGS : Direction générale des services.

Jessica Huyghe (chargée des archives électroniques aux Archives du Calvados), « La sobriété numérique au département du Calvados. Bilan », juin 2022.

Document 6 Du lancement de l'opération sur l'intranet au compte à rebours

Les supports de motivation existent pour donner envie aux collaborateurs de participer à l'opération, à les pousser à agir, être dans l'action. Le compteur est censé avoir un rôle stimulant.

Jessica Huyghe (chargée des archives électroniques aux Archives du Calvados), « La sobriété numérique au département du Calvados. Bilan », juin 2022.

Document 7 Les défis à relever de l'opération « Et ton tri, t'as pris le pli ? »

Des défis avec plusieurs niveaux de difficulté, correspondant à plusieurs niveaux de trieur, sont à relever :

Pendant la durée du challenge, des chiffres seront communiqués régulièrement sur l'intranet et un bilan global – challenge collectif et défis par équipe – sera dévoilé au cours du mois de mai.

Les agents qui auront réalisé les défis seront accompagnés par l'expertise de la direction des Archives du Calvados pour identifier les documents numériques essentiels et les informations car ces documents doivent être conservés définitivement.

www.calvados.fr, février 2023.

Document 7 Les défis à relever de l'opération « Et ton tri, t'as pris le pli ? » (suite)

LES DÉFIS À RELEVER !

Niveau de trieur	Niveau de difficulté	Défis à relever
1. TRIEUR JUNIOR	CORBEILLE DE BRONZE	**DÉFI RANGEMENT DES BUREAUX** Chaque participant range les fichiers stockés sur son « bureau » d'ordinateur dans les dossiers appropriés. *Et si vous nous envoyiez une petite vidéo ?*
		DÉFI BATTLE Organiser une battle « Et ton tri, t'as pris le pli » dans le service. 2 collègues s'affrontent en face à face. Le plus vite possible, chacun doit dire la phrase « Et ton tri, t'as pris le pli ? ». Le premier qui a la langue qui fourche a perdu.
2. FRANC TRIEUR	CORBEILLE D'ARGENT	**DÉFI BOITE MAILS** Chaque participant procède au tri de sa messagerie en supprimant les mails inutiles (corbeille, *newsletter*, conversations sans intérêt) dans le respect des règles d'archivage.
		DÉFI SOBRIETE DICTIONNELLE Organisez un tournoi de Championnat du monde du Calvados de sobriété dictionnelle. Le but ? Dire 5 fois « Et ton tri, t'as pris le pli ? » en un temps record. Attention le record du monde est de 6 secondes… *Et si vous nous envoyiez une petite vidéo ?*
3. TRIEUR D'ELITE	CORBEILLE D'OR	**DÉFI FICHIERS** Chaque participant procède du tri des fichiers (sur G et sur P) en supprimant les fichiers inutiles (corbeille, doublons, version intermédiaires, brouillons…) dans le respect des règles d'archivage.
		DÉFI PHOTOS Chaque participant procède au tri des photos (sur G et sur P) en supprimant les photos inutiles (floues, mal cadrées, doublons…) dans le respect des règles d'archivage.
4. MASTER TRIEUR	CORBEILLE DE PLATINE	**DÉFI BONNE PRATIQUE** Prendre une bonne habitude collective (exemple : désormais, nous nommons nos fichiers en respectant des règles de nommage / désormais, nous partageons en priorité nos PJ avec des liens hyper textes…).
5. SERIAL TRIEUR	CORBEILLE DE DIAMANT	**DÉFI ARBORESCENCE** Prendre un temps en commun pour réfléchir à la création ou l'amélioration du nommage des dossiers collectifs (plan de nommage).

cap-com.org

3 Mesurer l'efficacité du plan de communication

Votre responsable vous communique quelques informations sur les premières évaluations de cette campagne. Ce sont essentiellement des résultats quantitatifs. Il vous met maintenant à contribution pour compléter l'évaluation au moyen d'une enquête qualitative auprès des agents de la collectivité territoriale. Les résultats sont attendus par le président du conseil départemental du Calvados.

▶ Document 8
▶ Fiches ressource 2 et 3

1. Expliquer l'intérêt pour le président du conseil départemental de connaître les résultats de cette opération de communication interne.
2. Indiquer les moyens de collecte des données qui ont permis d'obtenir ces résultats.
3. Analyser les résultats quantitatifs déjà obtenus.
4. Rédiger quelques questions qui vous permettront d'établir un bilan qualitatif de la perception des éléments du plan de communication par les agents de la collectivité locale.
5. Proposer un planning du déroulement de l'enquête qualitative.

Vous devez à présent préparer la présentation des résultats et du bilan pour le séminaire des cadres qui se déroulera en juin. Vous vous appuyez sur les indicateurs.

Document 8
Fiche ressource 3

6 Distinguer les différentes catégories d'indicateurs de performance.

7 Expliquer si les objectifs ont été atteints. Justifier.

Document 8 Extrait des résultats de l'enquête quantitative de l'opération de communication

- 74 % des agents connectés ont consulté la page dédiée « Sobriété numérique »
- 450 agents engagés en équipes, soit 25 % des agents « connectés »
- 65 % des encadrants ont assisté au webinaire sur la sobriété numérique

cap-com.org

Analyse des données des serveurs du département

- 1 an de données supprimées en 3 semaines de défi : 1 306 Go de fichiers supprimés sur les serveurs + 380 Go de mails
- Quelques surprises néanmoins, dont l'inversion des attentes concernant les objectifs. Pour rappel, le but était de supprimer 100 Go de fichiers et 1 000 Go de mails, dans les faits, ce sont 1 306 Go de fichiers qui ont été supprimés contre seulement 380 Go de mails.

cap-com.org

Statistiques sur la page dédiée intranet (25 % en plus du trafic sur le site intranet)

- 150 vues sur 265 visites
- 47 clics pour voir la vidéo sur le motion design « bonnes pratiques »
- Liens les plus cliqués : bouton « Voir la cartaplis », « Témoignages » et lecture du guide sur la sobriété numérique
- 23 demandes d'information

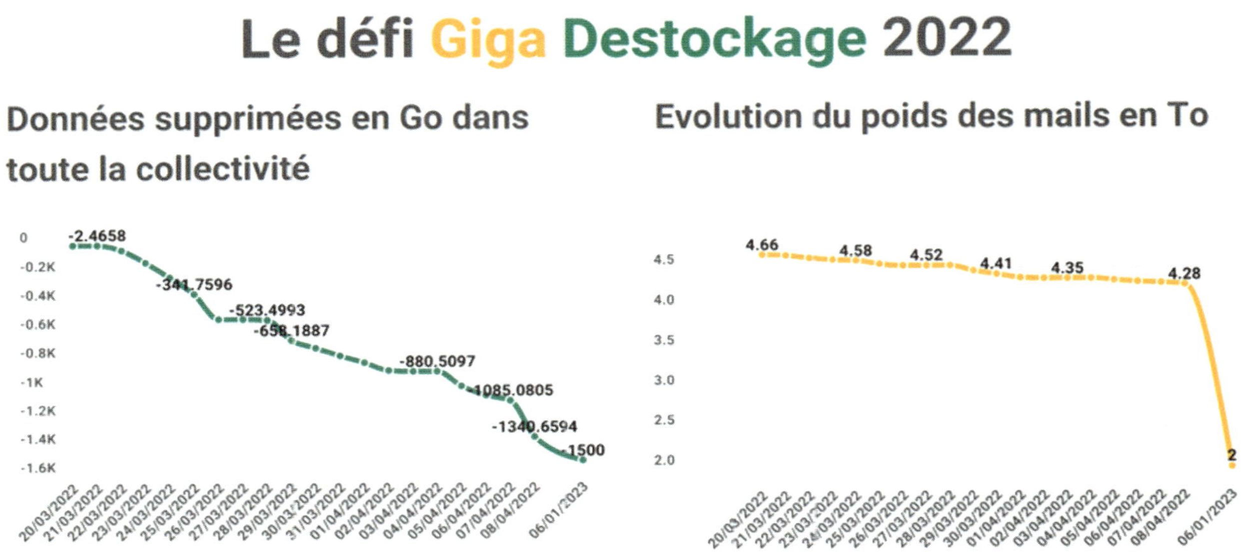

4 Réaliser un bilan du plan de communication

Devant le succès de la campagne « Et ton tri, t'as pris le pli? », le président du conseil départemental du Calvados a décidé de reconduire la campagne, mais des réajustements lui semblent nécessaires. Le directeur de la communication propose, pour cette deuxième campagne, de réaliser des podcasts sur les bonnes pratiques. D'après lui, ces supports audio, inspirés des vidéos sur les bonnes pratiques, permettront d'ajuster les éléments qui n'ont pas fonctionné lors de la première édition.

Documents 9 et 10
Fiches ressource 2 et 3

1. Expliquer l'utilité de mettre en avant les bénéfices de la campagne.
2. Justifier la décision prise par le président du conseil départemental de reconduire la campagne.
3. Établir le budget à allouer à la réalisation des podcasts.

Document 9 Analyse des apports de la campagne et bilan

Le bénéfice de la campagne pour le département :
- Prise de conscience des enjeux environnementaux
- Enclenchement des bonnes habitudes de tri, dynamique lancée autour de ce sujet
- Valorisation des missions de la direction des Archives
- Prise de rendez-vous des services auprès des archives pour un accompagnement
- Cohésion entre équipe / convivialité autour de cette problématique transversale

www.cap-com.org

Le bénéfice de la campagne au-delà du département :
- Augmentation de la visibilité grâce au grand prix Cap'Com 2022 gagné dans la catégorie communication interne
- Notoriété accrue, reconnaissance auprès de toute la profession liée au secteur de la communication

Les ajustements à réaliser pour la prochaine édition :
- Impliquer davantage les managers
- Travailler sur le nommage des fichiers
- Mettre en place un outil de dédoublonnage des fichiers

www.cap-com.org

Document 10 Réalisation du podcast pour la réédition de la campagne

Devis du studio Podcast Production accepté pour réaliser les podcasts en interne
- Montage des podcasts : 700 €/podcast
- Cachet du comédien (voix professionnelle) : 200 €
- Reprise des textes des 8 vidéos « Bonnes pratiques » : 50 €/vidéo
- Session d'enregistrement : 10 €/podcast de 2 minutes
- Livraison des podcasts sur la plateforme et formation pour la publication : 75 €/podcast

Des « podcasteurs » – employé(e)s bénévoles du département du Calvados – participeront à titre gratuit à la production.

FICHE RESSOURCE

1

METTRE EN ŒUVRE UN PLAN DE COMMUNICATION INTERNE

I La notion de plan de communication interne

Un plan de communication interne est un document qui présente les actions de communication dirigées vers les collaborateurs. Il est conçu pour une période donnée (par exemple, une année) et/ou pour une campagne particulière, et exécuté selon un calendrier qui en fixe les principales étapes.

EXEMPLE : calendrier des principales étapes du plan de communication interne – opération Web N

Opérations de communication internes	Durées	Dates prévues	Dates réelles	Responsables Collaborateurs
1. Élaboration du plan de communication et du budget	2 semaines	01/02		Directeur communication Assistant communication
2. Validation du plan et du budget	1 semaine	15/02		Directeur
3. Conception et choix des supports	3 semaines	25/02		Assistant / Webmaster
4. Déploiement des supports	2 semaines	18/03		Directeur communication Assistant / Webmaster
5. Évaluation de l'impact	3 semaines	01/04		Assistant / Webmaster

II Les spécificités du plan de communication interne

Diagnostic / Contexte *Pourquoi ?*	Le plan de communication interne repose sur l'analyse préalable de l'environnement de l'organisation. Celle-ci peut se faire à partir d'un audit interne des RH. **EXEMPLE :** construction d'un SWOT avec un focus sur les éléments internes en lien avec le personnel, le climat social.
Objectifs du plan de communication interne *Dire quoi ?*	Le plan de communication interne doit avoir des objectifs cognitif, affectif et/ou conatif. **EXEMPLES :** informer les salariés sur les modalités du travail à distance (objectif cognitif), donner aux salariés l'envie d'adhérer au projet d'entreprise (objectif affectif), inciter à participer aux échanges *via* une plateforme collaborative (objectif conatif).
Cibles internes *À qui ?*	Un plan de communication interne vise des cibles internes : collaborateurs, cadres, futurs salariés dans le cadre d'une communication sur la marque employeur, personnel d'intérim, bénévoles dans certains cas (associations)…
Stratégie / Message	La stratégie de communication interne peut prévoir d'individualiser les messages en fonction du profil et du poste des salariés. **EXEMPLE :** le vocabulaire technique est utilisé pour s'adresser à des ingénieurs, techniciens avertis. Il est inadapté pour communiquer avec des employés administratifs.
Budget *Combien ?*	Le recours à des ressources internes, notamment des moyens humains, permet de réduire le montant total du budget. Une marge de négociation est possible entre les acteurs internes (direction générale et direction de la communication).
Responsabilités *Par qui ?*	Les responsabilités de chacun sont fixées et délimitées dans un tableau où figure une liste des actions à mener. Pour chaque action, sont indiqués le nom du service interne et le(s) nom(s) du ou des responsables qui doivent effectuer le travail avec des dates prévues et des dates réelles.
Indicateurs d'efficacité et résultats *Selon quels critères ?*	Les indicateurs de performance sont comparés aux objectifs durant toute la durée du plan de communication afin d'ajuster les actions en cas d'écarts. En fin de campagne, les résultats sont relevés selon des critères d'évaluation précis et définis au départ, permettant de constater l'efficacité du plan de communication interne. **EXEMPLE :** nombre réel de participants à l'opération de communication.

FICHE RESSOURCE 1

III Les outils de pilotage du plan de communication

À chaque étape, le responsable dispose d'outils qui en facilitent le pilotage.

1. Pour déterminer les tâches et contrôler l'avancement du plan

La liste des tâches est établie avec un logiciel qui présente l'ensemble des tâches à exécuter dans l'ordre chronologique de leur réalisation, la durée de chaque tâche, la date prévue de début de réalisation et la date réelle à laquelle s'effectue la tâche.

EXEMPLE (SUITE) : liste des tâches du plan de communication interne établi avec le logiciel GanttProject – opération Web N

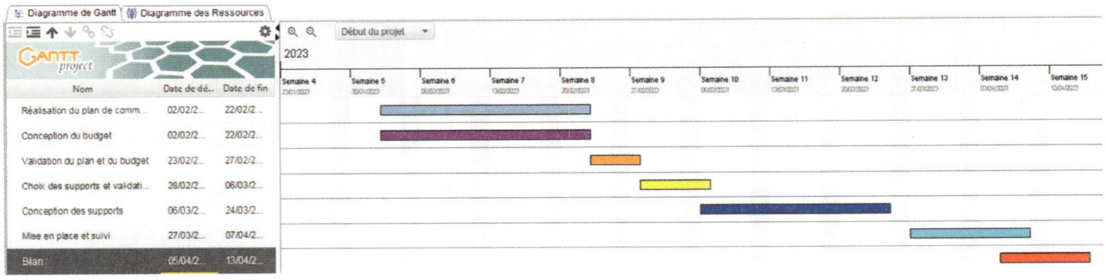

2. Pour planifier dans le temps la réalisation du plan

Le planning prévisionnel établit un calendrier où toutes les dates des opérations sont consignées.

EXEMPLE : extrait planning prévisionnel – plan de communication interne – opérations digitales

Mois	Mars	Avril	Mai	Juin	Juillet	Août	Septembre	Décembre
Intranet	Articles sur le jeu-concours		Annonce du podcast	Annonce du podcast			Informations sur les applications à télécharger	Résultat du concours et noms des gagnants
Les réseaux sociaux de l'entreprise	Refonte de la page	Conception de la ligne éditoriale	Publication de photos et d'articles sur l'actualité du groupe					
	Création du compte Twitter avec #	Conception de la ligne éditoriale, *posts*, #…	Publication des #, de photos et de tweets sur le groupe					
	Création du compte Instagram	Conception de la ligne éditoriale	Publication des #, de photos sur l'actualité du « groupe », « talents », « *followers* », blogueurs du groupe Et autres réseaux d'influence positifs pour l'entreprise					
Les *newsletters* aux collaborateurs	Préparation et annonce du podcast					Annonce du concours et modalités de participation		Résultat du concours et noms des gagnants

FICHE RESSOURCE

2

ÉVALUER LES RESSOURCES ET ÉLABORER LE BUDGET

I L'identification des ressources disponibles en interne

Les ressources disponibles sont celles dont dispose l'organisation pour réaliser son plan de communication interne. On distingue classiquement trois types de ressources :

Les ressources humaines	Il s'agit d'identifier les salariés qui seront impliqués dans la campagne de communication interne, en nombre et en compétences. **EXEMPLE :** personnes nécessaires pour réaliser les actions de communication (articles dans le journal interne, animation du réseau social interne…) à chaque étape : conception, production, diffusion des messages.
Les ressources financières	Il s'agit du budget alloué par le dirigeant ou le service financier de l'organisation, dont le montant peut être négocié.
Les ressources matérielles	Selon sa taille, l'organisation dispose de moyens matériels plus ou moins importants. **EXEMPLE :** la mairie d'une commune importante dispose d'un service de reprographie.

II L'identification des ressources externes

Si l'organisation ne peut pas réaliser certaines actions de communication interne, elle doit déterminer son besoin d'externalisation, qui consiste à mobiliser et financer des ressources externes. Pour résumer :

Besoins d'externalisation = Ressources nécessaires – Ressources disponibles

Il s'agit, le plus souvent, de faire appel à l'expertise de professionnels, c'est-à-dire des prestataires ou des personnes ayant des compétences particulières dans le domaine de la communication.

EXEMPLES : une agence spécialisée dans l'événementiel, une régie publicitaire, un imprimeur, un concepteur de sites Web, un organisme qui fournit des études consommateurs (CRÉDOC).

III La budgétisation du plan de communication interne

1. La notion de budgétisation

Le budget de la communication interne présente une évaluation des coûts de chacune des ressources nécessaires à la réalisation du plan de communication interne. Il est intégré au tableau récapitulatif du budget de la communication globale.

La fixation de l'enveloppe budgétaire peut se faire par rapport au budget de l'année passée ou sur sur la base des dépenses d'une opération similaire déjà réalisée. (Pour une entreprise, le montant total du budget est souvent basé sur un pourcentage du chiffre d'affaires.)

2. L'utilité de la budgétisation

- La communication interne joue un rôle déterminant au niveau de la cohésion des équipes et d'adhésion aux valeurs de l'organisation. Il est donc nécessaire de lui consacrer un budget à la hauteur des bénéfices qu'elle apporte.
- Un budget précis et réaliste crédibilise les actions de communication proposées car il détaille le coût des ressources à mobiliser.
- Il justifie l'investissement auprès de l'ensemble des membres de l'entreprise.

EXEMPLE : budget prévisionnel – opération communication interne Web N

RUBRIQUES	MONTANT HORS TAXES
1. Refonte du site intranet et maintenance	120 000 €
2. Évaluation de l'impact • Retombées de la campagne (enquêtes) • Compte rendu et bilan	50 000 €
TOTAL HORS TAXES	**170 000 €**

FICHE RESSOURCE

3

MESURER L'EFFICACITÉ DE LA COMMUNICATION INTERNE

I Les indicateurs d'efficacité

La mesure de l'efficacité du plan de communication interne se mesure grâce à des indicateurs clés de performance (ou KPI). Ce sont des ratios qui comparent les prévisions aux réalisations car les responsables cherchent à savoir si les objectifs fixés ont été atteints. Ils sont intégrés au plan de communication interne dès sa conception.

1. Les indicateurs quantitatifs

Divers indicateurs (taux d'ouverture, taux de participation…) permettent d'obtenir des résultats chiffrés sur différents aspects d'une campagne :

– la portée des messages ;

> **EXEMPLE :** le pourcentage de personnes ayant consulté les *posts* sur le réseau social d'entreprise.

– l'engagement des collaborateurs ;

> **EXEMPLES :** le nombre de *likes* et de commentaires portant sur les publications internes ; le taux de présence et le niveau de participation aux réunions et événements organisés.

– l'efficacité des campagnes d'e-mailing et de *newsletters* ;

> **EXEMPLES :** le taux d'ouverture, le taux de clics, le taux de réactivité.

2. Les résultats qualitatifs

Ils sont obtenus au moyen de sondages, de questionnaires comportant des questions ouvertes ou d'entretiens.

> **EXEMPLE :** questionnaire pour mesurer l'impact des actions du plan de communication interne destinées à améliorer le climat social, l'adhésion des salariés aux valeurs de l'organisation :
> – Comment percevez-vous l'ambiance dans votre équipe/l'organisation ?
> – Trouvez-vous du sens à votre travail ?
> – Partagez-vous les valeurs et la culture de l'organisation ?
> – Vos conditions de travail sont-elles satisfaisantes ?

II La collecte et la mesure des résultats

Le responsable de la communication peut mener des études quantitatives ou qualitatives pour évaluer les résultats de son plan de communication interne auprès des collaborateurs.

Cette mesure s'avère délicate.

> **EXEMPLES :** risque de suspicion des salariés, réticence à répondre aux enquêtes ou entretiens avec la hiérarchie.

L'utilisation de l'intranet facilite les enquêtes, qui peuvent se réaliser sous couvert d'anonymat des répondants.

III Le suivi du plan de communication interne

La mise en place de ces indicateurs permet d'élaborer un tableau de bord. La construction de ce tableau de bord est identique à celle d'un tableau de bord en communication commerciale *(voir chapitre 12)*. L'analyse des indicateurs en cours ou en fin de campagne permet de vérifier les résultats obtenus et d'interpréter les écarts éventuels entre le « prévu » et le « réalisé ».

En cours de campagne, le suivi de ces indicateurs permet de savoir si des ajustements sont nécessaires.

En fin de campagne, le responsable de la communication doit analyser les points du projet ayant fonctionné et ceux ayant posé problème. Il peut ainsi retirer des enseignements pour être plus efficace lors d'une prochaine campagne.

1 « Brico Cuistot »

Brico Dépôt est une enseigne de magasins de bricolage et d'amélioration de la maison, présente majoritairement en France. Elle emploie 8 124 salariés répartis sur 123 points de vente. À l'occasion du lancement de sa nouvelle gamme de cuisine, une campagne de communication interne a été lancée en collaboration avec l'émission de M6, *Top Chef*. Elle repose sur le principe de la participation de collaborateurs cuisiniers amateurs.

1. Préciser quels sont les objectifs de Brico Dépôt en participant à cette émission. Justifier.
2. Quel est l'intérêt de la prise de parole des collaborateurs sur l'après-événement sur les réseaux sociaux d'entreprise ?
3. Donner les indicateurs qui permettent d'évaluer l'efficacité de cette opération de communication interne pour Brico Dépôt.

Document 1 L'événement « Brico Cuistot » dans *Top Chef* sur M6

Brico Dépôt débarque sur *Top Chef* pour un événement de *team building* inédit et exceptionnel, avec une diffusion auprès de l'ensemble des collaborateurs de l'entreprise.

Émission de *Top Chef*, M6 Publicité
Partenariat avec Brico Dépôt
Vidéo
liennathan.fr/wv9u23

Document 2 Utilisation des réseaux sociaux sur « Brico Cuistot », l'après

BRICO DEPOT
49 557 abonnés
8 mois – Modifié

[BRICO CUISTOT] Durant plusieurs mois, pendant l'opération Brico Cuistot en partenariat avec le **GROUPE M6**, nos collègues volontaires de Brico Dépôt se sont délicieusement affrontés pour tester leurs compétences culinaires.
Les battles animées par **Stéphane Rotenberg** ont permis à nos équipes de se mettre dans la peau de vrai(e)s candidat(e)s de Top Chef, avec en guest star lors de la finale le chef français **Marc Veyrat** !

L'événement interne a permis à notre enseigne de remporter l'Or aux Top Com Grands Prix Corporate Business 2022...catégorie évènement interne !
Un grand bravo à l'ensemble de nos collègues et au **GROUPE M6** pour cet évènement fédérateur

[redacted]
Twosevenlab M6 Unlimited

#cohésion #vieinterne #challenge

---

8 mois
Responsable Organisation et méthodes EH chez Brico Dépôt

Bravo !!!

J'aime Commenter Partager

8 mois
Directeur du pôle Corporate et de la Communication – M6 Unlimited

Un magnifique dispositif primé et réalisé avec le soutien indéfectible des équipes de production : **STUDIO 89 PRODUCTIONS**, **M6 Unlimited**, **Frédéric Lama** Nous sommes prêts pour la saison 2 !

J'aime Commenter Partager

8 mois
Consultante chez M6 Unlimited, pôle Corporate

Très heureux d'avoir ouvert ensemble les portes des cuisines les plus célèbres de France
Un grand merci **BRICO DEPOT** et Twosevenlab pour votre confiance et bravo à tous les collaborateurs qui ont relevé le challenge !

Compte LinkedIn de Brico Dépôt.

Document 2 Utilisation des réseaux sociaux sur « Brico Cuistot », l'après (suite)

M6 Publicité
@m6publicite

L'univers Top Chef est doublement récompensé à la Nuit des Rois avec les prix argent pour les opérations « Brico Cuistot » et « Top Chef débarque à domicile avec @ubereats_fr ».
#LNDR

Brico Dépôt et 8 autres personnes

Compte Twitter de M6 Publicité.

2 Vérifiez vos connaissances

Compléter les affirmations suivantes avec la ou les propositions qui conviennent.

1. Le plan de communication interne représente :
   a. l'ensemble des actions de communication menées au sein d'une organisation et ciblant tout ou partie des collaborateurs.
   b. le plan des bureaux de la direction de la communication en interne.
   c. l'ensemble des actions de communication réalisées par des salariés.
2. Le pilotage d'un plan communication interne consiste à :
   a. conduire l'ensemble des collaborateurs appartenant à la direction de la communication.
   b. mettre en place, suivre et analyser les actions de communication dans le temps avec des indicateurs chiffrés prévus *a priori* et comparés à la réalité.
   c. assurer au quotidien la fluidité de la communication entre tous les collaborateurs d'une organisation.
3. Les ressources pour réaliser des actions de communication interne sont :
   a. l'ensemble des collaborateurs de l'organisation et son chiffre d'affaires.
   b. l'ensemble des moyens humains, techniques et financiers mis à la disposition de ces actions.
   c. l'ensemble de l'équipe de communication (le chargé de communication, le *webmaster*, le *community manager*, l'attaché de presse…).
4. Le budget de communication interne est :
   a. intégré à l'ensemble du budget de la communication dans sa globalité.
   b. une ressource pour la communication en interne.
   c. un cadre pour les actions de communication interne pour les dirigeants.
5. Les indicateurs de performance permettent de mesurer :
   a. l'efficacité de tous les c ctions de communication mises en œuvre.

CHAPITRE 14 Piloter et mesurer l'efficacité d'un plan de communication événementielle

Contexte professionnel

Compétences professionnelles
- Identifier les ressources disponibles
- Évaluer les ressources nécessaires
- Mobiliser les ressources appropriées
- Définir les indicateurs de performance
- Mesurer l'efficacité du plan de communication
- Réaliser un bilan du plan de communication

Savoirs associés
- Le budget de communication
- L'élaboration d'un plan média
- L'identification et la mobilisation des ressources nécessaires
- Les indicateurs de performance du plan de communication
- Le suivi du plan de communication
- Le bilan du plan de communication

Vous êtes actuellement en stage au sein du service Communication d'Alimgust France. Créé par Gustave Lumier en Belgique, Alimgust International a une longue histoire en France. Présente dans l'Hexagone dès la fin du XIXe siècle, avec les premières tablettes de chocolat Lumichoco, l'entreprise s'est développée en profitant du boom économique de l'après-Seconde Guerre mondiale. Elle a racheté et/ou élargi toute une gamme de produits alimentaires (laits infantiles, soupes et bouillons, pâtes et sauces, chewing-gums).

Depuis plusieurs années, le groupe profite des Journées européennes du patrimoine, organisées par le ministère de la Culture à la mi-septembre, pour ouvrir au public les portes de son siège social France, basé en Seine-et-Marne (77). L'ancienne chocolaterie Lumichoco, siège d'Alimgust France, a été entièrement rénovée. C'est l'un des sites privés les plus visités d'Île-de-France à l'occasion des Journées européennes du patrimoine. Fort de ce succès, la direction de l'entreprise entend renouveler l'événement chaque année.

Au cours du parcours, les visiteurs découvrent l'histoire des marques mythiques d'Alimgust et les engagements du groupe en matière de nutrition. Des petits cadeaux publicitaires (*goodies*) leur sont offerts, ainsi que des échantillons des différents produits.

Vous êtes placé(e) à la direction de la communication et votre maîtresse de stage, Caroline Dumond, vous associe à l'élaboration du plan de communication sur la future campagne événementielle « Journées portes ouvertes » à l'occasion des Journées européennes du patrimoine.

Histoire des journées du patrimoine
Vidéo (à partir de 2'58")
liennathan.fr/736ygc

Comprendre le contexte

1. Justifier l'intérêt pour l'entreprise d'associer ses journées portes ouvertes aux Journées européennes du patrimoine.
2. En quoi peut-on qualifier ces journées d'« événement » pour l'entreprise ?

1 Analyser les spécificités d'une opération de communication événementielle

Chaque année, la société Alimgust France organise ses journées portes ouvertes lors des Journées européennes du patrimoine. De ce fait, la direction de la communication bénéficie d'une certaine expérience « intuitive ». Caroline Dumond, votre maîtresse de stage, souhaite formaliser davantage l'opération en construisant un plan de communication qui servirait à piloter cet événement et à faciliter son renouvellement d'année en année. Avant de vous consacrer pleinement au pilotage de ce plan, vous analysez ses principales spécificités. En effet, vous estimez que, pour être efficace, le pilotage doit reposer sur la prise en compte d'éléments stratégiques incontournables.

Document 1
Fiche ressource 1

1. Formuler le positionnement de la future campagne de communication événementielle.
2. Formaliser les différents objectifs de communication des Journées européennes du patrimoine pour la société Alimgust France.
3. Déterminer les cibles externes visées par la campagne, en mettant en évidence la cible principale et les cibles relais.
4. Préciser quels peuvent être les motivations et les freins éventuels pour la cible principale.
5. Indiquer les règles juridiques qui encadrent ce type d'événement.

Document 1 Les Journées européennes du patrimoine, fédérer par la culture

En 1991, les Journées du patrimoine, initiative française, deviennent officiellement les Journées européennes du patrimoine.
Aujourd'hui, ce sont 50 États qui organisent chaque année leurs Journées européennes du patrimoine. Tous signataires de la Convention culturelle européenne, à la suite d'une action conjointe réussie du Conseil de l'Europe et de la Commission européenne, et réunis, depuis 1999, par le même slogan : « L'Europe, un patrimoine commun ». Dans le contexte de crise que nous traversons, ces Journées sont plus que jamais le signe fort de ce qui nous unit au sein de l'Europe.
La manifestation est destinée à sensibiliser les citoyens à la richesse et à la diversité culturelle de l'Europe, ainsi qu'à la préservation de son patrimoine. La fréquentation accueille chaque année près de 30 millions de visiteurs pour quelque 50 000 monuments et sites visités.
Chaque année, ce sont des lieux d'exception, des lieux chargés d'histoire, des lieux témoins de la construction européenne qui sont ouverts au public, avec cet objectif de rendre l'héritage culturel européen accessible à tous.
Les Journées européennes du patrimoine sont aussi l'occasion pour l'Europe de rappeler l'importance de se rassembler autour d'un projet européen commun, et la nécessité de prendre en compte la diversité des cultures et la richesse de chaque tradition, qui forment, ensemble, un patrimoine commun.

journeesdupatrimoine.culture.gouv.fr

2 Identifier les ressources à mobiliser pour piloter l'événement

Caroline Dumond vous associe à l'élaboration du plan de communication qui servira à piloter l'événement « Journées portes ouvertes ». Elle vous confie un dossier documentaire contenant notamment le bilan de l'opération qui a été menée l'année dernière. Vous commencez par faire l'inventaire des ressources.

Documents 2 à 5
Fiche ressource 1

1. Indiquer l'intérêt des ressources informationnelles du dossier documentaire fourni par Caroline Dumond, dans la perspective de l'élaboration d'un plan de communication.
2. À partir des informations contenues dans le dossier, lister les ressources matérielles disponibles susceptibles de valoriser l'événement.
3. Identifier les ressources matérielles manquantes ou à améliorer.
4. Identifier les ressources humaines mobilisables ou éventuellement à compléter (en interne et en externe).

Document 2 Le site d'Alimgust France (Seine-et-Marne)

Situé en bord de Marne, le site est aujourd'hui considéré comme le mieux conservé des patrimoines industriels du XIXe siècle. Il s'étend sur un terrain de 14 hectares, avec 60 000 m² de bâtiments et 40 000 m² en espaces verts, devenu le refuge à de nombreux oiseaux protégés.

Les entrepôts ont été transformés en bureaux pour les différents services généraux de l'entreprise. C'est aussi le lieu naturel pour des stages de formation de l'ensemble des salariés de l'entreprise, avec salles de réunion, restaurants et chambres pour les séminaires.

Document 3 La présentation du groupe Alimgust France et de ses marques lors des journées portes ouvertes

Une vidéo produite par une agence de communication spécialisée présente le groupe mondial : son histoire, ses performances, son rayonnement dans le monde. Elle est projetée durant les Journées du patrimoine, en continu, dans la salle de réunion prestigieuse du directoire. La direction de la communication envisage d'ajouter une séquence qui montrera le rayonnement de la société au niveau français.

Plusieurs kakémonos réutilisables ont été conçus pour les dernières journées portes ouvertes :

- **Lumichoco :** chocolat en tablettes, poudre, rochers, chocolats cadeaux (particulièrement Noël, Pâques) – n° 3 en France
- **Laits infantiles BB :** tout le segment de 0 à 6 ans en poudre et en liquide avec une gamme bio – n° 2 en France

- **Magic Bouillon :** soupes en sachet, en brique, en bouteille format familial et individuel, pot-au-feu, légumes bio ou cubes poisson – n° 1 en France
- **Pastas Roma :** pâtes et sauces tous formats, pâtes bio et sans gluten, sauces en boîtes et en bocaux – n° 3 en France
- **Gomgom :** chewing-gums en dragées sous différents formats et parfums – n° 4 en France

Document 4 Résultats d'une enquête sur les journées portes ouvertes année N-1

Suite aux deux journées, voici quelques éléments provenant d'une enquête administrée par des étudiants stagiaires sous la responsabilité du service Communication, à la sortie de la visite.

1. LES VISITEURS

Nombre de visiteurs :
10 156 sur les deux jours

- Sexe du visiteur <u>initiateur</u> de la visite :
  Homme : 42 %
  Femme : 58 %
- Vous êtes venu(e) :
  Seul(e) : 25 % En famille : 45 % Avec des amis : 30 %
- Vous habitez dans :
  La ville : 15 % L'agglomération : 65 %
  Paris ou la région Île-de-France (en dehors des items précédents) : 20 %
- Vous êtes venu(e) :
  À pied : 5 % En transport en commun : 15 % En voiture : 80 %
- Vous êtes client(e) d'au moins un produit de la société Alimgust :
  Oui : 78 % Non : 22 %

Commentaire : 80 % des visiteurs résident dans un rayon de 20 km du siège social.

Document 4 — Résultats d'une enquête sur les journées portes ouvertes année N-1 (suite)

2. INFORMATIONS SUR LA VISITE

- Comment avez-vous trouvé le plan de circulation dans le parc ?
  Simple : 12 % Pratique : 17 % Compliqué : 71 %
- Quel est le lieu qui vous a le plus intéressé(e) ?
  - L'ancienne chocolaterie et les explications sur le processus de concassage et de broyage des fèves de cacao : 37 %
  - L'ancienne centrale électrique et ses turbines : 16 %
  - Le parc du domaine avec sa roseraie, ses arbres plus que centenaires : 5 %
  - La salle de réunion et la projection des anciens spots publicitaires des différentes marques de l'entreprise : 42 %
- Qu'avez-vous apprécié le plus ?
  - Les *goodies*, cadeaux publicitaires offerts (stylos, trousses, *tote bags*) : 22 %
  - Les échantillons distribués (mini-tablettes de chocolat, chewing-gums, pâtes et soupes format individuel) : 64 %
  - L'information sur le lieu et les bâtiments et parcs du site : 14 %

Commentaire : certains visiteurs nous ont fait remarquer qu'ils n'avaient pas eu d'échantillons. Il n'en restait plus le dimanche vers 15 h !

3. RETOUR SUR LA COMMUNICATION DE LA JOURNÉE

- Comment avez-vous eu connaissance des Journées européennes du patrimoine organisées par Alimgust France ?
  - Par l'information municipale ou de l'agglomération : affiches et panneaux, magazines, sites Internet : 45 %
  - Par la presse régionale (PHR principalement) : 6 %
  - Par les réseaux sociaux : 32 %
  - Par des amis ou contacts : 15 %
  - Autres : 2 %
- Comment avez-vous trouvé la signalisation pour venir sur le site d'Alimgust France ?
  - Très facile : 23 %
  - Facile : 13 %
  - Peu évidente : 64 %

Commentaire : un tri croisé permet de constater que les habitants de la ville n'ont eu aucune difficulté à venir. Mais les autres visiteurs ont globalement rencontré des difficultés à trouver l'entrée du site et du parking. Ils ont eu du mal à se garer : « Votre parking est trop petit ! »

CONCLUSION

- Vous souhaitez qu'Alimgust renouvelle ses journées portes ouvertes :
  - Une fois par an (lors des Journées européennes du patrimoine, par exemple) : 62 %
  - Deux fois par an : 21 %
  - Tous les deux ans : 17 %

Document 5 — Débriefing des personnes ayant participé à l'opération « Journées portes ouvertes » en N-1

		Commentaires
Collaborateurs internes	**Direction de la communication** Directrice + 3 assistant(e)s, dont une attachée de presse et relations publiques	• Affiner les communiqués et le dossier de presse, en élargissant le fichier (blogueurs sur les thématiques « alimentation », « Île-de-France » et « sorties Île-de-France »). • Relancer plus tôt les contacts presse. • Prévoir un communiqué de presse d'après journées avec chiffres. • Mesurer l'impact (retombées presse, blogs…).
	Groupe projet dédié à l'événement	• Il est nécessaire d'avoir les 10 chefs produits adjoints des différentes marques. Leur présence n'a pas été un plus au cours des journées, mais il faut renforcer leur implication dans la préparation et la définition de ces journées, par exemple affiner le rétroplanning, prévoir des échantillons en quantité car il en a manqué (rochers et chewing-gums), surtout le dimanche après-midi. • Renforcer le parcours et sa signalétique pour éviter des « sorties » hors parcours balisés.
	2 étudiant(e)s stagiaires	• Équipe à renouveler et à doubler pour améliorer l'accueil visiteurs (information, orientation, vestiaire) : 4 paraît un bon chiffre, afin que les 2 binômes puissent se relayer et avoir des moments de pause. • Affiner le questionnaire ou le saisir en direct sur tablette (cette année, c'était sous forme papier).
Partenaires externes	**Entreprise de sécurité**	• Un certain laisser-aller (dysfonctionnement dans la gestion du parking, fouilles non systématiques), donc ne pas renouveler le contrat et changer de société. • Engager 3 agents au minimum. • Prévoir en interne un responsable pour assurer le lien avec les agents de sécurité (ne pas tout attendre de la direction de la communication).
	Imprimeur	Service professionnel très efficace !
	SACEM	Penser à faire la déclaration dans les délais !
	Ville et communauté d'agglomération **Commissariat de police**	• Demander à la mairie une aide « matérielle » pour la fourniture des barrières « Vauban ». • Demander une meilleure visibilité de l'événement dans la *newsletter* de la ville et sur le site de la communauté d'agglomération. • Envoyer une invitation aux élus de la commune et du territoire, ainsi qu'au directeur général des services, au service technique et à la direction de la communication.

3 Préparer le plan média

La crise sanitaire a provoqué l'interruption de la manifestation durant deux ans. Depuis, une baisse de fréquentation semble se confirmer. Dans un premier temps, la direction de la communication décide donc de privilégier la communication avec la presse locale.

➜ Documents 6 et 7
➜ Fiches ressource 2 et 3

1. Justifier le choix de communiquer dans la presse locale par rapport aux cibles visées (objectifs, intérêt).
2. Analyser ce type de situation de communication dans un tableau récapitulatif (annonceur, message à transmettre, médium de transmission aux journalistes, titres de presse destinataires).
3. Préconiser deux types de moyens pour renforcer ces relations presse.
4. Lister les éléments que devra contenir le communiqué de presse puis réaliser la maquette d'un communiqué de presse.
5. Présenter le calendrier des opérations liées à ce moyen de communication avec la presse locale, sachant que l'événement se déroulera les 16 et 17 septembre.

Document 6 Les titres de presse susceptibles d'être intéressés par un communiqué de presse

Titres		Zones de diffusion
La Marne	PHR	Nord du département 77
Le Pays Briard	PHR	La Brie, Provins et département de l'Aisne
La République de Seine-et-Marne	PHR	Département 77
Le Parisien Nord	PQR	Nord du département 77
Le Parisien Sud	PQR	Sud du département 77
Echo d'Île-de-France	PHR	Départements 92, 93 et 94

Document 7 Exemple de communiqué de presse annonçant le lancement

Prenez la route des *Plus Beaux Villages de France* !

Communiqué - Mardi 18 avril 2023

L'édition 2023 de la carte « Les Plus Beaux Villages de France » publiée par MICHELIN Éditions est arrivée et, avec elle, quelques nouveautés pour se repérer mais aussi trouver l'inspiration pour de prochaines escapades...

13 nouveaux villages

Ce sont désormais **172 étapes de charme** que vous pourrez découvrir au gré des routes dans cette nouvelle édition de la carte routière et touristique des Plus Beaux Villages de France ! Matérialisées par le pictogramme du label sur le fond cartographique officiel France de MICHELIN Éditions, et listées dans un index pour le côté pratique, ces 172 « pépites » comptent **13 nouvelles recrues**. Celles-ci ont obtenu le précieux label en 2021 et 2022 et sont à découvrir en images dans un encart spécial de la carte 2023 : **Beaulieu-sur-Dordogne** (Corrèze), **Bergheim** (Haut-Rhin), **Le Castellet** (Var), **Châtillon-en-Diois** (Drôme), **Cordes-sur-Ciel** (Tarn), **Cotignac** (Var), **Lavoûte-Chilhac** (Haute-Loire), **Le Malzieu-Ville** (Lozère), **Martel** (Lot), **Polignac** (Haute-Loire), **Rocamadour** (Lot), **Sancerre** (Cher) et **Tournon-d'Agenais** (Lot-et-Garonne).

Des idées de découvertes et de séjours thématiques

Papier ou numérique ? Loin d'opposer ces deux supports, *Les Plus Beaux Villages de France* et MICHELIN Éditions ont décidé de jouer la carte (!) de la complémentarité. **Des idées de découvertes thématiques, de séjours ou circuits qui renvoient, via un QR-Code, aux contenus développés sur le site Internet du réseau** sont proposées en complément des informations cartographiques et pratiques : séjour en Alsace sur la Route des Vins, découverte des châteaux du Périgord, focus sur les métiers d'art... Également : quelques idées de découvertes gourmandes, des coups de cœur ou encore les coulisses du processus de labellisation. Un outil indispensable pour les adeptes d'itinérance et de « slow tourisme » !

Prix : 7,50€ - En vente depuis le 10 mars 2023 en librairies, grandes surfaces, sites e-commerce et sur

Contact presse :
Les Plus Beaux Villages de France
Anne GOUVERNEL - Chargée de Communication
Tél : 04 73 29 39 97 / 06 15 3- 63 36
anne.gouvernel@les-plus-beaux-villages-de-france.org

Les Plus Beaux Villages de France®
www.les-plus-beaux-village-de-france.org

La directrice de la communication vous demande de prendre en compte la remarque émise à l'occasion du débriefing de l'année dernière : « Affiner les communiqués et le dossier de presse en élargissant le fichier, notamment inclure les blogueurs sur les thématiques "alimentation", "Île-de-France" et "sorties en Île-de-France" ». Elle vous demande également d'étudier la pertinence d'un recours aux radios locales et aux réseaux sociaux.

Documents 8 à 10
Fiches ressource 2 et 4

6 Après avoir visité leurs sites, démontrer l'intérêt du recours à des blogueurs.

7 En vue d'expérimenter ce moyen de communication, sélectionner trois contacts et rédiger la demande de partenariat que vous allez leur adresser.

8 Justifier le choix du média radio locale par rapport aux cibles visées (objectifs, intérêt).

9 Présenter le calendrier des opérations liées à ce moyen de communication et leur coût.

10 Établir le calendrier des opérations de communication auprès de votre propre réseau social.

Document 8 Exemples de blogueurs et influenceurs

Noms	Spécificités
bestjobersblog Elisa et Max	Blog avec des idées de séjours en France et dans le monde. Collaborent avec des acteurs du tourisme, avec des reportages sur la nature et les animaux. Ont travaillé avec le conseil départemental du 77. Web liennathan.fr/5rx2z9
Votre tour du monde Bruno Maltor	Web liennathan.fr/64rca2 Blog créé en 2012 pour partager son amour du voyage. Regroupe des bons plans et conseils pour préparer son prochain voyage, un week-end ou un tour du monde.
Marie-Anne Bruschi	Pour nous faire découvrir Paris et sa banlieue différemment, cette instagrameuse photographie ses découvertes faites au fil de ses balades, avec une fibre artistique certaine. Web liennathan.fr/gki387
Lilyfairly Mélanie	Web liennathan.fr/aa347f Féministe et écologiste, elle a fait le choix d'un mode de consommation plus responsable et du zéro déchet, et prodigue astuces et conseils.
Doorways of Paris	Cette jeune femme anonyme sillonne la Ville Lumière et prend en photo les plus belles portes. Web liennathan.fr/qde536
The Parisian Man Rudy Lauer	Web liennathan.fr/y58xx4 Un passionné de mode, de voyages et de cuisine.

Document 9 Valoriser l'événement auprès de vos réseaux sociaux

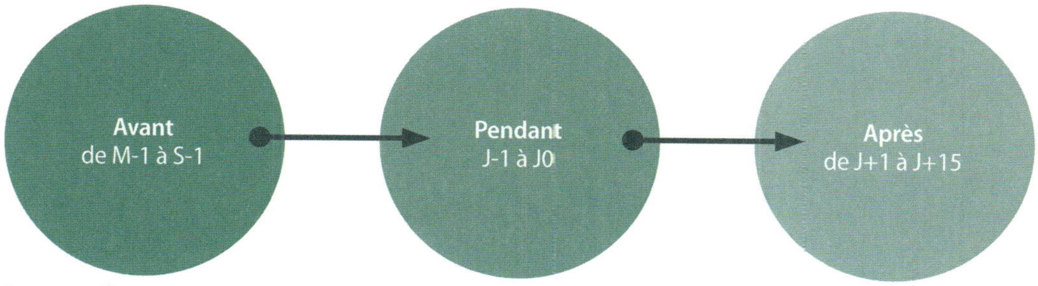

Annonce de votre participation à l'événement
De 1 à 3 publications en fonction de l'importance de votre implication

- Visuel « Nous sommes présents / Retrouvez-nous »
- Mention des collaborateurs présents et de leur intervention
- Informations pratiques : stand, accès, horaires, etc.

Partage des informations en direct
De 2 à 3 publications à plusieurs tweets en fonction de votre implication

- Installation
- Stand ou intervenants prêts, « C'est parti »
- Partage des meilleurs moments
- *Live tweet* si conférence ou intervention d'un expert (à faire au format *Thread*)

Valorisation de la participation
De 1 à x publications en fonction de votre implication

- Remerciements aux visiteurs et collaborateurs mobilisés
- Partage de chiffres, de photos *best of*
- Création d'un « Moment » sur Twitter si le contenu est en quantité suffisante

Exemple de *workflow* réalisé dans le cadre d'une stratégie *social media* marque employeur © Agence Ouest Digital.

Document 10 Les stations de radios locales (tarif HT, base spot 30 secondes)

Stations	Zones d'écoute	Tarifs
77 FM	Nord Seine-et-Marne	80
Oxygène	Sud Seine-et-Marne 1re sur les programmes locaux sur le département en audience cumulée (53 000 auditeurs quotidiens, soit 4,4 % de taux de pénétration PDA de 4,3 %	125
Évasion	Oise, Eure-et-Loir, Somme, Seine-et-Marne, Essonne, Yvelines	135
France Bleu Paris	Station France Bleu de Radio France Région Île-de-France	*Voir CGV ci-dessous*

Extrait CGV Radio France Bleu

TARIFS AU 10 OCTOBRE 2022
radiofrancepub.com

bleu LOCALES

TARIFS NORD
NORMANDIE, HAUTS-DE-FRANCE, IDF
Base 30''

SEMAINE **lundi ▸ dimanche**

FRANCE BLEU	06h00 07h00	07h00 08h00	08h00 09h00	09h00 10h00	10h00 14h00	14h00 17h00	17h00 18h00	18h00 19h00	19h00* 20h00
Paris Région (IDF)	132	285	248	178	146	54	156	153	72

Tarif HT en € – Frais d'exploitation : 1 € HT par message diffusé

www.radiofrance.com

4 Préparer une opération de relations publiques

Dans le cadre d'une opération de relations publiques, la direction de la communication vous confie l'organisation d'un cocktail de lancement des journées portes ouvertes destiné à consolider les relations avec les personnalités régionales et les partenaires en affaires. Cette opération de communication se déroulera dans la salle d'honneur du siège social. La liste des 142 invités soumise au président du groupe par Caroline Dumond a été validée. Un budget total de 4 000 € est dédié à l'opération.

Document 11
Fiche ressource 2

1. Préciser l'intérêt de ce type de moyen de communication.
2. Présenter le calendrier des opérations liées à ce moyen de communication.
3. Lister les éléments qui vont composer le coût total de cette opération de relations publiques.
4. À partir de recherches sur Internet, rechercher et sélectionner un traiteur proche du siège social, situé dans le département de Seine-et-Marne, dans le respect du budget imparti, avec le souhait d'utiliser certains produits de la société.
5. Rédiger une courte note à l'attention de la direction de la communication pour justifier votre choix.

Document 11 Organiser un événement

L'organisation d'un événement d'entreprise est un mandat qui s'échelonne normalement sur plusieurs semaines (ou mois) et qui demande une implication totale des personnes responsables. Qu'on ait l'habitude ou non d'élaborer des événements pour notre organisation, une constante demeure : l'importance de se référer à un plan d'action qui nous garantit de couvrir tous les aspects d'un projet événementiel. […]

Entre 6 et 3 mois avant l'événement : où, quand, comment, et surtout pourquoi !

Il est primordial de réfléchir aux considérations de base qui assureront un fort achalandage à l'événement (choix du lieu, choix de la date, choix de la formule, etc.). Mais avant même de se pencher sur ces points importants, la première question à se poser devrait être : Quel est l'objectif de la soirée d'entreprise ? En d'autres termes, quel est le message que nous souhaitons véhiculer à nos convives ? La réponse à cette question deviendra le noyau de l'événement. Tous les autres éléments ajoutés en périphérie prendront racine à ce noyau, à commencer par le concept. […]

3 mois avant l'événement : le lieu, pierre angulaire d'une soirée corporative

Le lieu de l'événement est la décision la plus importante à prendre lors de la création d'une soirée d'entreprise. Le concept de la soirée est normalement construit en fonction du lieu, selon les contraintes et les possibilités qu'il offre. […] Lors de la visite, il est primordial de prendre plusieurs photos du lieu. Jointes au plan de salle, les photos aideront à prévoir l'emplacement optimal des activités.

Document 11 Organiser un événement (suite)

Entre 3 mois et 3 semaines avant l'événement : analyse des besoins et logistique
Durant cette troisième phase, l'organisateur devra décliner son concept à travers tous les départements. C'est une période pendant laquelle l'organisateur est en contact direct avec les fournisseurs. On divise le travail en 2 axes, soit l'analyse de nos besoins et la logistique de l'événement. […]

3 semaines avant l'événement : derniers ajustements
Cette quatrième phase, quelques semaines avant l'événement, est la conclusion de notre travail préparatoire. Tous les détails et spécificités relatifs à la soirée à venir devra ent être connus, réglés et mis sur papier.

- Finaliser les contrats avec les fournisseurs
- Vérifier les heures d'arrivée pour les fournisseurs
- Créer un cahier des charges
- Créer l'horaire précis de la journée
- Rencontres d'équipe sur le terrain

3 jours avant l'événement : faire des rappels pour anticiper les problèmes
Durant cette cinquième phase, le comité organisateur devra se répéter.
L'organisateur ne devrait pas présumer que toutes les informations ont été comprises par l'ensemble des fournisseurs (qui ont souvent des dizaines de projets en cours). Le seul moyen d'éviter les oublis et d'anticiper les problèmes est de faire des rappels.
La règle d'or ? Vérifier, revérifier et re-revérifier !

3 jours après l'événement : le bilan
L'événement s'est bien déroulé ? Formidable ! Un retour sur l'événement s'avère cependant une pratique incontournable.

luluevenements.com

Feuille de route complète proposée par lulu événements
Site
liennathan.fr/8gsk74

5 Mesurer l'efficacité du plan de communication et réaliser un bilan de l'événement

Caroline Dumond vous demande de réfléchir à la mesure de l'efficacité du plan de communication. Elle propose de mettre à contribution des étudiants pour collecter des informations auprès d'une centaine de visiteurs quand ils quittent le site, à la fin de leur visite. Un objet publicitaire (*goodie*) leur sera remis en récompense de leur participation : un porte-clés lumineux avec marquage logo d'une valeur de 1,52 € TTC.

Documents 12 et 13

1. Indiquer les indicateurs qui permettront de mesurer l'efficacité de chacun des moyens (communiqué de presse, opérations de relations publiques et réseaux sociaux de l'entreprise).
2. Présenter la structure du budget en grandes masses du plan de communication.
3. Pour établir un bilan de l'événement, réaliser deux questionnaires :
   - un questionnaire qui sera envoyé par e-mailing aux collaborateurs internes ayant contribué à l'événement ;
   - un questionnaire qui sera administré en face-à-face auprès de quelques visiteurs au moyen de tablettes tactiles, en réactualisant le questionnaire du document 4 avec 5 questions, nouvelles ou en remplacement d'anciennes questions.
4. Expliquer en quoi les avis recueillis au moyen de ces questionnaires vont contribuer à l'élaboration du bilan.

Document 12 Récolter des retours d'expérience auprès des collaborateurs

À la fin de l'événement, n'hésitez pas à demander à vos participants et vos équipes, un **retour d'expérience**. *Via* e-mailing, vous pouvez envoyer un formulaire afin de recueillir leurs avis et impressions. Pensez bien à le faire dès la fin de l'événement, à chaud les participants pourront répondre et se donner la peine de remplir le formulaire. Il est important de bien réfléchir aux questions, ne demander que des questions / avis où vous avez un vrai besoin d'information et de retours. Sur toutes les parties de l'événement : accueil, restauration, solution, parcours et expérience participant et ne pas oublier les commentaires libres, laissez la parole. Le formulaire doit rester court et simple (menu déroulant, choix multiple, gradation ou notation) afin d'inciter les participants à répondre et de ne pas créer un obstacle qui les fera abandonner en cours de remplissage.

Toutes ces informations vous permettront d'en tirer des conclusions pour votre prochain événement et la stratégie de vente et de communication liée. Vous connaîtrez les moments propices pour communiquer, les messages à faire passer et les promotions possibles.

Prenez le temps d'analyser, de comparer aux années précédentes, à d'autres événements. Le retour de vos équipes et prestataires est tout aussi important : y a-t-il eu des imprévus qui ont pu se répercuter sur des retours participants, sur l'expérience ?

Si le positif est plus valorisant et agréable, ne fermez pas les yeux sur les points négatifs que vous et vos participants ont détecté. Il s'agit d'informations précieuses qui vous aideront à l'amélioration de vos prochaines éditions.

weezevent.com

Document 13 Concevoir un questionnaire de satisfaction

Lorsqu'il s'agit de concevoir le questionnaire de collecte d'avis, tenez compte des recommandations suivantes :

– Expliquez clairement et simplement comment répondre à l'enquête.

– Faites en sorte que l'enquête soit aussi courte que possible pour atteindre vos objectifs.

– Les questions doivent être concises, mais les plus claires possible.

– Évitez les questions non essentielles.

– Alternez les questions fermées avec les questions ouvertes.

– Posez des questions sur les sujets sur lesquels vous pouvez agir.

weezevent.com

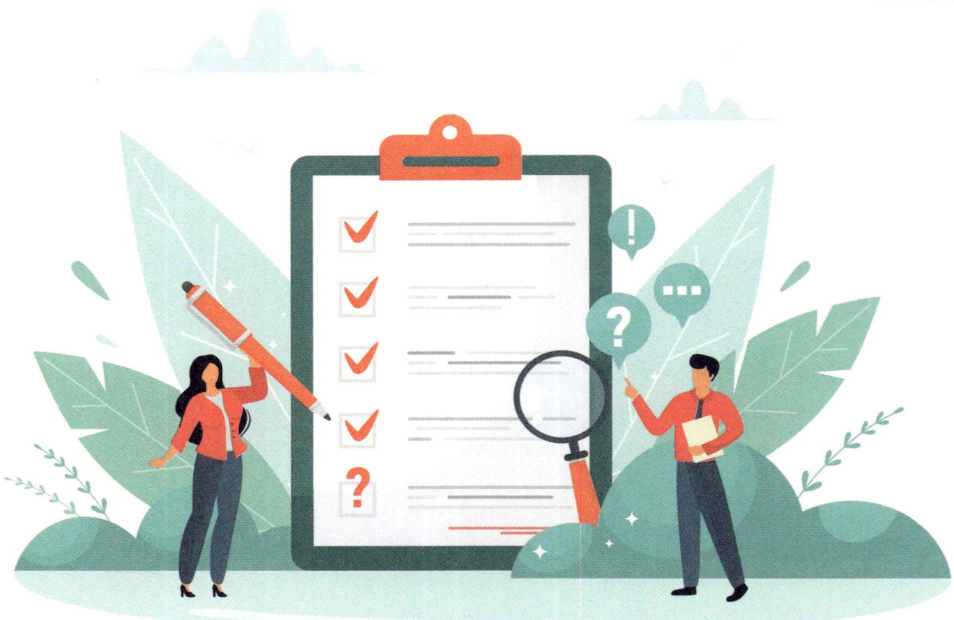

FICHE RESSOURCE

1

LA COMMUNICATION ÉVÉNEMENTIELLE

La communication événementielle donne une autre dimension à l'entreprise ou à la marque, en la sortant de son quotidien et en développant avec son ou ses publics cibles des relations de complicité et de proximité, autour de leurs centres d'intérêt.

I La notion de communication événementielle

La communication événementielle peut servir à assurer la promotion d'un produit ou d'un service, d'une organisation ou d'une marque en créant un événement à caractère exceptionnel dans le but d'attirer l'attention du ou des publics cibles. L'événement, classique ou insolite, est considéré comme un outil de communication qui peut s'adresser à une cible externe et/ou une cible interne.

L'événement peut être pris en charge par une agence de communication spécialisée, composée de professionnels expérimentés, de créatifs ayant un fort relationnel.

EXEMPLES : chargé de relations publiques, attaché de presse.

II Les objectifs de la communication événementielle

Elle vise les objectifs généraux suivants :

- développer des relations de proximité et de complicité ;
- accroître la notoriété de l'organisation, de la marque ;
- véhiculer une image dynamique et valorisante auprès de la (des) cible(s) ;
- fédérer et mobiliser le personnel ;
- susciter l'intérêt des médias sur l'organisation, son activité, ses marques, ses produits, ses projets…

III Les différents types de communication événementielle

La communication événementielle prend différentes formes en fonction du ou des publics cibles de l'organisation et de ses objectifs.

1. La cible externe

La communication événementielle peut s'adresser à une cible externe : grand public, prospects, clients, partenaires commerciaux, journalistes…

Objectifs spécifiques	Exemples de moyens
Mettre en valeur l'annonceur à l'initiative de l'événement, faire connaître ses produits et/ou services ou son activité, un nouveau local…	Journée portes ouvertes Inauguration
Réunir une assemblée ciblée afin d'échanger sur une thématique précise, parfois pointue.	Séminaire, colloque, conférence, congrès
Promouvoir le secteur d'activité de l'annonceur.	Salon professionnel, foire, exposition
Bénéficier de retombées dans la presse.	Voyage proposé à la presse pour visiter un nouveau site de vacances
Se faire connaître, fédérer une communauté, créer un lien avec des partenaires, générer une bonne couverture médiatique.	Manifestation populaire Spectacle

2. La cible interne

La communication événementielle peut s'adresser à une cible interne : salariés, membres d'une équipe…

Objectifs spécifiques	Exemples de moyens
Valoriser les employés performants.	Remise de récompenses
Resserrer les liens et renforcer un sentiment d'appartenance chez les employés.	Fête (départ en retraite, Noël) Activités ludiques, sportives
Former et informer un public interne ciblé sur les innovations.	Journée d'étude Réunion professionnelle « au vert »
Stimuler le personnel tout en créant des liens entre les collaborateurs.	Séminaire *Team building*

IV Les spécificités de la mise en place d'un événement

La mise en place d'un plan de communication événementielle suit la démarche stratégique d'une communication de type classique, commerciale, mais avec quelques nuances, sur les points suivants :

Les annonceurs	Une grande diversité d'annonceurs, de tailles différentes, peut mener des opérations de communication événementielle. **EXEMPLES :** entreprise, association, département, ville.
Les règles juridiques	Elles sont contraignantes, notamment lorsque l'événement se déroule la nuit ou le week-end. Une législation spéciale s'applique alors (durée du travail, convention de branche…). Si l'événement se déroule dans le domaine public (une place, une rue…), il est nécessaire de demander des autorisations (mairie, préfecture de police, pompiers…).
Le budget	À budget égal, la communication par l'événement permet de toucher une cible plus large qu'un investissement en espace publicitaire.
Le rôle du/de la chargé(e) de communication	La direction fixe un objectif et choisit son public cible. Elle en informe le/la chargé(e) de communication, qui propose alors une date et un lieu pour la manifestation, estime le nombre de convives, établit le budget nécessaire. Il/elle fixe également les tâches à gérer en interne et celles qui peuvent être confiées à des prestataires.
Le choix du lieu de l'événement	Selon le type de l'événement, le/la chargé(e) de communication retient le lieu le plus adapté : grande salle équipée ou vide (plus abordable), salle « clé en main » comme un amphithéâtre, espace en plein air…
Le recours à des prestataires spécialisés	Selon l'importance de l'événement, l'organisation peut faire appel aux services de traiteur, animateur, décorateur, chargé de logistique, photographe, loueur/installateur de stands et de chapiteaux…

FICHE RESSOURCE

2

LES RELATIONS PUBLIQUES ET LES RELATIONS PRESSE

Les relations publiques comme les relations presse peuvent être considérées comme de la « communication d'influence », qui vise à développer un sentiment de proximité et de sympathie chez les cibles visées.

1. Les objectifs et les moyens

	Relations publiques	Relations presse
Objectifs	Constituées des actions de communication de l'organisation autres que publicitaires, elles ont pour objectif d'entretenir un lien avec les cibles.	Cette spécificité des relations publiques a pour but de générer des retombées presse concernant l'entreprise, la marque, l'événement.
	• Développer des relations de sympathie avec ses différents publics. • Valoriser l'image de l'organisation et de ses produits, services ou actions. • Améliorer la connaissance de l'organisation, de son histoire, de ses produits…	• Informer régulièrement les journalistes des nouvelles concernant l'organisation. • Développer avec eux des relations de confiance et de sympathie. • Susciter des rédactionnels valorisants pour l'organisation.
Moyens	Publics externes : organisations d'événements **EXEMPLES :** portes ouvertes, visites d'entreprise, interventions dans des établissements scolaires, cocktails, tourisme d'entreprise.	Documents adressés aux journalistes **EXEMPLES :** communiqué de presse, dossier de presse. Rencontres avec les journalistes **EXEMPLES :** conférence de presse, petit-déjeuner presse, cocktail de presse.

2. Les indicateurs de mesure de l'efficacité des relations publiques et des relations presse

La mesure de l'efficacité se fait à partir :

– de la collecte des retombées médiatiques de toute nature (articles dans la presse papier et/ou numérique, réseaux sociaux, reportages, documentaires, actualité TV…) en s'appuyant sur une veille du secteur de l'annonceur ou en souscrivant un abonnement à *L'Argus de la Presse*. On peut les quantifier en valeur « **équivalent espaces publicitaires** », c'est-à-dire en calculant le coût des espaces publicitaires ainsi économisé. Les retombées médiatiques valorisantes sont à conserver pour mémoire dans un ***press-book*** ;

– du taux de retour sur invitations ;

– du degré de satisfaction mesuré à l'aide d'une enquête post-événement ;

– de l'évolution de la notoriété et de l'image.

FICHE RESSOURCE

3

LE COMMUNIQUÉ ET LE DOSSIER DE PRESSE

Les communiqués et dossiers de presse constituent des outils essentiels des relations presse et du travail avec les médias.

Le **communiqué** annonce un événement dans le cadre du lancement d'un produit, d'une inauguration de nouveaux locaux…

Il est accompagné d'un **dossier de presse** lorsque des informations supplémentaires sont intéressantes pour le journaliste, comme l'historique de l'événement, des données sur l'entreprise…

I L'analyse préalable de la situation de communication

Toute création d'un communiqué de presse ou d'un dossier de presse nécessite au préalable le repérage des différentes composantes de la situation de communication.

Qui ? Qui est l'annonceur ?	Généralement, un attaché de presse ou un responsable de la communication d'une entreprise, d'une association, d'une collectivité territoriale rédige ou lance ce type de communication.
Quoi ? Quel est le message à transmettre ?	On communique pour annoncer un événement à venir, un événement achevé, une progression spectaculaire du chiffre d'affaires…
Comment ? Quel est le médium ?	On peut communiquer par voie numérique, éventuellement par voie postale (même si cela se fait de moins en moins).
À qui ? Qui est le destinataire ?	Il s'agit de communiquer en direction des journalistes, qui sont une première cible relais, la cible principale étant leur lectorat, leurs auditeurs ou téléspectateurs. Il faut donc bien connaître le média contacté, son audience, sa ligne éditoriale, afin de se conformer aux attentes des journalistes et de leur propre cible.
Pourquoi ? Quelle action le message doit-il induire ?	L'objectif est de faire venir les journalistes et de susciter la rédaction d'articles afin de mobiliser le public, qui est la cible principale.

Le communiqué et le dossier de presse ne doivent pas être assimilés immédiatement à de la publicité indirecte ; l'objet du contact avec la presse doit être précis, intéressant pour le public ciblé par les médias, exploitable par les journalistes et d'actualité. Pour le communiqué comme pour le dossier de presse, il faut donner aux journalistes une matière première simple et précise.

II La réalisation d'un communiqué de presse

La présentation et le style d'un communiqué de presse sont normalisés, en conformité avec un écrit journalistique ou une dépêche d'agence.

1. Les normes de présentation

C'est un texte court. Il mentionne sa nature en en-tête : « Communiqué de presse ».

Il est daté et comporte le logo et le nom de l'émetteur.

Le contact presse est mentionné avec précision, avec son nom et ses coordonnées.

2. Les normes d'écriture

Le communiqué de presse doit être lu rapidement, c'est pourquoi le texte doit compter 25 lignes maximum. Un titre résume l'information principale. Au début du texte, un chapeau peut en résumer l'essentiel. L'information est développée en quelques paragraphes courts répondant à six questions : quoi (de neuf) ? Qui (communique) ? Quand ? Où ? Comment ? Pourquoi ?

L'information doit intéresser la cible des médias contactés. Les phrases sont courtes, le vocabulaire compréhensible par les lecteurs, auditeurs ou téléspectateurs visés ; le registre informatif adopte un ton neutre et direct. Les journalistes pourront ainsi se servir du communiqué et le reprendre comme base de leur article.

III La réalisation d'un dossier de presse

Un dossier de presse est associé au communiqué de presse lorsque l'événement est d'importance et qu'une documentation plus complète est nécessaire pour que les journalistes puissent rédiger leur article.

Il est donc varié, étoffé de données précises et actualisé en fonction de l'événement à l'origine du communiqué de presse.

1. Les normes de présentation

Une présentation attractive permettra au dossier de se distinguer de la masse des documents reçus par les journalistes.

Pour permettre un usage simple et rapide, un sommaire est indispensable. Il comporte des titres informatifs, précis et associés à une pagination :
– présentation de l'événement en page 3 ;
– présentation de l'historique de l'entreprise en page 5…

Les textes, variés dans leur contenu et leur forme (interview, portrait, historique…), sont brefs, concis.

Les annexes peuvent être des photos légendées, des graphiques, un lexique…

La taille du dossier doit être limitée à une dizaine de pages ; un dossier trop volumineux ne sera pas consulté.

2. Les normes d'écriture

Elles respectent les normes de l'écriture journalistique.

IV L'envoi aux journalistes destinataires

L'envoi du communiqué de presse	L'envoi du dossier de presse
• Le courrier électronique est le canal le plus usité car le plus rapide et peu coûteux. • L'envoi est personnalisé, c'est-à-dire directement adressé à chaque journaliste concerné par l'information donnée. • Les délais pour l'envoi du communiqué dépendent de la périodicité de parution de chaque média contacté, des délais de bouclage… • Une relance téléphonique est indispensable, ne serait-ce que pour s'assurer de la bonne réception du message.	De nombreuses entreprises, surtout dans le secteur du luxe, privilégient l'envoi postal ou par coursier d'un dossier sur support papier. Pour certaines campagnes, le dossier est accompagné d'un produit (nouveau parfum, nouvelle boisson, entrée gratuite…). Cependant, le courrier électronique permet : – de proposer un plus grand choix de photos ; – de mettre à disposition des journalistes des fichiers textes et images réutilisables. Les dossiers de presse sont généralement proposés aux journalistes sous les deux formes, papier et numérique.

FICHE RESSOURCE

4

LES AUTRES MOYENS DE LA COMMUNICATION ÉVÉNEMENTIELLE

La communication événementielle recourt aux moyens habituels (médias, hors médias, digital) mais s'appuie également sur des moyens spécifiques.

I Le parrainage et le mécénat

Le parrainage (ou *sponsoring*)	Le mécénat
Le **parrainage** (ou *sponsoring*) est un accord entre : – un annonceur qui apporte un soutien financier, matériel ou humain ; – une personne ou une organisation qui, en contrepartie, assure la promotion de la marque selon les modalités convenues dans un contrat. Les objectifs de l'annonceur sont donc intéressés : il s'agit pour lui d'acquérir de nouveaux clients et d'augmenter son chiffre d'affaires, donc de générer des retombées commerciales à court terme. Si le parrainage est largement pratiqué par les grandes entreprises, il est également accessible aux PME-PMI, qui peuvent établir des partenariats auprès de leur mairie, des associations de commerçants ou sportives. EXEMPLES : soutien d'un sportif, d'une équipe, d'un club, d'une association de commerçants… Le parrainage est « un soutien matériel apporté à une manifestation, à une personne, à un produit ou à une organisation en vue d'en retirer un bénéfice direct » (arrêté du 6 janvier 1989). **Considéré comme une dépense publicitaire, une charge, il est donc déductible du résultat de l'entreprise.**	Le **mécénat** est le soutien qu'apporte un annonceur à une personne ou à une organisation sans qu'il soit prévu de contrepartie promotionnelle. Ce soutien est considéré comme une contribution de l'entreprise sous forme de don. Il peut s'agir d'une contribution financière et/ou technique à une action culturelle, scientifique, sociale, sportive ou d'intérêt général. L'entreprise ayant recours au mécénat ne peut espérer qu'une valorisation sociale et des effets en termes d'image à moyen et à long terme. EXEMPLE : La Vache qui Rit soutient « Le Rire Médecin », association qui fait venir des comédiens clowns au chevet d'enfants hospitalisés. **Le mécénat étant un don, il est directement déductible de l'impôt à payer par l'entreprise.**

II Les salons, les expositions et les foires

Les **salons** et les **expositions** sont des manifestations qui regroupent des professionnels dans un but commercial. Ils sont souvent ouverts au grand public et s'organisent autour d'un thème.

EXEMPLES : le Salon de l'agriculture, le Salon du chocolat, le Mondial de l'automobile.

Les **foires** sont des manifestations qui regroupent généralement des professionnels de secteurs d'activités divers, sans thématique précise. Elles attirent des flux importants de visiteurs.

EXEMPLES : la Foire de Paris (467 000 visiteurs), la Foire Internationale de Marseille (340 000 visiteurs).

Dans certaines branches d'activité, les entreprises qui participent aux foires et/ou salons nationaux et/ou internationaux poursuivent avant tout des objectifs commerciaux :

- conclure des contrats, que ce soit directement pendant la manifestation ou grâce aux relances après une première prise de contact lors de l'événement ;
- se faire connaître ou faire connaître leur produit ou service auprès du public ;
- renforcer leur image et leur notoriété ;
- faire essayer le produit/le service ;
- constituer ou enrichir leur fichier de contacts.

UNIMEV (Union française des métiers de l'événement) est l'organisation professionnelle représentative de l'ensemble des acteurs : organisateurs de foires, de salons, de congrès et d'événements sportifs, gestionnaires de sites d'accueil et prestataires de services. Elle représente 400 adhérents, soit 85 % de l'activité du secteur en valeur, auprès des pouvoirs publics, des organismes professionnels mais aussi de la presse et du grand public.

1 Analyser les retombées d'une participation à une foire grand public

★★

Vous êtes en stage dans la PME-PMI MobUrbain, qui fabrique et distribue des meubles. Son responsable vous demande de travailler sur un projet précis : étudier l'éventualité d'une première participation comme exposant à la Foire de Paris au mois de mai. Vous commencez vos recherches en vue de lui fournir les résultats de votre étude dans des délais rapides.
Vous vous appuyez sur des témoignages d'exposants du même secteur d'activité et sur la plaquette commerciale de la Foire de Paris pour préparer vos préconisations.

À partir de la plaquette commerciale de la Foire de Paris, répondez aux questions suivantes.

1. Retrouver le nom du groupe qui organise cet événement et décrire son rayonnement mondial.
2. Présenter à votre responsable les principales caractéristiques de l'événement « Foire de Paris » sous la forme d'une fiche synthétique.
3. Décrire les clients potentiels « porteurs de projets de maison » qui peuvent constituer la cible principale de MobUrbain.
4. Étudier le plan de communication des organisateurs de la foire et expliquer en quoi il contribue à l'efficacité des retombées pour un exposant.
5. En déduire les arguments destinés à démontrer à votre responsable les bénéfices qu'il retirera de sa participation à cet événement.
6. Estimer le coût du stand à l'aide du simulateur du site (liennathan.fr/9ywq87) dans le respect du budget alloué à cette opération.
7. Justifier vos choix (emplacement, nombre de faces du stand, autres prestations).
8. Proposer des indicateurs susceptibles de mesurer les retombées post-événement et les moyens à mettre en place en les classant (avant/pendant/après l'événement) pour collecter les résultats.

Document 1 Présentation de l'entreprise MobUrbain

Pour échapper aux difficultés du secteur du mobilier traditionnel, l'entreprise artisanale MobUrbain s'est orientée vers une nouvelle niche du marché : le mobilier conçu et fabriqué en France qui offre des solutions de gain de place (par exemple, un canapé qui se transforme en véritable lit ou dissimule autant de rangements qu'une commode). Elle compte 30 collaborateurs et distribue ses produits dans 8 magasins implantés essentiellement dans les grandes villes. Son principal concurrent est Espace Loggia, qui est présent à la Foire de Paris et dans plusieurs salons commerciaux.

Document 2 Les consignes du responsable

De :	René.Greco@MobUrbain.fr
À :	stagiaire@MobUrbain.fr
Objet :	Quelques consignes pour le choix du stand

Bonjour,

L'activité de notre entreprise la situe tout naturellement dans le secteur d'implantation Ameublement/décoration de la Foire de Paris.

La surface à privilégier pour le stand sera de 18 m² pour bien installer nos modèles d'exposition (mezzanine, lit escamotable, bureau, rangement) qui permettent de gagner de la place. Le visiteur doit pouvoir essayer.

Notre budget maximum est de 12 000 €. Merci de justifier vos choix.

Je souhaite adresser des invitations à une soixantaine de clients actuels ; la liste vous sera communiquée par la direction commerciale.

Cordialement,

R. Greco, PDG

Document 3 Foire de Paris : présentation et témoignage

Plaquette de présentation
Vidéo
liennathan.fr/737pdp

Témoignage d'un exposant concurrent
Vidéo
liennathan.fr/5cf3w9

2 Établir le budget de communication d'un événement

★★

Vous êtes membre d'un club sportif (association loi 1901) à Montpellier. L'assemblée générale a décidé d'organiser un concert électro à caractère caritatif destiné à recueillir des fonds qui seront reversés à l'association « Sourire à la vie » pour la lutte contre le cancer des enfants. Le prix des billets a été fixé à 45 €. Le président du club vous charge de la finalisation du budget consacré à la communication sur cet événement. Le club espère attirer entre 200 (hypothèse basse) et 500 spectateurs (hypothèse haute).

vers pix D1.3

1. À l'aide d'un tableur, présenter le budget de communication dédié à cet événement (estimations des dépenses et estimation des recettes).
2. Calculer le coût des actions de communication en % des recettes nettes dans chacune des hypothèses (basse et haute).
3. Préconiser d'autres moyens de communication gratuits susceptibles d'économiser le budget de communication.

Document — Le coût des actions de communication

- Mise en place d'une billetterie en ligne sur le site Weezevent, dont le coût est de 2,5 % TTC du prix du billet si celui-ci fait plus de 40 €.
- Création d'un site vitrine Web dédié à l'événement : 458 €
- Publicité en ligne durant le mois qui précède la date de l'événement (*display* Facebook, TikTok, Instagram, Google Ads) : 380 €
- Affichettes et *flyers* distribués lors d'une opération de *street marketing* animé par les adhérents du club sportif : 500 €
- Annonces dans les journaux locaux : 550,50 €
- Spots radio locale : 500 € + 12 billets à faire gagner aux auditeurs
- Frais de recherche de parrainages : 210 €
- Des mesures écologiques seront mises en place pour valoriser l'événement :
  - toilettes sèches : 75 € par jour et par toilette. Pour 100 personnes, 4 cabines sont nécessaires ;
  - éclairage LED : il faut compter 250 € pour sa livraison, son installation et son rangement.
- Assurance responsabilité civile professionnelle : 270 €
- SACEM : 83 €

3 Étudier un contrat de sponsor

★

L'armateur marseillais CMA CGM, n° 3 mondial du fret maritime, est devenu le nouveau sponsor principal de l'équipe de football Olympique de Marseille. Il va s'afficher durant deux saisons sur les maillots des joueurs à partir de juillet 2023.

1. Préciser qui sont les deux parties ayant conclu un accord et la nature de cet accord.
2. Indiquer les objectifs de chacune des parties prenantes de cet accord.
3. Caractériser les enjeux financiers liés à ce moyen de communication événementielle.
4. À partir de recherches sur Internet, trouver un exemple de grand événement et ses principaux sponsors, à caractère sportif d'une part, à caractère culturel d'autre part.

Document — L'accord entre CMA CGM et l'OM

Selon les termes de ce contrat, qui fait du poids lourd du transport maritime le « partenaire principal » du club de Ligue 1, « CMA CGM sera présent sur la face avant des maillots de toutes les équipes de l'Olympique de Marseille masculines, féminines et de jeunes », peut-on lire dans un communiqué. Son logo s'affichera aussi à partir du 1er juillet 2023 sur les installations du club, le stade Vélodrome et le centre d'entraîneur Robert Louis-Dreyfus, symbole d'un partenariat décrit comme « une évidence » entre ces deux grandes institutions marseillaises.

Un contrat « dans les standards du marché »

CMA CGM, dont le siège domine le port de Marseille, succédera à Cazoo, dont le logo orne le maillot olympien depuis le début de la saison. Cette start-up britannique, spécialisée dans la vente de voitures en ligne, avait signé pour trois ans mais a été contrainte d'abandonner ses activités de sponsoring sportif en raison de difficultés économiques.

Le montant de l'accord entre l'OM et CMA CGM n'a pas été dévoilé mais de sources proches du dossier, on évoque des sommes « dans les standards du marché » actuel. L'accord entre le club et l'armateur est d'ailleurs d'une portée plus large que le précédent contrat avec Cazoo, qui n'incluait pas l'équipe féminine, par exemple, et oscillait entre 6 et 8 millions d'euros par an selon différentes sources. C'est une bonne nouvelle pour les finances de l'OM, scrutées de près par le *fair-play* financier de l'UEFA, après une nouvelle perte de 76 millions d'euros subie sur la saison 2020-2021.

CMA CGM, qui a enregistré des bénéfices records depuis l'an dernier (17,9 milliards de dollars en 2021, 7,6 milliards au deuxième trimestre 2022), était déjà actif auprès de l'OM dans le cadre d'initiatives entre leurs fondations respectives. L'armateur, dirigé par Rodolphe Saadé, a aussi investi récemment dans le rachat du quotidien régional *La Provence*.

AFP, 10 novembre 2022.

4 Vérifiez vos connaissances

1 Parmi les affirmations suivantes, lesquelles sont exactes ?

a. La communication événementielle crée un événement à caractère exceptionnel pour attirer l'attention d'un public cible.
b. La communication externe qui se déroule dans un espace public doit respecter une réglementation juridique contraignante.
c. À budget égal, la communication par l'événement permet de toucher une cible plus large qu'un investissement en espace publicitaire.
d. Le parrainage et le mécénat, moyens utilisés par la communication événementielle, sont strictement identiques.

2 Indiquer si chaque objectif de communication événementielle ci-dessous concerne une cible externe (E) ou une cible interne (I).

a. Mettre en valeur l'annonceur, l'entreprise, ses produits et/ou services.
b. Resserrer les liens et renforcer un sentiment d'appartenance d'une équipe commerciale.
c. Bénéficier d'articles gratuits dans la presse locale.
d. Créer un lien avec des clients importants.
e. Faire connaître un nouvel emplacement, un nouveau local.
f. Valoriser les employés performants.

3 Distinguer les objectifs commerciaux (1) et les objectifs de communication (2) parmi les objectifs suivants, liés à la participation à un salon ou une foire.

a. Conclure des contrats directement pendant la manifestation.
b. Conclure des ventes grâce aux relances après une première prise de contact lors de l'événement.
c. Se faire connaître ou faire connaître l'offre de l'organisation auprès du public.
d. Renforcer l'image et la notoriété de l'organisation.
e. Faire essayer le produit/le service.
f. Constituer ou enrichir un fichier de contacts.

CHAPITRE 15

Piloter et mesurer l'efficacité d'un plan de communication dans un cadre institutionnel

Contexte professionnel

Compétences professionnelles

- Identifier les ressources disponibles
- Évaluer les ressources nécessaires
- Mobiliser les ressources appropriées
- Définir les indicateurs de performance
- Mesurer l'efficacité du plan de communication
- Réaliser un bilan du plan de communication

Savoirs associés

- La mobilisation des ressources nécessaires
- La présentation d'un bilan
- La présentation d'un budget (en grandes masses), avec la justification des moyens proposés
- Le calendrier des moyens avec justification

Vous êtes actuellement en stage au service Communication de la communauté d'agglomération Le Cotentin, à Cherbourg-en-Cotentin, département de la Manche (50). Cet établissement public de coopération intercommunale (EPCI)[1] regroupe 129 communes et est administré par 192 conseillers communautaires. Dans le cadre des problématiques d'approvisionnement en eau durant l'été et au regard des effets du changement climatique, la communauté d'agglomération doit poursuivre ses efforts de communication.
Le lancement d'un nouveau plan de communication ayant pour objectif la sensibilisation des habitants à la préservation et à l'usage modéré de l'eau potable a été décidé.
Vous êtes affecté(e) à la direction de la communication. Votre maître de stage vous associe à la préparation de cette nouvelle campagne.

1. Les établissements publics de coopération intercommunale (EPCI) sont des regroupements de communes ayant pour objet l'élaboration de « projets communs de développement au sein de périmètres de solidarité ».

Témoignage d'un expert sur la sécheresse en Normandie
Vidéo
liennathan.fr/727bjf

Comprendre le contexte

1. Indiquer en quoi le thème de la campagne répond à une question d'actualité.
2. Caractériser l'annonceur.
3. Identifier la cible principale visée par la future campagne. Préciser les cibles relais.
4. Formuler les difficultés de ce type de communication.

Activités

1 Analyser les spécificités stratégiques de la campagne

Une première campagne sur la préservation et l'usage modéré de l'eau potable s'est déroulée en juillet 2022. Il s'agit maintenant d'agir pour répondre aux urgences climatiques. Avant de vous consacrer pleinement au pilotage de cette nouvelle campagne, vous analysez ses principales spécificités. En effet, vous estimez que, pour être efficace, le pilotage doit reposer sur la prise en compte d'éléments stratégiques incontournables.

Documents 1 à 3
Fiche ressource 1

1. Formuler le positionnement de la nouvelle campagne.
2. Préciser les différents objectifs de communication de cette campagne.
3. Décrire précisément la cible principale.
4. Préciser les motivations et les freins éventuels de la cible principale.

Document 1 Intercommunalités et communauté d'agglomération de Normandie

Les intercommunalités de Normandie
4 610 323 habitants

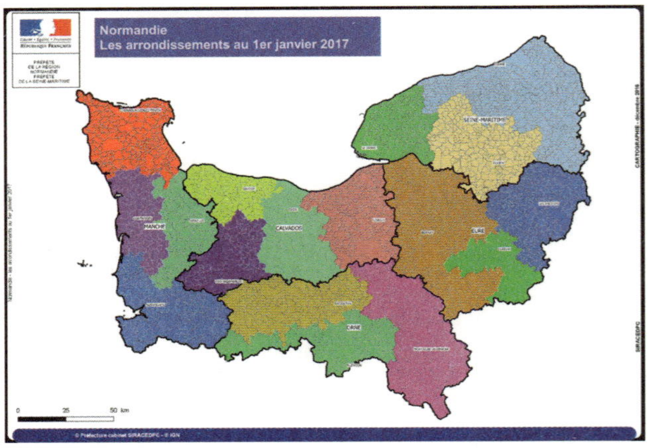

www.prefectures-regions.gouv.fr

La communauté d'agglomération Le Cotentin – 129 communes

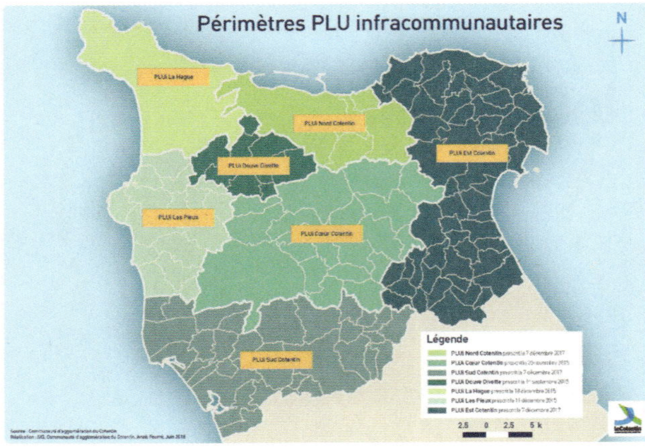

https://lecotentin.fr

Document 2 Quelques chiffres sur la population de la communauté d'agglomération Le Cotentin

Population du département de la Manche 2023

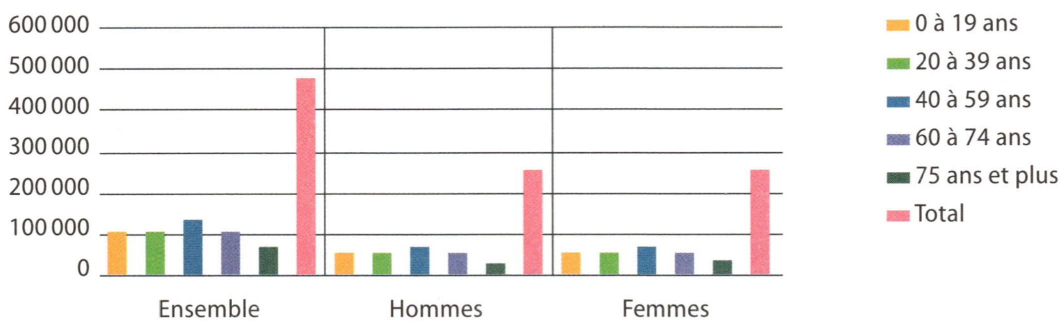

Document 2 Quelques chiffres sur la population de la communauté d'agglomération Le Cotentin (suite)

Population de 15 ans ou plus selon la catégorie socioprofessionnelle

	2019	%
Ensemble	**148 435**	**100,0**
Agriculteurs exploitants	1 690	1,1
Artisans, commerçants, chefs d'entreprise	3 939	2,7
Cadres et professions intellectuelles supérieures	9 822	6,6
Professions intermédiaires	22 623	15,2
Employés	24 135	16,3
Ouvriers	20 018	13,5
Retraités	46 021	31,0
Autres personnes sans activité professionnelle	20 188	13,6

Catégories et types de logements

	2019	%
Ensemble	**103 899**	**100,0**
Résidences principales	82 470	79,4
Résidences secondaires et logements occasionnels	14 169	13,6
Logements vacants	7 260	7,0
Maisons individuelles	*77 066*	*74,2*
Appartements	*24 583*	*23,7*

Source des chiffres : Insee, 2019.

Document 3 Exemple : la campagne de communication de la ville de Menton

L'urgence est à l'économie d'eau dans les Alpes-Maritimes, placées en alerte sécheresse depuis le 13 mars. Face à cette situation préoccupante, la Ville de Menton entend miser sur la « pédagogie et l'éducation civique ». Elle a lancé [...] une campagne de communication pour sensibiliser les habitants. À commencer par les plus petits. Dans toutes les écoles de la commune, des stickers alarmants (« Chaque goutte compte », « Sois malin, ne laisse pas couler l'eau pour rien ») sont ainsi apparus au-dessus des lavabos. Des mousseurs ont également été installés pour limiter techniquement le débit de l'eau.

Les jeunes et les touristes ciblés

Par ce biais, la Ville veut apprendre aux élèves « les bons gestes ». « Ne pas laisser le robinet couler lorsque ce n'est pas nécessaire, ne pas jeter l'eau qui peut être réutilisée pour arroser des plantes ou versée dans un bol pour abreuver les oiseaux sur le rebord de la fenêtre... » [...]

Ailleurs dans la commune, ce type d'autocollants et d'affiches pourront être aperçus dans les bâtiments communaux ou près des douches de plage privées et publiques pour expliquer leur coupure. Les touristes aussi sont dans le viseur de la municipalité.
Des affiches rappelant l'alerte sécheresse ont été distribuées dans les hôtels et syndics. « Une douche plutôt qu'un bain, c'est 100 litres d'eau économisés », « Une eau du robinet coupée, c'est 10 litres d'eau économisés », peut-on lire sur celles-ci.
L'enjeu : mobiliser tout le monde pour se parer au risque de pénurie cet été.

M. Boscagli, www.nicematin.com, 21 avril 2023.

2 Mobiliser les ressources informationnelles, humaines et matérielles

Votre maître de stage a préparé un dossier documentaire à votre intention. Après l'avoir consulté, vous analysez les informations qu'il contient. Vous triez ces ressources informationnelles en fonction de leur intérêt, dans la perspective de l'élaboration du plan de communication.

Documents 4 à 9
Fiche ressource 2

1 Établir un tableau récapitulatif des documents à conserver en indiquant l'intérêt que peut présenter chacun d'eux dans la perspective de l'élaboration du plan de communication.

2 Identifier les ressources informationnelles manquantes ou celles qu'il faudrait actualiser pour réaliser le plan de communication.

3 Identifier les ressources humaines internes pouvant contribuer à l'élaboration du plan de communication.

4 Analyser la stratégie créative qui avait été adoptée pour la campagne de juillet 2022. Peut-on la considérer comme une ressource disponible ? Justifier votre réponse.

Document 4 — L'eau dans la communauté d'agglomération Le Cotentin

L'eau dans le Cotentin, c'est 2 000 km de cours d'eau, 200 km de côtes et plusieurs milliers d'ouvrages impactant pour la continuité écologique.

- L'agglomération du Cotentin gère 26 stations de production d'eau potable.
- Pour la production d'eau potable, il existe 74 points de prélèvements dans les nappes phréatiques et un point de prélèvement en surface (cours d'eau de la Divette).
- L'agglomération produit en moyenne 14 millions de m^3 d'eau potable par an.
- L'agglomération a 94 987 abonnés à l'eau et elle a facturé :
  - en 2019 : 9 716 131 m^3 ;
  - en 2020 : 9 677 630 m^3 ;
  - en 2021 : 9 808 790 m^3.

Il existe un différentiel de 4 millions de m^3 entre la production et la facturation difficile à cerner. Il s'agit principalement de consommations non facturées comme :
- les fuites pouvant exister sur le réseau ;
- les volumes utilisés dans le cadre du service (ex. : purges, nettoyage des rues) ;
- les volumes consommés sans comptage (ex. : les poteaux incendie).

D'après https://lecotentin.fr

Document 5 — Les moyens habituels au service Communication

Les moyens habituels de communication retenus par la direction de la communication sont :
- les communiqués de presse ;
- les affichages « culs de bus » ;
- les 4 × 3 ou autres affichages urbains ;
- la diffusion de vidéos ;
- les campagnes radio ;
- les réseaux sociaux (Twitter, Facebook, LinkedIn, YouTube, Instagram) ;
- les kits de communication distribués aux offices de tourisme du Cotentin, aux ambassadeurs du tri ou du littoral…

Document 6 L'équipe du service Communication de la communauté d'agglomération Le Cotentin

Les ressources humaines mobilisées

La réalisation de la campagne 2022 s'est faite sans intervention d'agence, en interne. Trois chargées de projet ont travaillé sous la direction du responsable du service Communication :

- **F. D., responsable du service Stratégie & Projets :** définition stratégique, conception du projet et création du rédactionnel ;
- **V. S., graphiste :** définition de la partie artistique du projet, recherche de photos et réalisation graphique ;
- **C. L., chargée de projets numériques :** rédaction des contenus Web, définition de la stratégie Web et diffusion de la campagne sur les réseaux ;
- **1 assistante de direction.**

Des étudiants stagiaires viennent ponctuellement compléter l'équipe.

Les ressources matérielles mobilisées par l'équipe projet

- Illustrator, Photoshop et Procreate
- Abonnement iStock, banque d'images libres de droits

Document 7 Campagne précédente sur les réseaux sociaux

Les 4 premiers visuels de la campagne ont été diffusés sur les réseaux sociaux de la collectivité à partir du 8 juillet 2022, date d'entrée en vigilance sécheresse. Dès le 4 août, date de déclaration officielle de l'état de sécheresse, la collectivité a poursuivi son déploiement avec la diffusion de visuels supplémentaires. Au total, la campagne a été déclinée à travers 12 conseils illustrés.

www.cap-com.org

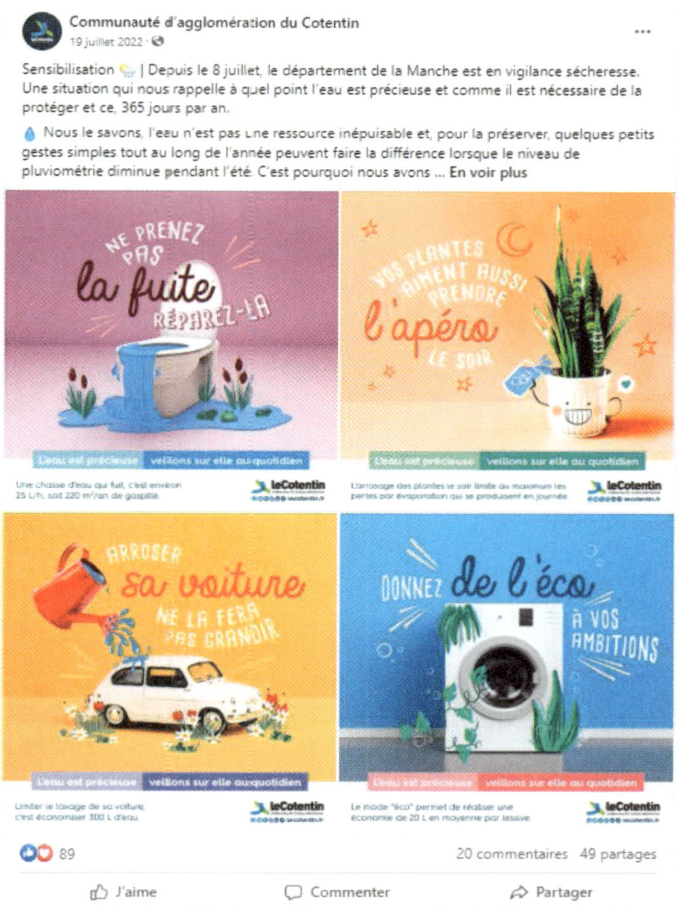

#GrandPrix22 – L'eau est précieuse, veillons sur elle au quotidien : Prix de la com comportementale
liennathan.fr/mca354

Document 8 Les compétences de la communauté d'agglomération Le Cotentin (extrait)

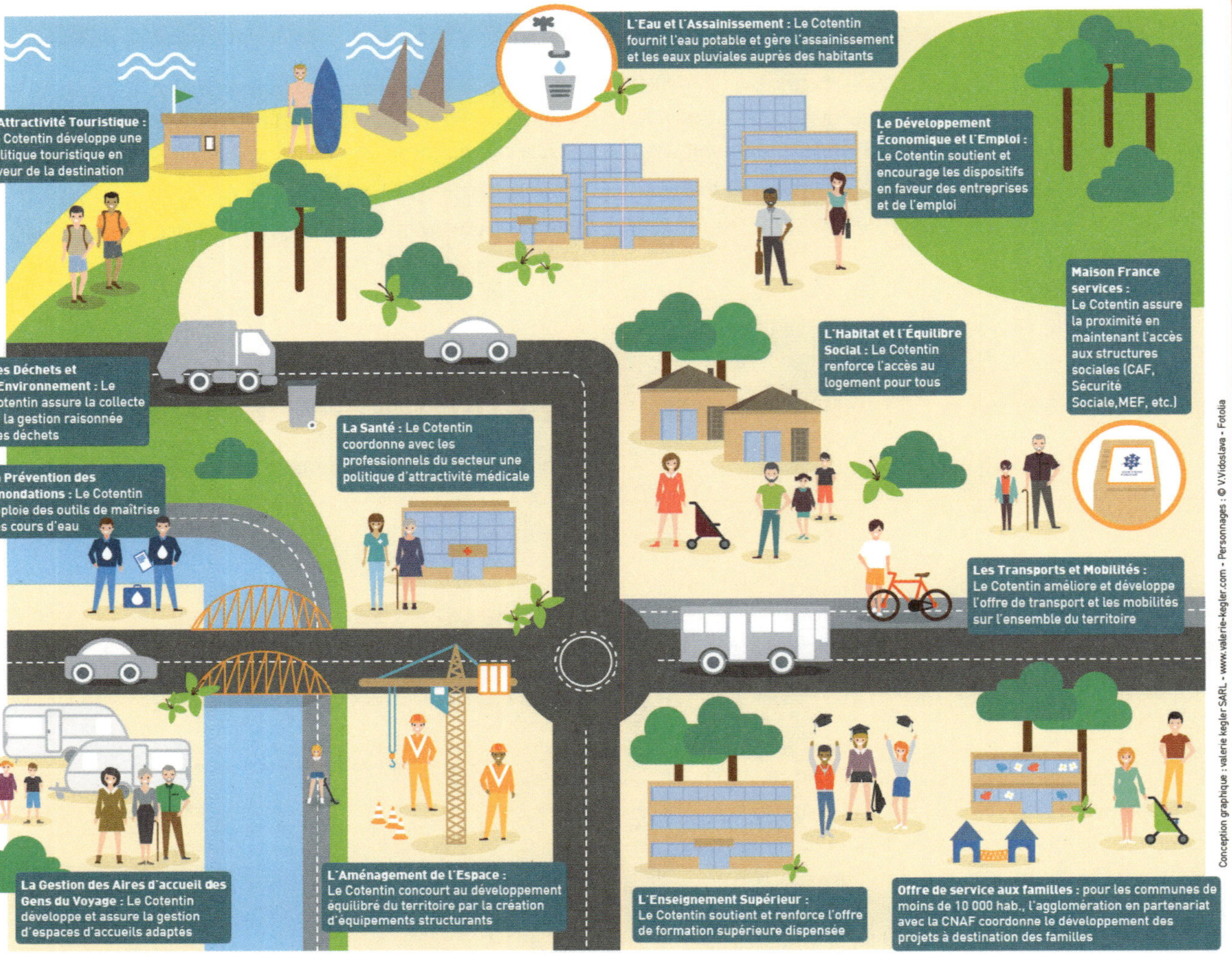

Conception graphique : valerie kegler SARL - www.valerie-kegler.com - Personnages : © V.Vidoslava - Fotolia

https://lecotentin.fr

Document 9 Quelques chiffres clés sur l'eau

Quantité moyenne d'eau nécessaire pour :
- 1 chasse d'eau : 6 à 12 litres ;
- 1 douche : 60 à 80 litres ;
- 1 bain : 150 à 200 litres ;
- 1 cycle de lave-vaisselle : 10 à 30 litres.

Consommations moyennes d'eau par habitant :
- pays d'Afrique : moins de 30 litres par jour ;
- France : 150 à 200 litres par jour.

Le changement climatique touche le Cotentin
Vidéo
liennathan.fr/a73d8c

3 Préparer la stratégie des moyens nécessaires pour la future campagne

Votre maître de stage vous demande de lui préparer les grandes lignes de la stratégie des moyens pour la nouvelle campagne. Il vous suggère de vous appuyer sur quelques données de la campagne 2022 et vous demande de lui proposer des améliorations.

Documents 10 à 13
Fiche ressource 3

1. Proposer de nouveaux moyens de communication en les justifiant par rapport aux cibles visées.
2. Après avoir visité le site Internet de l'agglomération (https://lecotentin.fr/), expliquer en quoi il constitue une ressource disponible qui sera utile au plan de communication.
3. Proposer le contenu d'un kit de communication à faire parvenir aux cibles relais. Préciser qui en seront les destinataires.

Document 10 Les partenaires impliqués dans la communication

Le Cotentin ne peut promouvoir ces écogestes sans compter sur les relais présents sur le territoire. C'est pourquoi, la collectivité s'est appuyée sur :

- **Les 129 communes de la communauté d'agglomération :** un kit de communication a été envoyé à chaque commune. Il était composé des visuels de la campagne au format 1:1 (carré) pour un relais sur les réseaux sociaux, aux formats portraits A3 et A4 pour affichage dans les locaux communaux et relais auprès des associations, campings, cinémas ou toute autre structure communale.
- **Les offices de tourisme du Cotentin :** le kit de communication a été envoyé à l'office de tourisme pour relais auprès des gîtes, hôtels ou campings privés.
- **Les ambassadeurs du tri :** une équipe sillonne le territoire toute l'année pour sensibiliser les habitants à la gestion des déchets. Dans un contexte de développement durable, cette équipe a largement relayé la campagne.
- **Les ambassadeurs du littoral :** en juillet et août, le long de nos 220 km de côtes, nos équipes ont sensibilisé les usagers des plages au respect des règles de préservation du littoral. Ils ont également aidé au relais de cette campagne.

- **Les agents du Cotentin :** les 1 300 agents de la collectivité ont été inclus dans la démarche de communication. Au-delà du fait que chacun véhicule l'information dans le cadre de son métier (gestion des aires d'accueil des gens du voyage, par exemple), il était nécessaire que les membres de nos équipes soient les premiers relais de cette campagne, au titre d'habitants du Cotentin.

www.cap-com.org

Document 11 Moyens/budget utilisés lors de la campagne précédente

Presse locale	Réseaux sociaux	Affiches A4 et A3 du kit de communication
Communiqués de presse réguliers et diffusion d'un encart presse, page entière obtenue grâce au dossier de presse communiqué aux journalistes.	Campagne diffusée sur Facebook, Instagram (*posts* et *stories*), Twitter et LinkedIn. Une importante sponsorisation des contenus a été réalisée sur Facebook et LinkedIn (médias les plus réceptifs au message).	Les versions numérisées ont été adressées aux offices de tourisme du département de la Manche. Ceux-ci les ont imprimées avec leurs propres moyens ou ont transmis les versions numérisées directement aux cibles relais. Une lettre « mode d'emploi » accompagnait le kit de communication.

Budget global : 600 € (dédiés à la sponsorisation sur les réseaux sociaux)

Document 12 Un mix média qui ne cesse de se complexifier

Dans les collectivités locales, le défi actuel ne semble plus être dans le sérieux de l'information, ni dans la qualité des supports. Il est, pour le communicant public, de savoir gérer la diversité croissante des outils. Un mix média qui ne cesse de se complexifier.

Il y a encore une dizaine d'années, l'information locale passait par les magazines des collectivités, les télés locales et la presse locale, nous rappelle l'édition 2013 du Baromètre [Epiceum & Harris Interactive de la communication locale]. Aujourd'hui, l'observation est toute différente. Ces trois supports ont perdu leur exclusivité et ont été rejoints par les outils numériques, sites, réseaux sociaux et applications. Et dans le même temps, l'affichage, l'événementiel, les réunions et échanges avec les élus n'ont pas perdu de leur efficacité.

Les supports se multiplient, aucun ne venant remplacer un support qui deviendrait inutile. Mais les usages et les publics se diversifient. Selon les catégories sociales, les territoires de résidence ou les âges, les supports privilégiés par les habitants diffèrent. Et chaque support n'a pas qu'un public.

Premières observations

Parcourons quelques données du Baromètre 2022 qui rendent compte de cette diversité des usages.

- Les « pluri-lecteurs », ceux qui s'informent sur la vie de leur territoire à travers plusieurs supports, sont plutôt des personnes âgées ou des habitants de zones rurales.
- Les magazines territoriaux sont le premier support d'information pour s'adresser aux plus de 50 ans.
- L'affichage local touche davantage les jeunes de 18-25 ans que les sites Internet ou les réseaux sociaux des collectivités.
- Les moins de 35 ans consultent abondamment les sites Internet mais pas prioritairement les sites officiels de leurs collectivités locales.
- Dans la tranche d'âge 25-49 ans, l'affichage et les événements locaux se situent parmi les cinq meilleurs supports d'information.
- Les téléspectateurs des télés locales, délaissées par les 25-49 ans, sont les jeunes et les seniors.

www.cap-com.org

Document 13 Exemple de communication de la préfecture du Nord pour limiter les consommations en eau

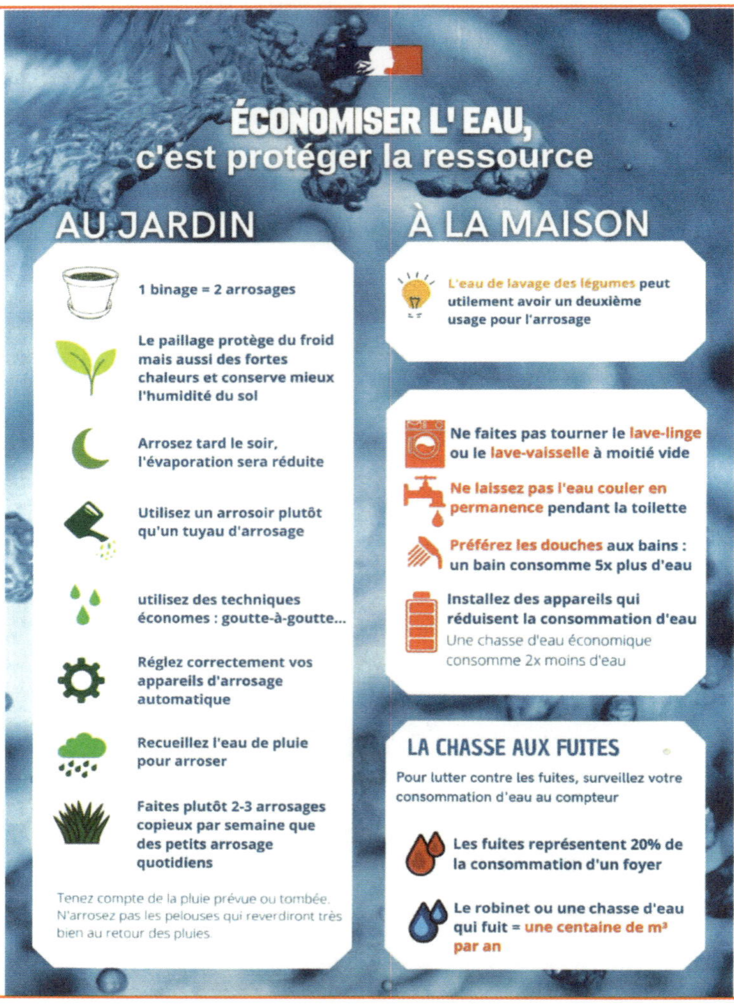

www.nord.gouv.fr

4 Réaliser un bilan du plan de communication

À l'issue de la campagne 2022, un bilan avait été réalisé par l'équipe projet. Dans l'hypothèse d'un renouvellement de la campagne, quelques préconisations avaient été brièvement formulées. Votre responsable vous engage dès à présent à réfléchir à la mesure de l'efficacité du nouveau plan de communication et aux enseignements qu'il faudra en retirer.

Documents 14 à 16
Fiche ressource 3

À partir de données de la campagne 2022 (à compléter/améliorer) et du Baromètre de la communication locale en 2022, répondez aux questions suivantes.

1. Proposer plusieurs indicateurs qui permettront de vérifier l'efficacité de la nouvelle campagne après sa réalisation.
2. Indiquer les principaux éléments qui doivent figurer dans le bilan du nouveau plan de communication.

Document 14 Le Baromètre de la communication locale précédente (diaporama)

Les résultats de la 7e vague du Baromètre Epiceum-Harris Interactive de la communication des collectivités locales ont été présentés lors d'une conférence à l'AMF en novembre 2022.

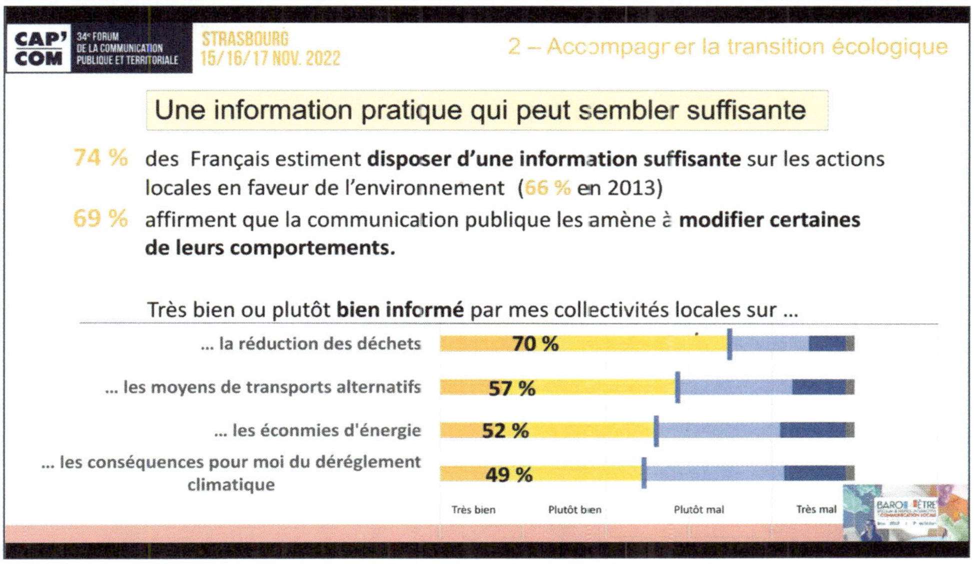

www.cap-com.org

Document 15 Les constats établis en fin de campagne précédente

- Au cours de la diffusion de la campagne, une **baisse de la consommation d'eau** a été identifiée sur le secteur le plus en difficulté sur le territoire (ville de Montebourg).
- La campagne a été relayée et saluée par les médias locaux (presse et radios) mais elle a été **trop tardive**.
- Un **retour sur investissement (ROI) très intéressant** : campagne réalisée en interne et en peu de temps mais retombées très positives.
- **Très bon taux de mémorisation** (45 %) calculé sur la population qui a été exposée à la campagne (ratio entre le nombre de personnes ayant mémorisé la campagne et le nombre de personnes qui y ont été exposées).

Analyse des statistiques sur les réseaux sociaux mobilisés

Une campagne à grande diffusion (Facebook et Instagram), bien accueillie par le public (fort taux d'engagement pour Twitter et LinkedIn, commentaires positifs).

Réseau social – toutes publications réunies	Facebook	Instagram	Twitter	LinkedIn
Interactions (*likes*, partages, commentaires, clics)	10 748	1 015	182	1 567
Impressions	252 093	49 050	1 038	6 264
Taux d'engagement	4,26 %	2,07 %	17,5 %	25 %

www.cap-com.org

Document 16 Préconisations établies lors du bilan de la campagne précédente

- Suivre l'évolution mensuelle de la consommation d'eau dans le Cotentin pour analyser les impacts de cette campagne à long terme.
- Consolider le réseau de partenaires pour relayer les messages de sensibilisation.
- Rappeler les messages toute l'année, en valorisant les initiatives locales en cohérence avec la préservation de l'eau potable (reportages, financements…).
- Décliner cette campagne pour favoriser les économies d'énergie (écogestes quotidiens) à partir de novembre.

www.cap-com.org

FICHE RESSOURCE

1

LA COMMUNICATION NON MARCHANDE

I La distinction communication commerciale/communication non marchande

Alors que la **communication commerciale** liée au produit ou à une marque vise les consommateurs potentiels, les prospects, les clients, les clients des concurrents ou d'une entreprise, la **communication non marchande** cherche à créer des attitudes, des comportements positifs envers des causes d'intérêt général. Ce type de communication tend à installer/améliorer le « vivre en société », le **vivre ensemble**.

EXEMPLES : la santé, la culture, l'aide humanitaire, l'environnement.

On distingue deux types de communication non marchande :

La communication sociale	C'est la communication des associations, des ONG, des syndicats professionnels.
La communication publique	Elle est émise par un acteur public qui cherche à établir de meilleurs rapports entre les gouvernants et les citoyens.

II Les spécificités de la communication non marchande

La mise en place d'un plan de communication pour une association, une collectivité territoriale ou un service de l'État suit la démarche stratégique d'une communication commerciale classique, mais avec quelques nuances, importantes sur les points suivants.

Les annonceurs	Il existe une grande variété d'annonceurs, de tailles différentes. EXEMPLES : petites associations de quartier ; ONG internationales ; communication de l'État, d'une région, d'un département, d'une ville, d'une intercommunalité, d'un parc naturel national.
Les règles juridiques	Elles sont contraignantes pour : – l'État et les collectivités territoriales : procédures d'appel d'offres pour le choix des prestataires (agence, imprimeur, studio créatif), restrictions lors des périodes préélectorales ; – une association : accord du conseil d'administration.
La crédibilité des dépenses de communication	Pour l'État, les collectivités territoriales et les associations, l'argument de l'argent des contribuables ou des adhérents « bien dépensé » doit être mis en avant devant les médias.
Les partenaires	Les annonceurs publics ou associatifs nouent de nombreuses relations avec des partenaires, tant au niveau de la réflexion que du financement. Ce sont souvent des structures supports qui interviennent pour cofinancer ou conseiller un département, une région, une mairie ou un service de l'État. EXEMPLES : l'OFB (Office français de la biodiversité), le ministère de la Culture.
L'objet de la communication et la formulation du problème de communication	La communication institutionnelle aborde des problèmes sociaux sensibles, importants et difficiles à résoudre : il s'avère difficile de faire évoluer les comportements qui reposent sur des sentiments, des opinions. EXEMPLES : la délinquance, la maltraitance, le tabagisme, l'alcoolisme, les drogues. Le problème de communication se trouve d'autant plus délicat à formuler. EXEMPLE : problématique : Les jeunes ne votent pas aux élections municipales. Proposition de problème à résoudre : Comment mobiliser les jeunes préoccupés par la défense et le respect de valeurs citoyennes à s'inscrire sur les listes électorales et aller voter alors qu'ils considèrent que la vie politique de leur commune ne les intéresse pas ?

FICHE RESSOURCE

2

LA PRISE EN COMPTE D'ÉLÉMENTS STRATÉGIQUES POUR ASSURER LE PILOTAGE

I Les objectifs de la communication non marchande

La nature même de l'association, son objet, induit des objectifs de communication sociale précis, différents et plus larges que ceux de la communication publique, qui sont de type comportemental.

Faire connaître, faire reconnaître	Il est important qu'une association ou une collectivité soit connue/reconnue pour être crédible aux yeux des citoyens, pour légitimer ses actions. Ces objectifs d'image et d'identité reposent sur l'utilisation de moyens comme un logo, une signature, un magazine et/ou des relations presse. **EXEMPLE :** informer les habitants sur les horaires d'ouverture, les dates et les lieux des collectes sélectives des déchets.
Informer	Il faut justifier, expliquer les différentes activités de la collectivité. **EXEMPLES :** une commune communique sur son budget pour justifier les impôts locaux. Une association du monde médical informe sur son action, sur l'évolution d'une maladie et ses nouveaux traitements. Une association sportive met en avant ses résultats sportifs.
Mobiliser	La communication publique vise à créer des partenariats avec d'autres organisations pour dynamiser une action, mais aussi motiver les fonctionnaires à participer à une action. **EXEMPLE :** la Journée internationale des droits de l'enfant en novembre. La communication sociale d'une ONG a pour but de collecter des fonds, des dons, de recruter des adhérents et/ou des bénévoles pour assurer ses différentes missions/engagements.
Faire évoluer, modifier les comportements	La communication vise à faire réagir les individus, à les faire changer d'attitude de façon durable. **EXEMPLES :** les campagnes pour l'inscription sur les listes électorales, contre les déchets canins, pour le respect de la réglementation sonore. Les associations liées à la prévention des risques aspirent à modifier les comportements des individus. **EXEMPLE :** la Ligue contre le cancer mène des campagnes contre le tabagisme.
Promouvoir les projets	Alors que les institutions publiques incitent les citoyens à participer à la vie de la cité afin d'éviter le sentiment d'exclusion, « ce sont les autres qui décident », et de favoriser la démocratie, les associations mettent en valeur leurs réalisations concrètes pour créer de la proximité avec le public. **EXEMPLES :** une école construite en Arménie, une pièce de théâtre dans le cadre d'une association culturelle.

II Les cibles de la communication non marchande

Ce sont toujours des personnes physiques que l'on peut décrire :

– quantitativement, à partir de critères sociodémographiques (âge, sexe, PCS…) ;

– qualitativement, à partir de critères psychologiques (motivations, freins, centres d'intérêt, styles de vie).

Les cibles sont multiples :

Communication publique	Communication sociale
– Les habitants d'une collectivité, mais il faut souvent affiner cette cible : sexe, âge (enfants des écoles maternelles, collégiens pour un département, quartier, catégories socioprofessionnelles). – Le personnel salarié de la ville comme cible interne. – Les responsables d'entreprises pour inciter à leur implantation dans un territoire (apport de taxes, de travail, de richesse). – Les responsables des associations de la collectivité territoriale afin de favoriser l'animation et leur implication dans la vie locale. – Les journalistes (retombées presse positives, gestion en cas de crise) et les blogueurs. – La multitude de partenaires possibles. EXEMPLES : élus locaux, bailleurs sociaux (offices HLM), fonctionnaires des autres services ou institutions comme les enseignants.	– Les adhérents. – Les donateurs. – Les personnes aidées par la cause, par l'objet de l'association. – Les élus des collectivités territoriales ou services de l'État pour obtenir des subventions. – Les chefs d'entreprise pour une opération de parrainage ou de mécénat. – Les journalistes locaux ou nationaux pour les associations internationales ou les blogueurs. – Les leaders d'opinion comme les artistes, sportifs, personnalités politiques. – Les permanents, membres du personnel dans certaines grosses associations et parfois les responsables de l'association à un autre niveau (national ou international).

III Les spécificités de la stratégie créative propre à la communication non marchande

Elle formalise un cadre, des limites à la créativité pour que le message reste conforme aux choix retenus dans la stratégie de communication.

La promesse	C'est l'idée à faire passer. Très percutante, elle doit mettre en avant un attribut fort de la collectivité, de l'association ou de l'événement, en réponse à une attente réelle de la cible principale visée. EXEMPLE : valoriser le budget participatif d'une ville pour montrer le pouvoir des habitants à agir sur leur quotidien par leur mobilisation.
La justification ou le concept	C'est la preuve de la promesse. Ce sont tous les éléments qui rendent la promesse, l'accroche crédible, comme les arguments qui soutiennent ce qui est promis à la cible. C'est la mise en œuvre du message (visuel, texte…). EXEMPLES : pour un budget participatif, l'interpellation des habitants de la commune (idée créative retenue : un micro-trottoir). Pour la fête de la Musique, le nom du chanteur vedette, la gratuité des activités, une action « venez avec les gâteaux de votre communauté ».
Le ton	C'est l'ambiance, l'« atmosphère ». Il peut être rationnel, humoristique, de connivence, événementiel, symbolique, esthétique, imaginaire. EXEMPLE : un message accrocheur avec un côté « superpouvoir », comme Superman ! La communication non marchande autorise l'emploi de tous les tons, mais il faut éviter les tons trop provocateurs ou trop moralisateurs, qui seront facilement rejetés par la majorité des citoyens.
Les contraintes créatives	Elles limitent la créativité. Elles peuvent être liées, par exemple, à des élections à venir, à la prise en compte des avis et prises de position opposées des différentes parties prenantes. EXEMPLE : une campagne pour réduire la consommation d'eau reçoit l'adhésion des écologistes, mais convient moins aux agriculteurs.

Les grandes agences de communication travaillent souvent gratuitement pour les ONG importantes, avec l'objectif de gagner des prix qui mettront en valeur leur créativité et valoriseront le rôle important de la communication pour « contrer » les mouvements ou associations « anti-pubs ». Elles apportent la preuve de l'utilité de la communication dans son pouvoir d'information, dans sa capacité à faire évoluer des comportements.

EXEMPLES : les campagnes d'Amnesty International, de Médecins du Monde, d'Action contre la faim.

FICHE RESSOURCE 3

LA MISE EN ŒUVRE DES MOYENS PROPRES À LA COMMUNICATION NON MARCHANDE

I Choisir des moyens d'identification

Les principales spécificités de la communication publique sont de :

– **créer une identité** pour le territoire.

EXEMPLES : un drapeau sur un bâtiment, un logo, un blason, une armoirie.

Le **logo**, élément de la charte graphique, est un identifiant fort ;

EXEMPLES : la carte de visite d'une petite association est souvent son seul élément de communication ; des banderoles, des ballons avec les logos des syndicats lors d'une manifestation.

– **susciter une empathie** réelle entre les habitants du territoire et son avenir, donner ou redonner de la fierté d'appartenance, attirer des entreprises et de nouveaux habitants.

EXEMPLE : les supports d'une collectivité territoriale sont les panneaux des rues, le mobilier urbain, l'horloge à l'entrée d'un lycée, les plateaux-repas de la restauration scolaire.

II Miser sur des moyens fédérateurs : les grands médias

Les annonceurs importants, acteurs de la communication publique comme sociale, bénéficient soit d'importantes réductions sur les grands médias (+ de 50 %), soit de la gratuité, mais ils ne disposent pas forcément d'une liberté dans le calendrier de parution de leurs messages.

EXEMPLES : l'ONG Médecins du Monde, Emmaüs.

1. Les magazines et la presse

	Communication publique	Communication sociale
Le magazine	Déposé dans les boîtes aux lettres, avec parution mensuelle ou bimestrielle, c'est un outil très efficace, gratuit (puisque réalisé avec l'argent public) ou parfois financé, en partie, par de la publicité.	C'est un lien important (parfois le seul) avec les adhérents. Avec une périodicité aléatoire et réalisée par des bénévoles, il est simple et édité avec peu de moyens (sauf ceux des ONG importantes, à rayonnement international).
La presse	Elle apporte de la légitimité, de la crédibilité. Au regard des enjeux politiques des élus des collectivités locales et territoriales, la presse régionale joue un rôle primordial en raison de la quantité d'informations de proximité qu'elle délivre.	Elle cherche à toucher la PQR, la PHR. La PQN est utilisée par les associations les plus importantes. Certains titres sont plus sensibles à certaines causes que d'autres. EXEMPLE : le journal *Libération* informe sur les problèmes des minorités, de l'immigration, des femmes, du droit au logement…

Les outils et exemples pour toucher cette presse sont les suivants :

Les communiqués et/ou dossiers de presse	EXEMPLES : un marché de Noël, la fermeture d'une rue suite à un effondrement, la fermeture d'une maternité.
L'achat d'espaces publicitaires	L'État achète régulièrement des pages de publicité et bénéficie de tarifs très attractifs (parfois, minoration de 50 % ou plus). Il apporte ainsi une aide à un média en difficulté. Les ONG internationales bénéficient des mêmes tarifs et obtiennent parfois de l'espace gratuit. Selon la cible visée, la communication non marchande achète des espaces dans un support de presse spécialisée. EXEMPLES : – la presse destinée aux jeunes (*L'Étudiant*, *Phosphore*…) : une campagne anti-tabac ; – la presse féminine (*Biba*, *Parents*, *Gala*…) : une campagne pour l'allaitement maternel ; – la presse magazine (*Enjeux-Les Echos*, *L'Express*, *Le Point*…) : une campagne pour inciter les cadres à s'installer dans un territoire.
Les conférences de presse	Elles sont organisées lors d'un événement important. EXEMPLE : la présentation du rapport sur l'état du mal-logement par la fondation Abbé Pierre/Emmaüs.

La création d'événements	Ils génèrent des retombées médiatiques et une amélioration de l'image de marque. EXEMPLES : le Sidaction, le Noël du Secours Catholique, les « Journées des oubliés des vacances » du Secours Populaire.

2. La télévision et la radio

Elles ont un impact fort par la répétition des spots.

Communication publique	Communication sociale
Ces deux médias sont très utilisés par l'État pour les grandes campagnes nationales. EXEMPLES : la Sécurité routière, le recrutement de professeurs.	Ces deux médias sont peu utilisés, sauf par les grandes ONG ou sur l'espace offert par France Télévision. Les radios et télévisions locales sont facilement utilisables dans les DOM-TOM.

3. L'affichage

Communication publique	Communication sociale
Cet outil de communication est le plus efficace pour atteindre les populations les moins informées. EXEMPLES : les campagnes « coup de poing » comme la lutte contre la violence faite aux femmes, l'homophobie.	Réservé aux associations nationales ou aux ONG internationales, l'espace est très souvent offert par les agences de communication.

Les contrats de délégation de l'affichage urbain à un afficheur peuvent attribuer aux collectivités territoriales des semaines gratuites, à utiliser pour leur propre communication.

EXEMPLES : une sucette JCDecaux qui présente une affiche de la fête de la Musique, diverses informations municipales.

4. Internet

Incontournable, il favorise la proximité et l'interactivité.

Communication publique	Communication sociale
Tous les annonceurs publics (ministères, administrations, collectivités) ont un site « vitrine » et gèrent leurs réseaux sociaux. Les sites des communes présentent leurs services administratifs et sociaux. EXEMPLES : les cantines scolaires, les formalités administratives, l'offre sportive, l'offre culturelle, les événements, des rubriques « loisirs » et « histoire ». Les communes développent : – des applications pour mobile afin d'aider le citoyen dans sa vie de tous les jours ; – des webtélés ; – l'envoi des *newsletters* ; – une veille des réseaux sociaux pour contrôler les infox (*fake news*) les concernant.	Le site Web des associations diffère selon leur taille et leurs combats. EXEMPLES : une nutrition adaptée dans les cantines lancée par une association de parents d'élèves. Le site d'une association comporte différents onglets ou rubriques : – une présentation générale : histoire, statuts, composition du bureau… ; – son objet, ses combats réalisés en France et/ou à l'international ; – ses différentes formes d'actions ; – des informations sur ses ressources et leur usage : administration, communication, aides ; – un « bouton » pour agir et faire un don. Les associations sont présentes sur les réseaux sociaux (Facebook, Twitter…) mais il est difficile pour elles de tout gérer car elles ont peu de moyens.

5. Le cinéma

L'État l'utilise pour les campagnes en direction des moins de 30 ans ou concernant un public de plus de 60 ans. Les associations nationales et les ONG n'ont pas un budget suffisant mais l'utilisent quand les campagnes sont offertes (ce qui est très rare).

6. Les événements

Ils favorisent la proximité directe avec les différents publics.

Communication publique	Communication sociale
L'État crée des événements pour mettre en valeur les grands fondements de la nation. **EXEMPLES :** le 14 Juillet, la fête de la Musique, les Journées du patrimoine. Les organismes publics sont très présents dans des salons grand public pour valoriser leurs actions. **EXEMPLES :** la Foire de Paris, le Salon de l'étudiant, les salons professionnels.	Les associations peuvent monter leurs propres événements. **EXEMPLES :** le week-end du Téléthon, les Pères Noël Verts du Secours Populaire. Elles peuvent aussi accompagner des événements nationaux. **EXEMPLES :** une association pour la réhabilitation d'un château lors des Journées du patrimoine, une chorale lors de la fête de la Musique.

III Utiliser des outils d'accompagnement

	Communication publique	Communication sociale
L'édition ou le *print*	L'État ou les collectivités distribuent de nombreuses plaquettes, livrets, dépliants, brochures, supports d'argumentation pour la promotion de certains projets ou initiatives. **EXEMPLES :** le métro du Grand Paris, le service des sports pour le département culturel, l'office de tourisme.	La plupart des associations disposent de *flyers*, de dépliants, qu'elles distribuent lors de manifestations ou d'événements. **EXEMPLE :** week-end des associations. Parfois, ils sont déposés dans des lieux adaptés. **EXEMPLES :** les salles d'attente des médecins, les associations de lutte contre une maladie.
Le marketing direct	Le marketing direct n'est pas utilisé au sens propre du terme, mais quelques opérations (de type « Numéro Vert », « Allô Monsieur le Maire ») sont assimilables à des opérations de marketing direct.	Les ONG envoient régulièrement des mailings de collecte de fonds, avec souvent un *goodie* (calendrier, étiquettes autocollantes…), ou effectuent des campagnes d'appels téléphoniques (achat des fichiers d'adresses). Cela peut aussi prendre une forme numérique avec l'envoi de courriels.

IV Les indicateurs mesurant l'efficacité des campagnes

Les indicateurs mis en place dans la communication institutionnelle sont peu différents de ceux utilisés dans la communication commerciale ou événementielle. Ainsi, ils se révèlent plus efficaces dans le digital que pour la communication traditionnelle.

Cependant, les indicateurs de la communication institutionnelle tentent de mesurer plus précisément :

- la **pertinence des contenus des messages** ;

  EXEMPLES : le taux de mémorisation spontanée et/ou assistée ; le score d'agrément et de compréhension (pourcentage de personnes ayant beaucoup, un peu ou pas du tout aimé le message) ; le score d'incitation (capacité d'une campagne à « pousser » l'individu exposé au message à agir dans le sens recherché, comme arrêter de fumer, se faire vacciner, s'inscrire sur une liste électorale, faire un don) ; un post-test publicitaire pour mesurer les effets qualitatifs d'une campagne sur la population exposée au message, comme le niveau de mémorisation/le degré d'intérêt d'un message.

- l'**audience utile** ;

  EXEMPLES : des mesures propres à l'efficacité des abonnements à la *newsletter* d'une mairie ; le taux de diffusion/nombre d'impressions des magazines municipaux (rapport exprimé en pour mille habitants), le nombre de participants à une réunion d'information.

- la **mesure des retombées économiques au niveau local** ;

  EXEMPLES : le Vendée Globe, course à la voile autour du monde en solitaire gérée par le département de la Vendée, lui apporte de la notoriété et a un impact important sur le tourisme (hébergements) ; le nombre d'entreprises nouvelles qui s'implantent sur le territoire ; la réduction/le recyclage des déchets domestiques.

- la **viralité d'une campagne**.

  EXEMPLES : le nombre de vues, les retombées presse repérées grâce à une veille média, le nombre de partages, de recommandations ; la mesure de l'e-réputation (identifier si on parle de la campagne et si la tendance est positive ou négative sur les forums, *tweets*…).

1 L'association *Réparer le langage, je peux*

★

Vous êtes actuellement en stage au sein de l'association *Réparer le langage, je peux*. Créée en 2015, elle a pour but de lutter contre l'appauvrissement du langage écrit et parlé. Avec le concours d'écrivains reconnus, elle propose d'engager gratuitement une action, sur l'année scolaire, auprès de collégiens et lycéens exposés à de multiples difficultés. Votre maîtresse de stage, présidente de l'association et écrivaine, vous demande de trouver de nouveaux partenaires dans le monde de l'entreprise pour élargir le portefeuille actuel.

1. Recenser les ressources disponibles au sein de l'association pour réaliser votre mission.
2. Identifier les acteurs/contributeurs externes associés à l'action.
3. Déterminer des indicateurs susceptibles de mesurer l'efficacité de l'action.

Document Présentation de l'action proposée aux collégiens

L'action se déroule en trois étapes : écriture d'un roman collectif, impression de ce « vrai livre » et présentation dans un Salon du livre (Toulouse et Paris) consacré à ces jeunes collégiens et lycéens devenus auteurs.
Tous les ans, de nombreux établissements participent à ce projet, principalement dans la région Occitanie et en Île-de-France. L'association bénéficie du soutien de partenaires : la Sofia (organisme de gestion collective à parité entre auteurs et éditeurs), la Fondation Jan Michalski pour l'écriture et la littérature, le conseil départemental de Haute-Garonne, la mairie de Toulouse, le Centre français d'exploitation du droit de copie, la Fondation du Crédit Mutuel pour la lecture, la Société des Gens de Lettres, la Fondation d'entreprise La Poste.

Réparer le langage je peux

Capsule de présentation de *Réparer le langage, je peux* par la Sofia Action Culturelle
Vidéo
liennathan.fr/5m8gb5

2 Le lancement d'une campagne de communication gouvernementale

★★★

Vous êtes stagiaire au sein du service Communication du ministère chargé des Petites et Moyennes Entreprises, du Commerce, de l'Artisanat et du Tourisme. Dans le cadre du plan « Destination France », le ministère souhaite lancer une grande campagne de communication nationale pour renforcer l'attractivité des métiers du tourisme et répondre ainsi aux besoins de recrutement de la filière. Votre maître de stage vous demande de faire des propositions pour compléter les recommandations en cours.

1. Caractériser l'annonceur de cette campagne.
2. Indiquer les cibles visées par chacune des actions de communication envisagées.
3. Commenter l'intérêt de chacune de ces actions.
4. Donner des indicateurs de mesure de l'efficacité de chacune de ces actions.
5. Présenter un calendrier de la mise en œuvre de ces actions.
6. Présenter le budget des moyens en grandes masses.
7. Dresser un tableau récapitulatif du bilan du plan de communication qui sera présenté lors d'une réunion avec les partenaires en janvier N+1.

Document 1 Présentation du contexte de la campagne

Concentrant environ 2 millions d'emplois directs et indirects en France et à la source d'environ 8 % du PIB, le secteur du tourisme est aujourd'hui l'une des locomotives essentielles de notre économie. Malgré une reprise du tourisme et une saison estivale exceptionnelle, les métiers de la filière souffrent d'un manque d'attractivité et les acteurs du secteur font état d'une pénurie de main-d'œuvre. Si des solutions temporaires ont pu être trouvées pour répondre à l'urgence, la problématique demeure et la solution ne peut être que pérenne.

Cette campagne de communication, construite en concertation avec les acteurs du tourisme, vise à renforcer l'attractivité de leurs métiers, notamment auprès des jeunes générations. L'objectif est de promouvoir les carrières du tourisme qui offrent de nombreuses perspectives de formation, de progression et de mobilité. La campagne met en avant la diversité et la particularité de ces métiers, qui souvent s'exercent dans des cadres exceptionnels et qui sont constitués de métiers d'excellence, innovants, à forte sociabilité et ouverts à tous.

La campagne va s'étaler en plusieurs vagues de l'année N à fin N+1, avec un dispositif d'ampleur qui couvrira tout le territoire français, en métropole et dans les outre-mer, et renverra vers le site monemploitourisme.fr. Ce site, piloté par l'Institut français du Tourisme, et cofinancé par le ministère du Travail et les branches professionnelles, est aujourd'hui un espace de référence proposant des milliers d'offres et de l'information utile pour faciliter l'accès à l'emploi dans le tourisme.

D'après https://presse.economie.gouv.fr

Document 2 Le projet de campagne

OBJECTIFS

- **Renforcer l'attractivité de la filière** touristique et la connaissance de la diversité des métiers et des opportunités professionnelles.
- **Faciliter le recrutement**, notamment sur les métiers en tension où les besoins sont importants pour les prochaines saisons, et dans l'optique des grands événements à venir (ex. : les Jeux olympiques Paris 2024).
- **Attirer davantage les jeunes vers les formations** menant à ces métiers.

CIBLES

- Cible prioritaire : les jeunes entre 16 et 25 ans, en situation d'orientation ou de recherche d'emploi
- Les personnes en reconversion professionnelle
- Les prescripteurs :
  - les parents des jeunes 16 à 25 ans
  - les membres de la communauté éducative
- Cibles relais : les partenaires acteurs du tourisme et institutionnels

ACTIONS ENVISAGÉES

Action 1 – Animation du site Web national dédié à la campagne de recrutement monemploitourisme.fr

Objectif : faciliter l'accès à l'information et à l'emploi dans la filière touristique.
Le site, piloté par l'Institut français du Tourisme, a été régulièrement mis à jour : mise en ligne d'actualités, d'informations relatives aux emplois.
Moyens : mobilisation des ressources internes (cofinancement par le ministère du Travail et les branches professionnelles).
Indicateur de résultats : nombre moyen de visiteurs par mois en N comparé à celui de l'année précédente N-1.

Action 2 – Animation des réseaux sociaux

Objectif : inciter à l'orientation professionnelle vers les métiers du tourisme.
Les comptes Facebook, Instagram, Snapchat et TikTok activés en février N-1 regroupaient plus de 1 500 abonnés fin décembre N.
Campagne de mai : les raisons de choisir un métier dans le secteur du tourisme ; messages : « Pour commencer/Pour la passion », « Pour 1 saison/Pour 1 vie », « Pour la vue/Pour le contact » (12 700 impressions).
Campagne de novembre, nouveaux messages : « Pour une saison » : été, hiver ; « Pour les passions » : spectacle, goût, histoire, culture, sport ; « Pour l'environnement » ; « Pour l'innovation ».
Campagne n° 3 : la diversité des métiers avec exemples ; animateur ; cuisinier ; chef cuisinier ; femme de chambre ; serveur ; barman ; adjoint de direction d'un restaurant ; conducteur de remontées mécaniques ; employé polyvalent de restauration ; réceptionniste…
Coût : 12 011 € pour la campagne digitale.

Document 2 Le projet de campagne (suite)

Action 3 – Valorisation des projets locaux : concours de vidéos digitales

Objectif : promouvoir des projets locaux exemplaires.
Un concours de production de vidéos « J'aime mon métier » est organisé en partenariat avec de nombreux relais de la communauté éducative. Formats : films génériques 15" et 30" ; film DROM 15" ; film hiver 15". Il s'agit également de renforcer le partenariat avec les branches professionnelles qui sont parties prenantes dans la préparation des reportages vidéo.
Janvier à avril : dépôt des projets *via* un formulaire d'inscription sur le site national ; une quarantaine de projets valorisés par la presse à travers toute la France.
Mai : examen des projets inscrits sur le site et sélection des projets à valoriser/sponsoriser.
Juin : mise en place de divers forums, foires, salons dans les départements pour valoriser les projets sélectionnés.
Coût : environ 40 000 € pour accompagner la réalisation technique des projets retenus.

Action 4 – Animation du partenariat

Objectifs : informer sur l'avancement du plan de communication, animer les instances partenariales.
Des réunions pour la présentation, la mise en œuvre des actions de communication et leur évaluation seront organisées (février, juin, septembre et décembre) + publication d'états sur l'avancement du plan de communication.
Coût : 15 524 € pour l'ensemble des réunions partenariales.

Action 5 – Accompagnement des relais d'information

Objectif : stimuler l'implication des partenaires pour renforcer la communication.
Mise à disposition d'un guide de communication et d'un kit de communication en ligne *Les Supports de visibilité* (plaquettes, notice et autocollants) à diffuser aux différents relais d'information. En parallèle, des autocollants sont à commander *via* le formulaire en ligne sur le site Web (à envoyer).
Coût : 9 522 € (commandes et expédition guides, kits et autocollants fin N).

Action 6 – Bilan campagne décembre année N

Pour évaluer l'efficacité de la stratégie de communication, tant quantitative que qualitative, deux actions sont envisagées :
- l'analyse des indicateurs des différentes actions du plan de communication ;
- l'analyse des enquêtes de satisfaction et d'opinion.

Coût : 19 140 € pour le sondage d'opinion (évaluation par un institut externe).

CONCEPT DE LA CAMPAGNE

La campagne met en scène les **« 1 001 raisons » de travailler dans le tourisme.** Car le secteur du tourisme, ce sont non seulement des centaines de milliers de postes, partout et pour tous, mais aussi des métiers, des cadres de travail et des voies de réussite insoupçonnée. Avec cette diversité et cette richesse de métiers, le tourisme est fait pour tous. Mais chacun aura des raisons bien à lui pour le rejoindre.

D'après www.economie.gouv.fr

Document 3 Budget prévisionnel des autres moyens de communication en cours de négociation

Le recours à un dispositif plurimédia d'ampleur est en cours de négociation.
- 3 spots de 30' diffusés sur la plupart des chaînes TV (fin mai) : 150 000 €.
- Affichage digital dynamique dans les centres commerciaux, les métros et les gares, format 2 m² (fin mai début juin) : 55 000 €.
- Spots audio sur des plateformes comme Deezer, Spotify en accès *display*, audio et vidéo, sur ordinateur, mobile et tablette, en achat classique et programmatique : 9 500 €.

Considéré comme un annonceur important, acteur de la communication publique, le ministère chargé des Petites et Moyennes Entreprises, du Commerce, de l'Artisanat et du Tourisme bénéficie de réductions conséquentes sur les grands médias (+ de 50 %) mais ne dispose pas forcément de liberté dans le calendrier exact de parution de ses messages.

D'après www.economie.gouv.fr

Document 4 Le bilan du plan de communication

Concernant l'animation du site Web et des réseaux sociaux, les indicateurs sont en progression par rapport à l'année précédente, le nombre d'abonnés a augmenté en un an (+ 122 abonnés sur Twitter, + 125 sur Facebook, + 200 sur TikTok). Le nombre de visiteurs sur le site Web a augmenté : 5 087 visiteurs en moyenne par mois en 2019 (contre 3 138 visiteurs en 2018). Cette hausse de fréquentation du site Web national est une bonne nouvelle car un fléchissement avait été observé entre 2017 et 2018. La campagne média d'octobre a entraîné une fréquentation record de 27 645 visiteurs sur le mois. Le taux de rebond est plus ou moins similaire à celui de 2018 (entre 40 et 50 %). En revanche, il excède les 50 % pendant les campagnes digitales, ce qui indique que les internautes se rendent sur le site et le quittent après la consultation d'une seule page.

Dans le cadre de la valorisation des projets :

- Mars-avril N : une cartographie des projets a été mise en place, mise à jour au fur et à mesure des inscriptions.
- Fin juin N : au total, dépôt de 250 projets inscrits et répertoriés sur la page d'accueil du site.
- Début juillet N : 45 projets sur différents supports (presse, vidéos, fiches projets en ligne, expositions…) ont été retenus avec le concours des partenaires locaux.

La manifestation « Semaine des métiers du tourisme » du 3 au 9 avril N, dupliquée au sein de toutes les régions de France, a également permis de valoriser plus de 100 projets (portes ouvertes et expositions), repris par la PQR et 2 reportages TV.

Durant le mois de mai N, 134 événements ont été organisés par les partenaires, dont 54 portes ouvertes ; tous sont recensés dans un agenda en ligne accessible par le site national. Les événements ont été relayés par voie de presse, à la suite d'un communiqué de presse annonçant les événements (une vingtaine de parutions médias) et par l'intermédiaire d'une campagne digitale spécifique : 1,9 million de vues cumulées en 4 semaines. Tout au long de l'année N, la mise à disposition de supports de visibilité auprès des relais s'est poursuivie. S'agissant de l'accompagnement des relais d'information, le kit de communication a été téléchargé 785 fois.

D'après www.economie.gouv.fr

Document 5 Vidéos de la campagne

Le tourisme recrute | Découvrez tous les métiers du secteur
Vidéo
liennathan.fr/r4s3h7

Le tourisme recrute cet hiver | spot 15 secondes
Vidéo
liennathan.fr/ig7e97

Document 6 Quelques exemples de la campagne sur les réseaux sociaux

Post fixe 9/16ème

Réseaux Sociaux – Pour l'environnement

Réseaux Sociaux – Métiers

Format carrousel

www.economie.gouv.fr

3 La communication de la CNAM « Prévention des risques psychosociaux »

★★

La Caisse nationale de l'assurance maladie (CNAM) a lancé sa campagne de sensibilisation « Tolérance zéro à la CNAM », initialement prévue pour un lancement en 2021. Eu égard au contexte de crise sanitaire et au développement du télétravail, elle a été reportée en 2022. Son effectif actuel est de 10 500 agents.

1. Indiquer les spécificités de cette campagne de communication effectuée dans un cadre institutionnel (annonceur, objectifs, cibles…).
2. Décrire les spécificités de la stratégie créative propre à cette communication non marchande.
3. Repérer des moyens de diffusion pour chaque support utilisé.
4. Préconiser d'autres outils ou supports de communication permettant de développer l'opération « Tolérance zéro à la CNAM ».

Document 1 « Tolérance zéro à la CNAM » – Campagne de la Direction régionale du Service médical Provence-Alpes-Côte d'Azur-Corse • 2022

Campagne lauréate au Grand Prix Cap'Com 2022 dans la catégorie « Communication interne »

Consciente des responsabilités qui lui sont confiées en sa qualité d'acteur national du système de santé, la Caisse nationale de l'assurance maladie (CNAM) est profondément attachée à la prévention des risques psychosociaux dans l'entreprise, notamment ceux en lien avec l'atteinte au principe d'égalité professionnelle entre les femmes et les hommes. Par accord collectif relatif à l'égalité professionnelle entre les femmes et les hommes et la qualité de vie au travail en date du 30 octobre 2018, la CNAM s'est notamment engagée à lutter contre toute forme de comportements hostiles tels que le sexisme et le harcèlement sexuel au sein de ses établissements (sièges, sites déconcentrés et Service médical) et entend que son personnel adopte une conduite exemplaire à cet égard. Dans ce cadre, en octobre 2020, une procédure de signalement a été mise en place : celle-ci définit les modalités de signalement de ces situations au sein de l'ensemble des établissements de la CNAM.

www.cap-com.org

Document 2 Supports de la campagne « Tolérance zéro à la CNAM »

Affichage physique sur les sites

[…] L'affichage [est] composé d'une série de 6 affiches (dont 1 générique) au format A3. Celles-ci ont été apposées dans les salles de réunion, les lieux de passage (cafétéria, lieu de pause…).

Une déclinaison digitale de ces affiches a été réalisée pour permettre également une diffusion sur les écrans ou sur les intranets (mini-vidéos réalisées grâce à la solution de montage en ligne, Pitchy). […] Le dispositif a été mené sur les différents établissements comme le siège, les sites déconcentrés et les directions régionales du Service médical (DRSM).

www.cap-com.org

Document 2 Supports de la campagne « Tolérance zéro à la CNAM » (suite)

4 Vérifiez vos connaissances

1 Cocher les affirmations exactes.

a. La communication institutionnelle crée un événement à caractère exceptionnel pour attirer l'attention d'un public cible.
b. La communication institutionnelle des collectivités et celle des associations doivent respecter une réglementation juridique contraignante.
c. La communication sociale est celle des associations, des ONG, des syndicats professionnels.
d. La communication publique est émise par un acteur public qui cherche à établir de meilleurs rapports entre les gouvernants et les citoyens.

2 Distinguer les cibles de la communication publique (CP) des cibles de la communication sociale (CS), parfois cibles communes.

a. Les adhérents
b. Les élus des collectivités ou services de l'État pour obtenir des subventions
c. Les chefs d'entreprise pour une opération de parrainage ou de mécénat
d. Les habitants d'une collectivité
e. Les leaders d'opinion
f. Le personnel salarié d'une collectivité
g. Les journalistes locaux
h. Les donateurs

3 Trier les indicateurs de mesure de l'efficacité d'une campagne publicitaire institutionnelle en fonction de l'item auxquels ils se rapportent : la pertinence des contenus des messages (1), l'audience utile (2), la mesure des retombées économiques au niveau local (3), la viralité d'une campagne (4).

- Nombre de partages, de recommandations
- Mesure de l'e-réputation
- Taux de mémorisation spontanée et/ou assistée
- Score d'agrément et de compréhension, score d'incitation
- Nombre de vues
- Nombre de retombées presse (articles) et TV
- Enquêtes de post-test publicitaire
- Abonnements à une *newsletter*
- Taux de diffusion/nombre d'impressions des magazines municipaux
- Nombre de participants à une réunion d'information

A

AB *testing* : procédure de comparaison entre deux versions (A et B) d'une interface Web (site, publications…) dans le but de mesurer les performances (par exemple, le nombre de visiteurs ou d'engagements) sur un échantillon semblable de testeurs.

Affichage interne : informations destinées au personnel et placées dans des lieux fréquentés par tous les salariés de l'entreprise.

Affichage OOH (*Out Of Home*) / *outdoor* : média diffusant un message publicitaire sur un support exposé dans un lieu public (affichage mural, transports en commun, mobiliers urbains…).

Ambassadeur salarié (ou *ambassador*) : collaborateur qui communique sur son entreprise de manière positive pour en faire la promotion, souvent sur les réseaux sociaux, en utilisant son propre profil.

Annonce presse : annonce publicitaire commerciale insérée dans un titre de presse.

Appel d'offres public : procédure obligatoire pour un annonceur public, et au-dessus d'un certain montant, en vue de trouver le prestataire présentant le meilleur rapport qualité/prix, dans le respect du principe du libre jeu d'une concurrence loyale. Le droit des marchés publics encadre strictement la publicité de l'appel d'offres, les modalités de réception des offres et le choix final du prestataire.

ARCOM (Autorité de régulation de la communication audiovisuelle et numérique) : autorité publique indépendante qui garantit les libertés de communication et de création audiovisuelle et numérique, veille au financement de la création et à la protection des droits.

ARPP (Autorité de régulation professionnelle de la publicité) : organisme privé d'autorégulation de la publicité sous statut d'association loi de 1901 ayant pour but de mener toute action en faveur d'une publicité loyale, véridique et saine.

Audience du support : ensemble des personnes ayant déclaré lire, feuilleter ou consulter le support au cours de la dernière période de parution. On parle aussi de « lectorat ».

Autodiscipline : fait pour un individu ou une organisation de s'imposer une discipline sans contrôle extérieur.

B

***Benchmarking* :** au sens strict, ensemble de recherches et d'analyses qui permet à une entreprise de se comparer à ses concurrents les plus performants du secteur afin de « s'étalonner » ; au sens large : veille concurrentielle.

Boîte à idées : boîte mise à disposition du personnel pour recueillir de façon anonyme les idées, suggestions ou remarques de l'ensemble des collaborateurs.

***Brief* :** voir *Cahier des charges techniques*.

C

Cahier des charges techniques : document qui détaille les caractéristiques techniques indispensables à la réalisation d'un projet, d'une production, pour permettre au prestataire d'établir un devis et de réaliser une production conforme aux attentes de son client.

Canaux de distribution : moyens par lesquels les produits ou services d'une entreprise sont mis à disposition des consommateurs. Un canal direct permet de vendre directement les produits ou services aux consommateurs. Un canal indirect mobilise un ou plusieurs intermédiaires entre l'entreprise et les consommateurs.

CEP (Conseil de l'éthique publicitaire) : instance de réflexion qui analyse les évolutions sociétales dans les domaines couverts par la déontologie publicitaire et réfléchit aux problèmes d'ordre éthique posés par le contenu de la publicité et l'évolution de ses formats.

Charte graphique : document de référence récapitulant l'ensemble des règles fondamentales graphiques d'une organisation ou d'une marque et des éléments constitutifs de son identité visuelle (logotype, polices de caractères, codes couleurs, éléments visuels, signes graphiques).

Chatbot : programme informatique conçu pour simuler une conversation entre l'organisation et un internaute, généralement *via* des interfaces de messagerie. Le chatbot utilise l'intelligence artificielle pour comprendre le langage naturel et répondre aux questions et demandes courantes des utilisateurs de manière automatisée.

Cibles de communication : groupes de personnes que l'annonceur cherche à convaincre à travers ses actions de communication.

Click and collect **:** stratégie de vente en ligne, sur le site Web de l'entreprise, des produits à récupérer ensuite dans un magasin physique et sur un créneau horaire choisis.

CNIL (Commission nationale de l'informatique et des libertés) : autorité administrative indépendante chargée de préserver les libertés individuelles à l'ère du tout numérique en accompagnant et en contrôlant l'usage des données personnelles.

Communication interne : ensemble des actions de communication à destination des cibles internes (tous les salariés, quel que soit leur statut).

Compétition : mise en concurrence par l'annonceur de plusieurs prestataires, afin d'obtenir une proposition finale performante sur le plan stratégique et créatif.

Consultation : méthode simple et directe pour obtenir des propositions d'offres de prestataires sans les mettre en concurrence. Il en résulte la signature d'un contrat de gré à gré.

Contrat de gré à gré : contrat dont les clauses sont librement négociées entre les parties. Voir *Consultation*.

CPA (coût par action) : indicateur qui mesure le coût d'une conversion d'une action (ex. : un achat pour l'e-commerce, le téléchargement d'un fichier, une vue d'une vidéo).
Exemple : 2 000 € de dépenses sur Google Ads ont permis de générer 10 ventes.
CPA = Coût publicitaire / Conversions = 2 000 / 10 = 200 €.

CPC (coût par clic) : publicité facturée uniquement lorsqu'un internaute clique sur la publicité.

CPM (coût pour mille) : prix pour l'impression (affichage) de 1 000 publicités. L'annonce disparaît lorsque le budget prévu est atteint.
Exemple : si l'on détermine un budget CPM de 240 € sur un site qui propose 120 € pour 1 000 impressions, l'annonce sera visible 2 000 fois (impressions).

CPP (Conseil paritaire de la publicité) : instance de concertation qui émet des avis et recommandations en intégrant les attentes et préoccupations des parties prenantes, notamment celles des associations et des consommateurs

Cross-canal : stratégie de distribution qui consiste à proposer une expérience utilisateur cohérente sur plusieurs canaux, tout en permettant à l'utilisateur de passer d'un canal à un autre sans perdre sa progression ou ses données (ex. : un consommateur peut commencer à remplir son panier d'achat sur un site Web et le terminer plus tard dans un magasin physique, ou inversement).

Culture (de l'organisation) : ensemble de caractéristiques propres à l'organisation qui lui confèrent une identité, une personnalité. Elle s'exprime à travers l'histoire de l'organisation, ses valeurs, ses normes, ses croyances, ses rites, ses héros qui créent des références fortes et un sentiment d'appartenance pour le management et le personnel.

D

Deadline **:** délai impératif, échéance qui fixe la date butoir de fin d'un projet.

Diffusion d'un support presse : nombre total d'exemplaires distribués.

Display **:** ensemble des espaces publicitaires commercialisés sur Internet (bannières, habillage de sites, pop-up…).

Distribution multicanale : utilisation par l'entreprise de plusieurs canaux de distribution indépendants les uns des autres pour proposer ses produits ou services aux consommateurs. L'expérience utilisateur peut varier d'un canal à l'autre.

DOOH (*Digital Out Of Home*) : ensemble des réseaux d'affichage publicitaire extérieur utilisant des écrans digitaux.

Droit d'auteur : ensemble des droits protégeant les œuvres originales d'un auteur, définissant notamment l'utilisation et la réutilisation de ses œuvres sous certaines conditions.

E

Engagement : interaction des abonnés, des utilisateurs vis-à-vis d'un élément sur les médias sociaux (ex. : les commentaires laissés en réaction à une publication). Le taux d'engagement se calcule de différentes façons en fonction du réseau social : [(Nombre de *likes* + Nombre de commentaires) / Nombre d'abonnés] × 100 ; [(Nombre de *likes* + Nombre de commentaires) / Nombre de personnes atteintes par un post] × 100…

E-publicité : voir *Display*.

E-réputation : image de l'organisation ou de la marque véhiculée sur Internet, construite à partir des avis/jugements exprimés par les internautes sur les espaces virtuels communautaires (blogs, réseaux sociaux, plateformes d'échanges de vidéos, forums).

Extranet : réseau visant à faire communiquer l'entreprise avec ses collaborateurs travaillant à l'extérieur ou des partenaires extérieurs (fournisseurs de prestations, consultants, annonceurs ou clients).

G

***Goodies* :** cadeaux publicitaires.

***Greenwashing* (ou écoblanchiment) :** procédé publicitaire trompeur utilisé par un annonceur pour se donner une image de responsabilité écologique en faveur de l'environnement et du développement durable.

I

Image : représentation de la marque ou du produit construite par le public à partir d'éléments réels ou supposés. On parle de :
- l'image voulue (ou positionnement), qui est celle que l'annonceur veut imposer dans l'esprit du public ;
- l'image émise, qui est véhiculée par les supports de communication ;
- l'image perçue par le public.

Impression : affichage d'une publicité en digital dans le cadre de l'achat d'espaces sans prendre en compte le fait qu'un clic a été activé sur l'annonce.

INC (Institut national de la consommation) : centre d'expertise et d'information au service des consommateurs et de leurs associations sous statut d'établissement public à caractère industriel et commercial (EPIC).

***Incentives* :** animations souvent ludo-sportives destinées au personnel, afin de rompre avec la routine du travail quotidien et ainsi stimuler et fédérer les collaborateurs tout en favorisant les échanges entre eux (ex. : partage de pratiques professionnelles).

Indicateur sur l'engagement des collaborateurs : mesure de l'engagement du personnel sur des publications *via* les réseaux sociaux de l'entreprise ou d'autres réseaux sociaux.

Intranet : réseau privé, accessible à partir des postes d'un réseau local ou d'un ensemble de réseaux définis et invisibles. L'accès à l'intranet est sécurisé, il est inaccessible de l'extérieur sans droit d'accès.

J

JDP (Jury de déontologie publicitaire) : instance qui a pour mission de se prononcer publiquement sur les plaintes émises à l'encontre d'une publicité ou d'une campagne publicitaire, au regard des règles professionnelles.

Journal interne : support périodique d'information sur l'organisation intégrant articles, photos et vidéos en lien avec l'actualité de l'organisation.

K

KPI (*Key Performance Indicators* ou indicateurs clé de performance) : batterie d'indicateurs jugés décisifs pour apprécier la performance/l'efficacité d'une campagne (taux d'engagement, nombre de ventes, de vues d'une vidéo…).

M

Macro-environnement : ensemble des facteurs susceptibles d'avoir un impact positif ou négatif sur l'activité d'une organisation et dont elle n'a pas la maîtrise (ex. : la stabilité politique, la politique fiscale, les contraintes environnementales).

Mapping concurrentiel : graphique sous forme de matrice, nommé aussi « carte perceptuelle » ou « carte de positionnement », qui présente le positionnement d'une entreprise par rapport à ses concurrents.

Marketing direct : ensemble des actions de communication qui établissent une relation directe entre l'annonceur et ses cibles au moyen de messages personnalisés en vue de susciter une réponse rapide de celles-ci.

Marque : ensemble de signes distinctifs de différentes formes (nom propre, logotype, slogan, code graphique…) qui donnent à l'entreprise une identité propre.

Marque employeur : ensemble des éléments attachés à l'image, la notoriété d'une entreprise, de son enseigne, pour séduire un public tant interne qu'externe.

Marque gamme : offre large, mais structurée, autour de gammes homogènes de produits (par exemple, dans la construction automobile : gammes des petites citadines, des familiales, des SUV…). L'annonceur peut communiquer sur sa **marque globale** (ex. : Renault) ou sur l'une de ses gammes (ex. : les petites citadines) ; la gamme profite alors des synergies positives en termes de notoriété, d'image et d'attractivité.

Marque ombrelle : marque globale utilisée simultanément par l'annonceur pour un ensemble de produits hétérogènes. La communication sur la marque globale profite alors à l'ensemble des produits.

Mécénat : don en numéraire, en nature ou en compétence apporté à un organisme ou à une personne exerçant une activité culturelle, sociale, sportive, sans contrepartie directe de la part du bénéficiaire.

***Media planner* :** métier qui consiste à prévoir et coordonner les insertions publicitaires dans les grands médias traditionnels et digitaux. Le *media planner* est chargé de l'élaboration du plan média et fait le lien entre les annonceurs et les agences de ventes d'espaces publicitaires.

Médias traditionnels : presse, télévision, cinéma, affichage et radio.

Mesure de la QVT (qualité de vie au travail) : enquête (sondage) réalisée auprès des collaborateurs pour récolter et analyser des données sur les attentes et les besoins du personnel, en termes de conditions de travail, de qualité du management.

Micro-environnement : ensemble des acteurs proches de l'organisation avec lesquelles elle est directement en relation (concurrents, consommateurs cibles, clients, salariés, fournisseurs, actionnaires, banques…).

N

***Newsletter* :** outil de communication qui permet à l'annonceur de diffuser périodiquement, *via* un mail, des informations à vocation commerciale ou éditoriale aux destinataires (abonnés) qui y ont volontairement souscrit.

Notoriété : degré de connaissance de l'annonceur, de sa marque et/ou de son produit par le public.

Notoriété assistée : on la mesure, lors d'une étude quantitative, en fournissant une liste de marques, avec une question du type : « Dans la liste suivante, quelles marques connaissez-vous ? »

Notoriété spontanée : on la mesure, lors d'une étude quantitative, avec une question ouverte du type : « Quelles marques de café connaissez-vous ? » La marque arrivant en tête obtient une notoriété « ***top of mind*** ».

O

Omnicanal : stratégie de distribution qui, au-delà du cross-canal, propose une expérience utilisateur continue, cohérente et fluide sur tous les canaux de distribution. Elle garantit une expérience utilisateur harmonieuse à chaque étape du processus d'achat.

P

Partenariat (ou *sponsoring*) : soutien financier ou matériel apporté à un événement, une entité ou un individu par un annonceur en échange de différentes formes de visibilité de nature publicitaire.

Parties prenantes : personnes ou groupes de personnes qui ont un intérêt dans l'organisation, sont concernées par son activité et ses actions de communication.

PDA (part d'audience) : pourcentage des personnes ayant été exposées à un support (chaîne de télévision, station de radio, site Web) ou d'un ensemble de supports (agrégats, couplages) par rapport à l'audience globale du média (télévision, radio, Web) ou d'un sous-ensemble.

PDV (part de voix) : indicateur mesurant les investissements publicitaires de l'annonceur par rapport à ceux de tous les acteurs du même secteur.
Exemple : un annonceur investit 200 000 millions d'euros

en publicité sur un marché alors que les investissements totaux du secteur sont de 1 milliard. Sa PDV globale est alors de 20 %.

PESTEL (méthode ou modèle) : outil d'analyse stratégique qui permet d'identifier les opportunités et les menaces de six facteurs externes du macro-environnement pouvant avoir un impact, positif ou négatif, sur l'organisation : facteurs politique, économique, socioculturel, technologique, écologique et légal.

***Phoning* :** prospection par téléphone (action de marketing direct).

Plan de communication interne : document présentant les actions de communication ciblant les collaborateurs.

Plan média (ou *media planning*) : présentation des médias et supports utilisés dans le cadre d'une campagne publicitaire avec la programmation des moments de diffusion des annonces.

PLV (promotion ou publicité sur le lieu de vente) : installations et animations conçues par l'annonceur pour mettre en valeur une offre donnée dans un point de vente, au service d'une stratégie *push*.

***Podcast* interne :** contenu audionumérique réalisé pour l'organisation et disponible en ligne sur l'intranet.

POEM : acronyme anglais qui désigne différents modèles de médias (*Paid, Owned* et *Earned Media*).
Le ***Paid*** (payant) regroupe les achats d'espaces sur les médias traditionnels et digitaux (bannières, habillages de sites, référencement payant…).
Le ***Owned*** (propriétaire) englobe tous les médias que l'annonceur possède et sur lesquels il peut communiquer de façon autonome (son site Internet, ses propres réseaux sociaux, sa *newsletter*…).
Le ***Earned*** (gagné) représente la visibilité obtenue (partages sur les réseaux, avis, commentaires laissés sur Internet, retombées presse…).

Positionnement (ou image voulue) : image spécifique que l'annonceur veut donner de lui-même, de sa marque ou de son produit au public. Elle doit être crédible, attractive, distincte et durable.

Promesse produit : message publicitaire qui présente aux consommateurs la valeur ajoutée du produit ou du service par rapport à ceux des concurrents.

Publiphobie : rejet de la publicité.

Publireportage : dossier ou article publicitaire rédigé par l'annonceur ou son agence de communication et support dans lequel il est destiné à être inséré.

Puissance d'un support : part de l'audience d'une campagne appartenant à la cible visée (nombre de personnes touchées par une insertion publicitaire).

Puissance média : capacité du média à délivrer un grand nombre de contacts publicitaires.

R

Relations presse : toutes communications établies entre un spécialiste des relations publiques et les médias journalistiques du domaine de la presse papier ou digitale.

Réseau social d'entreprise : espace communautaire regroupant des salariés ayant des centres d'intérêt professionnels communs, qui partagent leurs passions au sein de l'entreprise.

Responsable du bonheur au travail (ou *Chief Happiness Officer*) : salarié dont le rôle est de renforcer les actions sur le bien-être au travail des salariés.

Ressources internes : ressources humaines, matérielles et financières disponibles dans l'organisation.

ROAS (*Return On Ad Spend*) : calcul du retour sur investissement pour un euro dépensé dans des campagnes publicitaires digitales (Facebook Ads, Google Ads…).
ROAS = Chiffre d'affaires généré par la campagne marketing / Dépenses engagées dans la campagne

ROI (*Return On Investment* ou retour sur investissement) : indicateur qui permet d'évaluer la rentabilité d'une opération en prenant en compte les sommes investies. Le calcul du ROI d'une action de communication consiste à déterminer si son coût est couvert par le revenu procuré par des ventes supplémentaires.

S

SACEM (Société des auteurs, compositeurs et éditeurs de musique) : gère les droits d'auteur en France.

SEA (*Search Engine Advertising*) : discipline du marketing en ligne qui consiste à acheter/louer des espaces publicitaires sur les pages de résultats des moteurs de recherche en payant pour être référencé dans les premières positions sur une recherche donnée.

SEO (*Search Engine Optimization*) : optimisation du référencement naturel d'un site Internet grâce à un ensemble de techniques permettant de positionner un site Web dans les moteurs de recherche afin de le rendre visible auprès des internautes.

Signature de marque : phrase ou slogan qui accompagne généralement le logotype sur presque tous les supports de communication de la marque.

Signature (ou slogan publicitaire ou *base line*) : slogan ou phrase rattaché(e) à une campagne publicitaire particulière ou repris(e) parfois sur plusieurs campagnes.

***Social ads* :** publicités sur les réseaux sociaux (*posts* sponsorisés).

Spot publicitaire : message publicitaire de courte durée diffusé à la télévision, à la radio et à travers les canaux de communication digitaux.

Stratégie de communication : processus qui consiste à sélectionner et mettre en place les actions nécessaires pour atteindre les objectifs de communication.

Sucette : affiche (dimensions 120 cm × 176 cm) créée par l'afficheur JCDecaux, appelée également MUPI (Mobilier Urbain Plans Informations) ou affiche abribus.

T

Taux de circulation : nombre moyen de lecteurs pour un exemplaire d'un support donné.

Taux de conversion : rapport entre le nombre d'internautes ayant réalisé l'action recherchée par une campagne digitale et le nombre total d'internautes touchés par la campagne.
Exemple d'une campagne Google Ads : l'annonce a généré 500 clics qui ont donné lieu à 30 téléchargements d'une application. Le taux de conversion est alors de : (30 / 500) × 100 = 6 %.

***Team building* :** dispositif d'animation d'équipe destiné à renforcer la culture d'entreprise et la cohésion d'un groupe professionnel au moyen d'activités collectives.

U V W

UFC-Que Choisir (Union fédérale des consommateurs) : association loi 1901 ayant pour objet d'informer, de conseiller et de défendre les consommateurs.

Valeurs : informations qualitatives mises en avant par l'organisation – qualité, satisfaction du public, sens de l'innovation, respect du client, des fournisseurs, de l'environnement (RSE) – qui permettent de fédérer les collaborateurs en interne et les publics visés en externe (parties prenantes).

Webinaire : séminaire en ligne, en visioconférence.

Crédits photographiques

9 : goodluz/stock.adobe.com ; **10 :** Insta_photos/stock.adobe.com ; **11 :** jackfrog/stock.adobe.com ; **15 :** DR ; **25 :** Alfa27/stock.adobe.com ; **27 :** adzicnatasa/stock.adobe.com ; **28 :** sementsova321/stock.adobe.com ; **29b :** Rawpixel.com/stock.adobe.com ; **30hg :** luca puccini basile/stock.adobe.com ; **30 :** AnnaStills/stock.adobe.com ; **31 :** Xavier Lorenzo/stock.adobe.com ; **37 :** tanaonte/stock.adobe.com ; **40 :** REDPIXEL/stock.adobe.com ; **41 :** Marcin/stock.adobe.com ; **43 :** ARochau/stock.adobe.com ; **44b :** Micha/stock.adobe.com ; **44h :** Uwe/stock.adobe.com ; **49h :** Photophil/stock.adobe.com ; **49b :** Atlantis/stock.adobe.com ; **50 :** vincent/stock.adobe.com ; **56 :** Allen.G/stock.adobe.com ; **57 :** Alexey Kuznetsov/stock.adobe.com ; **58 :** Papirazzi/stock.adobe.com ; **59 :** JackF/stock.adobe.com ; **69 :** sylv1rob1/Shutterstock ; **70 :** sylv1rob1/Shutterstock ; **71 :** Bastiaanimage Stock/ stock.adobe.com ; **72 :** slavun/stock.adobe.com ; **73 :** Bisual Photo/stock.adobe.com ; **74 :** Victor/stock.adobe.com ; **75 :** Monkey Business/stock.adobe.com ; **76 :** Mclittlestock/stock.adobe.com ; **83 :** DELBO ANDREA/Shutterstock ; **85 :** sylv1rob1/Shutterstock ; **87 :** DR ; **89 :** DC Studio/stock.adobe.com ; **90 :** savoieleysse/stock.adobe.com ; **91h :** Milan/stock.adobe.com ; **91b :** Avec l'aimable autorisation de Marie Bihannic ; **92 :** mizina/stock.adobe.com ; **94 :** Avec l'aimable autorisation de Marie Bihannic ; **96 :** patcharin/stock.adobe.com ; **101 :** Syda Productions/stock.adobe.com ; **103 :** © Romain Lasser ; **104 :** DR ; **105 :** Alexandros Michailidis/Shutterstock ; **106 :** mehaniq41/stock.adobe.com ; **136 :** Travel-FR/Shutterstock ; **141 :** Studio Romantic/stock.adobe.com ; **144 :** Mimi Potter/stock.adobe.com ; **155 :** New Africa/stock.adobe.com ; **157 :** Alexandra Lande/stock.adobe.com ; **158 :** OceanProd/stock.adobe.com ; **160 :** gstockstudio/stock.adobe.com ; **169 :** © Le Bureau d'étude de Gally ; **173 :** © IPP ; **175 :** xiaoliangge/stock.adobe.com ; **178mb :** © Joe Straker/Unsplash/DR ; **185h :** pattilabelle/stock.adobe.com ; **185b :** Art_Photo/stock.adobe.com ; **186 :** PackShot/stock.adobe.com ; **203h :** Eakrin/stock.adobe.com ; **203b :** New Africa/stock.adobe.com ; **206 :** Alexandra W/peopleimages.com/stock.adobe.com ; **207-211 :** © Département du Calvados ; **220 :** Susa/stock.adobe.com ; **221m :** Alexandre ROSA/stock.adobe.com ; **221b :** Alexandre ROSA/stock.adobe.com ; **222h :** Panya7/stock.adobe.com ; **222mg :** Coprid/stock.adobe.com ; **222md :** AlenKadr/stock.adobe.com ; **222b :** JeanLuc Ichard/stock.adobe.com ; **223 :** VICHIZH/stock.adobe.com ; **224 :** chokniti/stock.adobe.com ; **228 :** Rawpixel.com/stock.adobe.com ; **229 :** studioshot/stock.adobe.com ; **230 :** EkaterinaGR/stock.adobe.com ; **237h :** Bambax/Shutterstock ; **237b :** mariesacha/stock.adobe.com ; **238 :** Vadim Ponomarenko/stock.adobe.com ; **239 :** Gorodenkoff/stock.adobe.com ; **241 :** spapon/stock.adobe.com ; **244m :** alexanderuhrin/stock.adobe.com ; **244b :** Stanisic Vladimir/stock.adobe.com ; **247 :** laurencesoulez/stock.adobe.com ; **250 :** DDimaXX/stock.adobe.com

Infographie : Vincent Landrin